관우의 용기와, 공명의 지혜를 그대에게…….

설민석의 삼국지

설민석의 삼국지 三國志 2

세계사

일러두기

1. 본 책은 나관중의 『삼국지통속연의』 소설을 원전으로 하여, 그 스토리를 바탕으로 집필되었으며, 저자의 의도에 따라 원전과 다르게 구성한 부분들이 있음을 알려드립니다. 원전과 다른 부분들은 책의 뒷부분, 〈삼국지 자세히 들여다보기〉에 서술되어 있습니다.
2. 소챕터의 본문은 두 가지 문단 형태로 구성하였습니다. 삼국지 내용을 보여 주는 부분과 저자의 설명 및 사론 부분이 구별되어 어우러져 있습니다.
3. 본 책에 실려 있는 지도들은 신뢰할 만한 자료들을 참고하였으나, 2,000년 전 지형인 만큼 부정확할 수도 있으니 양해 부탁드립니다.
4. 본 책에 실린 일러스트들은 내용의 상상력을 돕기 위한 저자의 의도일 뿐, 단정적인 자료는 아님을 밝힙니다.
5. 큰 따옴표 안에 들어가는 인물들의 대사는, 생동감을 살리기 위해서 표준 한글 맞춤법과 다른 표현을 일부 사용하였습니다.
6. 본 책은 표준 외래어 표기법을 대체적으로 따랐으나, 몇 가지 중국 인명과 지명은 대중적으로 익숙한 발음으로 표기하였습니다.
7. 길이나 무게를 나타내는 단위, 그리고 시간 표현 등은 독자의 이해를 돕기 위하여 삼국지 시대와 현대의 표현 방법을 혼용하여 표기했습니다.

5장. 용의 전쟁, 불에 죽고 바람에 살고

6장. 용의 승천, 먹구름을 뚫고 올라

7장. 용의 오만, 초심 잃은 영웅들

8장. 용의 최후, 무엇을 위하여 그리 살았나

북방의 위와 남방의 오가 우열을 가리던 곳
그 적벽에는 한 척의 배도 떠 있지 않네.
사나운 화마가 하늘을 뚫고 어두운 장강을 밝힐 때
여기서 주랑이 조공을 무너뜨렸네.

5장

용의 전쟁, 불에 죽고 바람에 살고

[5장 인물 소개서]

방통 한나라 최고의 책사 '와룡과 봉추' 중에 봉추가 바로 방통이랍니다. 독특한 외모 때문에 그를 무시한 이들도 있었지만, 그들은 땅을 치고 후회했죠. 결국 방통은 자신의 진가를 알아봐 준 주공을 찾아갑니다.

황충 '노장은 죽지 않는다'는 말의 표본이에요. 백발백중의 명궁수이며, 관우와 맞먹을 정도의 무공을 보여 주죠. 게다가 은혜를 반드시 갚는 의로움까지 갖춘, 완성형 명장이랍니다.

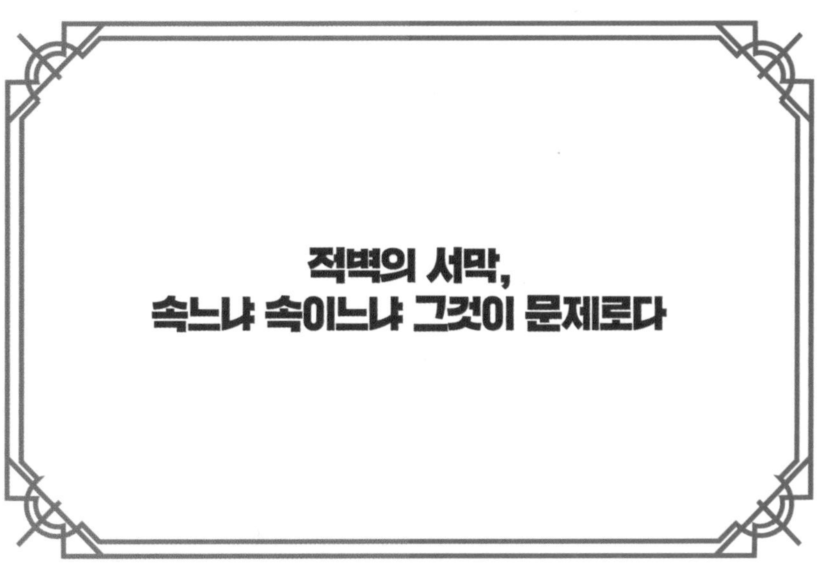

적벽의 서막,
속느냐 속이느냐 그것이 문제로다

여러분, 삼국지의 세계로 돌아오신 것을 환영합니다. 곧 죽어도 백성만은 지키겠다는, 그리고 한나라 부흥은 반드시 이루리라는 유비. 승리하기 위해서는 자존심도, 측근도, 천하도 아깝지 않다는 조조. 아버지와 형에게서 동오라는 유산을 물려받아, 그것을 지키기 위한 가장 현명한 방법을 차근차근 찾아가는 손권. 그리고 그들을 따르는 의리맨 관우, 귀여운 힘쟁이 장비, 날쌘돌이 조자룡, 최고의 책사 제갈공명, 중재의 달인 노숙과 동오의 버팀목 주유. 모두 반갑죠? 이들은 아직 여러분들에게 해 줄 이야기가 많답니다.

1권에서 인사를 고해야 했던 이들도 있었죠. 명분도, 제대로 된 자기편도 없이 공포만으로 권력을 잡았다가 모두의 적이 돼 버렸던 동탁. 무공 실력은 당대 최고일 정도였으나 인간관계에 실패해 결국 무너진 여포. 모든 걸 다 가졌었으나 교만과 누적된 판단 실수로 스러져간 원소 등이에요.

1,700년 전 사람들, 게다가 한 나라를 들었다 놨다 한 영웅들이니 우리와는 전혀 상관이 없을 것 같았지만, 어땠나요? 그들의 행동과 말이 우리를 울리기도 하고, 웃게도 하고, 교훈을 주기도 하지 않았나요? 2권에서도 이들의 이야기에 정신없이 빠져들다 보면, 이 인물들의 팬이 되고, 어느덧 이들과 동질감을 느끼게 되실 겁니다. 결국 이들은 우리보다 세상을 먼저 살아간, 한평생 꿈을 이루기 위해 치열하게 노력했던 사람의 군상이니까요. 2권에서도 매력적인 인물들이 새롭게 등장하니, 기대하셔도 좋습니다.

자, 우리 이 인물들과 어디서부터 다시 만나야 하는지 더듬어 볼까요? 찬란한 문명을 자랑하던 한나라는 망해 가고, 농민들이 일으킨 황건적의 난, 환관들을 몰아낸 십상시의 난이 차례로 일어났었죠. 이 혼란 속에서 홀로 권력을 잡은 동탁을 제거하기 위해 반동탁 연합군이 일어나기도 했었어요. 하지만 막상 동탁을 죽인 건 초선의 활약이었고, 이후론 동탁의 수하였던 이각과 곽사가 천자를 사로잡았어요. 천자는 은밀히 조조를 불렀고, 조조는 자신의 세력을 이끌고 들어와 이각과 곽사를 물리친 뒤 자신의 세력을 확립했지요. 천자의 권력까지 함께 붙잡은 채 말이에요. 여러 연맹체가 생겼다 사라지면서 원술, 여포가 차례로 쓰러졌죠. 그리고 조조는 소꿉친구였던 원소와 관도대전에서 결판을 벌이고, 승리하여 북방 지역 대부분을 평정했습니다. 유비는 여기저기 쫓기며 고군분투하면서도 충성스런 사람들을 끌어모았고, 제갈공명을 얻음으로 드디어 날개를 펴나 했어요. 그런데 조조의 압도적인 힘에 밀려, 결국 또 자신을 따르는 무리를 이끌고 도망합니다. 조조의 독주를 막기 위해서 동오의 손권과 유비는 손을 잡고, 제갈공명과 주유는 서로 앞다투어 계책을 뽐내며 조조를 골탕 먹였습니다. 그래서 조조가 반격을 시작하려는 찰나이죠. 자, 그럼 이제부터 다시 시작해 봅시다, 삼국지로의 여행!

주유와 제갈공명에게 복수할 방법을 찾느라 며칠째 두통에 시달리던 조조는 불현듯 좋은 생각이 났다.

"채중과 채화를 들라 하라."

채중과 채화는 주유의 이간질 때문에 억울하게 참수당한 수군 장수 채모의 동생들이었다. 하지만 조조가 주유의 계책에 속았다는 것은 조조 홀로 알고 있던 상태. 명을 받은 두 사람은 이제 자기들도 죽었구나 싶어 벌벌 떨며 조조 앞으로 끌려왔다.

"나는 너희 형제들을 믿고 사랑했다. 너희가 형주 출신이라는 이유로 단 한 번 차별한 적도 없지. 그런데 너희 형이 나를 배신했다."

"죽여 주시옵소서."

그들이 읍소하자 양심의 가책을 느꼈는지, 조조의 표정이 살짝 어두워졌으나 이내 다시 뻔뻔하게 말했다.

"아니다. 너희 형의 잘못을 너희가 왜 뒤집어쓰려 하느냐. 물론 내가 원소 같은 자였다면, 너희 가문은 멸문지화를 당했을 거다. 하지만 나는 그런 사람이 아니야."

죽지는 않겠다는 생각에 채중과 채화가 안심하는 모습을 보였다. 이를 본 조조는 마치 인심을 쓰는 것처럼 이어 말했다.

"내가 너희들에게 기회를 주겠다. 적진에 가서 거짓 항복을 한 후, 염탐을 해 와라. 만일 너희가 이번에 공을 세우면, 너희 가문뿐 아니라 형주 출신 모든 병사들에게 상과 벼슬을 내릴 것이다. 하지만 배신을 하면, 한 사람도 빠짐없이 모두를 참수할 것이야. 할 수 있겠느냐?"

죽다 살아난 채중과 채화는 머리를 조아리며 말했다.

"네, 저희 가족들이 모두 형주에 있는데 어떻게 딴 마음을 품겠습니까? 저희가 꼭 정보를 빼 오도록 하겠습니다, 승상."

조조는 이 두 사람이 항복을 하면, 주유도 의심 없이 받아들이리라 믿었던 겁니다. 주유는 자신의 계략 덕분에 채모와 장윤이 억울하게 참수당했다는 소식을 이미 듣고, 지금쯤 통쾌해 하고 있었을 테니까요. 채모의 동생들이 형의 원수를 갚기 위해 투항했다고 하면 항복의 명분은 충분할 거라고 판단한 거지요. 과연 두 사람은 염탐꾼 역할을 톡톡히 해낼까요? 아니면 조조를 배신할까요?

크게 한 건 올린 주유는 기분이 좋아 잔치를 열고 있었다. 노숙이 주유를 치켜세웠다.

"과연 한나라 최고의 책사이십니다. 어찌 그런 계략을……. 하하하."

"과찬이오. 뭐 그 정도 가지고. 하하하."

말은 이렇게 했지만, 시기와 질투의 대상이었던 제갈공명을 이겼다는 생각에 주유의 어깨가 으쓱해졌다. 그때 밖에서 병사가 들어와 말했다.

"조조의 진영 쪽에서 온 배가 정박을 시도하여 사로잡고 보니, 채 씨 형제가 항복하겠다고 왔습니다."

"뭐? 누구? 연유가 무엇이라더냐?"

"채모의 동생, 채중과 채화입니다. 억울하게 죽은 형, 채모의 복수를 하고 싶답니다."

노숙이 물었다.

"둘이 왔더냐, 아니면 가족들도 데려왔더냐?"

"다른 일행은 없었습니다. 오직 둘만 왔습니다."

이때 주유와 노숙은 똑같은 생각을 했습니다. 네, 밀정이라고요. 진짜 항복하기 위해 왔다면 가족들도 모두 데려왔겠지요. 안 그럼 가족들이 조조에 의해 모두 참수당할 테니까요. 그런데 둘만 달랑 온 거잖아요. 주유는 이들을 어떻게 할까요? 참수할까요?

아니었습니다. 장간처럼 역이용해 조조를 다시 한 번 골려줄 작정이었지요. 한마디로 장간 제2편을 펼칠 셈이었던 겁니다. 그래서 그들을 받아줄 뿐 아니라 그들에게 벼슬을 내려줍니다. 서로 속고 속이는 계략 속에서 상황이 점점 흥미진진해지네요. 과연 누구의 계략이 승리할지 계속 살펴보시죠.

승기를 잡아가고 있다고 생각해서인지, 부쩍 마음이 여유로워진 주유와 노숙은 정자 위에서 망중한을 즐겼다. 그러다가 문득 생각이 났는지, 정자 아래 병사에게 제갈공명을 모셔오도록 했다. 이때 노숙이 자리를 비키며 주유의 귓속에 대고 속삭였다.

"이제 그만 화해하시지요. 제가 중간에서 난처해 미칠 지경입니다. 두 분의 비상함이 비등비등하니, 더는 서로를 미워하지 않아도 되지 않겠습니까?"

주유가 알겠다는 듯 고개를 끄덕였다. 제갈공명은 정자 위에 올라서자마자 주유를 칭찬하기 시작했다.

"장간을 이용하셨다고 들었습니다. 수전에 능한 채모와 장윤을 참수하여 조조의 팔다리를 잘라 버리신 셈이오니, 그저 놀라울 따름입니다."

"허허, 뭘 그 정도 가지고. 제가 선생을 부른 이유는 상의할 게 있어서인데……. 조조 군이 곧 몰려올 거 같소. 그런데 수적으로 우리가 대적이 안 되니 어찌 막으면 좋겠소?"

"제가 오늘 불현듯 생각한 게 있긴 한데……. 외람되지만 대도독께서는 어떤 생각을 갖고 계신지 먼저 말씀해 주시지요."

주유가 대답했다.

"나도 어젯밤에 생각해 둔 게 있긴 한데. 그럼 손에 써서 동시에 서로 보여 주는 건 어떻겠소?"

"그거 재미있겠습니다."

"여봐라, 붓과 먹을 가져와라."

그렇게 두 사람은 손바닥에 각자 생각하는 공격법을 적어 서로의 얼굴 앞에 갖다 댔습니다. 두 사람의 눈이 번쩍이더니 갑자기 껄껄 웃기 시작하네요. 정자 밑에 서 있던 다른 장수들은 그들이 왜 웃는지 알 수가 없었지요. 대체 뭐라고 썼기에 그랬던 걸까요?

"화火"

그 둘은 똑같이 불 화 자를 손바닥에 써서 서로에게 보여 줬다. 화공이라는 뜻이었다. 불화살을 쏘아서 불이 한 번에 옮아붙게끔 하는 방법이 대군을 상대하기엔 최선이었던 것이다. 드디어 마음이 제대로 통한 둘은 밤이 늦도록 기분 좋게 술을 마시고 헤어졌다. 모든 준비가 완료되기 전까진 비밀에 부치잔 말도 함께였다. 채중과 채화 외에도 그들이 모르는 첩자들이 어딘가에 숨어 있을지 모르는 일이었다.

火
火

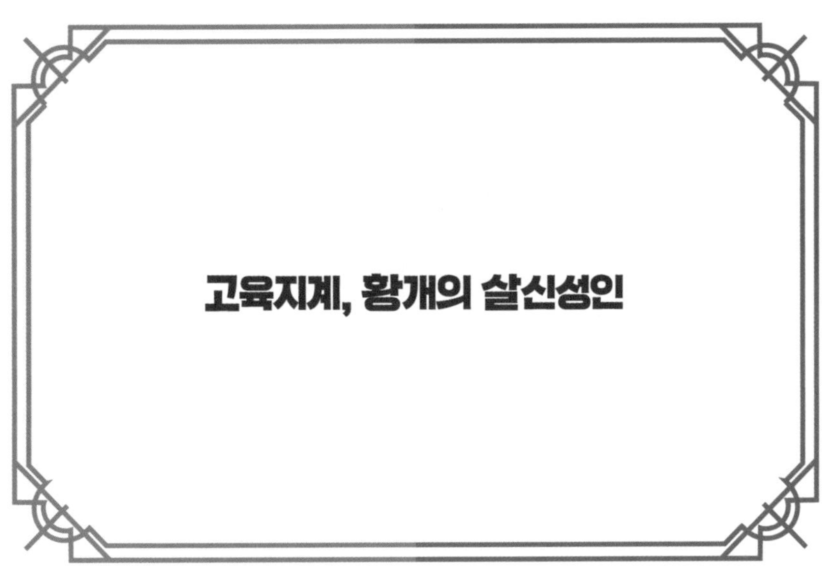

고육지계, 황개의 살신성인

하지만 이 방법을 쓰려면 구체적으로 해결해야 하는 문제들이 있었습니다. 일단, 조조의 8,000척의 함대로 최대한 근접해 들어가야 했죠. 육지에서 화공법을 쓸 경우에는 적을 나무나 갈대가 있는 곳으로 유인한 후, 불화살을 쏘면 됩니다. 그러니까 멀리서도 공략이 가능하죠. 주변의 나무나 갈대 등에 한 번 불이 붙으면, 불은 바람을 타고 순식간에 옮아 붙으니까요.

헌데 지금 손유 연합군이 공략하고자 하는 조조의 배들은 육지가 아니라 물 위에 있었죠. 화공법을 쓰려면 직접 배에 불화살을 쏘는 수밖에 없었는데, 그렇다면 화살의 사정거리까지 다가가야 했습니다. 또한 수중전에서의 화공은 화약과 기름을 실은 쾌선에 불을 붙인 후, 적들의 배를 들이받는 전술을 써야 그 위력이 가장 강해요. 그러려면 쾌선이 최대한 가까이 다가가야 하는 숙제를 풀어야 했습니다.

그런데 문제는 조조 군이 워낙 많아야지요. 당연히 수상한 배가 다가오면 맹공격을 할 것이고, 아무리 빠른 쾌선이라도 적진에 닿기도 전에 침몰할 터였죠. 더군다나 제갈공명과 주유가 차례로 다녀간 이후로, 조조는 영채 주변의 경계를 더욱 삼엄하게 강화하고 있었답니다.

어떻게 하면 좋을지 주유가 고민하고 있을 때, 황개라는 장수가 찾아왔다. 황개는 나이가 예순이 넘은 노장으로, 손권의 아버지 손견 때부터 손씨 일가와 함께해 온 충성스럽고 능력 있는 장수였다. 주유도 존경해, 깍듯이 대하는 인재였던 것이다.

"대도독, 어찌하여 출병을 망설이고 계시오? 지금은 다름이 아닌 화공을 쓰셔야 하오."

깜짝 놀란 주유가 물었다.

"아니, 대체 누가 화공에 대해서 말을 했습니까?"

"누가 말한 것이 아니오. 이래 봬도 전쟁터에서 늙어온 몸이요. 그런데 반응을 보아하니 화공은 이미 생각하고 있었던 듯한데, 무엇을 고민하고 계시오?"

"사실 나도 장군과 같은 생각을 하고 있었습니다. 그런데 불붙는 쾌선들을 이끌고 조조 진영에 가까이 갈 수 있는 방법이 없어서 고민을 하고 있었습니다."

주유가 속내를 털어놓으니, 황개가 답했다.

"내가 한 번 나서 보겠소."

"아니, 무슨 수로?"

황개가 주유의 귀에 대고 자신의 계략을 속삭였다.

"말도 안 됩니다. 그러다 큰일납니다. 절대 그럴 수 없습니다."

"대도독, 제 나이 벌써 예순이니 어차피 곧 죽을 몸이오. 저는 손 씨 집안에 대대로 은혜를 입은 사람입니다. 강동을 위해 큰일하고 죽으면 더없이 큰 영광 아니겠소? 걱정하지 마시고 저를 이용하시오."

주유가 넙죽 인사하고 황개의 두 손을 잡았다.

"정말 고맙습니다, 장군."

황개가 뭐라고 말했기에 주유가 고맙다고 했을까요? 그리고 왜 죽을 각오가 필요했을까요? 바로 다음날부터 그들은 계획을 실행에 옮깁니다.

다음날 주유는 장수들을 모두 모아 작전 회의를 했다. 물론 이 자리에는 채 씨 형제들도 있었다. 주유가 말했다.

"우리 강동은 예부터 우리의 영토를 지키는 일을 중요시했소. 그 결과 항상 이 터를 뺏기지 않고 지금껏 번성해 왔소. 그러니 이번에도 공성 아닌 수성을 할 참이오. 군량 담당인 장소 선생에게 3개월 치 군량을 이곳으로 옮겨오도록 서신을 보냈소."

이때 황개가 발끈해 소리쳤다.

"아니, 대도독. 당장 조조 놈을 쳐도 시원찮을 판에, 3개월이나 기다리자는 게 말이 되오? 그들은 지금 맹훈련 중이오. 3개월 후에 수전에 익숙해지면 우리가 무슨 수로 그들을 대적한단 말이오? 지금 바로 공격해야 하오. 그럴 수 없다면 일전에 논의한 대로 조조에게 절하여 항복하는 게 훨씬 낫겠소이다!"

주유가 눈을 부릅뜨고 맞섰다. 평소에 하던 노장에 대한 예우도 잊은 말투였다.

"지금은 때가 아니다. 지켜야 하오!"

황개도 지지 않았다.

"공격해야 할 때요!"

"무조건!! 지켜라!!"

"반드시 공격하시오! 바로 지금!"

두 사람의 살벌한 기 싸움에 다른 장수들이 어쩔 줄 몰라 하고 있었다. 이때 주유가 탁자를 탁 치며 말했다.

"대도독은 나요. 내 뜻을 따르지 않는 자는 군법에 의해 참수당한다는 걸 모르오? 감히 그 입에 항복을 올려 군심을 어지럽히다니 이는 군법으로 다스려 마땅하다!"

노장 황개가 이마에 핏대를 세우며 호통을 쳤다.

"이런 어린놈이 보자 보자 하니까. 야! 네가 대도독이면 다야? 나이로 치면 내가 네 할아버지뻘인 거 몰라? 내 평생 손 씨 일가를 모셔 왔는데, 머리에 피도 안 마른 네가 무엇을 안다고 이리 생떼를 부리는 것이냐?"

얼굴이 붉으락푸르락해진 주유가 소리를 질렀다.

"여봐라, 당장 저 늙은이를 참수하라. 전시 상황에서 총책임자에게 대든 자는 무조건 참수란 걸 보여 줘라!"

장수들이 주유를 말렸다.

"대도독답지 않게 왜 그러십니까? 황개 장군이 그동안 세운 공을 생각하시어 참아 주십시오."

"흠, 돌아가신 손견, 손책 주공을 보아 목숨만은 살려 주겠다. 그래도 그냥은 못 넘어가겠다. 곤장 100대에 모든 군권을 박탈하도록 하라."

이번에도 장수들이 읍소했다.

"아니, 황개 장군 나이에 곤장 100대면 죽습니다. 제발 저희를 봐서라도 참아 주십시오."

"흠."

주유가 고민하고 있던 차에, 끌려 나가던 황개가 소리쳤다.

"야, 이 애송아, 곤장 쳐라 쳐. 100대가 뭐냐, 1,000대 쳐, 쳐!"

다시 주유의 얼굴이 벌게졌다.

"곤장 100대를 당장 쳐라. 조금이라도 허투루 치면 너희들도 곤장을 맞을 줄 알아라!"

결국 혈기왕성한 병사 두 명에게 곤장 100대를 맞은 황개는 왼쪽 다리가 부러지고, 엉덩이 살점이 다 뜯겨 나가, 온통 피투성이가 되어 혼절하였다. 다른 병사들이 주유 몰래 황개를 모셔 황개의 막사에 뉘었다.

그날 밤 겨우 정신을 차린 황개는 제대로 앉지도 못한 채로 조조에게 서신을 썼다.

"한나라의 높으신 승상에게 고합니다. 버르장머리 없고 무능하기 짝이 없는 주유 놈에게 바른 말을 하였다는 이유로 곤장을 100대나 맞았습니다. 평생을 바쳐 강동을 지켜왔건만, 손권과 주유가 세력을 잡은 이후로는 그 교만함이 날로 더해져 곧 무너질 것이 보이는 듯합니다. 그 오만함에

치가 떨려, 더는 이곳에 있을 수 없어 항복하려고 하니 부디 저를 받아주십시오. 이미 다 늙은 몸, 강동의 약점들과 지형들을 승상에게 낱낱이 고하며 여생 편안히 살아 보고자 합니다. 몸을 추스르는 대로 배 20척에 군량을 싣고 승상의 진영으로 찾아뵙겠습니다."

이 서신을 받은 조조는 서신을 탁자 위에 놓고 수십 번을 읽었다. 그리고는 주먹으로 탁자를 내리치며 실소를 터뜨렸다.

"이놈들이 나 조조를 뭘로 보고 자꾸 농락하는 것이냐? 이것은 분명 거짓 항복이다. 여봐라, 군중을 어지럽히는 저 전령을 당장 참수하라."

그때 또 한 명의 전령이 달려와 다른 서신을 전했다. 채 씨 형제가 주유의 영채에서 보낸 서신이 도착한 것이다. 조조는 재빨리 서신을 펼쳤다.

"승상, 황개라는 장군이 주유에게 곤장 100대를 맞아 다리가 부러지고 살점이 뜯겨서 반병신이 되었습니다. 황개는 오랜 공신이라 다른 장수들도 분노 상태입니다. 주유가 신임을 잃고 내분이 일어날 것 같습니다. 이를 기회로 삼으시면 좋겠습니다."

조조가 다시 생각을 바꿨다.

"오호, 하긴 주유 그놈 오만방자한 꼴을 보면 반란이 충분히 일어날 수 있지. 흠… 그럼 황개가 오면 일단은 받아 주도록 하라."

하지만 조조는 의심의 끈은 끝까지 놓지 않고 상황을 지켜보기로 했다. 채 씨 형제가 주유에게 진짜로 항복했을 수도 있다고 생각한 것이다.

자, 이제 황개의 계책이 무엇이었는지 아시겠나요? 거짓 항복을 통해 적진에 깊숙이 들어가려는 것이었어요. 20척의 쾌선을 끌고 투항하는 척 다가가면, 공격을 받지 않고 가까이 갈 수 있으니까요. 대신 배에는 약속한 군량 대신, 염초 가루, 유황, 동물 기름과 불화살이 가득 실려 있었죠. 그러면 주유가 풀어야 했던 화공법의 문제가 하나 해결되는 거죠.

하지만 의심 많은 조조를 속이기 위해서는 그럴 듯한 항복의 이유가 필요했기 때문에, 이렇게 실제로 몸이 상하는 연극을 해야만 했습니다. 황개의 희생으로 인해 어쨌든 적진의 심장부까지 들어갈 수 있는 배경이 만들어졌습니다. 바로 여기서 고육지계(苦肉之計)라는 사자성어가 생겼습니다. 자신의 몸을 상해가면서까지 계책을 꾸며낸다는 뜻이지요. 적의 뼈를 부러뜨리기 위해 자신의 살을 찢는 고통을 감수한 황개의 희생에서 나온 말이랍니다.

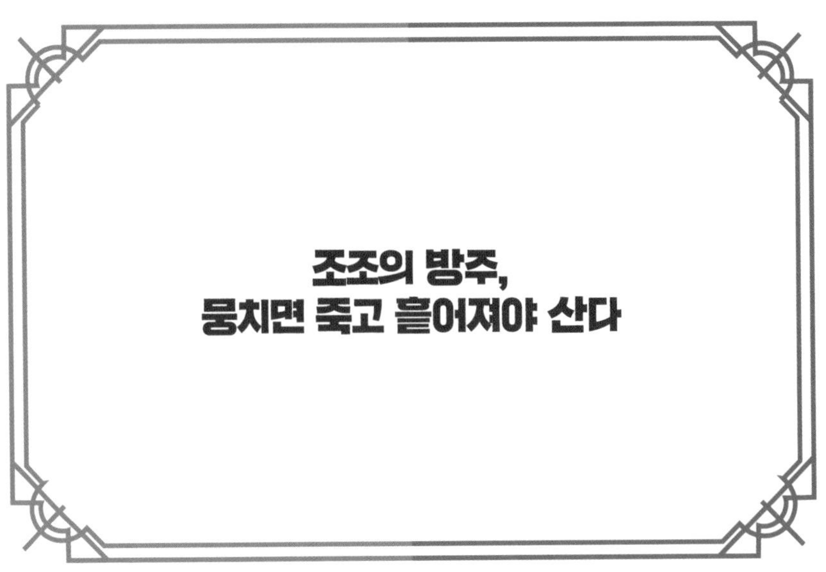

조조의 방주, 뭉치면 죽고 흩어져야 산다

주유는 황개 덕분에 첫 번째 고민을 해결할 수 있었다. 그런데 또 한 가지 문제가 있었다. 8,000척의 전함이 강에 흩어져 있으면 불이 옮아 붙질 못할 터였다. 조조 군을 한 번에 섬멸시키기 위해선 배들이 한데 모여 있어야 했다. 게다가 한데 모여 있는다고 한들, 만약 앞쪽 배에 불이 붙는 것을 보고 나머지 배들이 넓은 장강에 빠르게 흩어져 버린다면, 이 또한 화공이 실패로 돌아갈 노릇이었다. 주유는 이를 해결할 묘책이 도통 생각나질 않았다. 자존심상 제갈공명에게 물을 수도 없었다. 이때 주유의 책사인 방통이란 자가 계책을 냈다.

"대도독, 이렇게 하시지요."

방통이 주유의 귀에 대고 한참을 속삭이니, 주유가 입가에 미소를 띠며 말했다.

“역시 선생은 신통방통하오. 방통 선생만 믿겠소. 근데 그러려면 선생이 조조에게 가야 하는데, 어떻게 가겠단 말이오?”

“기다려 보십시오, 분명 그쪽에서 움직임이 있을 겁니다.”

당시 한나라엔 “와룡과 봉추, 둘 중 하나만 있어도 천하를 얻을 수 있다.”라는 말이 있었는데, 이중 와룡은 제갈공명의 별명이었습니다. 그리고 봉추가 바로 이 방통이었지요. 그만큼 뛰어난 책사의 말이었으니 분명 뭔가 신묘한 계책이었겠죠? 아니나 다를까, 며칠 후에 장간이 다시 주유의 진영으로 찾아왔네요. 장간은 지난번에 주유에게 역이용당해 조조에게 타격을 준 인물이잖아요. 그런데 조조는 지난번에 큰 실수를 저지른 장간을 왜 또 적진에 보낸 걸까요?

조조는 황개뿐 아니라 채 씨 형제도 믿지 못했답니다. 채 씨 형제를 한번 떠보기 전에는 안심이 안 돼 밤에 잠을 이룰 수가 없었지요. 근데 그들을 어떻게 떠볼 수 있겠어요? 주유 진영을 자유롭게 갈 수 있는 자는 장간밖에 없으니 조조는 다른 도리가 없었습니다.

“장간, 지난번에도 큰일을 해냈지. 그래서 내가 그대만 믿는 거요. 그때 그대가 아니었으면 역적 두 놈 때문에 거덜 날 뻔했잖소.”

“승상, 과찬이십니다. 응당 제가 해야 할 일을 했을 뿐입니다.”

조조의 속마음도 모른 채, 장간이 겸손을 가장한 의기양양함을 뽐냈다.

‘이놈 한 대 팰 수도 없고, 하아.’

조조가 화를 억누르며 말했다.

"그래, 그대밖에 없어. 이번에도 한 번 더 수고해주오. 저쪽 진영에 가서 채 씨 형제 놈들 말이 사실인지 확인 좀 하고 오시오."

장간이 난감한 표정을 지으며 말했다.

"지난번에 제가 중요한 서신을 훔쳐와, 입장이 좀……. 제가 다시 주유에게 간다면 주유가 저를 살려 두지 않을 가능성이……."

말을 더듬는 장간에게 조조가 말했다.

"으음, 내가 주유 뒷조사를 좀 했는데, 그대가 더 잘 알겠지만, 고향 친구를 해칠 성품은 아니지 않소? 그리고 수완이 좋은 그대가 그리 주유에게 쉽게 당할 리도 없고. 이번 일만 잘 마무리해 주면 특진은 물론이고, 그대 가문에게 넓은 영지와 금은보화를 보장하겠소. 그리고 북방의 미녀 100명도 그대를 위해 모집하겠소."

미녀 100명 소리에 순간 눈이 휘둥그레진 장간이 표정 관리를 하며 아무렇지 않은 척 말했다.

"뭐 금은보화나 영지가 탐이 나지는 않습니다. 그러나 승상에 대한 충성심과 분열된 한나라를 통일시키려는 저의 소신을 알아 주시니 감사할 따름입니다. 다시 한 번 적진에 가 보겠습니다."

"그래, 그래, 역시 장간이야."

조조가 장간의 등을 두드리며 응원해 줬다. 그리고 속으로 또 되뇌었다.

'이번에 또 실수하면 네놈 목부터 베어 버릴 것이다.'

이런 연유로 장간이 주유를 또 찾아오게 된 것이었다. 주유는 군사들을 정비하여, 방통과 여러 계책을 궁리하고 있었는데 마침 장간이 왔다는 보고를 받았다.

"대도독, 그때 그 친구라는 자, 장간이 다시 찾아왔습니다."

과연 방통의 말대로 조조 쪽에서 먼저 움직였다는 사실에 놀란 주유가 방통을 쳐다봤다. 방통은 가만히 탁자 위에 놓여 있던 지도의 한 곳을 가리켰다. 그리고는 아무 말 없이 밖으로 나갔다. 주유는 표정을 가다듬고 병사에게 말했다.

"들어오라 전하라."

주유가 지난번에는 맨발로 뛰쳐나가 맞이했지만 이번에는 직접 들어오게 한 것이다. 이 사실만으로도 장간은 간담이 서늘해졌다. 아니나 다를까 막사로 들어가자마자 주유가 소리를 버럭 질렀다.

"네가 어찌 그러고도 내 친구라고 하겠느냐? 나를 속여 서신을 훔치고도 무슨 배짱으로 다시 찾아왔느냐?"

주유는 무서운 기세로 칼집에서 보검을 빼어 들었다. 깜짝 놀란 장간은 지릴 듯한 오줌보에 힘을 주고 덜덜 떨며 말했다.

"이보게 주유, 뭔가 오해가……."

장간이 입을 떼기가 무섭게 주유는 칼자루를 고쳐 잡았다.

"그래도 이놈이!!!"

살벌한 칼끝이 장간의 왼쪽 눈을 겨냥하는 순간, 눈앞이 아득해진 장간은 환영을 보았다. 금은보화를 가득 싣고서 줄지은 마차, 오곡이 무르익는 드넓은 영지, 북방 최고의 미녀들에게 둘러싸여 있는 자신의 모습을……. 죽기 살기로 마음을 고쳐 먹은 장간은 무릎을 꿇으며 큰 소리로 애원했다.

"아니 그게 무슨 소리인가. 내가 너를 속이다니?"

그 말에 주유가 눈을 부릅뜨고 장간을 바라봤다. 마치 잡아먹을 것 같은 눈빛에 장간이 떨며 말을 이었다. 말이 절로 높여졌다.

“아… 아니 잘못했소. 한 번만 살려 주시오. 우리 옛 정을 생각하시오. 우리 어머니가 자네에게 차려준 밥을 잊었소? 어머니! 어머니!!”

장간은 비겁한 눈물을 뿌려대며 연신 어머니를 외쳐대었다.

주유가 잠시 숨을 고르더니 말했다.

“네 죄를 생각하면 이 자리에서 죽여야 마땅하나, 옛정을 생각하여 목숨만은 붙여 두겠다. 하지만 이리 돌아가면 우리 군중의 상황을 다시 조조에게 알릴 것이 분명할 터. 여봐라! 장간 이자를 산기슭 암자로 데려가 도망가지 못하게 지켜라.”

“네, 알겠습니다.”

병사 두 명이 장간을 끌어냈다.

“아니 주유, 우리 어머니의 따순 밥을 생각해!! 따순 밥!”

그렇게 장간은 보초병들과 함께 산 속 암자에 갇혔답니다. 그것도 적진에서요. 전쟁이 끝나기 전에는 돌아갈 수도 없게 됐으니 얼마나 답답하고 초조했을까요? 울 것 같은 심정으로 근처를 어슬렁거리는데 토굴 하나가 눈에 띄었습니다. 그 안에서 불빛이 새어 나오네요. 그리고 그 아래에서 누군가 책을 보고 있었습니다. 개 한 마리도 안 보이는 산에서 사람을 발견했으니 얼마나 반가웠겠어요. 그가 누구였냐고요?

장간이 굴 안으로 들어가 가만히 안을 들여다보았다. 안에는 한 사내가 곧게 앉아 등잔불 아래 책을 읽고 있었다.

'이는 분명 보통 사람이 아니다.'

장간은 사내의 범상치 않음을 느끼며 조심스레 소리를 냈다.

"크흠."

장간의 헛기침에 놀란 사내가 고개를 들자 장간이 물었다.

"이런 곳에서 사람을 만나니 놀라워서……. 실례가 안 된다면, 누구신지요?"

"아, 저는 방통이라 하오."

"아니, 그 유명한 책사, 방통? 선생의 신통함은 익히 알고 있습니다. 저희 조조 진영까지 소문이 쫙 났죠. 천하를 제패할 능력을 가진 책사라고요. 한 번 꼭 뵙고 싶었는데, 이런 데서 뵐 줄이야."

"별 말씀을. 근데 누구신지?"

장간이 자기소개를 하며 왜 그곳에 오게 되었는지에 대해서도 설명했다. 그리고 방통에게 다시 물었다.

"근데, 선생이 왜 여기 계십니까?"

"황개 장군이 그렇게 될 때 옆에서 간언을 하다가 주유의 노여움을 샀지 뭐요. 그래서 이리 쫓겨 온 것이오."

장간이 속으로 '천지신명님 감사합니다.'를 외쳤다. 방통만 데리고 간다면 조조에게 큰 상을 받을 수 있을 뿐 아니라, 이번 전쟁에서 대승을 거둘 수 있을 거란 확신이 들었기 때문이다.

"선생, 선생 같은 분이 이리 굴 안에만 계실 수는 없지요. 저희 조조 승상은 능력 있는 인재를 사랑하시고, 하해와 같은 성은을 베푸십니다."

장간의 말에 방통이 대답했다.

“이 나라에서 그거 모르는 사람이 어디 있겠소. 관우한테 베푼 은혜를 다 아는데. 그래서 내가 관우를 싫어합니다. 어떻게 그런 승상을 배신하고. 쯧.”

장간의 얼굴에 화색이 돌았다.

“저랑 같이 조조 승상에게 갑시다. 제가 선생을 승상에게 보증하겠습니다.”

“주유 그놈이 위아래도 모르고 날뛰니, 이미 강동을 떠나려 한지 오래되었소. 좋소, 어서 발걸음을 옮깁시다. 더 지체하다가는 혹시 주유에게 들킬지도 모르오.”

“그런데 여기서 어떻게 나가야 하는 건지…….”

장간이 난감해 하자 방통이 자리를 탈탈 털고 일어나며 말했다.

“걱정도 팔자시오. 내가 나가게 해 주리다. 이래봬도 강동 지역은 내 손바닥처럼 훤히 들여다볼 줄 안다오. 다만 방향을 정하지 못해 이곳에 머무르고 있었던 것뿐이오. 밤에 군병들이 졸 때 빠져나갑시다.”

“역시 듣던 대로 대단하십니다.”

주유와 방통이 판을 짜놓고 장간을 구워삶았다는 것, 보이시죠? 이를 어쩌죠, 장간이 또 주유의 계략에 말렸네요. 이렇게 조조에게는 걱정 없이 가게 되었으나, 방통은 과연 조조에게 가서 무얼 하려는 걸까요? 조조는 이번에도 의심을 할까요? 아니면 계책에 넘어가고 말까요?

“아니, 방통 선생이 어떻게?”

조조가 방통이 도착한 것을 알고 한달음에 달려가 맞이했다. 장간이 의기양양하게 그간의 상황을 다 읊으니, 조조의 의심이 한방에 날아갔다. 모든 게 아귀가 딱딱 맞아떨어졌기 때문이다.

"방통 선생, 이렇게 찾아와 주시니 이제 나는 걱정이 없소. 부디 날 좀 도와 주시오. 우리가 수전에 약하니 이길 방법을 가르쳐 주시면 고맙겠소."

조조가 방통의 두 손을 꼭 붙잡고 간청하자, 방통이 고개를 끄덕였다.

"승상, 수군의 현재 상황을 먼저 살펴보고 싶습니다. 배가 있는 곳으로 안내를 해 주시지요."

"당연히 그래야지요."

조조는 활짝 웃는 모습으로 방통을 수중 영채로 안내했다.

조조를 따라간 방통은 입이 쩍 벌어졌다. 수중 영채 안의 8,000척의 배가 오와 열을 맞춰 정확히 정박해 있었다. 게다가 그 사이를 작은 배들이 육지에서 사람이 드나들 듯 지나다니고 있었다.

"승상의 군사가 육지에서도 천하제일이라 들었는데, 물 위에서도 이런 장관을 보이시니 역시 명불허전이십니다."

"으헤헤, 보시기 좋다니 다행이오."

조조가 자신의 막사로 방통을 데려와 비싼 술을 대접하며 물었다.

"방통 선생, 저희 진영을 보았는데, 이 정도면 주유 군을 물리칠 수 있겠소? 부족한 것이 있다면 망설임 없이 얘기해 주시오."

방통이 고개를 갸웃거리며 물었다.

"진중에 유능한 의원이 있습니까?"

"의원들이 있기는 하오만, 왜 그것부터 물으시오?"

"승상의 군사들은 필시 풍토도 맞지 않고 수전도 맞지 않아, 질병과 뱃멀미로 고생하고 있을 것입니다."

허를 찌르는 질문에 조조가 탄식하며 인정했다.

"맞소, 모두 육지 출신이라 배에서 잘 적응하지 못하고 있소."

"승상께서는 천하무적이시고, 수개월간 장강에서 군사들을 훈련시키셨다 들었습니다. 하지만 장강은 그렇게 만만한 곳이 아니지요. 훈련과 실전은 또 다르지 않겠습니까? 뱃멀미가 심한 군사들이 실전 때, 흔들리는 배 안에서 노를 젓고 제대로 활을 쏠 수 있을지 의문입니다."

조조가 방통 곁으로 몸을 바짝 들이대며 물었다.

"방책이 있소?"

"있습니다. 큰 배 한 척에 작은 배 50척을 쇠고리로 연결하십시오. 그렇게 8,000척의 배를 다 엮은 다음, 넓은 판자를 깔아두면 다리로 이어진 거대한 함선이 만들어지지 않겠습니까? 그러면 아무리 거센 풍랑이 일고 파도가 쳐도 조금의 흔들림도 없을 것입니다. 군사들이 뱃멀미할 일도 없고, 말을 타고도 자유자재로 배 사이를 돌아다닐 수 있으며, 안정적으로 활을 쏠 수도 있겠지요."

가장 큰 걱정이었던 군사들의 뱃멀미를 해결할 방책에 조조는 모든 근심이 씻겨나가는 듯했다. 방통의 두 손을 붙잡고 말했다.

"그거 참 엄청난 방책이오, 역시 방통 선생은 듣던 대로 대단한 책사이시오. 선생의 계책이 아니라면 동오의 군대를 어찌 물리칠 수 있겠소?"

조조는 그날 밤 바로 병사들에게 명령을 내려서 대장장이를 찾아 밤새 쇠고리와 못을 만들게 했습니다. 그리고 배들을 쇠고리로 연결한 뒤 넓은 판자를 붙이기 시작했죠. 수만의 군사와 5,000명의 인부들이 이틀 밤을 꼬박 새어 배들을 잇자, 정말 거대한 함선이 만들어졌습니다. 군사들도 함성을 지르며 기뻐했지요.

8,000척을 이어놨으니 얼마나 거대했을까요? 제 생각에는 창세기 이후 인간이 만든 방주 중 두 번째로 컸을 겁니다. 첫 번째가 구약 성서에 나오는 노아의 방주인데, 하나님의 특별한 계시로 노아란 사람이 무려 120년을 걸쳐 만든 방주라 해서 노아의 방주라고 부르지요. 두 번째가 바로 방통이 만든 조조의 방주가 아닐까요? 제가 직접 보지는 못했지만 아마 오늘날로 따지면 거대한 항공모함의 규모가 아니었을까 추측해 봅니다.

"저는 이제 그만 가 보겠습니다."

함선이 완성되고, 날이 밝자 방통이 조조에게 작별을 고했다. 난데없는 말에 조조는 깜짝 놀라 말했다.

"아니, 왜 가시오? 내가 여기서 금은보화와 큰 벼슬을 내릴 텐데……."

"가족이 저쪽 동오 진영에 있습니다. 지금 제가 이곳에서 방책을 써드린 걸 주유가 알면, 제 가족들이 무사하지 못할 겁니다. 군대를 몰고 동오로 오셔서 주유를 몰아낸 다음, 절 찾아 주신다면 더없이 기쁘겠습니다."

"걱정 마시오. 내 선생에게 가장 큰 관직을 내릴 테니."

그렇게 방통은 유유히 주유 진영으로 돌아올 수 있었다.

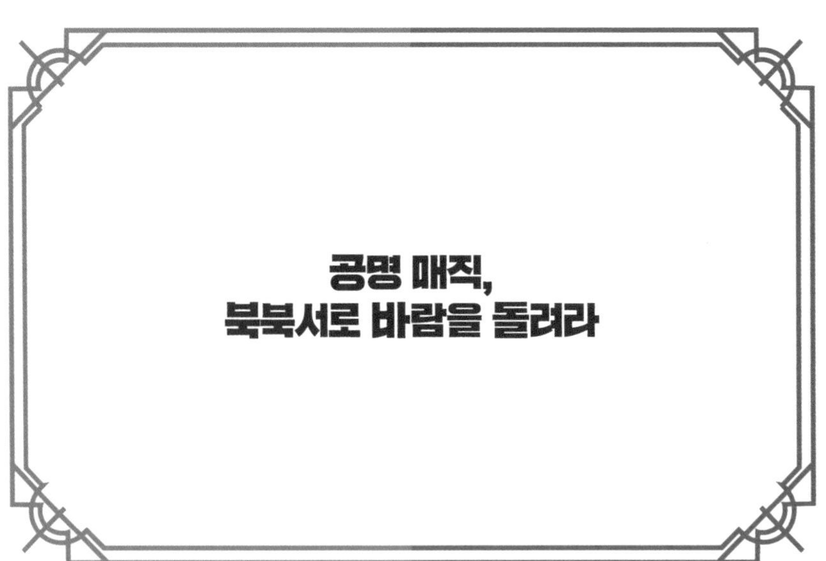

공명 매직,
북북서로 바람을 돌려라

황개와 방통의 계책으로 두 가지 고민이 완벽히 해결됐네요. 첫 번째, 황개의 항복으로 안전하게 적진의 근접한 거리까지 다가가서 화공을 펼칠 수 있게 되었지요. 두 번째, 방통의 묘책으로 8,000척의 배가 단 한 척의 거대한 함선이 되었으니, 불화살만 쏘면 삽시간에 다 태워 버릴 수 있게 됐어요. 배와 배를 쇠고리와 널빤지로 연결해 놨으니 앞, 뒤, 옆으로 불이 옮겨 붙을 것은 자명한 사실이었죠. 기분이 좋아진 주유가 겨울의 찬 공기를 들이마시며 장강을 바라보고 혼잣말을 했습니다.

"드넓은 장강, 전쟁하기 좋은 곳이지. 동오가 천하를 통일하게 됐으니, 이것이 하늘의 뜻일런가."

그런데 이게 웬일인가요? 벅찬 표정으로 바람에 휘날리는 동오의 깃발을 바라보던 주유가 갑자기 피를 토하며 쓰러집니다. 대체 왜 그랬을까요?

"대도독 왜 그러십니까?"

장수들이 몰려와 주유를 부축해 침상에 눕혔다. 그리고 서둘러 의원을 불러 맥을 짚게 했다. 의원이 고개를 갸우뚱거렸다.

"맥도 정상이고, 오장육부 아무 문제가 없습니다."

하지만 주유는 가슴이 답답하다며 수시로 토악질을 하더니, 며칠이 지나도 기력을 회복하지 못했다. 이 모습을 본 노숙이 안 되겠다 싶어 제갈공명을 찾아갔다.

"선생은 모든 학문에 능하지 않소? 대도독을 좀 살펴 주시오."

제갈공명이 물었다.

"열이 있습니까?"

"없더이다."

"맥은 어떻습니까?"

"정상이라 하오."

노숙이 도무지 병의 원인을 알 수 없다는 듯 한숨을 내쉬었다.

제갈공명이 잠시 생각하더니 부채를 꺼내 들고 빙긋이 웃으며 말했다.

"처음 쓰러진 날 바람이 불었다 하셨지요? 제가 고칠 수 있는 병 같습니다만……."

노숙은 급한 마음에 무엇인지 물어 보지도 않고, 제갈공명의 손을 붙잡고 밖으로 끌어당겼다.

"어서 가십시다."

두 사람이 주유를 찾아가자, 주유가 가슴이 막힌 듯 답답한 표정으로 제갈공명에게 말했다.

"속 안에서 무언가가 멋대로 휘몰아치고, 자꾸 정신을 잃고 쓰러지오."

그러자 제갈공명이 말했다.

"제가 처방전을 써드리지요."

제갈공명은 앞에 있던 종이와 붓을 집어 들고서, 글을 써 내려갔다.

"조조를 격파하려면 반드시 화공을 사용해야 하건만, 모든 준비는 갖추었는데, 오직 동남풍만 없구나."

제갈공명은 왜 이런 처방전을 적었을까요? 힌트는 계절에 있습니다. 우리가 고등학교 때 배운, 기단이라는 게 있지요. 기단은 공기 덩어리입니다. 발생지에 따라 그 성질이 다르고요. 우리나라는 겨울에는 차갑고 건조한 시베리아 기단이, 봄과 가을에는 온난 건조한 양쯔강 기단이, 여름에는 고온 다습한 북태평양 기단이, 늦봄과 초여름에는 차갑고 습기 많은 오호츠크해 기단이 영향을 미칩니다. 중국도 우리나라와 비슷하답니다. 겨울에 북서 계절풍인 시베리아 기단이 형성되어 북서풍이 주로 불게 되는 거지요.

당시 조조 군이 시베리아 기단을 등지고 손유 연합군을 바라보고 있는 형세였습니다. 화공을 쓸 땐 바람을 등져야 불이 적진 쪽에 붙고 그들 군으로 퍼져갑니다. 그런데 바람이 앞에서 불면, 어떤 일이 생길까요? 쏜 쪽으로 불이 옮아 붙는 불상사가 발생하겠지요. 만반의 준비를 다 갖췄건만, 바람의 방향이 도와주질 않는다는 걸 안 주유가 피를 토하고 쓰러진 겁니다. 바람의 방향은 인간의 힘으로 어쩔 도리가 없으니, 몇 날 며칠이 지나

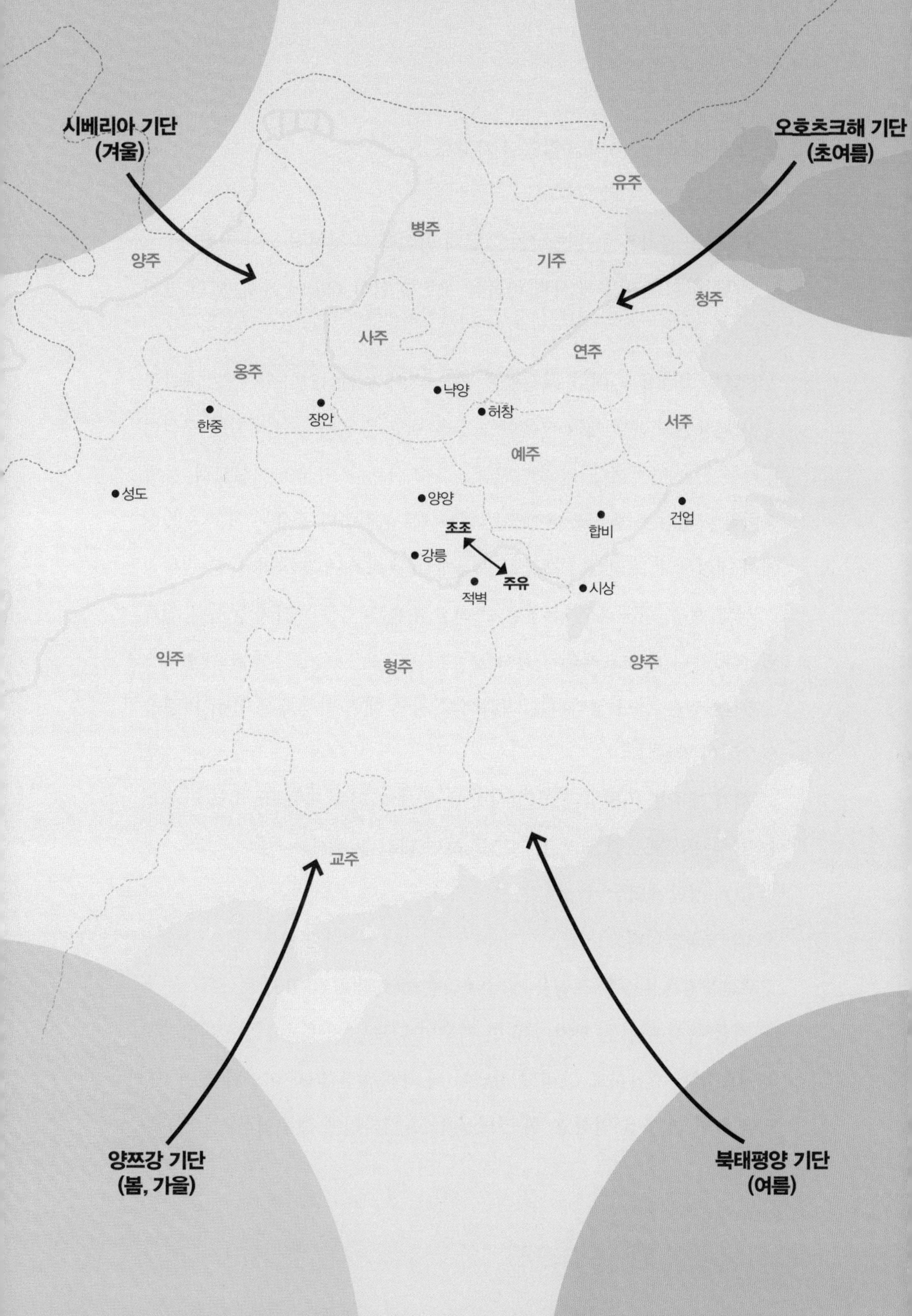
시베리아 기단
(겨울)
오호츠크해 기단
(초여름)
양쯔강 기단
(봄, 가을)
북태평양 기단
(여름)
유주
병주
기주
양주
청주
사주
연주
옹주
낙양
허창
장안
한중
서주
예주
성도
양양
건업
조조
합비
강릉
주유
시상
적벽
익주
형주
양주
교주

도 그의 병세가 나아지질 않았던 거고요.

처방전을 펼쳐본 주유는 마치 대낮에 귀신을 본 것처럼 눈이 커졌다.

'대체 이 자는 어떻게 사람 마음을 이토록 훤히 꿰뚫어 볼 수 있단 말인가!'

일단은 동남풍에 대한 해결법을 얻는 것이 우선이었다. 주유는 제갈공명이 처방전을 건넬 때의 평온한 표정을 보고, 그에게 무언가 믿는 구석이 있다는 것을 눈치챘다. 이 순간만큼은 자존심보다, 미래의 위협보다, 동남풍이 중요했다. 처방전을 손에 꼭 쥐고 잠시 생각하던 주유는 천천히 침대에서 내려왔다. 그러더니 제갈공명 앞에서 절을 하는 것이 아닌가!

"공명 선생, 천문과 지리 병법, 그리고 도술과 기문 둔갑에 능하다고 들었는데, 부디 제게 묘책을 주십시오."

제갈공명은 잠시 생각하는 척하더니 여느 때처럼 부채를 들어 바람을 일으키며 말했다.

"제가 재주는 미천하나 어린 시절 운 좋게 기인을 만나 비, 바람을 부리는 법에 대해 배우긴 했지요. 기도를 하면 되긴 할 텐데……."

"그게 정말이오?"

"네, 그렇습니다."

제갈공명은 비장한 표정을 짓더니 낮은 목소리로 말했다.

"지금 즉시 사람을 시켜 신령한 기운이 감도는 남병산에 칠성단을 9척 높이로 쌓아 주십시오. 그리고 성년이 채 되지 않은 18세 미만의 소년 120명을 뽑아 흰 옷을 입히고, 흰 깃발을 들고 기다리게 해주십시오. 제가 주술을 외우며 기도를 시작하면, 소년들이 칠성단 주위를 계속 맴돌게 해주시면 됩니다. 주의할 것은, 제단 근처에는 무장을 한 군사들이 얼씬거려서는 안 됩니다. 이미 성인이 된 남성은 천지신명의 심기를 거슬러 자칫 부정을 탈 수 있습니다."

주유는 제갈공명의 신령스러운 눈빛에 아무런 질문도 하지 못하고 답했다.

"공명 선생의 분부대로, 모든 것을 준비해드리겠소. 한시가 급하오. 제발 하루만이라도 이 바람을 어떻게 해주시오. 바람이 부는 날, 황개를 조조 진영에 보내면 모든 게 끝나오."

제갈공명이 또 부채질을 하며 잠시 뜸을 들였다.

"그렇다면 오늘이 음력 11월 15일이니, 20일에 바람이 불어 22일에 그치게 해 보겠습니다."

"공명 선생께 내 어찌 감사의 인사를 드려야 할지. 정말 감사하오."

주유가 다시 한 번 고개를 넙죽 숙이며 인사를 올렸다.

제갈공명이 요청한 것을 모두 준비시켜 소년 120명과 함께 제갈공명을 남병산에 보낸 후, 주유는 피가 바짝 마르는 하루하루를 보냈다. 모든 것이 한 번에 완벽하게 결판이 나야 했다. 가장 먼저, 믿을 만한 장수들을 시켜 채중과 채화를 그들의 막사 안에 붙잡아 두게 했다. 마지막 순간까지 계획이 탄로나서는 절대 안 됐다. 임무를 받은 장수들은 마치 그들도 역모를 꾀하고 있는 것처럼 연기를 해 채중과 채화의 마음을 샀다. 그리고 그들과 낮이고 밤이고 막사 안에서 술을 마시며 행하지 않을 역모 계획을 장황하게 세웠다.

그 다음은 황개였다. 주유의 명을 받은 황개는 조조에게 서신을 보냈다.

"11월 20일 전후로 약속드린 대로 군량을 싣고 찾아뵙겠습니다."

그런 후, 쾌속선 스무 척에 유황과 염초 가루를 뿌린 짚을 잔뜩 실었다. 그 위엔 동물 기름을 뿌려 두었다. 뿐만 아니라 기름을 잔뜩 담은 항아리와 불화살을 준비했다. 조그마한 불씨에도 배 전체가 거대한 화염 덩어리가 될 수 있었다. 그리고 뱃머리의 바깥쪽에는 커다란 못들을 빼곡히 박았다. 불덩이가 된 쾌선을 적진의 배에 그대로 꽂히게 하여 불을 옮길 생각이었다.

황개가 끝이 아니었다. 조조를 확실히 깨뜨리기 위해서는 화공법만으로는 부족했다. 군사들을 나누어 각자에게 임무를 주어, 조조가 군을 수습해 다시 공격할 수 있는 가능성들을 차단하도록 했다.

주유 군에는 팽팽한 긴장감이 돌았다. 모든 준비를 마친 주유와 황개는 진채의 한 가운데 높이 세워 놓은 깃발을 바라보며 바람의 방향이 바뀌길 애타게 기다리고 있었다.

일촉즉발의 상황입니다. 혹여 바람을 기다리는 사이에 조조가 훈련을 마치고 쳐들어오기라도 한다면 큰일이지요. 흔들리지 않는 함선도 얻었으니 조조가 자신감을 얻고 공격을 개시할 수도 있으니까요. 과연 제갈공명이 바람의 방향을 바꾸는 것이 빠를까요, 아니면 조조가 훈련을 마치는 것이 빠를까요? 손유 연합군은 조조의 100만 대군을 이길 수 있을까요?

적벽대전, 바람과 함께 사라지다

주유와 황개가 모든 준비를 마쳐 놓고 기다리고 있을 그때, 동남풍을 약속하고 떠난 제갈공명은 산 위에 올라가 있었다. 제갈공명은 음력 11월 20일 밤, 늘 단정하던 머리를 풀어헤치고, 목욕재계한 후 검은 전포를 입고 맨발로 칠성단에 올랐다. 그리고 가부좌를 틀고 앉아 눈을 감고 알 수 없는 주문을 외우기 시작했다. 그 소리가 얼마나 기이했던지 어찌 들으면 몽골어인 듯도 했고, 산스크리트어와도 닮아 있었으며, 하여튼 그 누구도 들어 보지 못한 주문을 중얼거리고 있었다. 그 주위를 흰 옷을 입은 기수들이 흰 깃발을 들고 빙빙 돌았다. 제갈공명은 이따금씩 하늘을 올려다보며 바람을 느껴 보았으나, 바람의 방향은 변함없이 북서풍이었다.

주변을 도는 기수들은 처음에는 그 엄숙한 모습에 숨조차 쉬기 어려웠다. 차츰 반복되는 노동에 지쳐갈 즈음, 제갈공명은 알 수 없는 행동을 하기 시작했다. 갑자기 주문을 멈추더니 고개를 서너 번씩 끄떡이지 않나, 갑자기 눈을 부릅뜨더니 다시 눈을 감고 고개를 푹 떨어뜨리지 않나. 가끔씩 코로 바람 소리를 내는데 그 소리가 너무나 장대하여 마치 용이 승천을 준비하며 기지개를 켜는 소리 같았다. 그 무섭고도 알 수 없는 행동에 하얀 깃발을 든 소년들은 잠시도 쉬지 못하고 세차게 제단을 돌아야 했다.

이걸 어쩝니까? 처방전을 내려주고, 동남풍을 호언장담하면서 떠났는데 약속했던 날이 지나도록 동남풍은 불지 않았습니다. 시간이 얼마나 지났는지를 알기나 하는지, 제갈공명은 거의 미동도 하지 않고 기도만 하고 있었지요. 제갈공명의 말만 믿고 동남풍을 기다리고 있는 주유의 속은 까맣게 타들어가고 있었습니다.

약속한 날이 지나도, 그 다음날이 지나도 바람의 방향이 바뀌지 않자 주유는 점점 의심이 일었다. 제갈공명이 여태껏 보였던 신묘한 계책들 때문에 이번 일도 믿어 보았건만, 역시 바람의 방향을 바꾸는 것은 그도 무리였던 것일까. 약속한 20일부터 22일까지의 시간이 지나가고 있었고 주유의 마음속에는 절망감이 깃들기 시작했다. 동남풍이 정말 불어오지 않는다면 지금부터라도 작전을 완전히 변경해야 했다. 심란한 마음을 안고 그래도 혹여나 하는 마음으로 깃발을 쳐다보고 있었다.

어느덧 약속했던 마지막 날의 해가 져가고 모든 것이 수포로 돌아갔다고 생각하는 순간, 모두가 며칠간 애타게 바라보던 깃발이 갑자기 툭하고 떨어졌다. 북서풍 바람이 멈춘 것이다. 그러더니 거짓말처럼 깃발이 반대

방향으로 휘날리기 시작하는 게 아닌가. 주유는 믿을 수 없어 몇 번 도리질을 하고 다시 보았지만 동남풍에 세차게 휘날리는 깃발에는 변화가 없었다. 그는 탄성을 내지르며 명을 내렸다.

"황개 장군, 출전하십시오!"

배 위에 서서 주유처럼 깃발만 하염없이 바라보고 있던 황개는 주유의 말이 채 끝나기도 전에 군사들에게 명령을 내렸다.

"닻을 올려라! 가장 빠른 속도로 진군한다!"

황개를 보낸 후 주유는 제갈공명이 진심으로 두려워졌다.

'천지의 구름을 다스리는 기묘한 도술까지 부리니, 그 신기묘산은 도저히 어찌할 수가 없다. 이자는 필시 사람이 아니다. 훗날 동오에 위협이 될지 모르는 공명을 지금 당장 없애야겠다.'

주유는 가장 빠른 군사 200명을 차출했다.

"지금 즉시 칠성단에 가서 제갈공명을 암살해라. 그리고 그의 수급을 검은 보자기에 싸서 가져올 것이며, 이 일은 너희와 내가 모두 눈감는 그날까지 아무도 몰라야 할 것이다."

얼마 후 파견한 암살 대원 중 한 명이 와서 주유에게 이렇게 전했다.

"대도독, 제갈공명이 사라졌습니다."

"뭐야? 아니 제단은 산 위에 있었고, 그 주변엔 모두 우리 기수들밖에 없었는데 혼자서 어디로 사라졌단 말인가?"

"바람의 방향이 바뀌는 것을 보고 기수들이 너무 좋아 환호를 지르고 있는 사이, 바람과 함께 사라졌다고 합니다."

제갈공명이 동남풍과 함께 사라졌네요. 이게 무슨 일이냐구요? 제갈공명은 바람의 방향이 바뀌자마자 기수들이 정신없이 기뻐하는 틈을 타 장강의 기슭으로 달려갔습니다. 제갈공명도 알고 있었거든요. 동남풍이 불면, 주유가 반드시 자신을 잡으러 올 것이라는 걸요. 그래서 미리 강하에 있는 유비 진영에 전령을 보내 조자룡이 배를 이끌고 자신을 데리러 오게 했습니다. 이 사실을 뒤늦게 알게 된 주유의 군사들이 제갈공명을 추적해서 따라왔을 때는 이미 강하 쪽으로 배가 빠르게 멀어지고 있었죠. 보검을 든 조자룡 옆에서 제갈공명은 부채를 부치며 강가를 향해 빙긋이 웃어 보였습니다. 그리고 강기슭에 서 있는 주유의 군사들을 향해 외쳤습니다.

"대도독께 행운을 빈다고 전해 주시게."

이제 다시 전쟁터로 돌아가 봅시다. 비록 제갈공명은 놓쳤을지라도 동오의 군사들은 가장 필요한 것은 얻었죠. 바로 동남풍 말입니다. 과연 주유의 계획대로 모든 것이 이뤄질까요? 먼저, 한동안 들여다보지 못했던 조조 진영으로 가 보시죠.

구름에 가려 달빛도 숨어 든 캄캄한 저녁, 막사에서 장군들과 작전 회의를 하고 있던 조조에게 보초를 서던 병사가 뛰어들어왔다.

"승상, 황개 장군의 것으로 보이는 배들이 보입니다."

"드디어 왔군. 어서 맞이하라."

황개가 보낸 밀서대로 정말 배 20척이 들어오자 조조의 입이 귀에 걸렸다. 이제 환호작약할 일만 남은 것이다. 동오 군의 허점을 알려 주고 군량을 바치러 오는 황개를 맞이하기 위해 조조는 서둘러 뱃머리로 나아가 배가 오는 것을 지켜보았다.

'아니, 잠깐만…….'

조조는 살짝 이상한 느낌이 들었다. 다가오는 배의 속도가 지나치게 빨랐던 것이다. 군량미를 가득 싣고 오는 배라면 필시 그 무게 때문에 쾌속으로 달려오진 못할 테니 말이다. 하지만 의심은 그만 덜어내자 싶었다. 오랜 전쟁에 자신이 많이 예민해졌으려니 생각하며 조조가 다시 미소를 짓는데, 이번엔 진짜 뒷목이 서늘한 징조가 보였다. 황개가 오는 동남쪽에서 정면으로 바람이 불어오는데 얼마나 바람이 세차게 부는지 눈을 뜨기가 어려웠다. 다급하게 주변을 둘러본 조조의 눈에 섬뜩한 모습이 보였다. 자신의 뒤편으로 힘차게 나부끼는 깃발의 처절한 몸짓이었다.

“어떻게 동남풍이 분단 말이냐! 정지, 당장 저들의 배를 정지시켜라!”

조조가 다급히 외쳤다.

연결되지 않았던 작은 배들을 타고 조조의 장수들이 앞으로 나아가 황개의 배들에게 외쳤다.

“승상의 명령이오. 배를 멈추시오!”

하지만 배는 아랑곳 않고 바람을 등에 업은 채 빠른 속도로 조조 진영으로 들이닥쳤다. 조조의 명을 받은 배들이 온몸으로 막아섰으나, 황개의 배들은 멈추지 않고 그대로 조조의 작은 배들을 들이받아 깨뜨려 버렸다.

“제기랄, 또 속았구나. 화살, 화살을 쏴라! 돛을 끊어라! 더 이상 다가오지 못하게 하라!”

조조 군이 화살을 쏘려고 하는 순간, 맞은편에서 불화살들이 날아오기 시작했다. 조조의 배 중 가장 앞에 있던 배들부터 불이 붙었다. 함선의 머리에 불이 확 붙더니 바람을 타고 뒤로 번져나갔다. 조조는 눈앞에 펼쳐진 광경이 도저히 믿어지질 않았다. 새까맸던 밤이, 자신의 배에 붙은 불로 점점 밝아지고 있었다.

문득 조조는 끊임없이 날아들고 있는 불화살들이 얼마나 큰 위협인지 깨달았다. 8,000척의 배를 모두 단단히 연결시켜 두질 않았던가.

“고리를 떼어라! 널빤지를 걷어내라! 배를 분리시켜라!”

조조는 실성한 호랑이처럼 불타는 전장에 대고 외치고 또 외쳤다.

병사들이 고리 떼랴, 널빤지 걷어내랴, 우왕좌왕하는 사이에 불은 무섭게 번져만 갔다. 더욱 거세지는 바람을 타고 불똥들이 하늘 위를 날아다녀 하늘도 온통 벌겋게 타올랐다. 도깨비불처럼 튀어 다니는 불덩이들 때문에, 불은 뒤쪽 배들에까지 옮아 붙고 있었다. 하늘에는 비화(날아오르는 불덩이)가 가득차고, 조조의 거대한 방주도 점점 더 큰 화염 덩어리가 되어가니, 장강의 밤은 한없이 밝게 타올랐다. 조조의 한나라 통일의 꿈도 한줌의 재가 되어 하늘로 날아오르고 있었다. 이 난리 속에서 조조는 몸이 마비가 된 것처럼 꿈쩍도 할 수 없었다.

"승상, 배를 돌려야 합니다."

옆의 책사가 소리치자 그제야 정신을 차린 조조가 팔짝 뛰며 외쳤다.

"배를 돌려라, 어서!"

그러나 방통의 계책으로 이미 거대해진 배는 돌리려 해도 그 속도가 굼벵이처럼 느렸다. 불이 계속 번지는 상황에서도 잘 훈련받은 조조의 군사들이 배를 돌리려 애써 보았으나 배는 쉽사리 말을 듣지 않았다.

어느새 조조 군과 거의 맞닿도록 가까워진 황개가 소리쳤다.

"지금이다! 불을 놓아라!"

일순간 섬광이 번뜩이듯 밤하늘이 더욱 밝아졌다. 황개가 끌고 오던 20척의 배 자체에 불을 붙인 것이다. 불을 붙이자마자 황개의 군사들은 준비해 두었던 작은 구조선들을 타고 강물에 흩어졌다. 그리고 짚, 기름과 염초 가루 등을 가득 싣고 있었던 쾌선들은 20개의 거대한 불기둥이 되었다.

"승상! 배를 버리셔야 합니다!"

멀리서 아득하게 들려오는 듯한 책사의 말이 끝나기도 전에, 느릿느릿 돌아가던 조조 함선의 전방 측면에 황개의 배들이 부딪쳐 왔다. 황개의 화공선들은 부딪히는 족족, 거대한 폭발음을 내며 불길을 폭탄처럼 터트렸다. 8,000척을 이어 놓은 조조의 방주는 뜨거운 불덩이가 되어 장강을 끓

어오르게 하고 있었다.

장관. 말 그대로 이것은 장대한 광경이었습니다. 아마 태초 이래에 이렇게 웅장한 불꽃놀이는 처음이자 마지막이지 않았을까요. 하지만 당하는 입장이었던 조조의 마음은 어땠을까요? 승리에 취해 샴페인 터뜨릴 생각으로 들떠 있었건만 결과는 참혹하네요. 불에 타거나, 질식하거나, 강물에 뛰어들어 물살에 휘말려 버린 병사들의 고통스러운 소리가 장강을 가득 메우니, 그야말로 아비규환 아수라장이 따로 없었습니다. 조조 군의 완벽한 대패, 이것이 바로 적벽대전의 결과랍니다.

Q. 정말 제갈공명이 도술을 부린 건가요? 아무리 소설이라지만 제갈공명은 너무 비현실적으로 강한 인물 같아요!

A. 실제로 삼국지연의에는 이렇게 제갈공명의 업적들을 묘사하고 있긴 합니다. 하지만 저는 제갈공명이 도술을 부리는 판타지적 인물이었다기보다는 굉장히 똑똑한 사람이었다고 생각해요.

처음 주유를 놀라게 한 화살 10만 개 사건을 먼저 분석해 보겠습니다.

과거의 책사들은 날씨와 지세 파악에 능했답니다. 이순신 장군의 난중일기를 살펴보면, 꼭 날씨 이야기가 빠지지 않습니다. 야전 사령관들의 일지에도 날짜 옆에는 대부분 그날의 흐림과 맑음, 바람의 유무와 정도가 기입되어 있지요. 제갈공명 역시 강동에서 먼저 살핀 것이 지세와 산세, 그리고 날씨 변화였을 거예요. 그 결과 아침만 되면 강 위에 물안개가 잔뜩 낀다는 걸 알고 있었을 겁니다.

화살을 받으러 간 때는 가을에서 겨울로 넘어가는 환절기였거든요. 중국은 우리

나라 같이 봄과 가을에는 일교차가 심합니다. 그래서 해뜨기 직전, 온도가 가장 낮을 때 수증기가 많은 강물 위에는 자연스럽게 물안개가 끼고요. 그렇다면 사흘이란 기간은 왜 정했냐고요? 그건 쾌속선 안에 짚을 준비할 시간 때문일 겁니다.

그렇다면 한겨울에 동남풍을 불게 한 건 어떻게 된 일일까요? 자, 한겨울에는 시베리아 기단의 영향으로 북서 계절풍이 불지요? 하지만 기단이 항상 영향을 미치는 것은 아닙니다. 기단이 약해질 때, 바람이 반대로 불기도 하는 것이지요. 예를 들어 한겨울 옥상에서 연을 날리면 한 방향으로만 날아다니지 않는 것처럼요. 아마도 이런 기단의 변화와 바람을 살피고 활용한 제갈공명의 멋진 지혜가 아닐까 합니다.

물과 불 그리고 바람을 자유자재로 다스릴 수 있다고 운운한 건 그냥 제갈공명의 재치였을 겁니다. 주유를 놀라게 하려고 일부러 칠성단을 세우라 하고 검은 옷을 입고 맨발로 올라가 이벤트를 벌인 셈이지요.

조조의 기사회생, 36계 줄행랑

"승상, 어서 몸을 피하셔야 합니다."

한 장수가 조조의 팔을 강하게 잡았지만, 조조는 망연자실한 채 우두커니 불바다만 바라볼 뿐이었다. 비현실적인 광경 앞에서 조조는 자신을 속이는 중이었다.

'이건 필시 악몽을 꾸는 걸 거야. 내가 지금 가위에 눌리고 있구나.'

실제로 조조는 가위눌린 듯 한 발짝도 움직일 수 없었다. 그때 조조의 콧속으로 매캐한 연기가 들어와 폐부 깊숙이 침투했다. 쿨럭, 기침하는 순간 그의 입에서 끈적한 액체가 쏟아져 나왔다. 피였다. 그제야 정신이 번쩍 든 조조의 본능이 명령했다.

'도망쳐!'

조조는 그 순간 냅다 내달리기 시작했다.

조조는 군사들의 부축을 받아서 아수라장이 된 장강을 겨우 빠져나올 수 있었답니다. 작은 수송선을 타고 뭍으로 나온 거지요. 그곳에 영채가 있었으니 피신할 셈이었고요. 조조는 무사히 영채까지 갈 수 있었을까요?

"불이야!"

영채에 채 다다르기도 전에 붉은 빛이 보였고, 병사들이 소리치는 소리가 멀리서도 들렸다. 주유가 미리 나누어 보낸 부대가 조조의 육지 영채에도 불을 질렀던 것이다. 육지의 영채까지 잿더미로 변하니, 졸지에 조조는 오갈 데 없는 처량한 신세가 되고 말았다. 혼이 쏙 빠져 아무 생각도 안 날 상황이건만, 뒤통수를 호되게 맞은 후 의심병이 되살아난 조조는 제갈공명의 치밀함을 떠올렸다. 분명 어딘가에 매복이 있을 테니, 일단 말을 타고 멀찍이 달아나야 했다.

조조는 쏜살같이 내달렸다. 얼마나 달렸을까? 적벽 근처의 평지인 오림을 벗어날 무렵, 드디어 모든 추격을 따돌린 듯했다. 진이 빠져 더는 달릴 수 없었기에 그곳에서 잠시 쉬기로 했다. 사지가 힘없이 축 늘어졌지만, 입만큼은 살았는지 조조가 별안간 웃음을 터트렸다.

"공명, 그거 별거 아니군. 나 조조였다면 이곳에 매복을 해 놨을 것인데 말이야. 길이 좁은 데다 나무들이 무성하잖나? 불화살 몇 개만 쏴도 바로 숯불구이 되는 거 아냐?"

조조의 말이 끝나기 무섭게, 기다렸다는 듯 어디선가 쩌렁한 목소리가 들려왔습니다. 누구였을까요?

"나는 상산 조자룡이다! 아까부터 네놈을 기다리고 있었다."

'조자룡? 칼 하나로 우리 병사들의 목을 다 날린 그놈?'

조자룡이 나타나자마자 사방에서 불화살이 쏟아졌고, 조조는 부리나케 말에 올랐다. 이제 불만 봐도 심장이 밖으로 튀어나올 것 같았다. 게다가 조자룡이란 말에 손까지 부들부들 떨리고 있었다. 뒤따르던 병사들도 잔뜩 겁을 먹긴 마찬가지였다. 조자룡의 칼에 목이 베이는 자들은 물론, 서로 살겠다고 좁은 길을 앞다투어 달리다 서로 밟고 밟혀 압사되는 이들 역시 부지기수였다. 장강의 불길에서 구사일생으로 살아남은 병사들조차 상당수가 이렇게 속절없이 목숨을 잃은 것이다.

밤부터 얼마나 달렸는지 어느덧 새벽녘이 되었다. 설상가상으로 추적추적 비까지 내리니, 조조의 온몸은 오슬오슬 떨렸다. 다행이 눈앞에 호로구라는 언덕이 보였다. 이곳은 교통의 요지로, 당시 조조의 장수들이 지키고 있었던 형주 남군의 강릉으로 가려면 거쳐야하는 곳이었다. 뒤따라오는 군사도 없고, 자기 세력 범위에 가까워졌다는 생각에 조조는 한 시름 마음이 놓였다.

"나무를 베어다 야영지를 만들어라."

조조의 명령으로 병사들이 잠시 쉴 수 있는 야영지를 얼기설기 만들었다. 그 안에서 그들은 장작에 불을 붙여 젖은 안장과 갑옷을 말렸다. 근처의 물가에서 길어온 물을 데워 한 모금씩 마시니, 조금은 살 것 같았다. 여태 힘없던 조조도 기력을 회복했는지 목청 높여 웃었다.

"제갈공명이 신이라고? 말 같잖은 소리! 멍청하기 이를 데 없고만. 내가 공명이었다면 이곳에 매복을 해두지. 으헤헤."

그런데 그 웃음소리의 메아리가 채 사라지기도 전에 거구의 실루엣이 나타났다.

"쥐새끼 같은 조조 놈아, 너 오늘 뒈졌다."

어디서 많이 들어본 고함소리였다. 장판교에서 고막이 찢어지게 호통치던 장비의 목소리였다. 혼비백산한 조조와 병사들은 안장도 갑옷도 챙길 겨를 없이 또다시 달아나야 했다.

참 희한하게도 조조가 제갈공명을 비웃을 때마다 매복이 있네요. 젖 먹던 힘까지 내어 달리자, 이번에는 두 갈래 길이 보입니다. 그런데 하나는 넓은 길, 하나는 좁은 길이예요. 과연 어디로 가야 안전한 걸까요? 양쪽을 다 살펴보니, 좁은 길에서 연기가 모락모락 올라오고 있었습니다. 사람들,

즉 매복이 있다는 뜻이겠지요? 그렇다면 조조는 넓은 길을 선택했을까요?

“좁은 길로 간다.”

조조가 명을 내리자 그를 따르던 장수들이 기진맥진한 중에서도 의아한 듯 물었다.

“하지만 승상, 불길이 보이시지 않습니까? 매복이 의심됩니다.”

“저건 필시 매복을 가장한 것이다. 제갈공명이 꾀가 많은 놈이라 일부러 밥 짓는 연기를 피운 게야. 좁은 길을 위장해 놓고 우리를 큰 길로 가게 만들려는 수작이 뻔히 보이는구나. 나 조조가 이런 알랑수에 넘어갈 것 같으냐? 좁은 길로 들어간다!”

그런데 좁은 길은 땅이 질퍽질퍽한 데다 가시덤불도 많아 행군조차 힘들었다. 그러니 지친 병사들이 점점 뒤쳐질 수밖에. 안장 없이 달리던 조조도 엉치뼈가 쑤셔 더는 달리기 버거웠다. 그때 옆의 장수를 보니 언제 챙겼는지 안장이 깔려 있는 게 아닌가. 조조가 눈을 치뜨고 노려보니, 장수가 얼른 안장을 갖다 바쳤다. 엉덩이가 푹신한 게 이제 좀 달릴 만했는지 조조가 소리쳤다.

“왜이리 나아가지를 못하느냐? 본래 군사라면 산을 만나면 길을 내고, 강을 만나면 다리를 놓아서 나아가는 것이다. 몸이 상하지 않은 자들이 앞장서서 짚을 메고 진흙을 메워라. 진군 속도를 높여라! 조금이라도 지체하는 자가 있다면 가차 없이 밟고 지나가도록 한다.”

조조와 유비의 차이가 참 극명한 대목입니다. 신야성의 백성들을 데리고 강릉으로 피난길에 올랐던 유비를 떠올려 보세요. 병든 노약자, 어린아이까지 한 명도 빠짐없이 모두 챙겼지요. 죽어도 같이 죽겠다고 버텼고요. 제갈공명이 경외감을 느낄 만큼 공덕심이 강했잖아요. 반면 조조는 남을 밟아서라도 일어서는 자만 인정해 주는 리더랍니다. 왜냐고요? 조조 자신도 그렇게 살아왔거든요.

그렇게 힘들게 행군을 해, 조조는 오솔길의 끝자락에 다다랐다. 이제 곧 화용도였고, 거기서 강릉까지는 멀지 않았다. 말도 병사들도 모두 거지꼴이 되었다. 잠도 못자, 먹지도 못해, 비까지 쫄딱 맞았으니 오죽했을까. 기력이 다 소진된 나머지 누가 툭 찌르기만 해도 말에서 떨어질 판이었다. 하지만 조조의 입은 여전히 죽지 않았다.

"으헤헤, 역시 나 조조의 꾀를 따라오려면 한참 멀었구나. 내가 제갈공명이라면 여기다……."

"아니, 승상께서 제갈공명을 비웃을 때마다 호되게 당하질 않았습니까? 왜요, 또 이곳에 매복이 있을 것 같습니까?"

조조의 말이 채 끝나기도 전에 책사 한 명이 발끈한 것이다. 평소에 조용조용하던 그가 화를 버럭 낼 만큼 다들 신경 쇠약에 걸린 상황이었다. 여느 때라면 건방진 책사를 혼냈을 조조도 물끄러미 하늘만 올려다볼 뿐 차마 더는 말을 잇지 못했다. 그때 앞서서 길을 살피던 한 병사의 떨리는 목소리가 들려왔다.

"관우, 관우다!"

아침 해의 부윰한 빛이 조명처럼 한 사나이를 비췄다. 익숙한 실루엣이었다. 바로 관우였던 것이다. 그 뒤로 진을 친 병사들이 수백 명은 돼 보였다.

이때 조조는 까무러치게 놀랐지만 관우 역시 놀랐다. 금포를 걸치고 위엄 넘치던 조조는 온데간데없고, 물에 빠진 생쥐가 눈앞에 있었기 때문이다. 뒤따르는 병사라곤 몇십 명 되지 않았는데, 모두 안장도 없는 말에 갑옷도 못 차려입은 게 각설이떼가 따로 없었다. 잠시 연민에 빠진 듯 그들을 물끄러미 바라보던 관우가 이내 묵직한 목소리로 말했다.

"공명 군사의 명을 받아 여기서 승상을 기다리고 있었소. 역적 조조는 칼을 받으시오."

"관우, 오랜만이군. 내 자네가 어려울 때 가족처럼 살뜰히 보살펴 줬는데, 설마 지금 나를 죽이겠다는 건가?"

조조가 떨리는 목소리로 애써 웃어 보이며 말했다.

"이미 우리의 셈은 끝났소. 안량과 문추의 목을 갖다 바치질 않았소?"

관우는 조조가 이렇게 나올 것을 알고 마치 준비해 뒀다는 듯이 말했다. 조조는 더 간절해졌다.

"아니지, 더 남았지. 여섯 관문을 지나며 다섯 장수의 목을 벤 건 왜 빼는가? 그 사실을 알고도 자네를 쫓지 말라, 보내 주라 명한 건 바로 날세. 그리고 자네가 지금 타고 있는 그 적토마! 그거 내 거였다는 거 잊었나?"

이때 적토마가 전 주인을 알아보았는지 앞발을 높이 들며 '히힝' 하고 소리를 냈다. 여포를 참수한 후 적토마를 잘 보살핀 사람이 조조 아니었던가. 적토마가 어찌나 격렬히 움직이는지 순간 관우가 놀라 말에서 떨어질 뻔했다. 관우의 심경이 복잡한지 미간의 주름이 더 짙어졌다.

그때 조조가 말에서 내렸다. 그리곤 관우 앞으로 터벅터벅 걸어오더니 무릎을 꿇는 게 아닌가. 뒤의 병사들도 눈물을 훔치며 모두 말에서 내렸다.

"지난 수십 년 간 부단히 노력했건만, 아직도 천하 통일의 꿈을 이루지 못한 게 한일 뿐. 어차피 사나이 대장부라면 전장에서 죽어 말가죽에 싸여 집으로 오는 게 가장 명예롭거늘. 이왕 죽는 거 내가 가장 흠모하는 관우 장군의 칼에 죽고 싶네. 어서 그 청룡언월도로 내 목을 치게."

말을 마친 조조가 두 눈을 감았다. 하늘에서 내리는 비가 조조의 얼굴을 타고 주르륵 흘러내렸다. 빗소리만이 들리는 거대한 침묵이 화용도를 가득 채웠다. 관우는 의리를 항상 목숨 같이 중요시 여기던 사람이었다. 자신이 큰형님을 잃어 버리고 가장 힘들었던 시기에 은혜를 베풀었던 조조가 이렇게 초라한 모습으로 무릎까지 꿇다니. 지금 조조의 목을 베어야 한다는 것도, 그 후에 자신에게 돌아올 모든 영화도 잘 알고 있었지만, 관우의 마음은 자꾸만 의리를 외치고 있었다. 결국, 관우가 차마 볼 수 없다는 듯 고개를 모로 돌리며 명령했다.

"보내드려라."

관우 뒤에 있던 장수가 믿을 수 없다는 듯이 말했다.

"장군! 다시 생각하십시오."

"보내드리라 하질 않았느냐?"

낮지만 위엄 있는 목소리가 울려 퍼졌다. 결국 관우의 병사들이 포위를 풀고 퇴로를 만들자, 조조 군의 장수들이 서둘러 조조의 팔을 잡았다.

"승상, 어서 일어나십시오."

"놔라! 관우, 어서 날 베어 주게."

조조가 생떼를 쓰며 일어나려 하질 않자, 관우가 다시 한 번 위엄 있게 말했다.

"뭣들 하느냐? 승상을 모시고 어서 내 앞에서 물러가거라!"

조조의 장수들이 결국 완력으로 조조를 일으켰다. 하도 버티는 통에 어쩔 수 없이 억지로 말 위에 올렸다. 그러자 조조의 말이 달리기 시작했고, 그 뒤를 장수들과 병사들이 잇따랐다.

관우가 뒤돌아 그들을 멀거니 바라보니 병사 수가 겨우 27명뿐이었다. 바로 이틀 전만 해도 100만 대군의 위엄을 자랑하던 조조였기에, 그 모습은 더욱 처량하게 보였다.

관우의 사정거리에서 벗어나자, 슬픈 표정으로 있던 조조가 별안간 자세를 고쳐 잡고 외쳤다.

"전속력을 내라. 관우 맘이 언제 바뀔지 모르니 서둘러야 한다!"

네, 조조는 죽고 싶지 않았던 겁니다. 관우가 누굽니까? 의리의 사나이지요. 그에게 베푼 은혜를 상기시키며 연민을 유발하면, 결코 자신의 목을 벨 수 없다는 걸 조조는 간파했습니다. 그래서 기꺼이 무릎 꿇고 쇼를 한 거지요. 가장 위급한 상황에서도 조조의 꾀는 빛을 발하네요.

조조와 27명의 병사가 전력을 다해 달려가는데 무밭이 보였다. 배를 곯은 병사들이 무를 뽑아 우걱우걱 먹기 시작했다. 조조도 무 하나를 뽑아 이빨로 댕강 잘라 배를 채웠다. 하지만 이 무들이 농부들의 요긴한 식량이란 걸 그가 모를 리 없었다.

"다 뽑진 마라. 농민들 몫은 남겨 둬야지."

하지만 걸신들린 병사들은 그의 명령을 귓등으로 들었다. 하나도 남김없이 다 뽑아 마파람에 게 눈 감추듯 먹어치운 것이다. 그만큼 군령의 위엄이 떨어진 상태였다. 이 상태로 남쪽에 남아 있는 것이 무의미하다고 느낀 조조는 몇 장수들만 형주의 요충지에 남겨 놓고, 자신의 본 거처인 허창으로 돌아가고 말았다.

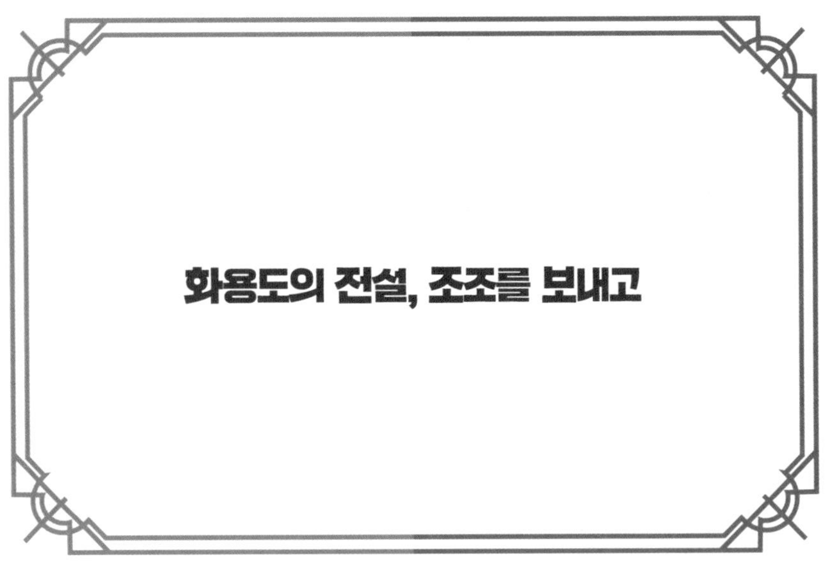

화용도의 전설, 조조를 보내고

그런데 수전에서 싸운 건 손권의 군대인데, 왜 육지에서는 유비의 군대가 곳곳에 매복해 있었던 걸까요? 다시 조조 군의 대군이 불타기 전으로 돌아가 봅시다. 제갈공명의 칠성단 기도 이벤트로 결국 동남풍이 불게 되었지요. 곧바로 제갈공명은 포구로 달려갔고요. 미리 대기 중인 조자룡이 그를 호위해, 둘은 무사히 유비 진영으로 돌아왔습니다. 유비는 맨발로 뛰어나가 제갈공명을 맞이했지요. 그런데 제갈공명이 자못 비장한 얘기를 하네요?

"공명 선생, 무사히 돌아오셔서 다행입니다. 강동으로 건너가신 이후로 단 하루도 맘 편히 잠을 이루지 못했습니다. 이제야 두 다리 뻗고 잘 수 있게 되었네요."

"주공, 반가운 인사는 아직 이릅니다. 싸움은 지금부터입니다."

"그건 또 무슨 말씀이십니까?"

유비가 묻자 제갈공명이 다음 계략을 일러 주었다.

"저는 손권의 부대가 조조의 100만 군사와 8,000척의 배를 화공으로 물리치도록 계책을 세워 주고 왔습니다. 지금쯤 장강은 불바다가 되었을 것입니다. 하지만 영리한 조조가 그대로 있진 않겠지요. 분명 뭍으로 도주할 겁니다. 그곳에 우리 장군들이 매복해 있으면 조조를 생포할 수 있지 않겠습니까?"

"과연 신묘한 계책입니다."

유비가 서둘러 군사들을 불러 모으자, 제갈공명이 빠르게 명령했다.

"자룡 장군은 3,000명의 군사를 이끌고 오림으로 가십시오. 나무와 갈대가 우거진 곳에서 매복해 있으면 조조 군사가 올 겁니다. 그때 그들을 치면 됩니다. 장비 장군 역시 군사 3,000명을 이끌고 호로구로 가십시오. 조조 군사가 잠시 쉬고 있을 겁니다. 그때 그들을 기습하십시오."

조자룡이 총기 가득한 눈으로 대답했다.

"명을 받들겠습니다."

장비도 두 주먹을 불끈 쥐며 말했다.

"알겠수. 용천지랄 조조 놈을 이번에 혼쭐내 줘야지."

두 장군이 군사를 이끌고 나가자, 제갈공명이 유비에게 말했다.

"주공께서는 저와 함께 전황을 살피며 차나 드시지요."

"그럴까요?"

두 사람이 자리에 앉으려던 찰나, 누군가의 고함소리가 들려왔다.

"아니! 참다 참다, 너무한 것 아니시오!"

옆에서 기다리던 관우가 얼굴이 시뻘게진 채로 언성을 높인 것이다.

"나는 이제까지 모든 싸움터에서 유비 형님을 지키기 위해 목숨을 내놓고 싸웠습니다! 왜 나에게는 아무런 명령도 내리지 않는 겁니까?"

제갈공명은 관우의 항의를 예상했다는 듯, 덤덤하게 대답했다.

"관우 장군, 섭섭해 하지 마십시오. 장군의 무공이 훌륭한 것을 이 세상 누가 모르겠습니까? 다만 이번 싸움에서는 빠지시는 게 좋을 것 같습니다."

"아니 대체 무슨 연유로 그러십니까?"

"조조를 그냥 보내 줄 것 같아서 말입니다."

관우의 얼굴이 더 붉어지다 못해 검게 변했다.

"당치도 않습니다! 내가 왜 조조를 놔준단 말입니까?"

"지난날 조조에게 몸을 의탁하고 계실 때 그에게 후한 은혜를 입지 않으셨습니까? 관우 장군께서는 목숨보다 의리를 더 중요시하는데, 과연 조조를 잡아올 수 있으시겠습니까?"

관우가 표정을 굳히며 말했다.

"날 믿지 못한다면 군령장을 쓰겠습니다. 내가 정말 조조를 살려 준다면 군법에 따라 처벌하십시오."

"좋습니다. 그럼 화용도로 가십시오. 그곳에서 기진맥진한 조조를 만나게 되실 테니, 손쉽게 잡으실 수 있을 겁니다."

관우는 여전히 화가 잔뜩 난 상태로 제갈공명에게 으름장을 놓았다.

"좋습니다. 하지만 만일 화용도에 조조가 나타나지 않는다면, 그때는 공명 선생이 처벌받으십시오!"

"허허 좋습니다. 같이 군령장을 쓰십시다."

그리고 제갈공명은 좁은 길에 불길을 피우며 매복할 것을 명했다. 의심 많은 조조가 두 번 생각하여 오히려 불이 보이는 길로 갈 것을 예측했기 때문이다. 그렇게 관우는 500명의 군사를 이끌고 조조를 잡으러 떠났다. 관우가 사라지자 유비가 걱정스런 얼굴로 물었다.

"공명 선생, 관우가 걱정됩니다. 내 아우는 한 번 입은 은혜는 잊지 않습니다."

"걱정 마십시오, 주공. 어제 제가 밤하늘의 별을 보니, 조조 별이 아직 빛나고 있었습니다. 아직은 조조의 명이 남은 것이지요. 그렇다면 이 기회에 관우 장군에게 은혜 갚을 기회를 준 것이니 이 또한 조화로운 일이 아니겠습니까? 이 일 후엔 관우 장군이 조조에 대한 마음의 짐을 완전히 벗어 버릴 수 있을 겁니다."

그제야 유비가 빙긋 웃었다.

"그리 멀리 내다보시다니, 역시 대단하십니다."

이런 제갈공명의 선견지명과 발 빠른 책략 때문에 조조는 그렇게 여러 번 당해야 했던 것입니다. 첫 번째 조자룡이 매복했던 오림 부근의 양림산, 두 번째 장비가 매복해 있던 호로구, 마지막으로 관우가 조조를 놔준 화용도는 지금 중국에서 유명한 관광지랍니다. 양림산은 장강의 북쪽 강변에 위치하고 있는 감리현이란 곳의 경계인데요. 조자룡의 공적을 기려, 자룡산이란 의미로 자룡강(子龍崗)이라 불리기도 하지요. 화용도는 '관우가 조조를 죽이지 않고 놔주었다.'란 뜻으로 방조파라는 지역명이 붙었답니다. 중국에 간다면 양쯔강 북쪽에 위치한 이 세 곳을 들러 삼국지 영웅들의 기개를 느껴보는 것도 좋겠지요?

이렇게 역사에 길이 남을 이야기이긴 합니다만, 1,700년 전 관우는 마음이 굉장히 무거웠을 겁니다. 조조를 놓아주면 군법대로 처벌받겠다고 큰소리를 쳤잖아요. 관우가 조조를 놓아줄 것을 제갈공명과 유비는 이미 예상하고 있었지만, 관우는 그 속내를 몰랐고요. 유비 입장에서도, 아무리 미리 짐작했더라도 조조를 놓아준 것은 그냥 넘어가기에는 너무 큰 죄였을 겁니다. 이 상황을 과연 어떻게 넘겼을까요?

가장 먼저 분전한 조자룡이 돌아왔다.

"주공, 공명 선생, 적들을 공격해 전리품을 가져왔습니다."

조자룡은 조조 군의 말 300필과 창, 갑옷, 투구 등을 잔뜩 실어왔다.

"잘 하셨습니다."

제갈공명이 웃으며 그의 공적을 치하했다. 그때 조자룡이 궁금한 듯 물었다.

"그런데 왜 제게 적당히 죽이고, 나머지는 놓아주라 명하셨습니까?"

제갈공명이 부채질을 하며 대답했다.

"쥐도 궁지에 내몰리면 고양이를 물지 않습니까? 조조 군이 수전에는 약하나 육전에서는 임전무퇴입니다. 절멸시키려다 괜히 아군에게까지 피해를 입히면 곤란하지요. 그래서 적당히 치고, 나머지는 보내 주라고 한 겁니다."

"아, 역시 놀랍습니다, 공명 선생."

조자룡이 감탄을 할 때 장비가 들어왔다.

"형님, 공명 선생. 장비가 왔수다. 헤헤."

"수고했다, 아우야."

"제가 뭘 가져왔는지 아시오? 말 500필, 적들의 창, 투구, 갑옷, 안장을 쟁여왔소. 공명 선생, 그들이 안장이랑 갑옷을 말리며 쉬고 있길래, 내가 고함 한 번 치니 다 버리고 혼비백산해 도망칩디다. 역시 조조 놈이 젤 무서워하는 건 내 고함이오, 으헤헤."

"잘 하셨습니다."

제갈공명이 웃으며 장비를 칭찬했다.

"근데 둘째 형님은 어디 갔소?"

장비의 말이 끝나자마자 관우가 고개를 숙인 채 걸어 들어왔다. 앞서 왔던 장수들과는 다르게 표정은 더없이 어두웠으며, 빈손으로 터덜터덜 들어오고 있는 모습이었다. 그 어두운 기색을 모르는 척, 제갈공명은 그를 제일 크게 반겼다.

"아이고! 가장 큰 공을 세우신 관우 장군 오셨습니까?"

제갈공명의 함박웃음에 그렇지 않아도 무표정한 관우의 표정이 더 심하게 굳어졌다. 이에 제갈공명이 짐짓 걱정되는 얼굴로 관우의 눈치를 살피며 물었다.

"혹시 제가 마중을 안 나가서 화나셨습니까? 큰 공을 세운 장군을 마땅히 맞이했어야 했는데, 부족한 저를 용서하시지요."

"그렇지 않습니다."

"지금 모두의 공을 치하하고 있었습니다. 마지막에 조조를 맞닥뜨린 건 관우 장군이시지요? 조조의 수급을 베어 오신 겁니까? 아니면 생포해 오셨습니까? 지금 밖에 포박된 조조가 있는지요?"

제갈공명이 고개를 쭉 내밀어 바깥을 두리번거렸다.

"잡지 못했습니다."

"아니, 그렇다면 제가 말한 곳으로 조조가 오지 않았습니까?"

제갈공명이 혹시 자신이 실수했을까 노심초사한 목소리로 물었다.

"정확히 왔습니다. 그런데…… 그냥 보내 주었습니다."

순간 주변에 있던 모든 사람들의 표정이 굳어 버렸다.

"제 귀가 혹시 잘못된 건 아닌지. 그냥 보내 주었다고 말씀하셨습니까?"

제갈공명은 관우가 한 말을 다시 들으려는 듯 관우 가까이로 고개를 내밀었다. 그러나 관우가 고개를 푹 숙인 채 아무 말도 하지 않자, 근엄한 목소리로 명했다.

"그렇다면 군령을 어기셨으니 군법대로 처리하지요. 여봐라, 관우 장군을 참수하라."

이때 장비가 눈을 치뜨며 장팔사모를 고쳐 잡았다.

"이런, 우라질. 뭐? 감히 우리 형님을 참수? 이게 선생, 선생 하며 깍듯이 대해 줬더니 아주 눈에 뵈는 게 없구만!"

이때 유비가 호통치며 장비의 오금을 박았다.

"뭐하는 짓이냐? 당장 창을 내려놓지 못할까? 군령을 어겼으면 그게 누구든 참수하는 게 맞다."

"큰형님 이런 법이 어딨소? 나는 용납 못 하겠소."

장비가 울먹거렸다.

이때 유비가 제갈공명 앞에 나아가 비장한 표정을 짓더니, 무릎을 꿇고 고개를 숙였다.

"공명 선생, 우리 삼 형제 비록 한날한시에 태어나진 못했지만, 한날한시에 죽기로 천지신명께 맹세했습니다. 그러니 관우의 목을 치면서 제 목도 같이 쳐 주십시오."

이 말에 장비 역시 무릎을 꿇고 눈물을 왈칵 쏟으며 유비를 껴안았다. 놀란 관우는 유비를 억지로 일으키며 말했다.

"형님, 이러지 마십시오. 군령을 어겼으니 저만 참수당하면 되는 것을. 이 못난 동생 때문에 형님의 존엄한 목숨을 내버리시면 안 됩니다. 비록 지금 제가 죽어도 하늘에서 늘 함께할 것이니 걱정 마십시오."

그 말에 유비, 관우, 장비 셋이서 부둥켜안고 대성통곡하니, 초상집이 따로 없었다. 그러자 제갈공명이 난처한 표정을 지으며 말했다.

"허허, 이거 참. 주공께서 그렇게 말씀하신다면 어쩔 수 없지요. 이번엔 그냥 넘어가겠습니다. 대신 당분간 근신하며 전투를 출전 못하는 것으로 벌을 대체하겠습니다."

유비가 넙죽 절을 올렸다.

"정말 고맙습니다. 공명 선생."

유비가 동생을 사랑하는 마음이 진하게 느껴지네요. 제갈공명이 관우를 죽이기야 하겠습니까만은 곤경에 빠진 관우를 위해 무릎까지 꿇고 운 거잖아요. 한편 관우는 조조를 죽이지 않으면 자기가 참수당할 걸 알면서도 의리를 지켰네요. 정말 의리의 아이콘답지요?

그런데 다시 한 번 생각해볼 것은, 왜 제갈공명은 관우가 조조를 살려 줄 것을 알면서도 그를 출전시켰을까요? 사실 관우는 의리와 무공을 두루 갖춘 명장이지만 고집이 센 편이었지요. 게다가 제갈공명보다 나이도 훨씬 많으니, 그 입장에선 명령을 내리기도 쉽지 않았을 거예요. 통찰력 있는 제갈공명은 너무 완벽한 관우가 자만심에 빠질 수 있다는 걱정도 있었고요. 그래서 이참에 관우에게 빚을 지게 해 그의 콧대를 살짝 꺾어 두려 했던 겁니다. 그렇게 해서 관우 같은 명장과 뜻을 더 잘 맞출 수 있다면 큰일을 도모할 수 있을 거란 생각을 늘 해왔으니까요. 게다가 이제 관우는 조조에게 빚진 것이 없어졌으니, 의리 걱정 없이 조조 군과 마음껏 싸울 수 있지 않겠어요?

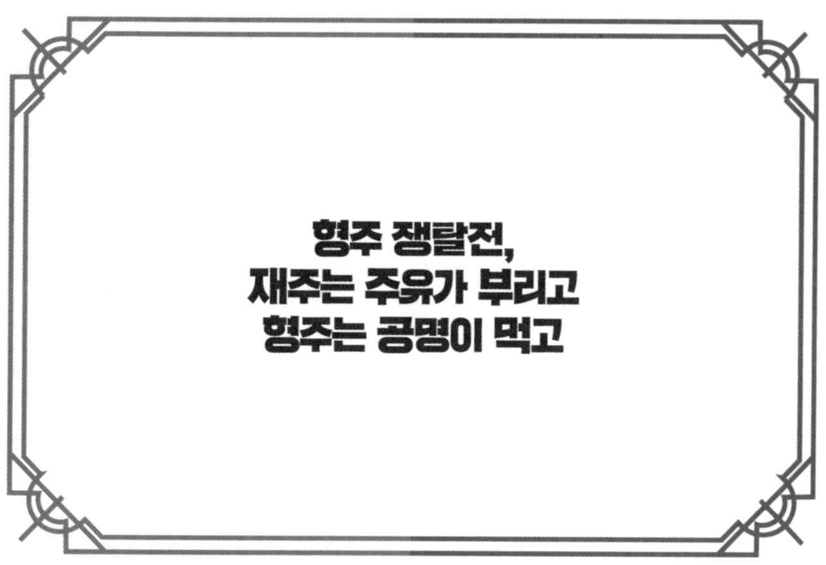

형주 쟁탈전, 재주는 주유가 부리고 형주는 공명이 먹고

이렇게 삼국지의 가장 큰 전쟁, 적벽대전이 마무리되었습니다. 황개, 방통, 주유, 제갈공명의 합작으로 조조의 8,000척의 배들은 모두 재가 되어 장강에 흐르게 되었네요. 도망치던 조조는 조자룡, 장비 때문에 심장이 오그라들었다가 관우의 의리 덕분에 구사일생으로 살았구요. 그리고 결국 남하는 포기하고 수도인 허창으로 돌아갔습니다. 형주의 주인이자 유비의 든든한 후원자였던 유표가 죽고, 유표의 둘째 아들은 조조에게 형주를 바쳐 버려 유비는 아주 곤란했었죠. 조조의 대군에 쫓겨 백성들을 이끌고 형주를 가로질렀었는데, 손유 연합의 승리 덕분에 유비도 이제 숨통이 트이겠네요. 조조 쪽과 유비 쪽은 이렇게 정리가 되었는데, 손권과 주유는 무얼 하고 있을까요? 승리의 축배를 들고 있을까요?

동오의 주유는 엄청난 승리를 거둬 놓고도 찜찜함을 지워 버릴 수가 없었다. 제갈공명이 살아 있는 이상, 그의 존재가 목에 걸린 가시처럼 불편했다. 하지만 지금은 형주를 차지하는 게 먼저였다. 조조가 대군을 잃고 쫓겨 갔으니 형주는 무주공산(주인이 없어 비어 있는 산)이었다. 손권 역시 주유에게 명령을 내렸다.

"나는 여기 동오에 남아 있는 조조의 패잔병들을 소탕하고 있을 테니, 대도독은 형주의 남군을 차지하시오."

명을 받은 주유가 노숙과 함께 군사를 이끌고 형주로 떠났다. 아니 그런데, 남군 근처 유강구에 유비 군대가 영채를 짓고 있는 게 아닌가. 그 모습 또한 전쟁이 임박한 군대처럼 장엄해 주유는 더욱 걱정이 되었다. 주유가 영채를 찾아가 유비에게 인사를 올리며 물었다.

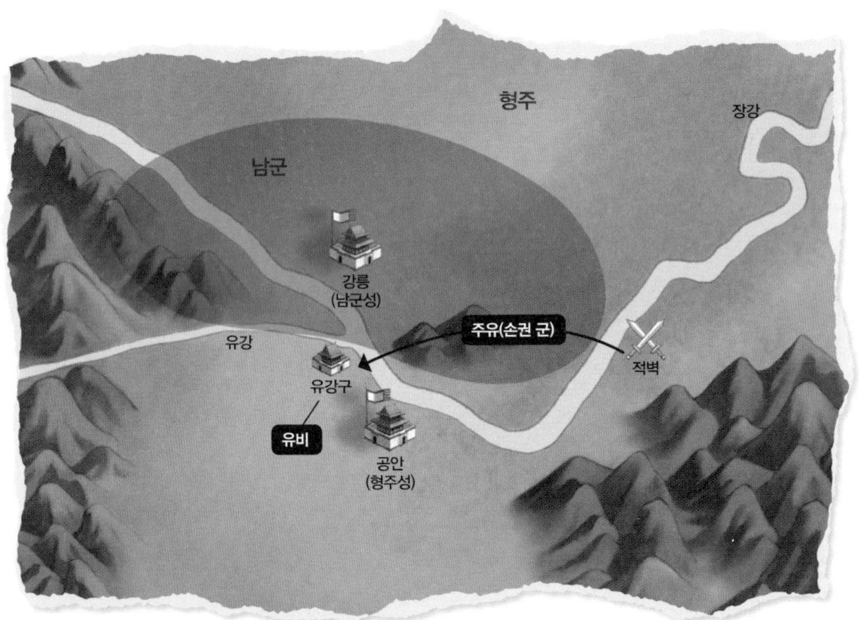

"저 주유, 유 황숙을 뵈옵니다. 유 황숙과 동맹을 맺어 큰 승리를 하고, 이렇게 뵙게 되니 더없이 기쁘고 영광스럽습니다."

"주유 장군. 적벽에서의 놀라운 활약을 공명 선생에게 들었소. 꼭 한 번 만나서 그 수고에 감사 인사를 전하고 싶었는데, 이렇게 찾아와 주니 기쁘오."

이렇게 서로 인사를 하고 격식을 차리자마자 주유는 바로 본론으로 들어갔다. 웃고는 있었으나 그 목소리는 사뭇 매섭기까지 했다.

"그런데 어찌 본진을 버리시고 이곳에 영채를 짓고 계신지요? 혹시 형주를 차지하려는 뜻을 품은 건 아니신지 우려스럽습니다."

"주유 장군이 형주에 진군한다는 소식을 듣고 혹여 지원군이 필요할까 하여 여기에 주둔하고 있었소."

유비가 어색하게 대답했다. 주유가 그 대답이 탐탁지 않은 듯 무언가 더 말을 하려는데, 등 뒤에서 익숙한 목소리가 들렸다. 제갈공명이었다.

"저희는 형주를 차지하면 안 된다는 법이라도 있습니까? 어차피 이곳의 주군이시던 유표 공께서 아드님 유기 공자를 저희 주공께 부탁하고 떠나셨습니다. 사실상 이곳은 유기 공자의 터이고, 저희 주공은 조카님을 보좌하고 있으니, 모든 게 이치에 맞습니다만."

주유가 흥분을 억누르느라 입술을 질끈 깨물며 말했다.

"아니, 내가 공명 선생의 동남풍 덕을 보긴 했지만, 두 명의 장군을 밀정으로 보낸 것도 나고, 조조 대군과 피 흘리며 싸운 것도 동오의 병사들이오. 고로 이번 대승의 공은 분명 동오에 있는데, 어찌 다 차려진 밥상에 숟가락만 얹으려 하시오?"

"정 그러시다면, 형주의 중심지인 남군성을 공략하시지요. 하지만 대도독께서 남군성을 지키고 있는 조조 군을 이길 수 없다면, 그때는 저희가 조조 군을 치고 남군성과 함께 형주를 차지하겠습니다. 조조에게 형주를 넘길 수는 없지 않겠습니까?"

주유가 큰 소리로 비웃었다.

"하하, 무슨 말 같지 않은 소리를. 그럴 일은 없겠지만, 우리가 형주를 정복하지 못한다면 그땐! 마음대로 하시지요."

이렇게 주유 군이 출병했습니다. 적벽대전에서 대패한 조조 군은 사기가 꺾일 대로 꺾인 상태였겠지요? 수적으로도 열세할 거고요. 게다가 조조 자신과 주요 책사들도 모두 허창으로 물러난 상태였습니다. 그러니 주유는 쉽게 남군을 차지할 수 있을 거라 자신했습니다. 그런데 이곳에서 주유는 생명이 위독해질 만한 치명타를 입는답니다. 과연 무슨 일이 벌어진 걸까요?

주유는 선발대로 5,000명의 병사를 보내고 자신은 후발대를 이끌었다. 미리 도착한 선발대가 남군성 앞에서 진을 치고 전투태세를 갖추었다. 반면 조조 군의 선발대는 겨우 500명뿐이었다. 하지만 조조 군은 적벽에서 동료 병사들이 도륙당한 사실에 분노가 하늘을 찌르고 있었다. 조조의 장수 조인은 복수를 위해 목숨을 잃을 각오로 진격했다. 500명의 병사가 끝까지 싸우다 절반 이상이 목숨을 잃었지만, 동오군의 피해도 만만치 않았다. 그들은 적벽의 승리로 오만해진 데다 병력이 적다는 이유로 상대를 얕

본 것이다. 결국 주유의 군대는 예상치 못한 조조 군의 거센 저항을 견디지 못해 후퇴해야 했다.

뒤늦게 도착한 주유가 시체 밭을 이룬 병사들을 보며 분노했다.

"당장 남군성으로 쳐들어간다!"

성난 주유가 달려들자, 맞서 싸우러 나왔던 조인은 몇 합 싸우다가 패하여 후퇴했다. 허둥지둥 도망하던 조조 군은 주유가 바짝 쫓아오자 성까지 버리고, 흩어져 도망가 버렸다.

"그래 이놈들아, 아주 멀리 멀리 도망가라! 허창까지 도망하여 조조 놈 뒤에 숨어서 벌벌 떨다 보면 이 주유가 손권 주공의 명을 받고 모조리 목을 베러 갈 것이다! 하하하!"

꼬리에 불이 붙은 듯 빠르게 사라지는 조조 군의 뒤통수를 보며 주유가 외쳤다. 조조 군을 몰살시키는 것보다는 형주를 차지하는 것이 우선이었던 주유는 뒤쫓는 것을 멈추고 남군성으로 향했다. 성문을 지키는 병사들까지 모조리 다 함께 도망하였는지, 성문은 활짝 열려 있었다.

'내가 형주를 차지하지 못하면 자기들이 차지하겠다고? 이 주유를 뭘로 보고. 제갈공명, 이젠 정말 형주의 식객으로 전락하게 해주마.'

주유는 의기양양하게 앞장서서 성안으로 들어갔다. 그런데 왠지 불길한 예감이 들었다.

'아무리 군사들은 빠져나갔을지라도, 백성들은 남아 있어야 할 텐데. 인기척이 전혀 없구나. 매복인가?'

왁자지껄하게 웃고 떠들며 뒤따라 들어오고 있던 군사들에게 주유는 손짓으로 조용하라고 명했다. 군사들이 어리둥절한 표정으로 입을 다물었다. 가만히 귀를 기울이던 주유는 나지막이 혼잣말을 뱉었다.

'살기.'

활시위가 팽팽히 당겨져 있는 진동소리가 들리는 듯했다. 주유는 다급히 외쳤다.

"후퇴하라!"

주유 군이 뒤돌아서자마자 성벽 위에서 화살이 빗발쳤다. 여름철 장맛비보다 더 거세게 화살이 쏟아지고 있었다. 승리의 기쁨에 젖어 경계를 풀고 성안으로 몰려 들어왔던 수많은 주유 군이 화살을 맞고 말에서 떨어졌다. 주유는 군사들이 흥분해서 서로 밟고 밟히지 않도록 이쪽저쪽으로 뛰며 질서정연하게 후퇴할 것을 명했다. 주유를 호위하던 장수들이 주유가 먼저 빠져나갈 것을 강력히 주장해, 주유도 이제 막 성문을 나서려는데, 그를 노리는 한 명의 저격수가 있었다.

성벽 위에 있던 매복병들이 쉼 없이 화살을 날리는 동안, 한 발의 화살을 가지고 때를 노리고 있던 군사가 있었습니다. 네, 요즘으로 치면 고도로 훈련된 저격수, 스나이퍼였던 겁니다. 그의 화살은 특별히 강하고 무겁게 제작되었고, 독까지 묻어 있었고요. 주유가 거의 성문 앞에 다다라 호위하던 장수들도, 주유도 잠시 잠깐 방어가 허술해졌을 바로 그때, 저격수는 활을 쏘았습니다. 결국 이 독화살은 주유 갑옷에서 상대적으로 약했던 이음새 부분을 뚫고, 그대로 주유의 왼쪽 어깨를 명중했네요.

놀란 장수들의 필사의 호위를 받아 급히 영채로 돌아와서 화살을 빼냈

건만, 일반 화살의 상처가 아니라는 것은 눈으로 봐도 자명했다. 의원이 상처에 약을 발라주며 말했다.

"독이 발린 화살에 맞으셨습니다. 독을 빼내긴 했지만, 상처가 아물려면 적어도 석 달은 있어야 합니다. 아물기 전에 화를 내시면 상처가 터질 겁니다. 절대 안정을 취하시고, 아름다운 생각만 하셔야 합니다."

석 달 동안 아름다운 생각만 하라니! 이 말에 주유는 더욱 부아가 치밀었다.

"아니 지금은 전시 중이요! 그게 어디 당치 않은……! 윽."

그의 입에서 진짜 피가 흘러나왔다.

"아이고 대도독, 글쎄 화를 내시면 이렇게 되는 거라니까요. 부디 제 말을 명심하셔야 합니다."

의원이 피를 닦아 주며 거듭 당부한 뒤 물러갔다. 그때 주유가 날카로운 눈빛으로 뭔가를 생각하더니 장수에게 명했다.

"좋아, 저들이 우리에게 썼던 방법을 그대로 돌려줄 차례다. 내가 독화살을 맞고 죽었다고 소문내라. 그러면 조인이 우리를 끝장내겠단 생각으로 영채로 쳐들어 올 것이다. 그때 매복병으로 그들을 포위하고 공격하면, 이번에야말로 남군을 우리 것으로 만들 수 있을 것이다! 윽……!"

"대도독 부디 흥분하시면 안 됩니다. 피가 또!"

"얼른 시킨 대로 하지 않고 뭘 하느냐?"

"네, 명을 받들겠습니다."

주유의 명령을 들은 장수들은 곡소리를 하며 소문을 퍼뜨렸다. 삽시간에 주유가 죽었다는 소문이 퍼져 나갔고, 이는 남군성에 있는 조조의 군사들에게까지 들려왔다. 어떻게 주유를 물리칠까 고민하던 조인은 소문을 듣고 크게 환호하며 수하 장수들을 불러 모았다.

"주유가 화살에 맞아 계속 앓더니 결국 죽음을 맞이했다고 하오. 지금이야말로 적벽에서 죽어간 우리 병사들에 대한 복수를 제대로 할 때요! 주유 놈의 머리를 제사상에 올리고, 동오군들의 씨를 말려 버리러 갑시다!"

조인은 고민할 틈도 없이 그날 밤 바로 군사를 일으켰다. 주유의 진영에 막 도착해 북소리를 울리며 공격을 시작하려는 찰나, 마지막 점검 차 보냈던 정찰병이 뛰어 돌아오며 소리쳤다.

"장군! 영채 안에 아무도 없습니다! 함정인 듯합니다, 피하십시오!"

말소리가 끝나기 무섭게 땅이 울리는 소리가 들리더니, 동오의 군사들이 사방에서 쏟아져 나왔다.

"역적의 군사들아! 칼을 받아라!"

조조 군은 순식간에 휘몰아치는 동오군의 기세를 막지 못하고 처참히 쓰러져 갔다. 다시 남군으로 돌아가려는 데, 설상가상으로 주유가 매복시켜 놓은 군사들이 후방에서도 튀어나와 후퇴로를 막았다. 조인은 더 이상의 싸움은 무리임을 깨닫고 방향을 돌려 양양으로 도망쳤다. 그곳에는 하후돈과 더 많은 군사들이 지키고 있었기 때문이다. 주유가 죽었다는 헛소문을 듣고 방심한 조인과 군사들은 이렇게 한순간에 격파당했다.

주유가 자신이 당한 계책을 제대로 역이용했네요. 방심한 채로 밀고 들어오는 군사들을 매복병으로 물리친 것은 조인이 자신에게 썼던 방법이기도 하잖아요. 조인을 포함하여 남군성을 지키던 모든 조조의 장수들이 도망치는 것을 확인한 주유는 이번에야말로 반드시 남군성을 차지하리라 생각했어요. 그래서 군사들이 승리의 함성을 지르기도 전에, 재빨리 다시 군사를 수습하여 조인이 두고 간 남군성으로 향했죠. 그런데! 성문이 굳게 닫혀 있네요. 급히 도망가느라 당연히 열어 놓고 갔으리라 생각했는데 말이죠. 미처 도망가지 못한 병사들이 마지막 발악을 한다고 생각한 주유는 패잔병들과 무슨 싸움이 되겠나 싶어 적당히 말로 타이르려 했습니다.

"문을 열고 나오면 목숨은 살려줄 테니, 조조 군은 순순히 항복하라!"

주유가 성문 앞에서 외쳤다. 그런데 성벽 위에서 한 사람이 나타나더니, 의외의 대답이 돌아왔다.

"아니, 대도독 살아계셨던 겁니까?"

깜짝 놀라 올려다보던 주유는 너무 놀라 말에서 떨어질 뻔했다. 제갈공명이 아닌가?

"공명 선생이 왜 이곳에 있는 거요?"

제갈공명이 천연덕스럽게 대답했다.

"독화살을 맞고 돌아가셨단 얘길 듣고 저희가 입성했습니다. 약조하지 않으셨습니까? 장군께서 조조 군을 물리치지 못하면 저희가 형주를 차지해도 된다고. 일단 보금자리부터 마련하고 급히 문상 갈 채비를 하던 중인데, 살아계시다니 천만다행입니다."

"아니, 저놈이!"

화가 머리끝까지 솟구친 주유는 당장 사다리와 충차를 가져올 것을 명했다.

“성을 공격할 수 있는 모든 것을 가져와라!”

“아니 주유 장군, 왜 이러십니까. 저희는 약조에 따라 정당하게 성을 차지했는데, 이러시면 저희도 다른 도리가 없습니다. 반격할 수밖에요.”

제갈공명이 곤란하다는 듯 말했다. 그래도 주유가 명을 멈추지 않자, 제갈공명은 성벽 위에서 모습을 감추고, 또 한 번 장맛비 같은 화살이 쏟아지기 시작했다.

네, 결국 남군은 유비 차지가 되었네요. 이것 참 큰일났네요. 아름다운 생각만 해야 한다고 의원이 그토록 신신당부했건만, 주유가 아름다운 생각을 할 수 없게 만드는 일들이 줄줄이 터집니다. 어떤 일들이 그를 피 토하게 만드는지 계속 살펴볼까요?

화살이 빗발치자 결국 주유는 일단 군사를 영채로 물릴 수밖에 없었다.

“아니 이게 무슨 꼴이냐! 이거야말로 어부지리가 아니냐. 결국 저 새파랗게 어린 공명 놈에게 좋은 일만 했다니!”

“대도독! 지금 우리의 주적은 공명 따위가 아닙니다. 아직 형주성과 양양성은 조조의 군사들이 지키고 있을 겁니다. 조조가 지원군을 보내기엔 아직 적벽의 상처를 회복하지 못했을 것이고, 우리에게 막 패하여 도망한 군사들의 말을 듣고 사기가 떨어져 있을 테죠. 우선 그곳을 먼저 획득하십시오. 그 후에 다시 군사를 모아 남군성을 공격하시는 것이 좋을 듯하옵니다.”

가까스로 주유를 진정시킨 장수들의 말에 주유도 동의하여, 군사들을 나누어 양양성과 형주성으로 진군을 명령했다. 주유의 군사들이 막 출정하려던 찰나, 전령이 들어와 다급하게 외쳤다.

"대도독! 형주성을 장비가 차지했다고 합니다."

주유가 뭐라고 대꾸를 하기도 전에, 다른 전령이 들어와 보고했다.

"대도독! 양양성에 관우가 입성했다고 합니다!"

"어떻게 그게 가능하단 말이냐? 형주성과 양양성을 지키던 조조 군은 놀고 있었단 말이냐?"

주유가 어이없다는 듯 외치자, 전령들이 입을 맞춘 듯 대답했다.

"남군성의 조인을 지원하기 위해서 군사를 이끌고 나오자마자, 유비 군이 차지했다고 합니다."

"그게 무슨……? 조인은 분명……?"

주유가 맥을 추리지 못하고 말을 더듬자, 이미 다리에 힘이 풀려 옆에 주저앉았던 다른 장수가 말했다.

"제갈공명이 남군성을 차지하고 조인의 인장(관직을 표시한 도장)을 얻어, 거짓 지원 요청을 보낸 것이지 않겠습니까……."

주유는 이 상황이 믿기지 않는다는 표정으로 황망하게 주위를 둘러보았다. 그러다 결국 외마디 비명을 내뱉으며 피를 토하고 쓰러지고 말왔다.

"대도독!"

손자병법에 이런 말이 있답니다. 가장 하수는 공성전을, 중수는 외교전으로 이기지만, 최고수는 싸우지 않고 승리하는 자라고요. 제갈공명이야말로 고수 중의 고수였어요. 주유가 독화살을 맞고 죽었다는 소문을 퍼뜨린 틈을 타 책략을 세운 것이지요. 일단 조인이 주유와 싸우러 나가며 비워둔 남군성을 빠르게 얻었습니다. 그리고 그곳에서 획득한 조인의 병부(군사를 사용하는데 필요한 명령서)로 문서를 위조해 양양성과 형주성에도 지원군을 요청했죠. 조인이 보낸 서신으로 생각한 조조의 군사들이 성을 비워 두고 남군성으로 떠난 직후, 미리 기다리고 있던 관우와 장비가 성을 차지해 버렸어요. 덕분에 유비가 순식간에 형주의 주요성들을 3개나 얻었습니다. 주유는 화살까지 맞아가며 싸웠는데, 제갈공명은 피 한 방울 흘리지 않고 무혈입성한 거예요. 제갈공명이 기획한 빈집털이라 할 수 있죠.

게다가 주유 입장에선 더 속 터지게도, 제갈공명의 말에 틀린 게 하나 없었죠. 분명 자기가 직접, 자신이 조조 군을 이기지 못하면 형주를 유비가 차지해도 된다고 했으니까요. 사실 제갈공명은 조조랑 여러 번 싸워 보면서, 조조를 잘 파악하고 있었답니다. 조조는 아무리 급하게 도망치고 있더라도, 한 번에 성이 무너질 만큼 방비를 허술하게 해놓고 떠날 인물이 아니죠. 이 사실을 알고 있는 제갈공명이 주유를 살살 자극하여 형주를 차지할 명분을 만든 것입니다. 명분도 챙기고 실리도 챙긴 셈이예요. 과연 제갈공명은 최고의 아군이자 최악의 적군이네요.

노숙의 출장,
떼인 형주 받아드립니다

주유는 영채에서 두 달 동안 요양했다.

"남군을 빼앗고 공명 놈을 내 손으로 죽이기 전에는 물러가지 않겠다!"

몸은 쉬었으나 아름다운 생각을 하는 일은 주유에게 불가능했다. 그때 동오에서 손권이 서신을 보내왔다.

"승리의 기세를 몰아 조조의 북방 지역으로 영토를 넓혀 보고자 하였으나, 합비에서 진군이 막혔소. 유비는 나중에라도 칠 수 있으니, 일단 조조군이 약해졌을 때를 틈타 우리 영토를 북방으로 확장하는 것이 맞는 듯하오. 공이 와서 합비에서의 전투를 지원해 준다면 큰 힘이 될 것이오."

결국 주유는 형주 지역에서 철수하고 손권을 도우러 가야 했다. 그러면서도 주유는 이를 부득 갈았다.

"지금 비록 물러가지만 반드시 다시 돌아와 공명 네놈의 목을 날리리."

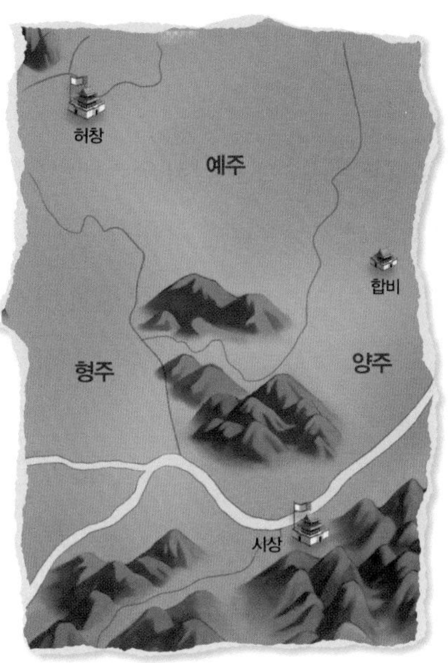

삼국지 100년을 통틀어 가장 큰 교전인 적벽대전에서 승리한 동오야말로 축제 분위기여야 할 텐데, 그렇질 못하네요. 합비에서 벌어진 조조 군과의 끈질긴 전투 끝에, 결국 손권은 땅을 얻지 못하고 철수해야 했거든요. 적벽대전을 승리로 이끈 주유 장군이 허망하게 독화살을 맞고, 형주는 유비가 어부지리로 얻어 버렸죠. 조조 군을 북쪽으로 더 밀어내는 것마저 실패했으니 결국 얻은 것은 없이 시간과 군력을 들여서 수성만 한 셈이네요. 그러니 손권은 물론이고, 현장에서 가장 많이 뛰었던 주유가 얼마나 분했을지 상상이 가지요?

주유는 살아생전 반드시 남군을 포함한 형주를 뺏으리라 별렀다. 그가 노숙을 불렀다.

"아무래도 합비를 얻는 것은 어려울 듯하니 이제 다시 형주를 치러 가려고 하오. 노숙께서 함께 가서 책략을 내준다면 고맙겠소."

주유의 목소리는 단호했지만, 노숙은 어쩐 일인지 곤란하다는 표정을 지었다.

"대도독, 지금 유비를 척지는 것은 좋은 생각이 아닌 듯합니다. 우리 군대는 오랜 전투에 이미 지친 상태고, 보급도 바닥을 드러내 더 이상의 전쟁은 무리라고 판단됩니다. 게다가 조조가 비록 100만 대군을 잃었지만, 아직도 합비를 굳건히 지켜내는 걸 보시지 않았습니까? 그가 다시 세력을 회복해 돌아온다면, 유비와 동맹을 지키고 있는 편이 좋습니다."

"아니 그러면 형주를 이렇게 뺏기고도 가만히 앉아만 있으란 말이오?"

늘 노숙을 존경하고 깍듯이 대하는 주유였건만, 이번만큼은 버럭 화를 냈다.

"꼭 무력만이 답은 아닙니다. 제가 가서 말로 설득해 보겠습니다."

노숙이 침착하게 대답하자 주유도 진정이 되었는지 잠시 곰곰이 생각하더니 말했다.

"그렇다면 유비를 만나시오. 제갈공명은 능구렁이 같은 놈이라 세치 혀를 당해낼 수 없지만 유비는 다르잖소. 명분과 도리에 어긋나는 일은 하지 않는 사람이니, 잘 설득해 보면 승산이 있을 것이오."

"알겠습니다. 좋은 소식을 가지고 돌아오겠습니다."

그렇게 노숙이 형주로 떠났습니다. 하지만 유비가 명색이 주공인데, 바로 만날 수는 없었죠. 제갈공명을 먼저 만날 수밖에 없었습니다. 두 사람은 서로 다른 주군을 모시기 때문에 분명 적이긴 하나, 전시 상황이 아니었다면 그 누구보다 진한 우정을 나누었을 겁니다. 둘 다 충심이 강하고, 서로의 말을 척하면 척 잘 알아듣잖아요. 아마도 속으로는 서로를 인정하고 좋아했을 거예요.

“유 황숙께 긴히 드릴 말씀이 있어 왔소.”

“노숙 선생! 반갑습니다. 적벽에서 헤어진 이후로 잘 지내고 계셨는지요? 그런데 이걸 어쩝니까. 저희 주공께서 지금 형주의 민심을 수습하시느라 눈코 뜰 새 없이 바쁘십니다. 짧은 시간 동안 주인이 여러 번 바뀌었잖습니까. 그래도 주공과는 익숙해서 다들 반기고 있지요. 어려운 걸음 하셨는데, 만나 뵙게 해드리지 못해 죄송합니다. 하실 말씀을 남기시면, 제가 잘 적어 두었다가 그대로 전해드리도록 하겠습니다.”

“아니, 반드시 유 황숙과 얘기를 나누어야 하오.”

노숙이 그냥은 절대 안 넘어가겠다는 듯 꿈쩍도 안 했다. 제갈공명이 예의 바르게 다시 설득을 하려는 찰나, 장비가 나타났다.

“노숙 선생? 아니 조조 놈도 우리가 힘을 합쳐 다 쫓아냈는데, 여긴 웬일이오? 이 장비가 고함소리로 또 한 번 조조를 쫓아내는 걸 선생이 직접 봤어야 했는데, 쩝.”

분위기 파악 못하는 장비가 떠들든 말든, 노숙은 시종일관 결연한 표정을 짓고 있었다.

“유 황숙을 만나러 왔소.”

노숙 뒤편에서 제갈공명이 입을 다물라는 손짓을 수도 없이 보냈건만, 소용없었다. 장비는 노숙의 말이 떨어지자마자 대답했다.

“우리 형님을 찾으시오? 안에 계실 텐데? 형님! 형님! 손님이 왔수다!”

‘어이쿠, 저 눈치 없는 자를 어찌하면 좋을까?’

제갈공명이 난감한 표정으로 어쩔 수 없이 노숙을 유비에게 안내했다. 노숙은 유비에게 강하게 나갈 참이었다. 예를 갖춰 인사를 하고 자리에 앉자마자 노숙이 대뜸 이렇게 말하는 것이 아닌가.

"유 황숙, 이런 말씀 죄송하지만, 정말 실망스럽습니다."

'실망?'

순간 유비의 얼굴이 하얗게 질렸습니다. 왜냐고요? 유비가 가장 싫어하는 말이 '실망했다.'거든요. 원래 자신에게 엄격한 사람의 특징이기도 하지요. 실망이란 말을 들으면 심적으로 몹시 괴로워지잖아요. 옆에 앉아 있던 관우의 눈썹도 씰룩댔답니다. 관우도 알고 있었거든요. 유비가 가장 기피하는 말이 실망이라는 걸요. 과연 유비는 실망을 만회하기 위해 형주를 내어 줄까요?

유비의 얼굴색이 변하는 걸 보고, 노숙은 옳거니 하고 더 세게 나갔다.

"남아일언중천금이라고 했거늘, 도리와 덕, 명분을 중요시하는 영웅호걸께서 어찌 이러시는지요. 사실 조조의 대군이 쳐들어온 건 유 황숙 때문이지, 저희 동오 때문이 아니란 건 잘 아시지 않습니까? 하지만 저희 주공께서는 유 황숙을 돕기 위해 함께 싸웠습니다. 동오의 수만 명의 군사들이 목숨 걸고 싸워 조조를 장강 이남에서 몰아냈으니 마땅히 형주는 우리 동오의 것이 되어야 하지 않겠습니까? 그런데 계략을 꾸며내어 남군성을 차지하시다니, 세상에 이렇게 어긋난 도리가 어디 있습니까?"

노숙의 말을 들은 유비는 손이 떨리고 입이 다물어지지 않았다. 자신의 말이 효과가 있다는 것을 보고 노숙은 마지막 한방을 날렸다.

"아직도 유 황숙께서 이런 일을 저지르셨다는 게 믿어지질 않습니다. 이런 의롭지 못한 행동은 조조만 하는 줄 알았는데……. 설마 앞으로는 조조처럼 사실 작정이신지요?"

유비는 가슴이 떨려 어떤 말을 해야 할지 몰랐다. 졸지에 간웅 조조와 동급이 된 것이다. 하지만 이미 제갈공명의 언질을 받았던 터라, 연습해 둔 말을 더듬더듬 읊기 시작했다.

"사실 내게도 사정이 있었소. 옛 말에 모든 물건은 주인에게 돌아가는 것이 정도라고 하지 않았소? 형주는 본래 동오의 땅이 아니라, 저의 종친 유표가 이룬 터전이오. 형주의 주군이시던 유표 형님께서 돌아가시면서 내게 유지를 남기셨소. 큰조카인 유기를 친아버지처럼 잘 돌봐 달라고 말이오. 지금 유기가 병에 걸려 살날이 얼마 남지 않았으니, 내가 이 자리에서 약속드리오. 조카가 편히 눈을 감으면 그때 남군을 동오에게 드리겠소."

"그런 일이 있으셨습니까? 그렇다면 제가 유기 공자의 문병을 가는 게 도리인 것 같습니다."

"지금 유기가 너무 병색이 짙어 손님이 오셔도 맞이할 수가 없을 듯하오만……."

"그래도 여기까지 왔는데 그냥 돌아가면 어찌 제 맘이 편할 수 있겠습니까?"

말은 이렇게 하지만, 노숙의 속내는 그게 아니었겠지요. 진짜 유기가 중병에 걸렸는지, 아님 단순한 고뿔 정도 가지고 거짓말을 하는지 직접 눈으로 확인하려는 마음이었을 거예요. 유기는 정말 큰 병에 걸린 걸까요?

유기가 머무는 처소에 간 노숙은 코를 틀어쥐어야 했다. 방안 가득 죽음의 냄새가 가득했기 때문이다. 유기의 얼굴을 가까이서 보니, 이게 웬일인가. 젊디젊은 청년의 얼굴에 검버섯이 핀 데다, 버석하게 마른 입술은 핏기 하나 없이 시퍼렜다. 눈을 가늘게 뜨고 거친 숨을 몰아쉬는 게, 금방이라도 숨이 끊어질 것 같았다.

노숙은 생각지도 못한 상황에 잠시 아무 말도 못하고 유기를 지긋이 바라보다 말했다.

"이 정도로 심각하신 줄 모르고. 확실히 유 황숙의 돌봄이 필요하시겠군요. 너무 제 입장만 생각한 걸 부디 용서해 주십시오. 저희 주공께 잘 전달하겠습니다. 부디 조카 분께서 빨리 쾌차하시길 빌겠습니다."

노숙이 고개를 숙여 인사한 뒤, 배를 타고 떠났다. 유기의 모습을 보니 마음이 좋진 않았지만, 얼마 안 돼 죽을 게 뻔하니 곧 형주는 동오의 것이 되겠다는 확신을 할 수 있었던 것이다.

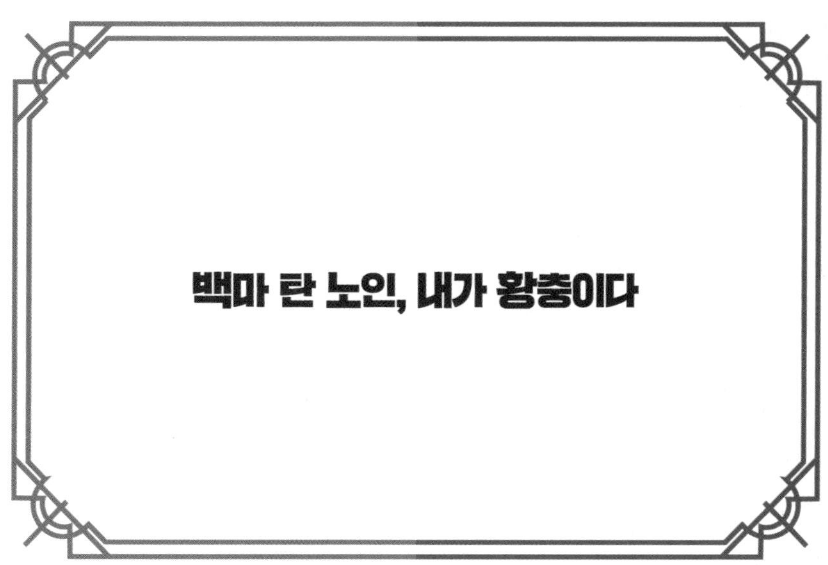

백마 탄 노인, 내가 황충이다

적벽대전 이후 조조가 고전을 면치 못했다면, 유비는 인생 최고의 전성기를 맞이했답니다. 도망과 의탁만 일삼던 유비에게 드디어 터가 생겼잖아요. 벌써 형주의 성 3개를 차지했으니, 기세가 등등해졌지요. 제갈공명은 여기서 멈추지 않았습니다. 형주의 중심지는 얻었을 지라도, 비옥한 형주 땅과 그 백성들은 남쪽에도 많이 펼쳐져 있었거든요. 유표가 죽은 이후로 제대로 된 주인을 만나지 못한 그 땅은, 마치 미국 서부 개척 시대의 황야 같았습니다. 말 타고 달려가 먼저 깃발 꽂은 자가 주인이 되었던 그 땅 말이죠.

장비와 조자룡이 서로 성을 치겠다고 나서는 바람에 제비뽑기를 해서 공격할 장수를 골랐고, 둘은 경쟁하듯 소수의 군사들을 데리고 나섰습니다. 그만큼 유비의 세력은 쭉쭉 확장해 나갔습니다. 이때 유비는 영토뿐

아니라 막강한 인재까지 얻게 되는데요. 인복은 정말 좋은 유비가 이번에 얻은 이는 누구였을까요?

조자룡과 장비는 계속 공을 세우는데, 관우는 그러질 못했다. 조조를 놔준 벌로 근신 중이었기 때문이다. 몸을 쓰지 못하니 답답한데다 동생 같은 장비와 조자룡만 승승장구하니 체면도 말이 아니었다. 관우는 결국 참지 못하고 제갈공명을 찾아가 말했다.

"이제 나도 성을 치게 해 주십시오. 공을 세우는 걸로 죗값을 치르겠습니다."

제갈공명이 고개를 갸웃거리며 대답했다.

"형주를 완전 정복하기 위해 남은 성이 하나 있긴 한데, 관우 장군께서 가능하실는지……."

순간 관우의 얼굴이 벌겋게 불타올랐다.

"어떤 성이길래 그런 말을 하십니까?"

"장사군의 성인데, 그곳의 태수는 경계할 만한 인물이 되지 못하나, 수하에 황충이라는 장수가 있습니다. 나이가 환갑이 다 되어 가는데도 일대

일로 싸워 그 장군을 이긴 자가 없을 만큼, 전설적인 명장이지요."

"내가 당장 그와 싸워 성을 함락시키겠소."

"그러시다면 장비, 자룡 장군과 똑같이 3,000명의 군사를 드리지요. 아니, 아닙니다. 황충 장군은 혼자 능히 1만의 군사를 물리친다고 들었습니다. 그 정도 군사로는 충분치 않을까 걱정이 되니 더 많이 이끌고 가시지요."

제갈공명의 말에 관우의 목소리 톤이 높아졌다.

"아니 공명께서는 왜 다른 장수의 용맹은 그리 칭송하면서, 우리 기는 죽이십니까? 3,000명도 필요 없습니다. 나 관우는 500명이면 충분합니다!"

이때 유비가 말렸다.

"아우야, 그리 만만하게 볼 상대가 아니니다. 공명 선생 말씀대로 3,000명을 데리고 가거라."

"500명."

어찌나 화가 났는지 유비에게조차 말을 짧게 할 정도였다. 이때 제갈공명이 나섰다.

"정 그러시다면 500명의 군사만 데리고 가시지요."

관우에게 거의 의리만큼 중요했던 것이 바로 자존심이었어요. 그러니 제갈공명이 관우를 제대로 긁은 것이지요. 관우가 자극 받았을 때 더 바짝 긴장하고 싸운다는 것을 알고 일부러 그러긴 했지만, 제갈공명도 관우가 500명만 끌고 가 버릴 줄은 몰랐네요. 결국 유비는 지원병을 이끌고 관우의 뒤를 몰래 따랐답니다. 혹시나 관우가 실수를 할 수도 있으니까요.

관우가 미간을 잔뜩 찌푸리며 500명의 군사를 이끌고 전속력으로 달려 장사성에 도착했다. 이미 소식을 들은 태수는 벌벌 떨며 성안에 숨어 있었고, 황충 장군과 수천 명의 군사들이 성밖에서 진을 치고 있었다. 관우를 보자마자 장사군 군사들의 얼굴이 하얗게 질렸다. 비록 500명만 대동했지만, 관우 한 명이 몇천 명의 위세를 능가할 정도이질 않던가.

그런데 관우 역시 황충을 보고 흠칫 놀랐다. 환갑이라고 해서 우습게 생각했건만, 풍채와 기세가 보통이 아니었다. 흰 수염을 늘어뜨린 채 백마에 올라탄 모습에서 기품마저 느껴졌다. 하지만 이곳에 온 목적은 성을 함락시키기 위함이니 적장과 싸워야 했다.

"군사를 물리고 성문을 여시오. 그러면 목숨은 살려 주겠소."

관우의 말에 황충이 맞받아쳤다.

"젊은 놈이 버릇이 없구나. 이참에 버르장머리를 싹 고쳐 주마."

관우가 호탕하게 웃으며 말했다.

"노인장, 명을 재촉하는 건 아닌지요. 항복하시면 저 관우가 술 한 잔 대접하리다."

"핏덩이 같은 놈이 기고만장하구나!"

황충이 소리치며 관우에게 박차를 가해 달려갔다. 노인의 속도가 빨라 봤자 얼마나 빠르랴 생각했지만, 황충은 눈 깜짝할 새에 다가와 관우를 향해 칼을 내려찍고 있었다. 관우도 재빠르게 청룡언월도로 칼을 막아냈는데, 그 순간 관우는 제갈공명의 말이 참이었다는 것을 알았다. 칼을 막은 손이 떨린 나머지 하마터면 창을 떨어뜨릴 뻔한 것이다.

'칼을 막아냈을 뿐인데, 창을 막은 듯한 중압감이 느껴지는구나.'

관우에게 칼로 대적해 1합 이상 이어나간 이는 황충이 처음이었다. 힘껏 내리쳐 칼을 두 동강 내는 건 일도 아닌 관우에게 강적 중의 강적이 나타난 것이다. 1합이 뭔가, 10합이 넘어가도록 황충은 지친 기색 하나 없었다. 그들의 창과 검이 부딪히는 소리가 천지를 진동했다. 긴장감은 팽팽하게 펴져 양쪽 진영의 군사들은 함성도 멈추고 숨을 죽였다. 쉽사리 승부가 나지 않으니, 황충과 관우, 두 명장들은 지치면서도 동시에 서로에 대한 감탄을 금치 못했다. 황충은 내심 생각했다.

'내 평생 이런 무공을 지닌 자를 만난 적이 없었다. 애석하게도 이런 상황에서 적으로 만나게 되었구나.'

관우 또한 마음속으로 경이로움을 금치 못했다.

'과연 이름난 장수구나. 이렇게 길게 합을 겨루어도 한 치의 오차가 없다니.'

늙은 황충이 혹시 실수할까 걱정된 태수가 그를 불러들이자, 관우도 일단 오늘은 후퇴하기로 하고 성문 10리 밖에 영채를 세워 밤을 보냈다.

다음날, 관우가 맘을 더 단단히 잡고 적진으로 향했다. 힘을 겨루어서는 어제처럼 시간이 한없이 늘어질 것 같았다. 그러니 빠르게 결판을 내기 위해서 계책을 쓰기로 결심한 터였다. 도망가는 척 뒤로 물러나다가, 쫓아오는 적이 방비가 허술한 틈을 타 공격하려는 것이었다. 다시 성에서 출격한 황충과 합을 겨루는데, 이번에도 좀처럼 승부가 나지 않았다. 눈치를 보던 관우는 못 이기는 척 말을 돌려 달리기 시작했다. 황충은 관우를 붙잡으려 쫓아가는데, 얼마쯤 달렸을까, 관우의 등 뒤로 '쿵' 하는 큰 소리가 들려왔다. 황충이 타고 있던 말이 난데없이 고꾸라진 것이다.

황충과 함께 전쟁터를 오래 누빈 그의 말도 명마이긴 했지만 늙었기에, 그만 다리를 접지른 것이죠. 장수에게 말이 중요하다는 얘기는 여러 번 했지요? 말이 넘어졌으니 별 수 있습니까, 황충도 바닥에 떨어졌습니다. 관우는 소리에 놀라 뒤를 돌아봤다가 말을 달려 황충 앞에 섰습니다. 이제 관우가 팔만 뻗으면 청룡언월도로 황충의 심장을 찌를 수 있겠네요.

황충은 바닥에 내동댕이쳐진 채, 겸허히 죽음을 받아들일 준비를 하며 관우를 올려다보았다. 그런데 관우의 입에서는 뜻밖의 말이 나왔다.

"장군, 말을 바꿔 타고 오시오."

제대로 들은 것이 맞나 싶어 황충이 아무 말도 하지 못하고 관우를 빤히 쳐다봤다. 관우가 다시 말했다.

"이것은 장군의 실수가 아니라, 말의 실수가 아니오. 말을 바꿔 타고 나오시오. 승부는 내일 제대로 내겠소."

그러더니 심지어 먼저 말을 돌려 영채로 돌아가는 것이 아닌가. 황충은 일어나 한참 동안 관우의 뒷모습을 지켜봤다. 듬직하고 반듯한 관우의 뒤태가 마치 그의 성품을 말해 주는 것 같았다. 황충이 고개를 끄덕이며 중얼거렸다.

"과연 의리를 갖춘 명장이라는 말이 틀리지 않았구나."

한편 성안에서 황충의 싸움을 지켜보던 태수는 황충이 들어오자마자 화를 버럭 냈다.

“아니, 장군 뭐하는 거요? 며칠이 지나도록 결판이 나지 않고 둘이 마치 솜씨 자랑만 하는 듯하니, 그새 저놈이랑 우애라도 트셨소? 칼로 되지 않으면 장군의 장기인 활을 쏘면 될 것 아니오! 내일은 반드시 활로 저 관우란 자를 무찌르시오. 알겠소?”

목숨을 걸고 나가 싸웠건만, 오히려 적인 관우보다도 자신을 더 함부로 대하는 태수의 태도에 심경이 복잡해진 황충은 짧게 대답했다.

“알겠습니다.”

황충은 칼도 잘 다루지만, 소문난 명궁수였답니다. 100발을 쏘면 100발 전부 명중할 정도였지요. 그런데 그날 밤 황충의 마음은 편하지 않았답니다. 화살로 관우를 끝장내겠노라 태수 앞에서 다짐은 했는데, 관우의 의기 넘치는 모습에 어찌 화살을 쏠 수 있을까 고민이 된 거죠. 밤새 어찌할 바를 몰라 생각하고 또 생각했지만, 결론을 내리지 못한 채 아침을 맞이했습니다. 그리고 어김없이 관우와 싸우려 나가던 황충은 불현듯 생각이 떠오릅니다. 황충이 후퇴하는 척하며 성 쪽으로 관우를 유인한 것이죠. 과연 황충의 화살은 관우를 맞출 수 있을까요?

“퉁.”

달아나는 황충을 열심히 뒤쫓던 관우는 활시위 튕기는 소리가 나자 본능적으로 몸을 피했다. 그런데 정작 날아온 화살은 어디에도 보이지 않았다. 황충이 명궁이라는 소문은 자자하게 들어왔던지라, 내심 활시위 소리에 놀랐던 관우였다. 근처로도 못 올 만큼 조준을 못했다는 것이 이상했지만, 실수를 했겠거니 생각하며 관우는 더욱 속력을 냈다.

"퉁."

경계를 하고 있던 관우는 다시 한 번 빠르게 몸을 피했다. 그런데 이번에도 화살은 보이지 않았다. 관우는 슬며시 마음이 놓였다.

'칼 솜씨는 소문대로였지만, 명궁이라는 소문은 헛것이었구나.'

아니 이게 어떻게 된 일일까요? 황충의 활 솜씨가 녹슬어 버린 것일까요? 사실 관우가 화살을 못 본 이유는 따로 있었답니다. 황충이 빈 시위를 당겼기 때문이었죠. 관우를 조준하던 황충은, 어제 자신의 목숨을 의롭게 살려준 그를 도저히 죽일 수가 없었어요. 결국 화살은 가만히 떨어뜨리고, 위협적으로 활시위만 당겼지요. 관우가 자신의 경고를 알아듣고 물러나길 내심 바라면서요. 하지만 그렇게 물러난다면 우리의 관우가 아니겠죠?

관우는 황충의 활 솜씨는 영 엉망이라 생각하며 마음 편히 그를 바짝 쫓아갔다. 성에 거의 다다랐을 때, 황충은 결국 진짜 화살을 들었다. 하지만 어제 관우가 덕을 베풀지 않았다면, 자신은 이미 죽은 목숨 아니던가. 은혜를 입었다는 부채감과 아까운 인재를 죽이기 싫다는 마음이 황충의 강한 팔을 흔들었다.

마침내 그가 활시위를 놓자, 화살이 빛처럼 날아와 관우의 투구 정수리에 정확히 꽂혔다. 결국 황충은 관우를 차마 죽이지는 못한 것이다. 투구의 술이 바닥에 툭 떨어졌고, 그제야 관우가 깨달았다.

'이제까지 나를 능히 쏘아 죽일 수 있었는데, 살려 주었구나.'

심장이 뭉클해진 관우가 영채로 돌아갔다.

이 모습을 망루에서 지켜본 장사 태수는 황충이 성안으로 들어오자마자 노발대발하며 소리를 질렀다.

"당장 저자를 포박해라!"

명을 받은 병사들은 당황하고, 황충도 놀라서 고함쳤다.

"내 무슨 잘못을 했다고 이러십니까?"

장사 태수는 이마에 핏줄을 세우며 황충을 추궁했다.

"내 다 봤지. 그 벌건 관우 놈을 죽일 수 있었음에도 빈 활시위만 당겼으니, 내통한 것이 아니면 무엇이란 말이냐? 여봐라 이 자를 몽둥이로 쳐라!"

결국 엉덩이 살점이 다 떨어져 나간 황충은 옥에 갇히고 말았다. 황충이야말로 장사군을 굳건하게 지키던 장군이었기에, 온 병사들과 백성들의 존경을 한몸에 받고 있었다. 그런 황충이 그 지경이 되었으니 다른 장수들의 불만이 하늘을 찔렀다. 평소에도 장사 태수의 좁디좁은 소갈머리가 못마땅하던 그들이었다. 결국 장사성의 장수들이 작당해, 밤에 태수의 침소에 들어가 그를 포박해 버렸다. 그리고 성밖에 있던 관우에게 태수의 머리를 들고 가 투항했다.

관우는 장사군을 정복했다는 소식을 유비에게 빠르게 알렸다. 뒤따라오고 있던 유비는 도착하자마자 관우를 크게 칭찬했다. 그런데 평소라면 별말 없이 다만 의기양양한 표정만 지었을 관우가, 웬일인지 유비에게 할 말이 있다며 진지하게 말했다.

"형님, 형님께서 꼭 모셔오셨으면 하는 장군이 있습니다. 그가 칼을 들면, 그 칼은 창과 같이 묵직해지지요. 게다가 명궁수입니다. 장사군의 장수들이 모두 존경하고 따를 만큼 덕망도 갖춘 자이니, 형님이 품어 주셨으면 합니다."

그렇지 않아도 황충에 대한 소문은 익히 들어 알고 있던 유비였다. 그런데 웬만해서는 누구를 잘 치켜세우는 법이 없는 관우가 입에 침이 마르도록 칭찬을 하니, 유비 입장에서는 더욱 황충이 탐날 수밖에. 하지만 황충도 만만한 이는 아니었다. 아무리 태수의 인덕이 부족했더라도 자신의 주인이었으니, 배신하는 건 신하의 도리에 맞지 않다고 생각한 것이다. 다른 장수들은 모두 투항해 유비 진영으로 갔지만, 황충만큼은 요양 중이라는 핑계로 가지 않았다.

하지만 유비가 누굽니까? 삼고초려 끝에 제갈공명도 데려온 내공을 갖춘 리더지요. 안 되면 무릎이라도 꿇고, 울며 사정해 상대의 마음을 얻는 사람이 바로 유비잖아요. 그가 당장 황충의 집을 찾았답니다.

이래저래 심란하던 황충은 과녁판에 연이어 화살을 쏘며 마음을 달래고 있었다. 그때 인기척이 들려 돌아보니, 어떤 귀 큰 사람이 공손히 두 손을 모은 채 서 있는 게 아닌가.

"장군을 모시고 싶은 마음이 간절하여, 이리 찾아왔습니다. 갑작스럽게 찾아왔지만 제 절실함을 널리 헤아려 주시지요."

황충도 유비에 대한 소문을 들어왔던 터였다. 게다가 관우를 보며, 대체 저런 장수가 모든 걸 포기하고도 돌아갈 정도의 주공은 어떤 사람일까 궁금하던 터였다. 소문대로 큰 귀를 보고 유비임을 알아본 황충은 속으로 깜짝 놀랐지만 내색하지 않았다. 그는 낮은 목소리로 유비에게 말했다.

"귀한 몸 아니십니까. 이런 누추한 곳까지 행차하시다니요. 게다가 호위도 없어 보이십니다. 저는 아직 적인데, 몸을 너무 함부로 다루십니다, 유황숙."

유비는 슬며시 웃더니 말했다.

"저를 그렇게 귀하게 생각해 주시다니 황송합니다, 장군. 하지만 황충 장군, 장군처럼 훌륭한 인재가 머무는 곳은 그곳이 어디든 절대 누추할 수 없습니다. 또한, 장군의 덕에 대해서는 제 아우 관우를 포함하여 여러 사람에게 귀에 인이 박히도록 들어왔습니다. 이렇게 갑옷도 없이 찾아온 저를 해치실 분이 아니시지요."

유비가 이토록 자신을 정중하게 대하는 것에 황충은 다시 한 번 놀랐지만, 나지막이 말했다.

"저야말로, 황송합니다. 잡아가려면 잡아가시지요. 저항하지 않겠습니다."

그런데 유비가 대뜸 한쪽 무릎을 꿇고 말하는 게 아닌가.

"저와 함께 한나라를 재건하는 데에 힘을 써 주신다면 더없이 큰 영광이겠습니다. 장군과 같은 분이 꼭 필요하니, 승낙하실 때까지 계속 찾아뵙겠습니다."

황충도 더 이상 거절할 이유가 없었다. 그에겐 한나라에 대한 충심도 있었고, 무엇보다 유비처럼 아랫사람을 귀하게 생각하는 주공을 평생 바라왔던 터였다. 이렇게 해서 유비는 장사군은 물론 황충이라는 명장까지 얻으며 기세를 뻗어 나갔다.

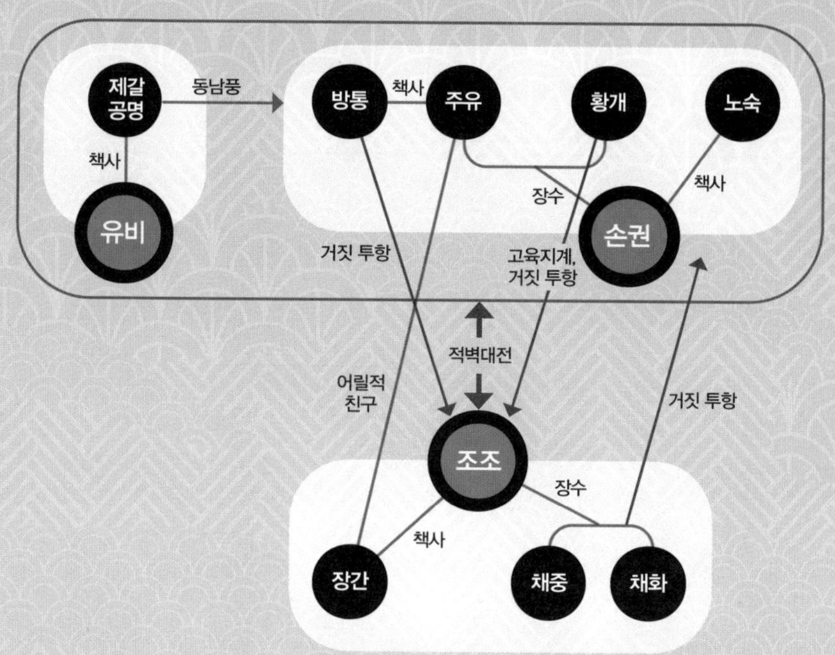
제갈
공명
동남풍
방통
책사
주유
황개
노숙
책사
유비
장수
손권
책사
거짓 투항
고육지계,
거짓 투항
적벽대전
어릴적
친구
거짓 투항
조조
장수
책사
장간
채중
채화

[5장 인물 관계도]

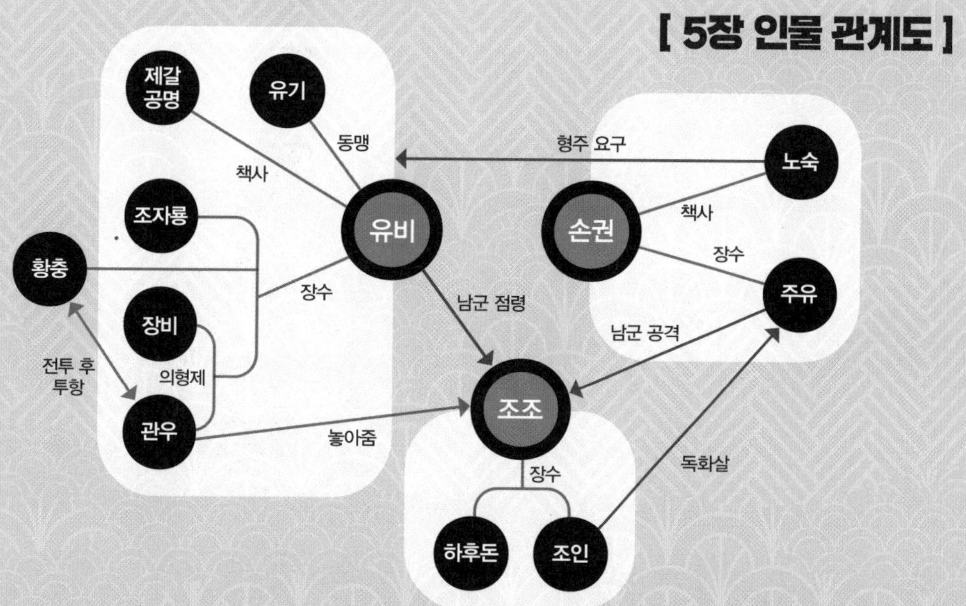
제갈
공명
유기
동맹
책사
형주 요구
노숙
조자룡
유비
손권
책사
황충
장수
장수
주유
장비
남군 점령
남군 공격
전투 후
투항
의형제
관우
조조
놓아줌
장수
독화살
하후돈
조인

나와 그는 모든 면에서 물과 불처럼 반대가 되었고,

그렇기에 나는 지금까지의 업적을 이루었네.

지금 눈앞의 작은 실리를 위해

내가 지켜 온 가장 큰 이로움을 버려놓아야 한다면,

나는 결단코 이 일을 하지 않을 것이네.

6장

용의 승천, 먹구름을 뚫고 올라

[6장 인물 소개서]

손상향 손권의 여동생이자 태부인이 애지중지하는 딸입니다.
하지만 온실 속 난초랑은 거리가 멀고, 무술을 좋아하며 주관이 뚜렷해요.
유비와 사랑에 빠지는 바람에 손권을 곤란하게 만들기도 합니다.

마초 한나라의 변방, 서량 지역에서 오랑캐들과 싸우고
연합해 온 야생마입니다. 앞뒤 없이 맹렬하게 달려들기만 하는데도
웬만해선 이기고 말죠. 유비 진영의 마지막 퍼즐이에요.

허저 조조의 수많은 뛰어난 장수들 중에서도 단연 두각을 드러내는
호위무사입니다. 의심 많은 조조가 밤낮으로 자기 목숨을 맡길 만큼
충심도 뛰어나죠. 적도 '호랑이'라 인정하는 장군이에요.

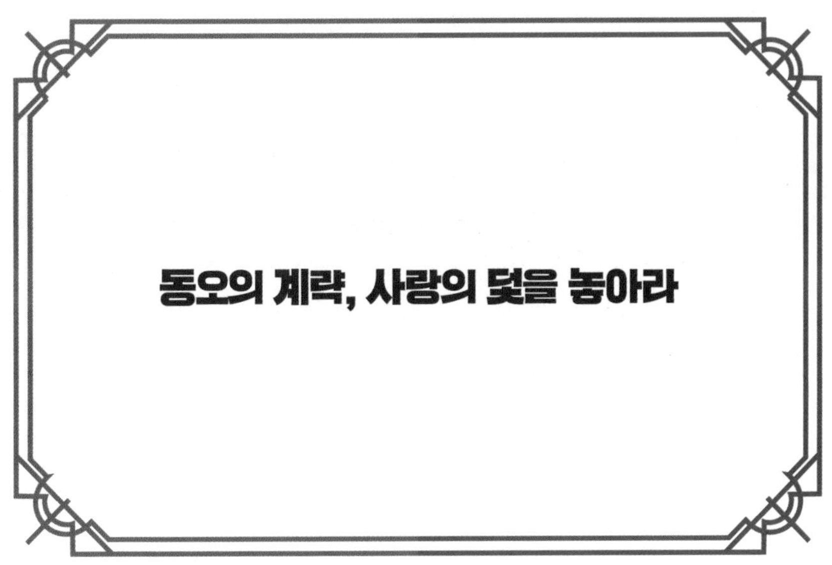

동오의 계략, 사랑의 덫을 놓아라

이렇게 유비는 넓고 기름진 형주 땅을 모두 통치하게 되었습니다. 간만에 치리에 능한 주인을 만난 듯하여, 형주 백성들은 금방 적응하고 기뻐했어요. 유비가 드디어 제갈공명이 말한 천하삼분지계의 첫발을 내디딘 것이죠. 조조는 적벽대전에서 심한 내상을 입긴 했지만 동오의 북상을 막아내고 여전히 큰 권력과 영토를 가지고 있었습니다.

그러면 이 상황에서 가장 배 아픈 사람은 누구일까요? 당연히 동오의 손권과 주유겠지요. 적벽대전 직전의 유비가 세력이 약했음에도 불구하고 유비의 경험과 제갈공명의 책략, 그리고 입술이 없으면 이가 시리다는 순망치한의 관계 때문에 동오는 동맹을 맺어 주었었죠. 그렇지만 실제로 적벽대전에서 목숨을 걸고 희생을 치른 군사들과, 전쟁의 보급 및 경제적인 부담은 대부분 동오의 몫이었잖아요. 그를 통해 거대한 승리를 했지만 결

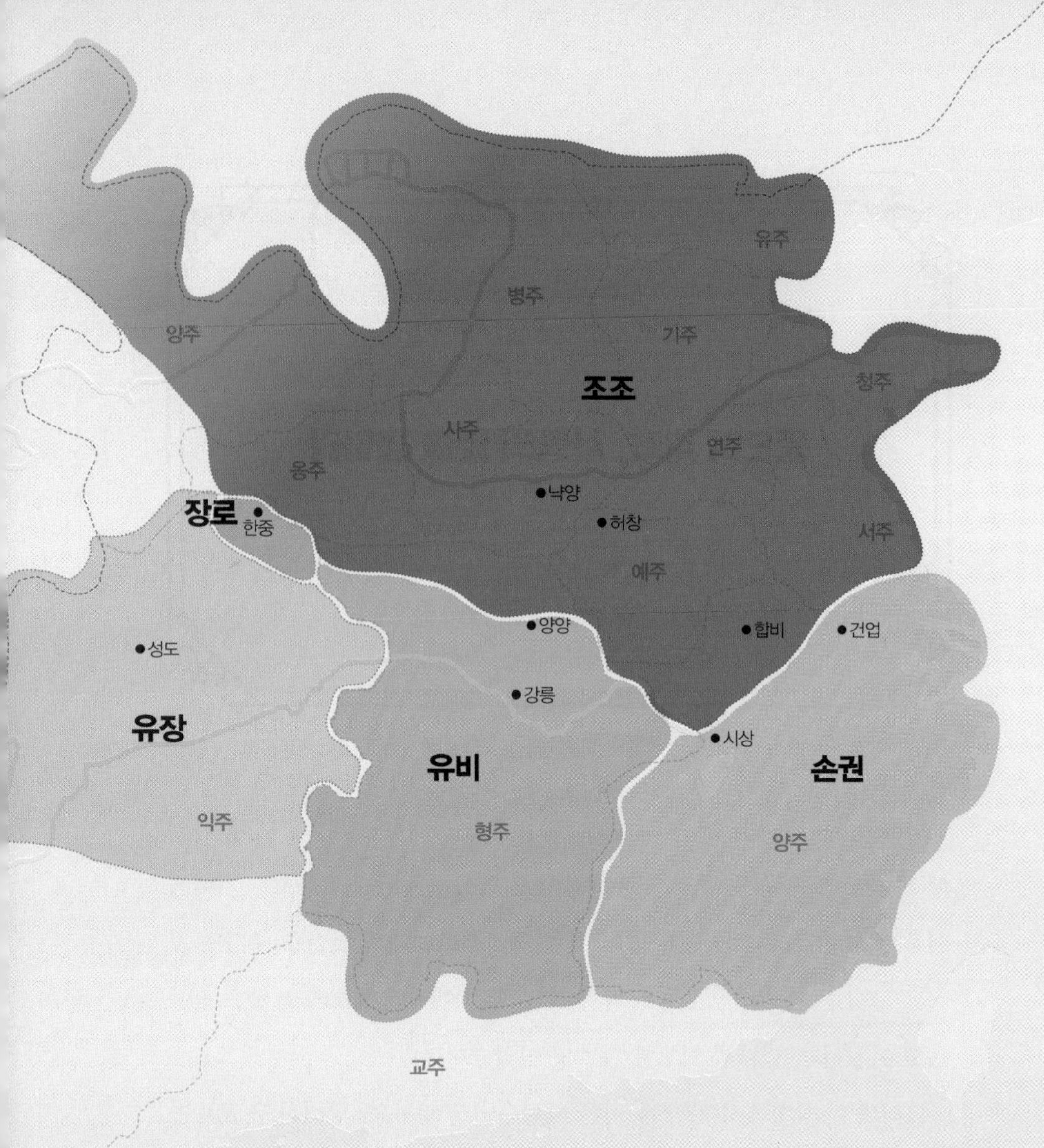

국 동오는 아무것도 얻은 것이 없었습니다. 힘든 일은 본인들이 했건만, 형주를 차지한 이득은 난데없이 유비가 봤잖아요. 그들에게 유비는 더 이상 덕장이 아니었답니다. 얄미운 기회주의자였지요. 화를 꾹꾹 누르며 때를 엿보던 그들에게 희소식이 들려왔습니다. 어떤 소식이었냐고요?

"드디어 유기 공자가 죽었답니다."

노숙이 달려와 주유에게 이 사실을 전했다. 주유가 회심의 미소를 지었다.

"약조한 게 있으니, 이제는 정말 다른 말 못하겠지. 수고롭겠지만 노숙께서 한 번 더 다녀오셔야겠소."

"네, 이번엔 분명히 형주를 얻어낼 수 있을 겁니다."

노숙이 두 번째로 형주를 방문했습니다. 주유 말대로 약속한 게 있으니, 이번에는 유비도, 제갈공명도 어쩔 도리가 없을 거라 믿어 의심치 않았지요. 과연 그의 뜻대로 될까요?

노숙이 유기의 장례식을 찾아와 조문의 예를 갖추고 예물도 바치는데, 그 모습을 보면서 유비는 영 불편했다. 노숙이 찾아온 진짜 이유를 알기 때문이었다. 유비의 심경을 눈치 챈 제갈공명이 조용히 말했다.

"주공께서는 이번에 가만히 계셔도 됩니다. 제가 알아서 노숙 선생을 설득해 보내겠습니다."

드디어 노숙이 본격적으로 말을 꺼냈다.

"지난번 유기 공자가 세상을 떠난다면, 형주를 주겠다고 약속하셨습니다. 약조하신 대로 이제는 정말 형주를 내주시겠지요?"

그런데, 유비가 무어라 말을 꺼내기도 전에 제갈공명이 노숙을 째려보며 소리를 치는 게 아닌가.

"노숙 선생, 그렇게 안 봤는데 정말 실망입니다. 꼭 제 입으로 이런 말씀을 드려야 하겠습니까? 저희 주공은 한나라 황제의 후손으로, 이 나라에서 땅을 차지하실 명분은 누구보다도 확실하신 분입니다. 더군다나 우리 주공은 형주의 이전 주인인 유표와 종친 관계이니 아우된 도리로서 형님의 가업을 잇는 것이 이치에 맞습니다. 사실 이런 명분으로 따지면 손권 공께서는 대대로 한나라를 위해 세운 업적이 적지 않습니까? 그럼에도 81개나 되는 고을을 차지하셨는데, 동오는 참 욕심도 많으십니다. 그렇게 많은 고을을 가지고도 형주를 못 뺏어 안달이 나 있으니 말입니다. 그런데 마치 우리가 도적질이나 한 것처럼 말씀하시니, 솔직히 말씀드리면 저는 황당하기 이를 데가 없습니다. 지난번 적벽의 전투에서도 그 승리가 오로지 동오의 힘이었겠습니까? 제가 동남풍을 빌려드리고, 저희 주공의 명으로 조자룡과 장비, 관우 장군 등이 조조를 장강 이남에서 완전히 몰아냈는데 말이죠."

딱 잡아서 어디가 틀렸다고 말할 수는 없는, 청산유수 같은 제갈공명의 말에 노숙은 잠시 홀릴 뻔했다. 하지만 이미 한 번 빈손으로 돌아갔던 그인지라, 정신을 바짝 차렸다.

"유 황숙과 공명의 입장도 알겠소. 하지만 지난 적벽대전 직전, 유 황숙께서 아주 어렵던 때에, 우리 동오의 도움이 아니었다면 지금 생명을 부지하시기도 어렵지 않았겠소? 물론 조조의 남하에 맞서 각자의 이익을 위해 손을 잡은 것은 인정하오. 하지만 우리 동오가 적벽에서 흘린 피에 대한 마땅한 보상을 받아야 하지 않겠소? 흘린 것은 피요, 얻은 것은 없으니 형주를 받기 전에는 돌아갈 수 없소. 만약 자꾸 이렇게 얼렁뚱땅 넘기기만 하시면 유혈 사태를 피하기 어려울 듯하오만."

노숙 딴에는 최후의 협박 카드라고 생각하고 비장하게 말했지만, 제갈공명은 오히려 여유로운 표정을 지어 보였다.

"조조가 장강을 가득 채울 대군을 이끌고 와도 제가 우습게 여겼다는 걸 잊으셨습니까? 외람되지만, 손권 공과 주유 장군은 제게 두려움의 대상이 아닙니다. 자꾸 이러시면 의리고 뭐고, 저희도 동오와의 전쟁을 준비할 수밖에 없다는 점, 알아 주시죠."

노숙은 이런 적반하장이 어디 있을까 싶어 그만 말을 잃었다. 당장 전쟁 선포를 할까도 싶었지만, 노숙은 감정적인 사람이 아니었다. 지금은 유비와 싸우며 힘을 빼서는 안됐다. 아직 조조가 거대한 몸집으로 바로 위에서 도사리고 있었기 때문이다. 한참을 물끄러미 제갈공명만 바라보며 아무 말도 못하고 있자, 제갈공명이 선심 쓰듯 입을 열었다.

"뭐, 노숙 선생의 입장이 곤란하신 건 이해합니다. 그러면 제가 저희 주공께 청해서 문서 하나를 써드리겠습니다. 저희가 형주 땅을 잠깐 빌린 걸로 하는 겁니다. 우리가 곧 서천 땅을 차지할 것이니, 그 다음에는 형주를 돌려드리겠습니다."

노숙은 더는 어쩔 도리가 없었다. 사방에는 유기의 죽음을 추모하는 곡소리가 들려오고, 제갈공명은 전쟁도 불사하겠다 으름장까지 놓으니 뭐라고 대꾸할 수 있을까. 어쩔 수 없이 제갈공명과 유비가 인장을 찍어준 문서를 들고 되돌아갈 수밖에.

"유 황숙께서는 무엇보다 인의를 중요하게 여기는 분이시니, 이번에는 반드시 지키시리라 믿겠습니다! 마지막 약속입니다!"

노숙은 마지막까지 신신당부하며 배에 올랐다.

동오로 돌아간 노숙은 손권에게 보고를 하기 전에 주유를 먼저 만났다. 문서를 읽은 주유가 노발대발했다.

"뭐요? 유기가 죽었는데도 안 주겠다고? 공명에게 또 홀려서 오셨소, 노숙! 빌린다는 것은 분명 그냥 하는 말이오. 서천 땅을 언제 차지할 줄 알고 이런 문서 나부랭이를 받아 오셨소? 이러다 10년 후에나 형주 땅에 입성할 수 있겠네. 공명 그자는 입만 열면 허풍에, 거짓말 일색이니 그 말을 어찌 믿을 수 있겠소? 윽."

말이 끝나기 무섭게 그의 상처가 또 터지고 말았다. 주유는 자신의 입에서 토해진 피비린내를 맡고 보니 더욱더 화가 솟구쳤다. 노숙이 위로랍시고 눈치를 보며 겨우 입을 열었다.

"그래도 유비 측에서 형주를 우리에게 빌린 거라 인정했으니, 결국 돌려주지 않겠습니까?"

주유가 피를 닦으며 고개를 내저었다.

"이대로는 결코 주공께 보고드릴 수 없소. 자칫하면 노숙께서 모든 걸 뒤집어쓰고 문책을 받을 것이니, 계책을 하나 더 짜기 전엔 주공께 절대 가지 마시오. 일단 형주에 정탐병을 보내 동태를 살펴보십시다. 허점을 잡아야 하오."

과연 주유는 유비 세력의 허점을 잡을 수 있을까요? 노숙에게는 다행이도, 며칠 지나지 않아 유비 진영에 변화가 생겼습니다. 유비 진영에서 또 초상이 났다는 것이었습니다. 이번엔 누가 세상을 뜬 걸까요?

유비의 아내인 감부인이 지병으로 세상을 떴다. 형주 사람들은 줄초상을 치르느라 다들 넋이 나간 상태였지만, 이 소식을 전해 들은 주유는 종일 싱글벙글 콧노래를 흥얼거렸다. 기막힌 계책이라도 떠오른 것일까?

"이러면 어떻겠소? 유비가 이번에 아내를 잃었으니, 분명 새 아내를 얻으려고 할 것입니다. 태부인의 따님이자 손권 주공의 여동생인 손상향 아씨가 묘령의 나이니, 유비와 혼인을 치르게 합시다. 유비를 동오의 사위로 만드는 거요."

눈이 똥그래진 노숙이 그를 말렸다.

"아니 지금 원수 같은 유비에게 주공의 여동생을 시집보내겠다고요? 그리고 두 사람의 나이 차이가 얼마입니까. 자그마치 서른 살 차이입니다. 태부인과 주공께서 허락하실 리 만무합니다."

비릿한 웃음을 지으며 주유가 말했다.

"노숙께서는 내가 진짜 그 두 사람을 혼인시킬 거라 생각하는 거요? 유비를 잡아들이기 위한 계략을 펼치자는 것이지요."

노숙과 주유가 손권을 찾아 이 계책을 고했다. 하지만 아무리 거짓 계책이라지만 손권 입장에서는 찜찜했다. 항시 주유를 존경하는 손권이었지만, 이번만큼은 고개를 갸웃거리며 말했다.

"그래도 우리 동오의 예법이 있는데, 너무 모양 빠지는 일 아니겠소? 땅을 차지하겠다고 내 여동생을 이용하는 것도 마뜩치 않소. 게다가 어머니께서 혹여나 아시는 날이면 불호령이 떨어질 게 분명하오."

태부인의 존재감에 대해 설명했었지요? 손견의 부인으로서 때론 지혜로, 때론 위엄으로 동오의 국모 역할을 하는 여인이었잖아요. 게다가 태부인은 하나뿐인 딸을 그 누구보다 사랑하고 아꼈답니다. 만일 이 계략을 그녀가 알게 된다면 동오의 명예를 망칠 뿐 아니라 자신의 딸 혼삿길까지 막는 일이라며 호통을 칠 게 뻔했지요. 유명한 효자였던 손권 역시 이 점을 걱정한 거고요.

"주공, 걱정 마십시오. 유비가 동오로 오자마자 옥에 가두면 됩니다. 그리고 유비를 인질 삼아서 형주 지역과 바꾸자고 하면 제갈공명이나 관우, 장비 등도 꼼짝 못하겠지요. 삽시간에 끝날 일이니, 손상향 아씨께서 관련되어 있었다는 건 태부인이 절대 알지 못하실 겁니다."

뭔가 석연치 않은 계책이긴 하나, 손권 역시 유비가 얄미워 화병이 날 지경이어서 마침내 허락을 할 수밖에 없었다.

한편 유비는 감부인의 초상을 치른 뒤로 상심에 젖어 시간을 보내고 있었다. 그런 와중에 갑자기 동오로부터 사신이 왔다. 인사치레에 지나지 않는 조문이거나 아니면 또 형주를 운운하는 말이겠거니 생각하면서 사신의 서신을 받아들었다. 그러나 이를 읽어 내려가던 유비는 깜짝 놀랐다. 자신을 사위로 맞이하겠다니, 그것도 18세 소녀가 상대라니! 나이 반백살에 딸 같은 여인에게 장가드는 남부끄러운 일을 어찌 할 수 있겠는가. 말도 안 되는 소리였다. 도대체 동오에서 무슨 계략을 쓰려는 것인가 속이 떨렸지만, 유비는 짐짓 아무렇지도 않은 체하며 동오의 사신을 역관으로 모시게 했다. 그리곤 측근들을 불러서 일을 의논했다.

동오의 제안을 들은 유비의 장수들과 책사들은 생각에 잠겼다. 가장 먼저 입을 연 사람은 다름 아닌 장비였다.

"흐음 형님, 이 장비가 가만히 생각을 해 보니……."

모든 사람들의 시선이 장비에게 향했다.

"이건 함정이오! 형주를 호시탐탐 노리는 동오 놈들이 뭔가 계략을 쓰는 게지!"

장비는 왜 이런 것 하나 눈치 못 채냐는 듯, 한심한 눈으로 다른 이들을 바라봤다. 장비도 아는 걸 설마 다른 이들이 모를까. 그저 다들 입을 다물고 있었을 뿐. 계략이라는 것도 분명했고, 나이 차라는 이유 덕분에 거절하는 것이 크게 어렵지 않음에도, 유비가 모두를 불러 의견을 물은 데에는 이유가 있으리라 생각한 것이다. 그때 유비가 폭탄선언을 했다.

"내가 동오에 가겠소. 사실 형주를 차지한 이후로 쭉 가시방석에 앉은 듯 맘이 편하질 않았소. 적어도 동오의 사위가 되면, 형주를 지킬 명분이 생기지 않겠소? 설마 사위를 쫓아내진 않겠지. 만약 이 청혼을 거절한다면 우리는 동오와 영원한 적이 될 것이오. 그러면 위로는 조조, 옆으로는 동오와 싸워야 하는 험난한 상황이 펼쳐질 테지. 그런 상황에서 어찌 이 형주 땅을 지킬 수 있겠소. 어렵게 차지한 이곳마저 빼앗긴다면 한나라 부흥의 꿈이 물거품이 될 게 분명하오. 지금 내가 동오에 가는 것이 내 양심과 형주를 지키는 유일한 길인 듯하오."

"하."

제갈공명이 한숨을 푹 내쉬었다. 장비도 버럭 소리를 질렀다.

"이 무슨 경망스러운 말씀이오, 형님. 계략이라니까요! 설마 새장가 가고 싶어 그러시는 거요? 아이고, 남사스러워 죽겠네."

"형님, 형주를 지키는 것도 형님이 무사하실 때나 의미가 있는 일이지 않습니까?"

관우 또한 한마디 거들며 유비를 말렸다. 그러나 유비는 시종일관 굳은 표정을 유지하다가 제갈공명에게 말했다.

"공명 선생, 보내 주시지요. 나는 한나라, 백성, 그리고 제 양심을 지키기 위해 지금까지도 수없이 죽을 고비를 넘겨왔습니다."

제갈공명은 유비의 결연한 의지에 하는 수 없이 대답했다.

"그렇다면 제가 밤새 주유의 꾀를 이길 방법을 생각해 보겠습니다. 그들이 주공의 털끝 하나도 건드릴 수 없도록 반드시 계책을 만들 것입니다."

제갈공명은 유비를 보내고 싶지 않았습니다. 계략에 걸려 목숨이 위태로워질 수 있겠단 촉이 왔거든요. 하지만 유비의 말대로 동오와 좋은 관계를 유지하고, 형주 땅을 지키기엔 그만한 명분도 없다는 생각이 들었습니다. 혼인이 성사만 된다면 말입니다. 결국 한나라 부흥이라는 대의를 위해 제갈공명이 책략을 세웁니다. 과연 유비는 무사히 새장가를 갈 수 있을까요?

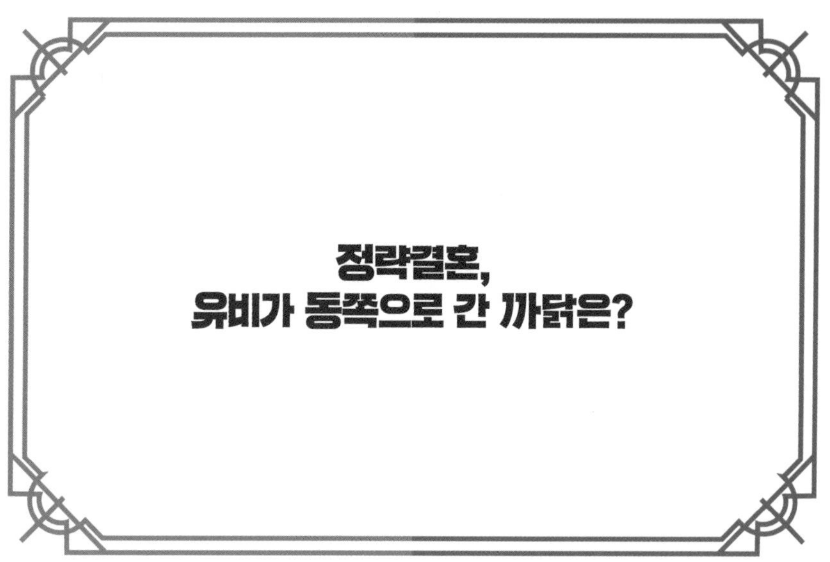

정략결혼, 유비가 동쪽으로 간 까닭은?

며칠 뒤, 제갈공명이 조자룡을 조용히 불러 색색의 비단 주머니 3개를 건넸다.

"혼인을 하러 가는 신랑이 많은 군사를 데리고 갈 수는 없습니다. 500명의 군사만 데려가시죠. 이 무거운 짐을 자룡 장군 홀로 지게 해 죄송하지만, 자룡 장군이 목숨을 걸고 주공을 지켜 주셔야 합니다. 하지만 걱정 마십시오. 이 세 주머니에 계책을 적은 종이를 넣었습니다. 동오에 도착하자마자 흰색 비단 주머니를, 노란색은 동오에서 머무는 시간이 심히 지체된다 싶을 때, 마지막으로 빨간색은 최고의 위기 상황이라 생각이 든 순간 풀어 보십시오. 그리고 반드시 이 책략대로 행동해야 합니다."

"네, 명을 받들겠습니다."

유비가 동오로 떠날 채비를 마치자 조자룡이 그를 따랐다. 몇 척의 배에

500명의 군사를 나누어 태우고 동오로 향했다. 유비 일행이 거의 동오의 나루터에 도착할 때쯤 조자룡은 제갈공명의 명대로 흰색 비단 주머니를 열어 보았다. 그 안의 종이에 쓰인 내용을 읽어 본 조자룡은 알 수 없는 미소를 띠며 유비에게 말했다.

"주공, 일단 예물을 마련하시지요."

"뭘 그렇게 서두르는가. 역관에 가서 여독을 좀 풀고 해도 되지 않겠는가. 형주에서 예물을 안 가져온 것도 아니고……."

"그래도 현재 한나라의 가장 강력한 세력 두 분이 한 가족이 되는 큰 경사인데 제대로 해야 하지 않겠습니까? 이왕 혼인을 위해 오셨으니 철저히 준비하시는 게 좋을 듯합니다."

조자룡의 말이 합당한 것 같아 유비도 승낙했다.

조자룡은 곧바로 500명의 병사에게 잔치 때에 입는 붉은색 옷을 입혔다. 그리고 10명의 병사를 한 조로, 50개의 조를 편성하고는 명했다.

"각각 비단, 금수저, 금비녀 등 있는 대로 사들여라. 돼지, 양, 과일들도 빼먹지 마라. 그리고 만나는 모든 사람들에게 유 황숙께서 손권의 여동생과 종신대사를 치른다고 소문을 내라."

"네, 명을 받들겠습니다."

병사들이 10명씩 무리를 지어 각 상점에서 물건들을 마구 사들였다.

"색색의 비단을 전부 다 주시오."

"이쪽부터 저쪽까지, 이 단에 있는 모든 수저를 주시오."

"아니, 이 많은 걸 어디에 쓰시려고요?"

상점 주인들이 오늘 땡잡은 날이다 싶어 벙글벙글 웃으며 물었다. 그때마다 병사들은 합창하듯 외쳤다.

"우리 유 황숙께서 태부인의 따님, 손상향 아씨와 혼인을 치르러 오셨소! 지금 예물을 준비하는 중이오."

"아이고 이런 경사스러운 일이!"

각 상점마다 물건을 싹쓸이하며 이 말을 반복하니, 동오의 온 지역에 소문이 삽시간에 퍼졌다. 성 안팎으로 유 황숙의 혼례 소식을 모르는 사람이 없을 정도였다. 사실 황실의 후손과 연을 맺는 건 동오 사람들 입장에서 어깨가 으쓱해질 일이었다. 그러니 입에서 입으로 이 기쁜 일을 서로 전할 수밖에.

"주공 큰일났습니다. 지금 유비가 동오의 사위가 된다는 소문이 장안의 화제입니다."

신하가 와서 아뢰자, 손권의 얼굴이 사색이 되었다.

"아니 그걸 어떻게!"

더 어쩔 줄 몰라 하는 건 주유였다. 이때 문을 지키는 신하가 아뢨다.

"태부인 드십니다."

"아니 잠시만!"

주유와 작전을 짜기도 전에 태부인이 왔으니 손권이 다급히 외쳐 보았지만, 태부인은 직접 문을 박차고 들어왔다.

"이게 무슨 망측한 일이냐? 나도 모르는 일을 백성들이 다 알고 있더구나. 뭐? 네 여동생이 시집을 간다고?"

"아니 어머니, 진정하십시오. 제가 다 설명하겠습……."

그러나 태부인은 더욱 소리 높여 외쳤다.

"나를 이렇게 무시하는 거냐! 온 세상 사람들이 다 자명하게 아는 일을 뭘 더 설명한다는 말이냐!"

태부인이 분에 못 이겨 눈물을 흘리고 땅을 치며 이야기하자 손권은 어찌할 바를 몰라 다급하게 주유를 붙잡았다. 주유가 손권의 눈치를 보며 대신 말했다.

"태부인, 사실은 이 모든 것이 저의 계략입니다. 유비를 제거하고 형주를 얻으려 일부러 그를 동오로 불러들인 겁니다. 태부인께서 아실 일도 없이 신속하게 처리하려고 했습니다만……."

태부인은 이 말을 듣고 눈이 뒤집힐 정도로 고함을 질렀다.

"누군가 모르게 할 일이라면 아예 해서는 안 될 일이라고 옛 선진들이 일렀건만! 권아, 이놈아 네가 그러고도 이 동오의 주군이라고 할 수 있느냐? 부하가 저런 몹쓸 계책을 세우면 혼쭐을 내야지, 그걸 받아들여? 생각이 있는 게야 없는 게야? 형주를 얻을 계책이 그리도 없어 네 여동생을 미끼로 사용했느냐? 지하에 계신 너희 아버지가 벌떡 일어날 일이구나!"

어찌나 화가 났는지 태부인이 탁자 위에 있던 벼루를 들어 바닥에 내던지니, 산산조각난 벼루가 사방으로 흩어졌다. 놀란 주유는 더 이상 입을 열 수 없었다. 설상가상, 뒤늦게 소식을 들은 손권의 여동생 손상향이 맨발로 달려왔다.

"어떻게 된 일이에요, 오라버니. 유비는 중늙은이에다가, 오라버니가 그토록 싫어하던 사람이 아니었나요? 근데 제가 그에게 시집을 간다는 건 무슨 말이죠?"

태부인의 기세를 이어받았는지, 손상향은 여자임에도 불구하고 동오의 웬만한 장수들도 벌벌 떨 정도로 기개와 무예가 남달랐다. 그런 손상향이 눈물까지 글썽이며 따져 물으니 손권은 식은땀을 흘릴 뿐이었다. 이때 다시 주유가 무릎을 꿇으며 아뢨다.

"태부인, 이 일을 이렇게 알게 되신 것은 매우 유감이지만, 계획에는 변동이 없습니다. 아직 혼례를 올린 것도 아니고, 유비를 사로잡아 형주만 얻으면……."

태부인이 눈을 번뜩이며 주유의 말을 끊었다.

"뭐? 동오의 품격이 땅에 떨어졌구려. 여인을 미끼로 하여 땅을 빼앗았다고 소문이 나면 천하 사람들이 우리를 얼마나 비웃겠소? 게다가 이미 이렇게 파다하게 소문이 퍼진 마당에, 우리 상향이는 시집을 가 보지도 못하고 평생 혼삿길이 막히게 되지 않았소! 지금 제정신이오?"

태부인은 이후로도 한동안 손권과 주유를 책망하고 욕하다가, 마침내 말을 멈추고 숨을 고르더니 천천히 입을 열었다.

"이왕 이렇게 된 거 도리가 없다. 주유 장군, 유 황숙과 내가 만날 자리를 마련해 주시오. 내가 직접 보고 내 사위로 맞을 만한 사람인지 아닌지 판단하겠소. 만약 영 사람이 덜 되었다면, 그때는 권이 네 마음대로 하거라."

이 말을 마친 후 태부인은 손상향의 손을 잡고 발을 구르며 나가 버렸다.

이를 어쩝니까. 빠르고 은밀하게 일을 처리하면 아무 문제없으리라 여겼건만, 제갈공명의 첫 번째 비단 주머니 때문에 은밀함은커녕 제일 알리기 싫었던 태부인의 귀에까지 소식이 들어가게 되었네요. 하지만 주유는 여전히 믿는 구석이 있었습니다. 태부인이 누굽니까, 손견의 부인이지요. 손견이 형주의 전쟁터에서 죽었고, 그렇기에 동오의 사람들은 형주를 정복하고 싶어하는 마음이 크다고 한 것, 기억하시나요? 남편이 거기서 죽었는데, 형주를 차지했으면 하는 마음이 태부인에게 없었을 리가 있나요. 누구보다 절실한 마음이었을 겁니다. 그러니까 유비가 조그마한 말실수라도 한다면 태부인의 눈 밖에 날 것이고, 그때 유비를 처치한다면 태부인도 묵인하리라 생각했죠. 그래서 주유는 태부인과 유비가 만나기로 한 감로사라는 절에 매복병을 배치합니다. 태부인의 표정이 조금이라도 일그러지면 바로 유비를 칠 작정이었죠.

이틀 뒤, 감로사에 도착한 유비 일행이 태부인과 손권을 만나 예를 갖추었다.

“태부인과 손권 공께 저 유비가 인사드립니다.”

예물을 잔뜩 싣고 온 유비가 그들에게 정중히 인사를 드리자, 태부인은 저도 모르게 얼굴이 환해졌다. 손권 또한 유비의 정갈한 태도와 비범한 용모가 너무나 호감형인지라 하마터면 웃으며 인사를 받을 뻔했다. 사실 손권이나 태부인이나 유비를 직접 본 적은 없었고, 주유에게 말만 들어 왔었다. 그런데 상황이 상황인지라, 교활한 자의 풍모를 가지고 있을 거라 무의식적으로 생각해 왔던 것이다. 그런데 유비를 딱 보니, 그야말로 귀공자 상이었다. 하얀 얼굴에 인자한 미소, 두리두리한 귀에 듬직한 어깨, 그리고 큰 키까지 어느 것 하나 맘에 안 드는 게 없었다. 게다가 깍듯한 예의와 겸손이 몸에 배었다는 것이 몸짓 하나하나에서 느껴졌고, 목소리는 또한 중저음으로 기품이 넘쳤다. 물론 반백 살이라는 나이가 걸리긴 했지만, 다행히 상당한 동안이었다. 태부인은 생각지 못한 유비의 용모에 속으로 크게 감탄하고 있었다.

“먼 길 오시느라 수고 많으셨습니다.”

태부인이 인자한 목소리로 유비를 맞이했다. 그런데 그때 유비를 바라보고 있는 여인이 한 명 더 있었으니, 바로 손상향이었다. 자기 남편감은 자기가 직접 보고 판단해야 한다는 생각으로, 어머니와 오빠 몰래 병풍 뒤에 숨어서 유비를 보기로 한 것이다.

‘생각보다 나이 들어 보이진 않는데?’

그녀도 유비의 첫인상이 싫지는 않았다. 거칠고 거뭇한 피부의 강동 남자들만 보다 흰 피부에 맑은 눈동자의 유비를 보니 색다른 느낌이 들었던 것이다. 게다가 유비의 목소리가 들렸는데, 어찌나 남자다운 중저음인지 그녀의 심장이 살짝 떨려왔다. 옆에 있던 시녀가 놀리듯 말했다.

"어머, 아씨, 얼굴이 빨개지셨네요?"

이렇듯 첫인상으로 일단 환심을 얻은 유비는 계속 좋은 분위기를 이어 나갔다. 그와 이야기를 나누다 보니 손권도 유비에 대한 미움이 옅어지고 있었다. 생각보다 예의 바르고 군자다운 유비의 모습에, 자신이 너무 편견을 가졌던 건 아닌가 싶었던 거다.

하지만 유비 옆에서 꿈쩍 않고 지키고 있던 조자룡은 뭔가 이상한 낌새를 느꼈다. 놀라운 청력의 소유자로 밖에서 떨어지는 나뭇잎의 소리를 들을 수 있을 만큼 민감한 오감을 가진 그였다. 하물며 실내에서 일어나는 수상한 움직임을 눈치채지 못할까. 그는 온몸으로 음산한 기운을 느끼고 있었다.

"살기……?"

조자룡은 아무 일도 없는 척 차분히 유비에게 다가가 귓속말로 속삭였다.

"주공, 매복입니다."

그 소리를 들은 유비는 고개를 가만히 끄덕이더니, 결연한 음성으로 태부인에게 말했다.

"태부인, 제가 마음에 들지 않으십니까?"

유비의 예상치 못한 말에 놀란 태부인이 되물었다.

"아니 유 공께서는 그게 무슨 말씀이신지……?"

"저를 죽이시려면 직접 죽여 주십시오. 이 먼 동오 땅에서 이름 모를 병사들의 칼에 제 목을 맡기고 싶진 않습니다."

깜짝 놀란 태부인이 말했다.

"아니 유 공 그것이 무슨……?"

"저 문지방 건너에 숨은 매복병의 거친 숨소리가 온 방에 가득하고, 저들이 내뿜는 날카로운 살기가 지금 제 살을 에는 듯한데 어찌 태부인은 모르신다 하시옵니까?"

유비의 말이 끝나고 잠시 잠깐 침묵의 순간, 문밖에는 불편한 움직임의 소리가 희미하게 들려왔다. 상황을 짐작한 태부인이 불같이 화를 내며 호령하였다.

"이 귀한 자리에서 뭣들 하는 짓이냐! 누구의 명으로 이렇게 한 것이냐?"

손권도 몰랐던 일이라 어안이 벙벙한 나머지 주유를 바라봤다. 시선을 느낀 주유가 이실직고하려 하자, 다른 장수가 주유의 팔을 잡고는 빠르게 나아가 무릎을 꿇었다.

"태부인 용서하십시오, 제가 시킨 일입니다."

"뭐야? 감히 네놈이? 여봐라 당장 이놈의 목을 쳐라!"

금방이라도 장수의 목이 날아갈 참에, 유비가 갑자기 벌떡 일어섰다.

"태부인! 진정하십시오. 잠깐 제 말 좀 들어 보시지요. 이 모든 일이 저 때문에 벌어진 일이니, 제가 해명을 하겠습니다."

그러더니 유비는 손님 자리에서 나와, 가장 낮은 자리로 내려갔다. 그리고는 모든 사람들이 보는 앞에서 무릎을 꿇었다. 조자룡이 당황하여 유비를 일으키려 했으나, 유비는 손사래를 치며 그를 물리고, 말을 시작했다.

“죄송합니다. 죄송하고, 또 죄송합니다.”

갑작스런 유비의 행동과 말에 모든 사람들이 놀라 그를 빤히 쳐다만 볼 뿐이었다.

“손권 공과 주유 장군, 그리고 동오의 수많은 분들이 저의 행동에 분개하시는 것을 당연히 압니다. 백 번 이해하고도 남지요. 믿지 않으셔도 할 말이 없지만, 역적 조조와 적벽에서 싸우다 전사한 동오의 병사들에게는 정말 마음속 깊이 추모하는 마음을 늘 갖고 있습니다. 그 고귀한 죽음들에 진 빚은 평생 잊지 못할 것입니다.”

유비는 눈물까지 뚝뚝 흘리기 시작하다가 눈물을 숨기려는 듯, 고개를 숙이고 말을 이었다.

“이 모자라고 모자란 몸, 한나라 부흥을 꿈꿔 오며 하루도 쉰 날이 없었건만, 저는 늘 도망자 신세였습니다. 말이 황실의 핏줄이지, 근거지 하나 없이 식객 생활만 하니 한나라 부흥의 꿈은 요원하기만 했지요. 그러던 중 한없이 부족한 저의 인덕에도 불구하고 못난 저를 따르는 병사들과 백성들이 생겼습니다. 부족한 제 한몸이 고생하는 것은 상관없으나, 저를 믿고 따르는 이들과 작은 터전 하나 만드는 것이 제 소망이었기에 저 유비, 도리에 어긋나는 줄 알면서도 형주를 차지했습니다.”

여기까지 말한 유비는 한동안 말을 잇지 못했다. 태부인과 손권이 아무 말도 행동도 하지 못했음은 물론이고, 주유조차도 전혀 예상치 못한 이 상황에 몸이 굳어 버렸다. 어떻게 해야 하는지 동오의 사람들이 서로의 눈치만 보고 있을 때, 유비가 목소리를 가다듬더니 손권을 똑바로 쳐다보며 진중한 목소리로 말했다.

“하지만 세력을 키워 조조를 내치고 천자를 모시는 날, 반드시 형주를 동오에 넘겨드려야겠다는 생각은 늘 해왔습니다. 염치없는 제가 감히 태부인의 꽃다운 따님을 넘보는 게 가당치 않은 일이란 걸 잘 알고 있습니다. 저는 그저 제 뜻을 말씀드리고자 이곳에 왔을 뿐입니다. 한나라 황실을 지키게 되는 날, 저는 제 고향으로 내려가 다시 돗자리 짜는 생활을 할 생각일 뿐, 명예나 권력욕은 조금도 없습니다. 황실의 정통성을 걸고 맹세하오니, 제 말이 거짓으로 느껴지신다면 제 목을 치십시오.”

유비는 말을 마치며 눈을 감고 목을 길게 뺐다. 방안의 사람들은 유비의 진심 어린 말에 감동한 나머지 아무 말도 할 수 없었다. 태부인은 유비가 말하는 내내 고개를 끄덕거리며 온화한 표정을 짓고 있었다. 하지만 유비가 영 맘에 들지 않는 이가 있었으니 주유와 그 옆의 장수였다. 주유가 차마 나서지 못하고 날카로운 눈으로 유비를 째려볼 때, 장수가 벌떡 일어서며 외쳤다.

“이 간사한 놈이 어디서 세 치 혀를 놀리느냐? 그래, 네 말대로 목을 베어 주마!”

조자룡이 가만있을 리 없었다. 장수는 유비를 향해 칼을 뽑아 들고, 조자룡은 그런 그에게 달려들 때, 한 여인의 외마디 소리가 들렸다.

“그만!”

예상치 못한 목소리에 모두가 돌아보니, 손상향이 서 있었다. 그녀는 척척 걸어와 장수의 칼을 손으로 내리더니, 당차게 쏘아붙였다.

“제가 비록 여인의 몸이지만, 어릴 때부터 어머니께 동오의 예법을 귀가 닳도록 들었습니다. 우리 동오를 찾아오신 천자의 숙부께서 진심으로 사죄하고, 한나라를 일으킨 다음 형주를 주겠다고 약조하고 있지 않습니까. 그런데 이런 무례를 저지르다니, 동오인으로서 부끄럽지도 않으세요?"

태부인도 거들었다.

"구구절절 내 딸의 말이 다 맞다. 사내들이 여인네만도 못하니 이 무슨 망신인지 원. 쯧. 당장 칼을 거두지 못하겠느냐?"

살벌한 분위기가 끝도 없이 이어지자 손권이 분위기를 풀려는 듯 미소를 지으며 앞으로 나섰다.

"좋은 날 왜들 이러시는가. 작은 소동으로 넘기고, 자, 어서 혼례 준비를 시작합시다."

손권과 태부인 그리고 손상향 모두 유비가 맘에 들었나 봅니다. 특히 손상향이 그토록 적극적으로 유비를 옹호했으니, 유비의 아내가 되기로 작정한 거나 다름없겠지요?

우리는 살면서 누군가와 어떤 오해로 인해 크게 마음 상하는 경우가 종종 있습니다. 시작은 작은 오해였지만, 그 오해가 커져 미움이 되고 분노로 번지는 경우가 종종 있지요. 친구 간에, 부모자식 간에, 직장 동료 간에 충분히 일어날 수 있는 일들입니다. 누군가가 죽도록 미워 밤잠 못자고 이불킥할 때, 쉽지는 않겠지만 자리를 마련해 그 사람과 차 한 잔, 술 한 잔 나눠 보세요. 서로가 속내를 터놓고 자신의 입장을 이야기하고 상대방의 이야기에도 귀 기울여 준다면, 오해가 풀리고 원한도 사라질 수 있어요. 심지어는 비온 뒤에 땅이 다져진다고, 이전보다 더 가까운 사이가 되는 경우도 많잖아요. 그렇게 오해가 풀리고 나면 그 누구보다 친한 사이가 될 수도 있을 겁니다.

지금 손권의 마음 역시 그랬을 거예요. 손권은 유비를 간교한 놈이라며 미워한 나머지 화병까지 얻을 지경이었잖아요. 그런데 유비의 진심은 그게 아니었네요. 야욕이 아닌 한나라의 부흥을 위해 어쩔 수 없는 선택이었어요. 게다가 큰 꿈을 이룬 뒤에는 형주를 내어주고 자신은 고향으로 내려가겠다는 생각이었잖아요. 손권은 유비의 진정성 있는 발언이 거짓으로 들리지 않았답니다. 오히려 '아, 저래서 관우나 황충 같은 명장, 제갈공명 같은 명민한 책사가 그를 모시는구나.'라고 감탄할 수밖에 없었지요. 결국 여동생의 남편감으로 손색이 없다고 판단하게 됩니다. 다시 한 번 소통의 중요성을 깨닫게 하는 장면이네요.

동오 탈출, 남편 따라 형주 가네

이런 우여곡절 끝에 손상향과 유비는 성대한 결혼식을 올리게 되었습니다. 손상향도 유비의 진심 어린 사죄의 연설에 반했고, 유비 또한 손상향의 당당하고 똑 부러지는 모습에 반해 버렸답니다. 속임수로 시작된 혼인이었지만, 신랑 신부의 눈에서는 꿀이 뚝뚝 떨어지고, 또 동오와 유비 세력이 화해를 하고 동맹을 돈독히 하게 되었으니, 여러 모로 경사였죠. 다들 축제 분위기 속에서 술을 마시는데, 기분이 상해 취한 사람도 있었어요. 바로 주유였습니다. 주유는 조용히 말술을 마시며 속으로 계책을 짰지요.

태부인이 손상향을 워낙 아낀 나머지, 두 사람이 동오에 몇 달은 머물길 원했다. 주유는 마침 잘 됐다 싶어 장수에게 명했다.

"유비 부부가 머물 새 신방을 아주 화려하게 꾸미도록 하여라. 고가의 가구와 장식품을 들여놓고, 정원에는 이국적인 꽃과 나무들을 잔뜩 심어라. 그리고 특별히 예쁘고 노래 잘 하는 소녀들을 보내 시중을 들게 하거라. 아, 생활비도 넉넉하게 주어라."

주유는 유비가 평생 가난하게 살았다는 걸 알고 있었다. 실제로 유비는 황실의 후손이긴 하나, 몰락한 가문에서 장성한 청년이 될 때까지 돗자리를 짜며 어렵게 살아왔다. 의병을 조직한 후에도 늘 전장만 누볐으니, 호화로운 생활을 즐겨본 적이 없었다. 그러니 그에게 새로운 향락의 세계를 경험하게 할 참이었다. 처음 누려 보는 부귀영화에 빠져들게 해, 정치적 야욕의 싹을 잘라 버리자는 속셈이었던 거다.

그런데 이게 웬일인가요? 유비가 정말 어린 신부에 빠져 궁 밖을 나오질 않네요. 아침마다 즐기던 승마도 귀찮다며 그만둘 정도였지요. 매일 얼굴

이 벌게질 정도로 값비싼 술을 마시며 어린 신부와 즐거운 시간을 보내는 겁니다. 낮에는 무희들의 춤 구경에 빠져 넋을 놓았고요. 이때 조자룡은 뭘 하고 있었을까요?

조자룡은 몇 달 동안 주구장창 활쏘기만 하고 있었다. 형주로부터 유비를 호위해 왔던 500명의 군사도 유비의 명령으로 돌려보내고 홀로 외롭게 유비를 경호하고 있었다. 그런데 말이 경호고 보좌지, 유비가 신방에서 나오질 않으니, 딱히 할 일이 없었던 것이다. 이렇게 시간은 속절없이 지나가 어느덧 그 해도 거의 끝나갈 무렵. 춥고 눈 내리는 겨울이 되자 활쏘기하기도 쉽지 않으니, 뭘 하며 시간을 보내야 하나 고민이 될 지경이었다.

'가만, 벌써 연말이 되었구나! 공명 선생께서 동오에 머무는 시간이 지체되면 노란 비단 주머니를 열어 보라고 하셨지!'

서둘러 주머니를 열어본 조자룡은, 제갈공명의 혜안에 감탄을 했다. 하늘을 바라보며 동오의 찬바람을 깊게 들이킨 조자룡은 갑자기 멀쩡한 머리를 헝클었다. 그리고 저고리의 고름을 풀어헤친 뒤, 신발을 벗고 맨발로 숨을 헐떡이며 유비의 신방으로 쳐들어갔다.

"주공, 큰일났습니다!"

술이 취해 눈이 반쯤 풀린 유비가 인상을 찌푸리며 조자룡을 쳐다봤다.

"자룡, 나중에……."

"주공, 급합니다! 형주에서 전령이 도착했는데, 조조 군이 형주로 쳐들어오고 있답니다!"

유비는 그 말을 듣자마자 정신이 번쩍 들었다. 문득 제대로 조자룡을 보자, 그를 너무 오랜만에 봤다는 생각이 들었다. 자기는 이렇게 호화를 즐기는 동안 조자룡은 수척해진 듯했다. 게다가 맨발로 이렇게 급하게 달려온 그를 보자 마침내 유비는 자신이 크게 잘못하고 있다는 생각이 들었다.

'내가 지금 여기서 뭐하고 있는 건가. 신선놀음에 도끼자루 썩는 줄 몰랐구나. 아, 이러고도 내가 형주의 주인이라, 한나라 부흥을 꿈꾼다 말할 수 있더냐.'

자책하며 유비가 서둘러 짐을 챙겼다. 그러다 떠오른 한 사람이 있었으니, 바로 손상향, 자신의 사랑스러운 새 신부였다.

"자룡, 잠깐만 시간을 주게. 그래도 부부의 연을 맺었는데 부인에게 얘기는 해야 하지 않겠는가."

조자룡이 물러나자, 유비가 손상향을 불렀다.

"지금 조조 군이 형주에 쳐들어오고 있다 하오. 당장 형주로 가야 하는데, 내 맘이 혼란스럽소. 마음 같아서는 동오의 사람들께 정중히 인사를 올리고 그간 보살펴 준 노고에 감사하는 시간을 가지고 싶지만, 워낙 일촉즉발의 상황이라 지금 당장 떠나지 않으면 안 될 듯싶소. 게다가 전쟁터로 가려는 상황에 어찌 부인에게 위험한 곳으로 함께 가자고 말하겠소."

손상향도 이런 갑작스런 말에 당황했다. 다른 것은 무섭지도, 아쉽지도 않았으나 지금 형주를 따라가면 언제 다시 어머니를 보게 될지 몰라 손상향의 눈이 벌겋게 충혈되었다. 하지만 그녀는 굳건하게 말했다.

"이미 서방님의 아녀자가 되었으니, 저도 형주로 가는 게 도리지요."

두 사람은 손을 꼭 잡고 서로의 눈을 애틋하게 바라봤다.

"고맙소, 부인."

유비가 절절한 목소리로 말하자, 손상향이 말했다.

"그런데 오라버니가 순순히 보내 주지 않을 거예요. 상황이 워낙 위급하니 일단 거짓으로 둘러대는 게 좋겠어요. 북쪽 탁군을 향한 강가에 가서 돌아가신 시부모님께 제사를 지내겠다고 말할게요."

"그래주면 평생 은혜를 잊지 않겠소. 고맙소, 부인."

이튿날, 손상향은 태부인과 손권에게 허락을 얻어낸 후, 마차를 타고 유비 일행과 떠났다. 그리고 북쪽이 아닌 형주 쪽의 강가로 향했다.

제갈공명의 두 번째 비단 주머니도 과연 효과가 있었네요. 정신도 차렸고, 훌륭하고 지조 있는 부인도 유비를 따라오겠다고 했으니, 유비는 별무리 없이 형주로 돌아갈 수 있을까요? 아니죠, 이렇게 일이 쉽게 풀리면 삼국지답지 않겠죠?

그들이 떠난 후, 왠지 미심쩍은 마음이 든 손권이 그들에게 미행을 붙였다. 전령이 돌아와 그에게 전했다.

"북쪽이 아니라 서쪽 강을 향해 가셨습니다."

"뭐라? 형주로 돌아가려고 하는 게 틀림없다! 어머니와 나에게 거짓말까지 하며 도망치듯 떠났으니 유비가 필시 다른 마음을 품은 것이 확실하지 않은가. 내 동생은 뭐라고 꼬여냈기에 인사도 없이 떠난단 말인가! 서둘러라, 멀리 가기 전에 둘 다 반드시 데려와야 한다."

한편 유비와 손상향, 조자룡은 열심히 달려가 강가를 거의 직전에 두고 있었다. 그런데 뒤쪽에서 먼지가 일면서 병사들이 쫓아오고 있는 것이 아닌가. 조자룡이 뒤를 막겠다며 유비와 손상향을 먼저 가게 했는데, 몇 발자국을 떼기도 전에 어디선가 장수들이 병사들과 함께 나타나 유비가 가려던 길을 가로막았다.

"유비 장군, 손부인, 어디 가십니까? 실례지만, 주유 장군께서 모든 길목을 지키며 증명 없이는 아무도 보내지 말라고 하셨습니다."

주유는 유비가 도망갈 것을 진작에 예견하여 유비가 지나갈 만한 길목들을 장수들이 지키게 한 것이었다. 앞길도 막히고, 뒤에도 쫓아오는 추격병에 천하의 조자룡도 더럭 겁이 났다. 병사 수가 많아도 너무 많은 게 아닌가. 그때 번개처럼 스친 생각이 바로 비단 주머니였다. 제갈공명이 위기 상황에 열어 보라고 했던 빨간색 주머니 말이다.

"주공 염려 마십시오. 공명 선생께서 제게 미리 주신 계책이 있습니다."

조자룡이 급히 주머니 속 종이를 꺼내 읽더니, 유비에게 보여 주었다. 다 읽은 유비는 손상향에게 가서 눈물을 흘리며 부탁했다.

"부인, 사실 나는 당신의 오라버니와 주유의 계략으로 부인에게 장가를 든 것이오. 그건 부인도 잘 알 것이오. 그들은 당신을 미끼로 사용해 나를 죽이고 형주를 차지할 속셈이었소. 내가 이 모든 것을 알고도 장가를 든 이유가 무엇이라고 생각하오? 그것은 오직 부인에게 영웅다운 마음이 있어, 나를 알아봐 주고, 품어주며 도와줄 것이라 확신했기 때문이오. 이 한 몸 죽는 것은 두렵지 않으나 어린 당신을 생과부로 만드는 것이 한없이 가슴 아프오. 또한 역적 조조의 손에서 천자를 구하지 못한 그 한스러움에 나는 죽어도 눈을 감지 못할 것이오. 부인이 아니면 이 상황을 빠져나갈 수 없으니, 차라리 죽을 것이면 부인에게 죽길 바라오."

유비의 애절한 말을 들은 손상향은 크게 분노하며 결심한 듯 대답했다.

"오라버니께서 절 그렇게 이용하시고, 지금도 존중하지 않으시니 더 이상 나도 그에게 예의를 차리지 않겠어요. 이곳은 자룡 장군과 제가 알아서 처리할게요."

그리곤 손상향이 앞으로 가더니 길을 막고 선 장수들에게 호통을 쳤다.

"너희들이 지금 무기를 들고 나에게 대드는 것이냐? 내가 누군지 진정 모른단 말이냐? 지금 반란을 꾀하는 것이냐?"

당황한 장수들이 무기를 황급히 내리며 대답했다.

"손부인, 아닙니다. 반란이라뇨? 당치도 않습니다! 저희는 다만 주유 장군의 명으로……."

"동오의 주인이 손 씨 일가지 주유더냐? 너희는 주유만 두려워하느냐?"

때마침 추격하던 이들도 도착을 했는데, 그들은 손상향의 서슬 퍼런 모습을 보고 멈춰 서서 어찌 할 바를 모르고 있었다.

"네놈들도 들어라! 분명 나는 어머니께 허락을 받고 가는 길인데, 너희가 무슨 명분으로 나를 막느냐? 오라버니조차 나에게 이토록 함부로 대하지 않거늘 정말 무례하기 이를 데 없구나! 당장 내가 너희들의 목을 칠 수도 있다는 것은 알고 이러는 것이냐?"

어찌나 불같이 화를 내는지 죽은 강동의 호랑이 손견이 부활한 것 같아, 장수들은 사시나무 떨 듯 떨었다. 그들은 이러다 진짜 큰일나겠다 싶었다. 주유와 손권의 명을 받기는 했지만, 어쨌든 손상향은 손권의 혈육이 아닌가. 명령만 따랐다가 잘못하면 역으로 죄를 뒤집어쓰게 생긴 꼴이었다. 게다가 손부인의 뒤편에 서 있는 조자룡의 기세도 가슴을 오그라들게 만들었다. 어쩔 수 없이 길을 열어 손상향과 유비, 조자룡을 보내주고 말았다.

이런 상황을 예견이라도 한 것인가. 손권은 한 차례 장수와 병사들을 선발대로 보낸 뒤, 더욱 무공이 뛰어나며 빠른 장수들을 불렀다. 생각을 해 보니, 여동생 강단에 쉽게 돌아올 것 같지 않았기 때문이다.

"그 둘을 생포해 와라. 만약 반항을 한다면, 내가 다 책임질 테니 무슨 일이 있어도 반드시 데려오도록 해라."

이번엔 더 많은 숫자의 병사들이 후발대로 나루터까지 유비 무리를 쫓아오고 있었다. 게다가 먼저 유비를 놓아줬던 선발대 병사들까지 후발대와 합세하여 쫓아오는데, 그 속도가 엄청났다. 설상가상, 강가에는 한 척의 배도 보이지 않았다. 군사들의 말발굽 소리가 가까워졌고, 그들은 손권이 부른다고 고함을 치고 있었다. '꼼짝없이 잡혔구나.'라고 생각하던 그 때! 홀연히 나룻배 하나가 그들 앞에 떡하니 나타났다. 조자룡이 먼저 달려나가 배를 보더니, 유비를 돌아보고는 감격이 가득한 목소리로 외쳤다.

"주공! 공명 선생이십니다!"

배 위의 제갈공명이 웃으며 말했다.

"주공, 생각보다 일찍 오셨습니다. 어서 배에 오르시지요."

이게 어떻게 된 일일까요? 제갈공명은 유비가 동오로 간다고 할 때부터 큰 그림을 그려둔 겁니다. 유비의 뜻대로 그를 보내긴 하지만 유비가 목숨을 잃으면 안 되니, 계책을 치밀하게 단계별로 세웠지요. 첫째는 장터에서 예물을 사며 유비와 손권의 여동생이 혼인한다는 소문을 쫙 내, 꼼짝없이 혼인이 성사되게 하는 거였습니다. 물론 여기에는 태부인과 손상향이 유비를 맘에 들어 할 거란 확신이 뒷받침되었답니다. 사실 유비가 어른들과 여인들이 좋아할 타입이거든요. 동안이고 목소리도 멋있는데다 매너도 좋잖아요? 둘째로 유비가 어린 신부를 맞아 진시 중이란 걸 잊고 향락에 빠질 수 있다는 예측을 했습니다. 그럴 때를 대비해 조조 군이 쳐들어온다는 말로 정신을 번쩍 들게 꾀를 썼지요. 세 번째, 형주로 오는 길에 분명 병사들이 쫓아올 테니, 그때는 손부인에게 모든 걸 맡겨 위기를 모면하게 했습니다. 그렇게 만반의 준비를 해서 유비와 조자룡을 보낸 후, 제갈공명은 미리 나루터 근처에 움막을 지어 놓고 낚시를 하고 있었어요. 그들이 오면 바로 태워 형주로 갈 셈으로 약 반 년의 세월을 기다린 것입니다.

보고를 들은 주유가 뒤늦게 쫓아왔을 때, 이미 그들은 배에 몸을 싣고 떠나는 중이었다. 뭍에 서서 발을 구르고 있는 주유를 발견한 제갈공명이 손상향과 유비에게 말했다.

"신혼부부께서 뱃놀이하시라고 노래 한 자락 해 보겠습니다."

"공명 선생은 못하시는 게 대체 뭡니까?"

유비가 즐거운 맘으로 그를 칭찬했다. 하지만 제갈공명의 노래는 그들을 위한 게 아닌, 주유를 놀리기 위한 것이었다.

"천하를 얻을 만한 책략을 부단히 내는구나! 그 기묘한 계책이 군사도 부인도 잃게 하누나. 오호통재라."

노래를 들은 주유가 어깨를 부여잡고 피를 토했다. 그리고 소리쳤다.

"저런 간교한 놈, 언젠가 반드시 네놈을 무릎 꿇리리라!"

주유의 꿈, 먼지가 되다

주유가 노숙을 찾아가 강하게 채근했다.

“유비가 손부인까지 데리고 형주로 갔으니, 이제 어찌할 셈이오?”

노숙이 한숨을 푹 내쉬며 말했다.

“제가 다시 한 번 가서 설득해 보겠습니다.”

“이번에는 반드시 확답을 얻어 와야 할 것이오. 형주를 갖기 전에 나는 절대 죽을 수 없소. 윽.”

주유가 또 피를 토했다. 웬일인지 그의 얼굴이 파리했다. 그의 안색을 살피던 노숙도 왠지 느낌이 좋질 않았다.

“무슨 말을 그리 하십니까? 형주를 차지하고 그 땅을 누리며 오래 계셔야지요.”

이번에는 필시 형주 쟁취에 성공해야겠다는 의지를 다지며 노숙이 형주로 향했다.

노숙이 세 번째로 유비와 제갈공명을 만나러 형주행 길에 올랐습니다. 과연 이번에는 형주를 얻어올 수 있을까요?

노숙이 온다는 소식을 전해 들은 제갈공명이 서둘러 유비에게 작전을 말했다.

"주공, 이번에는 그저 무조건 우십시오."

"아니, 공명 선생. 난데없이 울라니, 무슨 뜻입니까?"

"주공, 제가 말씀드린 대로 하시면 절대 형주를 뺏기지 않을 겁니다."

유비는 일단 알겠다고 했지만, 과연 억지 눈물을 흘릴 수 있을지 자못 걱정이 되었다.

노숙은 이번에는 정말 마음을 단단히 먹고 온 듯, 들어오자마자 인사만 하고 바로 본론에 들어갔다.

"유 황숙, 대체 왜 그렇게 말도 없이 도망치듯 떠나신 겁니까? 또, 왜 서천을 치지 않으십니까? 형주는 서천을 치기 전에 잠시 빌리는 것이라 하지 않으셨습니까? 이제 동오와 혼인을 맺은 사이시니, 더는 미루지 마십시오. 얼른 서천을 차지하고 약속한 대로 형주를 내어 주십시오."

노숙의 말이 끝나기가 무섭게 유비가 얼굴을 부여잡고 어색한 소리를 냈다.

"으어아아악."

정체를 알 수 없는 이상한 신음에 노숙은 깜짝 놀라고 말았다. 너무나 갑작스러운 상황에 말을 잇지 못하고 유비가 왜 저러나 싶어 그의 얼굴만 뚫어져라 쳐다보았다.

'설마 우시는 건가?'

이때 병풍 뒤에 숨어 있던 제갈공명이 나와 노숙에게 말했다.

"주공께서 우느라 말씀을 제대로 못하시니 제가 대신하겠습니다. 저희 주공의 복잡한 마음을 좀 알아주십시오. 이제는 가족이 아닙니까? 일단, 형주가 조조의 공격을 받는다는 보고에 주공께선 한 시가 급해 그렇게 돌아오실 수밖에 없었습니다. 곧 찾아뵙고 정식으로 인사를 드릴 것입니다. 그리고 서천은 말입니다. 서천의 유장 장군은 저희 주공과 같은 황실 후손이십니다. 혈육 간에 어찌 피를 뿌릴 수 있겠습니까? 그건 도리가 아니지요. 만약 그리 한다면 사람들이 모두 욕을 할 것입니다. 저희 주공께선 황실의 후손이심에도 불구하고 어릴 때 아버지를 여의시고 돗자리를 짜며 어렵게……."

이때 유비가 갑자기 끅끅 소리 내며 울기 시작했다. 어렵던 시절 생각에 이번에는 진짜로 서러움이 폭발한 것이다. 그전까지만 해도 우는지 안 우는지 알쏭달쏭하던 노숙도 유비의 그런 모습에 당황해 식은땀이 날 지경이었다. 노숙이 어쩔 줄 몰라 하자, 제갈공명이 속으로 기뻐하며 계속 말을 이었다.

"어렵게 사셨지요. 한나라에 대한 충심 하나로 황건적을 토벌한 공을 여러 번 세우셨음에도 불구하고, 어디에도 오래 정착하지 못하고 늘 도망과 의탁 신세셨으니……."

이 말에 끅끅대던 유비가 '아이고' 하며 대성통곡 하는 게 아닌가. 그간의 말 못할 고생들이 주마등처럼 스치니, 스스로 생각해도 신세가 처량하고 비루하기 짝이 없었던 거다. 제갈공명이 안타까운 눈빛으로 유비를 한 번 쳐다본 후 다시 말을 이었다.

"이제 겨우 자리 잡았는데, 그렇다고 형주에 계속 있자니 태부인과 손권 공께 도리가 아닌 것 같고. 형주를 내어 준다면 정착할 손바닥만 한 땅 하나도 없는 처지이니 이러지도 저러지도 못하시는 상황 아니겠습니까? 결국 며칠 동안 밤잠을 못 이루셨습니다."

과연 노숙이 유비를 보니 두 눈이 퉁퉁 부은 데다 눈물을 얼마나 흘렸는지 옷깃이 모두 젖어 있었다.

"유 황숙. 이러다 병나시겠습니다. 고정하십시오. 저…… 오늘은 그만 물러가겠습니다."

노숙이 찜찜함을 뒤로 한 채 배에 올랐다. 하늘 한 번 보며 한숨 한 번 푹 쉬고, 장강의 물결 한 번 보며 또 한 번 한숨 쉬기를 수백 차례는 반복했을까. 동오에 도착하자, 그가 무거운 발걸음으로 주유를 찾았다.

"되돌려 준다 했소?"

"휴. 그게."

"뭔 한숨을 그리 깊이 내쉬는 거요? 땅 꺼지겠소. 뭐라 했는지 말씀 좀 해 보시오."

"그저 하염없이 웁디다."

"뭐요?"

"울었습니다, 유 황숙이."

주유가 어이없어 자기도 모르게 욕을 내뱉었다. 노숙이 유비의 사정을 이야기하니, 주유가 탁자를 탁 치며 소리쳤다.

"아니, 운다고 그냥 돌아오면 되오? 지금 제정신이오? 이건 필시 공명의 계략이오! 역시 이번에도 공명의 계략에 빠진 것 같구려."

연민에 빠져 마음이 복잡했던 노숙이 그제야 정신이 퍼뜩 들었다.

'그렇구나. 내가 괜히 맘이 약해져서. 아이고 이런, 빙충맞은 것.'

스스로를 책망하며 노숙이 고개를 숙였다. 잠시 침묵하던 주유가 눈을 빛내며 입을 다시 열었다.

"걱정 마시오. 좋은 수가 떠올랐소. 종친이라 서천을 칠 수 없다는 게 그들의 핑계이니, 우리가 대신 서천을 치겠다고 합시다. 서천으로 가려면 반드시 형주를 지나쳐야 하니, 길을 터 달라 하시오. 그들이 길을 열어주면 서천을 치는 척 형주로 입성하여 그 지역을 차지하면 되지 않겠소?"

노숙이 무릎을 탁 치며 대답했다.

"과연 대도독은 천하제일의 책략가이십니다. 그러니까 서천을 치는 척하면서 형주를 차지하자 이런 뜻 아니십니까? 어찌 그런 영명한 꾀를……. 하하하."

간만에 주유의 입가에 미소가 번졌다.

"이번엔 반드시 우리가 승리할 것이오. 어서 공명 그 자에게 서신을 보내시오."

그럼 그렇죠. 아무리 그래도 눈물로 형주를 포기하게 할 순 없잖아요. 제갈공명도 동오에서 곧바로 다시 반응이 올 것을 알고 있었답니다. 서신을 찬찬히 읽던 제갈공명은 무슨 이유에선지 웃음을 지었습니다. 그리곤 유비에게 귓속말로 몇 마디를 하더니 답신을 써 내려갔지요. 뭐라고 썼냐고요?

“이렇게 감사할 데가. 저희 사정을 이해해 주시고 친히 나서 주신다면 저희야 더 바랄 게 없습니다. 길은 당연히 터 드리고, 가시는 출정의 길을 깨끗하게 정돈해 놓겠습니다. 그것만으로는 너무 송구하니, 군량미와 군사까지 보태드리겠습니다.”

서신을 받은 주유와 노숙이 두 손을 마주잡고 허허 웃었다.

“드디어 공명 이 자가 우리 꾀에 넘어왔군.”

신난 두 사람은 그날 밤이 늦도록 축배를 들었다.

“내일 형주를 치고, 반드시 공명을 제거할 것이오.”

주유의 표독스런 표정에 노숙이 쓴 미소를 지으며 말했다.

“대도독, 공명이 그렇게 싫습니까?”

“그자가 살아 있는 한, 내 상처는 결코 아물지 못할 거요. 둘 중 하나가 살아야 한다면 그건 내가 되어야 하지 않겠소?”

노숙은 아무 말도 하지 못했다.

다음날 주유가 5만 군사를 이끌고 형주로 향했다. 주유는 배 안에서 내내 웃음이 끊이질 않았다. 형주에 다다랐을 무렵, 전령이 달려왔다.

“유비 주공의 환영을 전하러 왔습니다. 형주성에 군사들을 위한 식사도 준비해 두었으니, 든든하게 드시고 승전보를 전해 주시길 바란다고 하셨습니다.”

주유가 입꼬리를 올리며 외쳤다.

“신속히 전진하라.”

‘이제 공명 너도 독 안에 든 쥐 꼴이구나. 하하.’

위풍당당하게 성 앞까지 간 주유. 그런데 어째 군을 환영하는 것치고는 너무 휑했다. 사람은커녕 개 한 마리 보이질 않았다. 성문 바로 앞까지 나아가 주유가 문을 열라고 소리치자, 성벽 위에서 조자룡이 나타났다.

“주유 장군, 돌아가시오. 길을 빌리는 척 정작 목표물은 형주인 것, 저희 공명 선생께서 그런 시시한 계략도 눈치 못 채실 것 같았소?”

“이런, 망할.”

주유는 마음이 철렁 내려 앉았지만 이제는 이판사판이었다. 주유는 핏대를 세우며 “돌진!”을 외쳤다. 하지만 그때 천지를 울리는 북소리가 사방에서 들리더니 성 위에선 셀 수 없이 많은 군사들이 활을 아래로 겨냥했고, 사방에서는 수풀 속에 매복해 있던 황충, 관우, 장비가 뛰쳐나와 주유군을 둘러쌌다. 주유야말로 독 안에 든 쥐 꼴이 되고 만 것이다. 주유는 너무 놀라고 분하여 온 이마에 핏줄을 세우고 몸을 부들부들 떨다가 ‘윽!’ 하는 소리와 함께 어깨를 부여잡고 말에서 떨어졌다. 그의 입술에 피가 흥건했다.

“대도독!!”

장수들이 그를 호위하며 외쳤다.

“어서 대도독을 모셔라!”

병사들은 통곡하며 그를 급하게 동오로 모시고 갔다. 하지만 주유는 이미 죽음의 그림자가 자신을 덮쳤다는 걸 아는 듯 며칠 힘없이 누워있을 뿐이었다. 그러다 어느 날 깊은 한숨을 내쉬고 말했다.

"아아 어찌 주유를 세상에 내고 또 제갈공명을 내셨습니까?"

눈물 한 줄 주르륵 흘리며 주유가 눈을 감았으니, 그의 나이 겨우 36세였다.

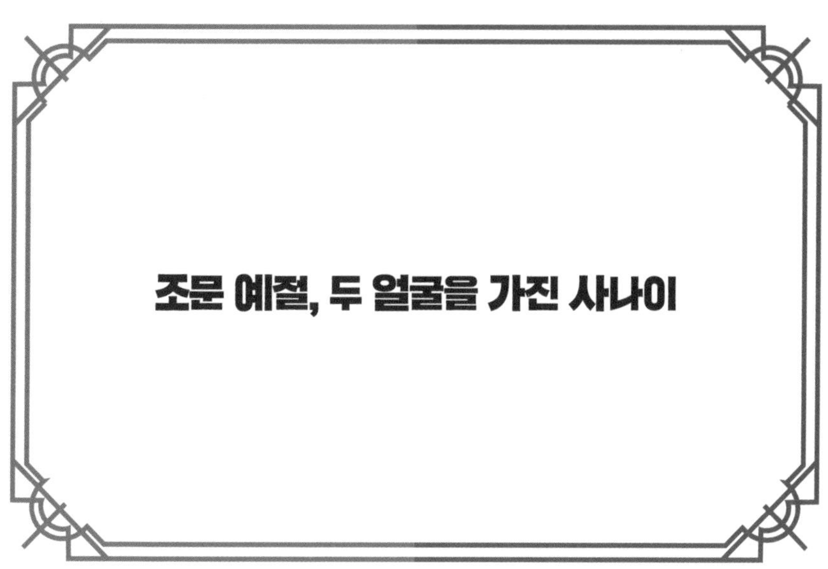

조문 예절, 두 얼굴을 가진 사나이

동오의 대들보 주유의 부음 소식에 강동 전체가 울음바다로 변했네요. 강동 입장에서 주유는 없어서는 안될 훌륭한 장군이었잖아요. 적벽대전을 승리로 이끈 명장이었으며 동오의 주인 손권의 정신적 지주이기도 했죠. 태부인과 손권 역시 애통해 하며 국장급의 장례식을 치르는 중이었습니다. 그런데 침울한 장례식에 경천동지할 일이 일어났네요. 하늘이 놀라고 땅이 뒤흔들릴 일 말입니다. 무슨 일이었냐고요?

낯익은 한 사내가 상복을 차려입고 침통한 표정으로 장례식장에 들어섰다. 제갈공명이었다. 호위병 한 명 없이 혼자 장례식장 안으로 들어온 것이다. 상복 입은 장수들이 눈을 부라리며 일제히 칼을 잡았다. 이때 노숙이 손짓으로 멈추라고 지시했다. 장례식장과 같은 경건한 곳에서 피를 흘뿌리고 싶지 않았던 것이다. 홀몸으로 왔으니, 지금이야말로 제갈공명의 목을 딸 기회인데 아깝다란 얼굴로 모두 부들부들 떨고만 있었었다.

제갈공명이 휘청이며 영정 앞까지 걸어갔다. 간밤에 잠을 못 이루었는지 아니면 밤새 울었는지, 얼굴은 초췌했고, 다리가 후들대는 게 금방이라도 쓰러질 것 같은 모습이었다. '대체 저놈이 왜 저러나.' 란 표정으로 그를 주시하던 장수들이 그만 깜짝 놀라고 말았다. 그가 예를 갖춰 절을 올리더니, 무릎을 꿇고 앉아 흐느껴 울기 시작하는 게 아닌가. 어찌나 구슬피 우는지, 다른 장수들에게도 그 슬픔이 고스란히 전이돼 그들도 뜨거운 눈물을 흘렸다. 제갈공명이 흐느끼며 입을 열었다.

"이렇게 그대의 벗들이 모두 모여 있는데, 어찌하여 장군만 없으시단 말입니까. 앞으로도 우리 만날 수 없다는 이 비통한 현실을 전 믿을 수가 없습니다, 장군."

그가 엎드려 펑펑 울어대자 다른 장수들도 무릎을 꿇고 따라 우는, 기이한 풍경이 연출되고 있었다. 제갈공명을 포함한 수백 명 동오인의 곡소리가 장례식 안을 가득 채웠다.

"제가 장군의 마지막도 보지 못했으니, 어찌 이렇게 그냥 보낼 수 있겠습니까. 바로 달려오지 못한 것은 며칠 밤을 새우며 장군에게 걸맞은 제문을 쓰느라 지체했기 때문입니다. 부디 하늘에서 받아 주십시오."

진심이 뚝뚝 묻어나는 말투로 그가 제문을 읽어 내려갔다.

"오호라, 주유 장군! 불행히도 일찍이 조상들 곁으로 갔구나. 살고 죽는 것은 모두 하늘에 달렸다지만, 이 땅에 남은 우리가 어찌 슬퍼하지 않으리오. 그대는 어린 시절부터 남다른 기상으로 강동을 일으켰고, 대붕(상상 속의 큰 새)처럼 날아올라 강남의 절반을 차지했네. 비상한 능력으로 적벽에선 조조와 맞서니, 강한 자도 그대 앞에선 맥을 못 추렸다네. 그대와 나는 서로 도와 손 씨와 유 씨를 평안하게 하였는데, 이제는 나 혼자 있어 근심이 나를 집어 삼키오. 이제 다시는 나의 마음을 그대처럼 정확히 알아주는 벗을 만나지 못하리."

제문을 태운 후 제갈공명이 또 엎드려 대성통곡을 하기 시작했다. 그의 통곡 소리 한 호흡, 두 호흡, 그 호흡마다 장수들 역시 간장이 끊어지는 아픔을 느꼈다. 그들은 칼마저 바닥에 떨어뜨리고 "대도독"을 외치며 함께 소리쳐 울었다.

한참을 같이 흐느끼던 노숙이 제갈공명을 일으켜 세웠다.

"공명 선생, 그만 진정하시오. 주유 장군의 영혼이 분명 공명 선생의 마음을 헤아렸을 것이오. 이러다 탈진하겠으니 어서 몸을 추스르시오."

"노숙 선생, 나는 영원한 친구를 잃었습니다. 끄윽 끄윽."

"그 마음 내 어찌 모르겠소. 그래도 산 사람은 살아 대업을 이어야지 않겠소. 따뜻한 국을 준비했으니 한 그릇 드시는 게 어떻겠소."

"입이 깔깔하여 아무것도 먹을 수 없습니다. 더는 폐 끼칠 수 없으니 오늘은 그만 돌아가겠습니다."

제갈공명이 노숙의 부축을 받아 겨우 일어섰다. 그리고 산송장의 얼굴로 장례식장을 빠져나갔다. 그가 나갈 때까지 장수들은 일어서지도 못한 채 통곡만 할 뿐이었다.

금방이라도 쓰러질 듯 장례식장 밖으로 나온 제갈공명은 노숙의 배웅을 뒤로 한 채 한동안 몸을 가누지 못하고 비틀거렸다. 몇 걸음을 옮긴 제갈공명이 슬며시 뒤를 돌아보았다. 배웅 나왔던 노숙도 성문을 지키던 병사들도 보이지 않았다. 다시 돌아선 제갈공명의 발걸음은 조금씩 조금씩 빨라졌다. 비틀거리던 제갈공명의 모습은 오간데 없고, 가쁜 숨을 쉬며 빠르게 바람을 가르는 한 명의 사내만 있을 뿐이었다. 거의 뛰다시피 몸을 움직였기에, 나루터에 도착한 제갈공명은 숨을 가쁘게 내쉬었고, 온몸이 땀에 젖어 있었다. 혹여 칼을 든 장수가 한 명이라도 뛰쳐나오면, 오늘 그냥 주유 따라 저 세상으로 가야 했기 때문이다.

자, 이 상황을 되짚어 봅시다. 장례를 치러본 독자분들은 아시겠지만, 아무리 악감정이 있는 상대라도 내가 상을 당했을 때 진정성 있게 조문을 오면 그를 내칠 수가 없는 것이 우리네 인지상정입니다. 오히려 어려운 걸음을 했다는 그 이유만으로 그와의 악감정이 풀어지기도 하는 경우를 저는 주변에서 종종 보았습니다. 그러니 아마도 문상객으로 찾아온 제갈공명을 동오의 사람들은 쉽게 내칠 수 없었을 겁니다.

그럼 제갈공명은 왜 혼자 문상을 갔을까요? 주유가 죽었다는 소식을 듣고 유비는 식은땀이 날 정도로 놀랐답니다. 동오에게 주유가 어떤 존재였는지 알고 있었으니까요. 그때 제갈공명이 자신이 혼자 문상을 가서 문제를 해결할 수 있다고 호기롭게 얘기하지요. 오히려 혼자 가야지 변을 당하지 않는다고요. 실제로 만일 호위병들을 데리고 갔다면 칼부림이 일어났을 거예요. 싸우러 온 것처럼 보이거나, 잘 봐줘야 유비 편의 허례허식처럼 보였을 테니까요. 그런데 혼자 와 친구를 잃은 마음을 구구절절 읊으며 곡하니, 죽도록 알미워도 차마 아무도 그를 해치지 못한 것이지요.

사실, 주유가 죽었다는 소식을 듣고, 가장 놀란 사람 중 한 명이 제갈공명 아니었을까요? 제갈공명은 주유를 죽음까지 몰아갈 생각은 없었기에 부고를 듣고 당황했답니다. 동오에서 서천 핑계로 도발을 하니, 방어만 할 셈이었지요. 사실 관우, 장비, 황충이 사방을 에워싸기만 했지 실제 공격을 하지는 않았잖아요. 제갈공명에게 속아 위기에 빠진 그 상황 자체와 그것을 견디지 못한 주유의 분노가 주유를 죽인 셈이었죠.

물론 원인 제공은 제갈공명이 한 게 맞죠. 그러니까 제갈공명도 '아 나 때문에 죽었구나.'란 자책감이 들지 않았을까요? 비록 적이지만, 그래도 적벽대전을 함께 승리로 이끌며 미운 정, 고운 정 다 든 사이잖아요. 동남풍을 일으켜 준다는 말에 주유가 기뻐하며 자신을 향해 절을 했던 모습이 제갈공명의 머릿속을 떠나지 않았을 겁니다.

하지만 이 상황에서 동오의 사람들이 제갈공명의 마음을 헤아려 줄 리는 없겠죠. 주유를 죽인 범인이라며 그에게 이를 부득부득 갈 수밖에요. 이 상태를 방치하면 유비 진영 입장에서는 완전히 동오와 척을 지게 되는 거였습니다. 조조의 북방 세력과 동오, 둘 모두를 적으로 두면 아직 세력이 약소한 유비 입장에선 위험하잖아요. 동오와는 표면적으로라도 화친 관계를 유지해야 했습니다. 그래서 주유 장례식에 온 제갈공명은 제문을 성공적으로 읽고 성을 벗어났습니다. 제 아무리 제갈공명이어도 동오인 모두의 분노를 제어할 수는 없으니, 사실 살이 떨렸죠. 제갈공명은 무사히 형주로 돌아올 수 있겠죠?

나루터에서 주변에 아무도 없음을 확인한 제갈공명이 드디어 안도의 한숨을 쉬었다. 동오 사람들과의 원한도 어느 정도 풀어낸 듯하고, 쫓아와 자기를 죽이려는 병사도 없었으니 이제는 모든 것이 깨끗하게 해결된 듯했다. 바로 그때, 누군가 그의 목덜미를 잡는 게 아닌가. 그리고 낮은 목소리가 말했다.

"주유 장군을 화병으로 죽인 본인이 조문을 다 오고. 동오엔 그렇게 인재가 없는 줄 아시오?"

"헉."

마지막에 이렇게 잡혀 죽는구나 싶어 제갈공명은 두 다리가 툭하고 꺾였다. 제갈공명이 식은땀을 흘리며 뒤를 돌아보니, 다행이 상복을 입은 자는 아니었다. 뒤따라온 장수도 없으니, 자신을 잡으러 온 군사는 아닌 게 분명했다. 오히려 너덜너덜하고 꾀죄죄한 옷을 입고 머리를 산발한 사나이였다. 그자가 제갈공명을 향해 씨익 웃어 보이자, 그제서야 제갈공명이 그가 누군지를 알아보았다.

"아니, 방통 선생 아니신가!"

방통이 누구입니까? 적벽대전을 승리로 이끈 공신 중의 공신이었지요? 조조의 책사인 장간이 주유를 두 번째 찾아왔을 때 기억하나요? 장간을 감금시킨 마을에서 누군가 동굴 속에서 책을 보고 있었잖아요. 그게 바로 주유의 책사, 방통이었지요. 방통이 이때 조조에게 첩자로 간 덕분에 조조의 배들을 모두 사슬과 판자로 엮을 수 있었고요. 그 덕에 불이 한 번에 옮아 붙어 조조가 대패하지 않았습니까? 제갈공명이 재야에 묻혀 있을 때부터 친하게 지내며 그 재능을 인정해 온 사람이기도 했답니다. 그렇게 대단한 인사가 바로 방통인데, 지금은 어찌 이리 허름한 모습으로 나타난 걸까요?

제갈공명은 단박에 눈치챘다. 방통이 공을 인정받지 못하고 내쳐져, 여기저기 떠돌이 행랑객이 되었다는 것을.

"방통 선생 정말 오랜만이오. 그런데 선생이 어찌 이런 허름한 차림으로 여기에 있소? 적벽의 공에 대한 치하는 받으셨소?"

방통이 씁쓸한 표정을 지으며 반문했다.

"지금 내 행색을 보고도 그런 질문이 나오시오? 손권은 주유에게만 빠져 나 따윈 안중에도 없더이다. 내가 목숨 걸고 적진에 밀정으로 가지 않았다면 동오가 승리를 할 수 있었겠소? 내 어찌나 서운하고 분하던지. 책사 짓 못해 먹겠다 싶어 술이나 마시고 다니던 참이오."

제갈공명의 얼굴이 순간 밝아졌다. 기회는 이때다 싶어 방통의 두 손을 덥석 잡으며 말했다.

"방통 선생이야말로 우리 주공께서 애타게 찾는 인재지요. 나야 책상에 앉아 책략이나 낼 줄 알지, 선생은 직접 동오의 첩보원이 되어 호랑이 같은 적의 소굴에 들어가 신출귀몰한 공을 세우지 않았소? 지략과 담력을 다 가진 선생 같은 자가 진정한 영웅 아니겠소. 천하에 어느 새가 며칠씩 똑같은 가지에 앉아 있겠소. 게다가 그 새가 선생 같은 봉황임에야. 선생이 앉을 오동나무 가지 하나 내주지 않는 동오일랑 잊고, 우리 주공과 함께 큰 뜻을 펼칩시다. 우리 주공은 품이 넓어 날개가 큰 새들도 능히 품으실 분이오."

방통이 잠시 생각하더니 화통하게 대답했다.

"좋소. 능력도 인정을 해주지 않는 이 동오에 나도 정나미가 떨어졌소. 유 황숙의 덕스러움은 익히 들어 알고 있으니, 그곳에서 새로 시작하겠소."

세상에! 제갈공명은 얼마나 기뻤을까요? 일단, 주유의 문상을 성공적으로 해냈죠. 적진의 장수들이 칼을 다 떨어뜨리고 그의 슬픔에 전이되어 대성통곡했으니, 당분간은 제갈공명을 죽일 생각은 못할 겁니다. 그런데 여기서 끝이 아니라 금상첨화로 적벽대전의 숨은 공로자인 방통까지 포섭했잖아요. 이번의 나 홀로 동오 방문은 그야말로 신의 한 수가 아닐 수 없네요. 앞으로 유비 세력이 커가는 데 방통이 어떤 역할을 하는지 지켜봐 주세요.

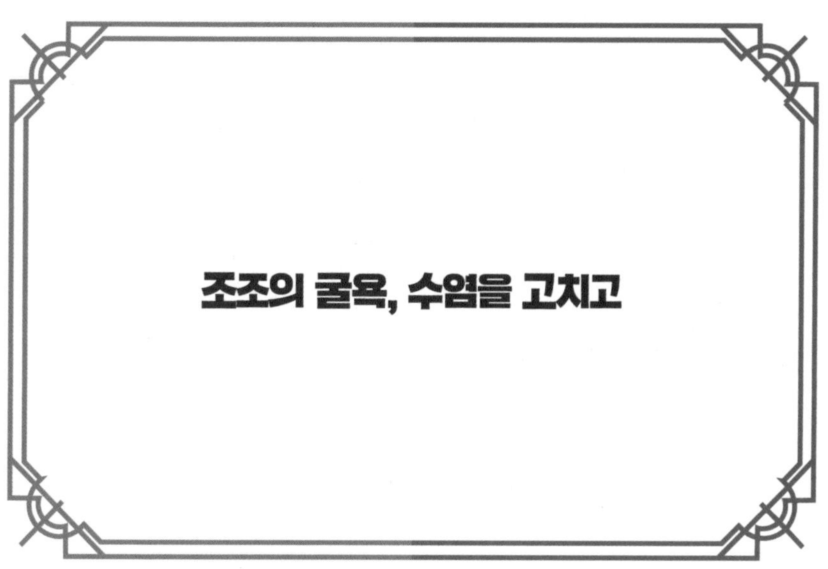

조조의 굴욕, 수염을 고치고

적벽대전 이후에 손권과 유비 사이에 많은 일들이 있었네요. 주유가 조조 군의 거센 저항 때문에 주춤한 틈을 타, 제갈공명이 형주의 주요 성들을 모두 얻고 남쪽 지역도 정복했습니다. 노숙은 3번이나 유비를 찾아가 형주 땅을 요구했지만 번번이 다른 이유로 거절당했구요. 주유가 다양한 계책을 써 보았지만 오히려 유비는 손상향과 결혼을 하게 되고, 길을 빌리려던 술수까지 실패하자 주유는 울화통이 터져 결국 죽고 말았네요. 이 두 세력 간의 이야기는 주유의 장례식으로 일단은 이렇게 일단락됩니다.

자, 이제 한동안 못 만난 조조를 다시 볼 차례입니다. 적벽대전에서 패하고, 형주의 주요 성까지 다 빼앗긴 조조의 상황을 살펴볼까요? 얼마 남지 않은 군사들의 전의가 얼마나 상실되었을지 짐작이 가고도 남지요? 하지만 조조는 허창으로 돌아가 그들을 모아 놓고 독려합니다.

"울어도 된다. 하지만 그것이 결코 그냥 실패의 눈물로 끝나지 않도록 해라. 오늘 우리가 흘린 눈물만큼의 피를 적에게서 반드시 뽑아낼 것이다. 패배할 때마다 의기소침해 한다면 어찌 다시 승리할 수 있겠나. 매번 성공할 수는 없지만 끝까지 버티고 살아남는 자가 결국 승리하는 거니, 이번

패배에 개의치들 말아라."

조조 특유의 카리스마에 군사들이 뜨거운 가슴을 부여안으며 전의를 다졌답니다. 하지만 며칠 만에 뚝딱 100만 대군이 다시 모아지는 건 아니겠지요. 조조 군이 약해진 틈새를 노린 이들이 있었으니, 바로 서북의 지방 세력입니다.

서북 땅의 이름난 장수인 마등은 한때 조조를 제거하기 위해 전의를 다진 사람이었다. 복대에 숨겨져 동승에게 전해졌던 헌제의 혈서에 이름을 쓴 자들 중 한 명이었던 것이다. 한나라 부흥이란 큰 뜻을 잊지 않고 있었던 그는, 서북쪽에서 북방 오랑캐들까지 모아 세력을 키우던 중이었다. 조조의 대패 소식을 듣고 마등은 지금이 때인가 싶었다. 하지만 이를 먼저 눈치챈 사람이 있었으니 바로 조조였다. 마등의 서량군이 허창으로 침입할 것을 진작부터 걱정한 터였다. 남하 정책을 펼쳐 동오를 치려고 해도 뒤에서 서량군이 버티고 있는 것이 늘 거슬려 왔었는데, 자신이 큰 패배를 했으니 분명히 그쪽에서 움직임이 있으리라 생각한 것이다. 그래서 조조는 먼저 선수를 치기로 했다. 이번에도 그가 이용한 것은 천자였다.

"마등 장군. 그대를 정남 장군으로 봉하니 허창으로 와 임명을 받으시오. 이후엔 정남 장군 마등과 남쪽의 역적들을 토벌할 것이요."

마등은 긴가민가하면서도 천자의 명이기도 하고, 이 기회를 이용하면 조조에게 접근해 그를 죽일 수 있겠다는 생각에 허창으로 향했다. 하지만 조조는 매복병으로 마등을 에워싸서 죽였다. 아버지를 허창에 보내고 서량 지역을 지키며 이제나저제나 아버지를 기다리던 마초에겐 청천벽력 같은 소식이었다.

여기서 마등의 아들, 마초라는 인물에 집중해 볼까요? '관장마황조'란 말이 있는데요. 유비를 보좌한 오호장군을 가리킨답니다. 관우, 장비, 마초, 황충, 조자룡이 바로 그 주인공들이지요. 마초란 인물이 어떻게 유비의 오호장군이 된 걸까요? 먼저 여기선 그가 얼마나 용맹무쌍한 무장인지 알아보기로 하지요.

마초는 아버지의 죽음을 전해 듣고, 복수의 칼날을 갈기 시작했다.

"내 반드시 조조 놈의 수급을 가져오리라."

혈기왕성한 마초는 당장 20만 대군을 일으켜 장안을 향해 진격했다. 조조는 마초의 진군 소식을 듣고도, '그 아비에 그 아들이겠지.' 하며 방심하고 있었다. 게다가 조조의 핵심 지역인 허창까지 오려면 장안을 거쳐야 했는데, 장안성은 예전의 한나라 수도였던 만큼 성벽이 높고 견고한 성이었다. 그런데 며칠이 지나자 마초가 장안성을 함락했다는 소식이 들려오는 게 아닌가. 마초가 보통내기가 아니라는 것을 깨닫고 조조는 직접 서쪽 경계를 지키러 출정했다.

장안 부근에 도착한 조조가 마초의 서량군을 바라보니 하나같이 건장하고 삼엄한 기세를 풍겨, 자신도 모르게 등골이 오싹해졌다. 그 선봉에 서 있는 장수가 유난히 눈에 띄었는데, 어깨는 떡 벌어졌지만 작은 얼굴이 백옥처럼 하얗고, 입술은 유난히 붉었다. 뿐만 아니라 군사들을 호령하는 목소리가 유달리 웅장하니 전성기 때의 여포가 살아서 돌아온 듯한 착각까지 들게 했다. 조조는 그 경이로운 모습에 감탄을 금치 못했으나, 짐짓 아무렇지 않은 목소리로 소리쳤다.

"너도 아버지처럼 한나라를 모반하는 역적 놈이구나!"

마초가 분개하여 소리치며 달려들었다.

"진짜 역적이 누군지는 지나가던 개미도 다 안다! 어디 감히 우리 아버지를 욕하느냐, 이 간사한 놈아!"

범과 같은 기세로 내달리는 마초에 맞서, 조조 군에서도 내로라하는 장수가 나섰다. 웬만해선 일대일 싸움에서 진 적이 없는 장수였건만, 9합을 버티지 못하고 후퇴했고, 이후로 나선 장수도 역시 20합을 넘기지 못하고 돌아왔다. 이렇게 싸움을 거듭하고 장수들이 달아날수록 마초는 더 신이 나고 힘이 났는지, 그 다음에 나선 세 번째 장수는 아예 창으로 찔러 말에서 떨어뜨려 버렸다. 그러더니 야수와 같은 고함을 지르며 하늘을 향해 창을 내찔렀는데, 그것이 신호였는지 서량군이 일제히 조조 군을 향해 돌진하기 시작했다.

"아니 이게 무슨 일이냐! 퇴각하라!"

당황한 조조가 필사적으로 꽁무니를 뺐다. 승세를 탄 서량군은 모조리 잡아먹을 듯이 쫓아왔고, 당연히 맨 앞엔 마초가 있었다. 아버지의 원수를 곧 죽일 수 있을 거라는 생각에 흥분한 마초는 더욱 말을 재촉하며 포효했다.

"붉은 망토를 두른 놈이 조조다. 저놈을 쳐라!"

그 말이 귓가에 울리기가 무섭게 조조가 망토를 재빨리 벗어던져 버렸다. 마초가 다시 외쳤다.

"수염 긴 놈, 저놈이 조조다!"

이번엔 조조가 칼을 뽑아 가차없이 자신의 수염을 잘라 버렸다. 마초도 포기하지 않았다.

"수염 짧은 저놈이 조조다!"

'저런 끈질긴 놈.'

질기고 질긴 마초에 조조가 혀를 내둘렀다. 하지만 어쩌겠는가. 맹렬히 쫓아오는 그들 손에 죽을 수는 없었다. 그가 이번엔 옆에 달려가던 병사의 깃발을 빼앗아 찢어내어 얼굴을 둘둘 감싸니, 마치 히잡을 쓴 여인의 모양새 같았다.

그때 어느새 조조를 따라잡은 마초가 창을 냅다 던졌다. 번개처럼 날아오는 마초의 창을 피해 조조는 기겁하며 숲으로 뛰었다. 마초의 창은 가까스로 조조를 비껴가 옆에 있던 은행나무에 단단히 박히고 말았다. 마초가 창을 뽑기 위해서 애를 쓰는 동안 조조는 걸음아 날 살려라 도망쳤고, 본진에 가까이 오자 장수들이 지원을 나와 그를 호위했다. 조조가 이미 안전지역으로 들어간 것을 보고 그제서야 서량군은 돌아갔다. 겨우 본진에 다다른 조조는 말에서 내려와 간신히 장막 안으로 기어들어 가다시피 했다. 온몸의 진이 다 빠진 것이다.

"후유! 간발의 차이로 살아났네. 헤헤."

웃어도 웃는 게 아닌 조조였다. 그가 넋두리하듯 말했다.

"하마터면 오늘 저 어린놈 손에 죽을 뻔했어. 서량군의 용맹함이 어마무시하니 결코 만만하게 볼 상대가 아냐. 마치 저승사자를 만나고 온 듯하구나. 단단히 지키는데 집중하도록 하자."

그날 이후 조조는 다시 서량군과 싸울 엄두도 못 내고, 문을 굳게 걸어 잠그고 방어만 했다. 마초가 날마다 찾아와서 싸움을 걸었으나, 절대 나서지 말라고 엄명을 내렸다. 그리고 한편으론 책사들을 모아 계략을 짰다.

"일단은 수비할 벽을 쌓는 것이 좋겠다. 벽을 쌓아서 계속 방어를 해 나가면 제 풀에 물러날 것이다."

조조의 명령에 따라 군사들은 적이 들어올 수 있는 길목에 일단 급한 대로 수레들을 쌓아 울타리를 만들었다. 그러나 마초 군이 밤에 와서 불을 질러 버리니, 다 버리고 또 도망갈 수밖에 없었다. 이번에는 강가의 흙을 이용하기로 했다. 하지만 모래가 섞인 흙은 잘 쌓아지지도 않았을 뿐더러, 세우기가 무섭게 서량군이 무너뜨리니, 성이 완성될 수가 없었다.

조조가 한숨을 크게 내쉬었다. 눈물 한 번 안 흘리던 조조의 눈시울이 벌게졌다. 적벽대전에 이어 두 번 연속 목숨을 잃을 뻔하니 천하의 조조도 두려웠던 것이다.

"하늘이 정녕 이대로 조조를 버리는가."

이를 본 책사가 안쓰러운 마음으로 말했다.

"승상, 날이 춥습니다. 강물도 얼려 버릴 만큼 추운 날씨이니, 이러다 고뿔에 걸리실까 우려됩니다. 일단 안으로 드시지요."

"뭐? 자네 지금 나한테 뭐라 했나?"

조조가 갑자기 목소리를 높이자 뭘 잘못한지 몰라 쩔쩔매며 책사가 기어들어가는 목소리로 다시 말했다.

"아니, 얼음이 얼 것 같은 날씨이니, 안에 드시라고……."

조조가 크게 웃음을 터뜨리며 책사의 양어깨를 잡고 말했다.

"자네 덕에 살았네. 내 기막힌 꾀가 생각났어. 여봐라. 지금 당장 병사들에게 강물을 떠오게 하라."

"승상, 물은 왜 길어오라 하시는지요?"

책사가 정녕 그 뜻을 모르겠다는 듯 되묻자, 조조가 호언장담했다.

"며칠째 날이 흐리지 않은가? 된바람이 불면 금세 사방이 얼 걸세. 밤에 흙으로 담을 쌓고 그 위에 물을 부으면, 동트기 전에 단단한 토성이 만들어지지 않겠나?"

그제야 책사도 존경의 눈빛으로 조조에게 넙죽 고개를 숙였다.

"과연 승상의 지략은 천하제일이십니다."

조조의 예상대로 그날 밤 거센 북풍이 세차게 불었다. 토성 위에 뿌린 물이 꽁꽁 얼어붙으니, 다음날 거대한 얼음성이 탄생했다. 이른 아침, 마초가 서량군을 이끌고 조조의 영채 앞에 도착했는데, 눈앞에 보이는 기이한 광경에 입이 다물어지지 않았다. 고드름이 주렁주렁 달린 얼음벽이 조조의 영채를 빈틈없이 보호하고 있는 것이 아닌가. 악이 바짝 오른 마초가 활을 쏘라고 명령했지만 아무리 출중한 궁수들이면 뭐할까? 쏜 화살이 다 얼음벽에 튕겨 나가는 것을.

마초가 얼음성을 향해 외쳤다.

"역적 조조는 비겁하게 숨지 말고, 어서 나와라! 나랑 붙는 것이 겁나느냐!"

이에 조조가 껄껄 웃으며, 허저 장군에게 말했다.

"가서 마초를 물리쳐라! 우리가 여러 번 창피를 당했으니 이번에는 반드시 우리의 기상을 세워야 할 것이다."

"네, 명을 받들겠습니다."

허저가 눈을 부라리며 얼음성 밖으로 나갔습니다. 허저는 조조 군에서 최고로 싸움을 잘하는 명장이었어요. 조조의 호위대장이었는데, 조조는 허저 덕분에 목숨을 구한 적이 여러 번이었죠. 원전을 보면, 혼자서 조조를 배에 태우고 비처럼 쏟아지는 적들의 화살을 말안장으로 막으며, 두 발로 배의 키를 조정하여 조조를 살린 적도 있었답니다. 정말 엄청난 무장이죠? 호랑이 후작을 뜻하는 '호후(虎侯)'라는 별명이 있을 정도였어요. 그런 허저와 마초가 붙으니, 멀리서 지켜보는 사람들까지도 움츠러들게 하는 치열한 싸움이 벌어졌습니다. 100합이 되도록 승부가 나질 않았는데,

사람은 멀쩡한데 결국 말이 지쳐서 각 진영으로 돌아갔어요. 말을 곧장 바꿔 타고 나와선 또다시 100합을 넘게 겨루었답니다. 조조가 고개를 절레 절레 흔들며 말했죠.

"용호상박이 따로 없구나. 지칠 법도 한데……."

다시 30여 합을 겨룰 때였다. 그간의 연속된 패배로 마음이 쫄린 조조가 허저를 도와줄 다른 장수들을 내보내자, 마초 쪽에서도 장수들이 철갑기병을 이끌고 맞붙었다. 결국 난장판 싸움이 되어, 조조 군은 영채 안으로 쫓겨 들어가고, 그들이 문을 닫자 마초는 돌아갔다. 그런데 조조의 군사가 몰래 뒤를 돌아 마초 진영의 후방에도 영채를 세웠다는 소식이 마초에게 들렸다.

“마초야, 상황이 안 좋다. 앞뒤에서 공격하기라도 하면 곤란할뿐더러, 지금 병사들 전부 동상 걸릴 날씨다. 계속되는 전쟁에 모두가 지친 듯하니, 우선 조조에게 잠깐 휴전하자는 화친서를 보내자. 날씨가 따뜻해지면 군대를 재정비해서 다시 싸우는 게 좋지 않겠냐?”

이렇게 마초를 설득한 사람은 한수라는 자였는데, 한수는 마초의 아버지와 의형제를 맺은 사이였다. 그 역시 서량 지역에 군사를 가지고 있었는데, 마초가 조조에게 맞선다는 말을 듣고 합세하여 나온 참이었다.

그러나 평소에는 한수를 삼촌처럼 따랐던 마초는 한수의 이번 생각이 영 맘에 들지 않았다. 당장이라도 조조 진영에 가 조조의 머리를 베어 오진 못할망정 휴전이라니. 그러나 결국 한수의 말이 현실적이고 군사들이 그 말에 동조하고 있었기에, 마초도 하는 수 없이 한수의 말에 동의했다. 한수는 대표로 화친서를 써 조조에게 보냈다.

화친서를 받은 조조는 회심의 미소를 지었다.

“한수가 보냈구나.”

“네 승상. 아무래도 이번엔 저희도 피해가 막심하니, 이참에 물러서는 것이 좋겠습니다.”

옆에 서 있던 장수가 말하자 조조가 고개를 저었다.

“아니지, 아니지. 더 이상의 우리 피해는 없이 저들을 끝장낼 수 있는 빌미를 저들이 이렇게 직접 선물해 주지 않았는가.”

잠깐 머리를 굴리던 조조가 말했다.

“한수에게 만나자는 서신을 보내라.”

“네? 굳이 만나서 화친을 하실 필요가 무엇입니까?”

“자네는 아직도 이렇게 시대를 모른단 말이냐. 영원한 편이라는 건 유비 같은 놈들에게나 통하는 말이지. 잔말 말고 한수를 청하는 전령을 보내라. 내일 내가 직접 그의 진영 앞으로 갈 것이다.”

한수는 의아하긴 했지만 이미 화친을 청한 상태이니, 별일이야 있겠나 싶었다. 이튿날 그는 진영을 나와 조조에게 다가갔다. 조조는 갑옷도 입지 않은 채 편안한 기색이었다. 조조가 능청스럽게 한수에게 말을 걸었다.

“장군은 올해 나이가 몇이오?”

“마흔이오.”

한수가 마지못해 대꾸하자, 조조가 여전히 방실방실 웃으며 대답했다.

“하, 세월 한 번 빠르지 않소? 이렇게 우리가 전장에서 나이를 먹는구료.”

조조는 계속 시시콜콜한 이야기를 이어가며 현재의 전시 상황에 대해서는 아무 말도 하지 않았다. 이런 대화가 얼마나 이어졌을까? 한참을 주절거리는 조조를 보다 못한 한수가 인상을 쓰며 말했다.

“화친서는 언제 줄 것이오?”

“내일 보내 주겠소. 그럼 이만, 어서 들어가 보시오.”

마지막까지 조조는 한수를 향해 살갑게 웃어 보이며 헤어졌다.

이 소식을 전해 들은 마초는 기분이 어땠을까요? 당연히 기분이 확 상했죠. 안 그래도 화친을 하자고 한 것부터 묘한 배신감을 느끼고 있었는데, 자기 아버지 원수와 대체 무슨 얘기를 그리 길게 했는지 영 못마땅했습니다. 심지어는 갑옷도 입지 않고 화기애애하게 이야기를 나누었다고 하니 더욱 수상할 수밖에요. 그래서 그는 당장 한수에게 찾아가서 따져 물었어요.

"숙부님, 무슨 이야기를 그리 웃으며 나누신 겁니까? 저 웬수 같은 놈하고."

"별 이야기 없었다. 옛날이야기만 좀 하다가 왔어. 내일 화친서를 보낸다고 하더군."

"아니 이런 전시 중에 갑자기 옛날이야기라뇨?"

"난들 어떡하겠냐. 휴전하기로 한 마당에 적대적으로 대화할 수도 없지 않느냐?"

마초는 찜찜했지만, 한수가 더 이상 말하지 않으니 물러갈 수밖에 없었다.

다음날 화친서가 왔다. 조조가 전령에게 "필시 한수의 손에 화친서를 쥐어 주고 오라." 명했고, 전령은 이를 지켰다. 그런데 한수가 화친서를 살펴보니, 군데군데 중요한 이야기가 나올 만한 부분마다 글씨 위에 먹칠이 되어 있는 게 아닌가. 이게 뭔가 싶어 뒤로 돌려도 보고, 거꾸로 뒤집어 봐도 영 내용을 알 수 없었다. 이때 마초가 와서 물었다.

"숙부, 뭡니까? 조조 측에서 사람이 와서 반드시 숙부를 만나야 한다고 했다던데……."

"아니, 화친서가 왔는데, 뭔 글씨인지 대체 모르겠다. 조조가 실수로 잘못 보낸 게 아닌가 싶다."

한수가 고개를 갸웃거리며 대답하는데, 마초는 화친서를 낚아채 읽더니 한수를 차가운 눈빛으로 쏘아보았다. 마초의 의심이 확신으로 굳어지고 있었던 것이다.

"치밀한 것으로 유명한 조조 놈이 이런 편지를 실수로 보낼 리가 있습니까? 지금 숙부가 저에게 무언가를 숨기려 내용을 지운 것이 아닙니까?"

한수가 당황하고 억울한 표정으로 마초에게 말했다.

"그런 거 아니다. 내가 너희 아버지를 어찌 배신하고 그런 일을 벌이겠냐? 좋다, 정 의심스럽다면 이렇게 하자. 내일 조조를 불러 이 편지에 대해 물어볼 테니, 그때 네가 나와서 조조를 죽이면 되겠지."

"좋습니다. 내일 숙부님의 진실을 확인할 수 있겠지요."

이튿날, 한수가 장수들을 이끌고 조조의 영채 앞으로 나가 외쳤다. 마초는 근처에서 자신의 군사들과 함께 숨어 지켜보고 있었다.

"내 승상께 긴히 할 말이 있소! 여기서 기다릴 테니 어서 나오시라 전하시오."

그때 조조 대신 전령이 나와 이렇게 말하는 게 아닌가.

"장군, 저희 승상이 서신 잘 받았다 전하시랍니다. 그리고 장군의 뜻대로 하자 하십니다."

이 말을 들은 마초가 분개하며 칼을 높이 들고 한수를 죽일 기세로 달려들었다. 일촉즉발의 상황에서 한수 측 장수들이 칼을 들어 마초를 막자, 마초 측 장수들도 칼을 뽑아 들었다. 잠깐 서로 실랑이가 벌어지던 그때, 한수 측의 한 장수의 말이 놀라 요동을 치는 바람에 칼이 잘못 휘둘렸다. 그런데 그만 그 칼이 마초 측 장수의 목을 치고 말았다. 사고였다.

"한수의 장수가 우리 장수를 죽였다! 덤벼, 싸우자!"

함께 조조를 치겠다고 일어난 서량군들 사이에서 마초와 한수로 나뉘어 내분이 일어난 거다. 이게 바로 조조가 계획했던 작전이었다.

"모함에 걸려들면 안 된다. 모두 멈추어라! 우리끼리 싸워서는 절대 안 된다!"

졸지에 혼돈의 중심에 서 있게 된 한수가 절박하게 소리쳤다.

"네놈이 그러고도 우리 아버지의 의형제라고 할 수 있느냐! 배신자는 칼을 받으라!"

마초가 얼굴이 붉으락푸르락하며 칼을 들고 달려드니, 한수는 손을 들어 막다가 왼팔이 잘려나갔다.

아비규환. 한수의 군대와 마초의 군사들은 누가 진짜 적인지 누가 진짜 아군인지도 모른 채 서로 찌르고 베며 빠르게 죽어 가고 있었다. 이때 성벽 위에서 이 모습을 흐뭇하게 바라보는 한 사내가 있었으니 바로 조조였다. 싱긋이 미소 짓는 그의 눈가 주름에 차가운 한줄기 바람이 스치고 있었다.

"지금이다! 쓸어 버려!"

조조의 짧은 명령에 성문이 열리며 질풍처럼 군사들이 몰려나오는데, 이 상황을 감당할 수 없던 마초는 말을 돌려 달아날 수밖에 없었다.

결국 조조는 그의 장기인 꾀로 마등과 마초를 막아냈을 뿐 아니라, 서북쪽으로 세력을 넓혔네요. 젊고 혈기 넘치는데다 무공도 뛰어난 마초도 조조의 지략을 넘어서진 못했어요. 이게 바로 서기 212년의 일이었지요.

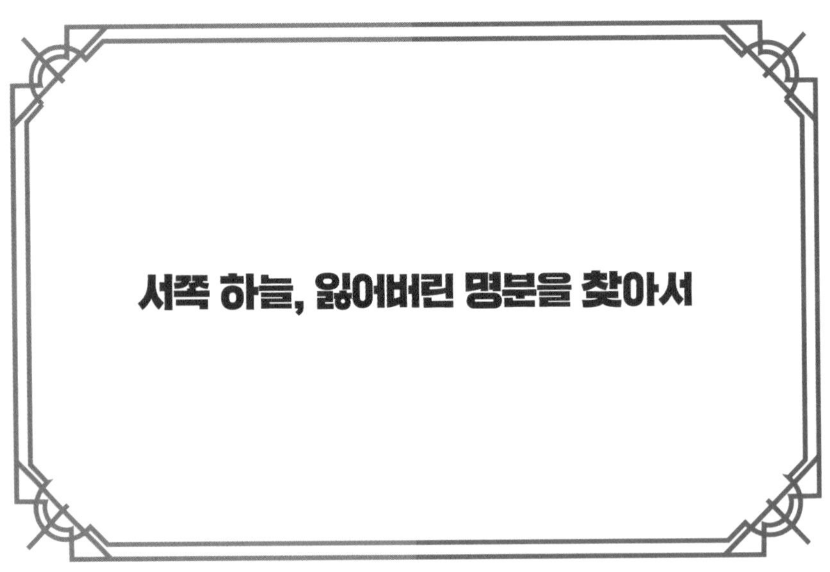

서쪽 하늘, 잃어버린 명분을 찾아서

자, 이렇게 조조 세력이 마초를 막아내고 다시 안정을 찾았습니다. 적벽대전 전처럼, 아니 어쩌면 그보다 더 강건해졌답니다. 조조는 당시 한나라의 북쪽을 다 차지하고 있었고, 형주를 차지 하지 못하고 주유를 잃은 손권은 수성을 하며 내부를 다지고 있었죠. 이때 유비 세력은 형주를 중심으로 세력 확장에 박차를 가하고 있었습니다. 일찍이 제갈공명이 유비 앞에서 천하삼분지계를 브리핑하며 뭐라고 했었지요? 형주를 얻은 이후 익주의 남쪽인 서천을 차지하라고 했었지요. 그러면 "천하의 반을 얻게 된다."라면서요. 그러니 유비 역시 서천이 탐날 수밖에 없었습니다. 하지만 유비가 누구입니까? 명분과 도리에 어긋나는 일은 하지 않는 사람이잖아요. 노숙에게 댔던 핑계가 완전히 거짓은 아니었답니다. 서천의 주인 유장이 황실 종친인 것이 유비에겐 계속 마음의 짐이었어요.

한편, 유장은 유비의 이런 마음은 전혀 모른 채 다른 위협에 직면하고 있었습니다. 서천 위에 한중 지역이 있었고, 이 지역을 다스리고 있는 건 장로라는 자였습니다. 장로는 한중의 호족으로서 권력 욕심이 많은 인물이었어요. 위로 조조는 너무 강하니 서천으로 남하하여 세력을 넓힌 뒤, 그

지역에서 스스로 왕의 자리에 오르겠다는 계획을 세우고 있었답니다. 바람 잘 날이 없는 한나라 땅, 과연 이번에는 어떤 지각 변동이 일어날까요?

제갈공명은 유비의 고집을 알고 있었기에, 항상 마땅한 명분 거리를 찾으려고 서천을 예의 주시했다. 수많은 첩자들을 보내 놓고 누구보다 빠르게 서천의 소식들을 듣고 있었던 것이다. 그러던 어느 날 제갈공명이 유비의 방에 들어오더니 기쁜 목소리로 말했다.

"주공, 귀한 손님 한 분 맞을 준비를 하시지요."

유비가 어리둥절한 표정으로 물었다.

"누굴 맞이한단 말입니까?"

"주공에게 천하를 안겨줄 수도 있는 사람입니다. 더도 말고, 덜도 말고, 주공께서 늘 인재를 대하시던 그대로 해 주시면 됩니다."

그때 마침 한 사내가 찾아왔다고 신하가 고했다. 제갈공명은 유비에게 눈짓을 했고, 유비는 사내를 들어오게 했다.

"유 황숙을 뵈옵니다."

사내가 정중하게 인사를 올렸다.

"저는 장송이라고 합니다. 서천의 유장 주군을 모시는 책사입니다. 유장 주군의 명을 받들어 조조에게 갔다가 서천으로 돌아가는 길에 유 황숙을 뵈옵니다."

조조와 유비가 적대 관계라는 것을 모르는 사람은 한나라에 없을 터. 조조에게 다녀왔다 말하며 자신이 찾아온 목적도 제대로 말하지 않으니, 사실 무례하다고 느낄 수도 있었다. 하지만 유비는 다른 말은 더 하지 않고 웃으며 말했다.

"아, 종친 유장을 모시는 분이라니. 귀한 분이 오셨소. 부디 이곳에 머무는 동안 평안하시길 바라오. 여봐라, 어서 손님을 모시는 예로 음식과 술을 가져오거라."

신하들이 바쁘게 움직여 공손한 태도로 장송을 대접하니 은근히 유비를 시험하려고 했던 장송은 마음에 감동이 밀려왔다.

'유비의 인의를 칭송함이 천하에 퍼져 있다던데……. 길 가던 행인까지 이리 극진히 대접하니, 그 말이 과연 사실이었구나.'

사실 장송은 유장 밑에 있기는 했지만 유장의 리더십에 깊은 회의감을 품고 있었어요. 이렇게 시시각각 세력 변동이 있고 전쟁이 일어나는 혼란한 시대에는 능력 있는 지도자만이 백성들을 지킬 수 있었겠죠? 그런데 유장에게는 그런 능력이 없다고 판단한 거예요. 워낙 서천이 천혜의 요새이기에 여태껏 잘 버텨 왔지만, 점점 서천의 목을 조여 오는 세력들을 이젠 더 이상 막아낼 수 없다고 생각했죠. 그래서 큰 결심을 하고, 서천을 다스릴 새 지도자를 찾아 나선 참이었습니다. 물론 유장에겐 지원군을 데려오겠단 거짓말을 하고요. 처음엔 조조에게 갔으나, 한창 세력을 넓히며 교만해진 조조가 사람을 함부로 대하며 의심부터 하는 것을 보고 실망을 했답니다. 그리고 서천으로 돌아가는 길에 혹시나 하는 마음이 들어 유비를 찾아온 것이었습니다.

이 날부터 줄곧 사흘 동안 잔치를 베푸는데, 유비는 마주칠 때마다 웃으며 술잔을 기울일 뿐 서천에 대한 이야기는 일절 하지 않았다. 결국 장송이 떠나는 날, 자신을 손수 배웅하려는 유비에게 장송이 참다못해 먼저 말을 꺼냈다.

"형주의 군사들을 일으켜 서쪽으로 진군하여 익주의 주군이 되어 주십시오."

"아니, 갑자기 그게 무슨 말씀이오?"

유비가 놀라 묻자, 장송은 이번에는 한술 더 떠서 한쪽 무릎을 꿇었다.

"사실 유장 주군 밑에 있다가는 서천 백성들이 다 굶어 죽을 것 같아 유황숙께 달려왔습니다."

"우리 종친께서 설마 백성들을 수탈이라도 한단 말이오?"

유비의 목소리가 떨려왔다.

"유 황숙, 그게 아닙니다. 성품이 나쁘신 분은 아니지만, 아뢰옵기 황공하오나, 저희 주군께서는 무능하기 짝이 없으십니다. 한중에서 장수들이 쳐들어와 민가를 불태우고 수탈을 일삼아 백성들의 고통이 이루 말할 수 없습니다. 저잣거리에는 굶어 죽은 이들의 시체가 썩어 가고 있지요. 그런데 유장 주군께서 확고한 결단을 못 내리고 매일 시 쓰는 걸로만 한탄스러움을 푸시니, 제 속이 어찌 타들어가지 않겠습니까?"

"하……."

유비가 한숨을 쉬며 하늘을 올려다보았다.

"책사들과 장수들이 용병과 행정 이야기를 하면, 지시를 내리시는 것이 아니고 '피로하구나, 유념하겠다.'란 말씀만 하십니다. 이러다 서천 백성들 다 죽겠습니다! 지금 촌각을 다퉈 결단을 내려도 부족할 판 아닙니까?

제가 답답해 한 번은 간언을 했지요. 제발 그 '유념하겠소.' 란 말씀말고 대안 좀 내주시면 안 되겠냐고요."

"그랬더니 유장께서 뭐라고 하셨소?"

장송이 뒷목을 부여잡고 말했다.

"유념하시겠답니다."

유비도 더는 할 말이 없었다. 그렇다고 자신의 종친인 유장을 욕할 수도 없는 노릇 아닌가. 장송이 결심한 듯 빠르게 말을 이어갔다.

"저는 주인을 배반하여 부귀를 누리고자 하는 것이 아닙니다. 이렇게 인의로 이름난 주공을 만나니 욕심이 생겼을 뿐입니다. 한중 지역의 장로를 아십니까?"

유비가 말을 아끼며 가만히 고개를 끄덕였다.

"장로가 이제 본격적으로 밀고 내려올 거라는 소식을 제가 접했습니다. 그들의 남하를 막기 위해 제가 오죽 급했으면, 조조에게 찾아갔겠습니까. 그래도 능력은 있는 지도자니까요. 하지만 근래 조조는 그 거만함이 하늘을 치솟아, 저처럼 이름 없는 사람은 심하게 하대를 하더군요. 이제야 유 황숙을 만나 뵈니, 유 황숙이야말로 장로로부터 우리 서천을 살릴 수 있는 분이라는 걸 알겠습니다."

장송이 서천과 백성을 생각하는 마음이 절절히 느껴지니, 유비도 그의 진정성을 인정할 수밖에 없었다. 유비가 그의 두 손을 잡으며 말했다.

"애민 정신이 강하니 존경스러울 따름이오."

"유 황숙에 비하면 저는 아무것도 아니지요."

장송은 유비가 자신을 믿어 주는 듯하자, 거침없이 품에서 뭔가를 꺼냈다. 그리고 완전히 무릎을 꿇고 유비에게 그것을 바쳤다.

장송이 유비에게 건넨 건 뭘까요? 바로 서천 지도였답니다. 그냥 지도가 아니라, 산의 경사도, 주요 도로와 숨겨진 오솔길, 각 성의 병력 규모, 유명한 장수 이름까지 세세하게 적힌 군사 기밀이었지요. 오랜 시간 여러 인재가 투입되어 완성한 지도의 축소판을 장송이 가지고 있었던 거예요. 이를 펼쳐본 유비는 깜짝 놀라 지도를 떨어뜨릴 뻔했답니다. 이런 지도를 넘긴다는 건 서천을 유비에게 넘기겠다는 말과 똑같았거든요. 하지만 장송의 마음도 알겠고 서천 백성들의 고통도 가늠이 되었지만, 그렇다고 해서 서천을 칠 수는 없었어요. 아직까지도 명분이 충분하지 않다고 여긴 것이죠. 유비는 일단 지도를 소중히 챙기고, 장송을 서천으로 돌려보냈습니다.

장송이 돌아간 후, 책사, 장수할 것 없이 모두 한 마음으로 유비에게 간언했다.

"주공, 서천을 먼저 치고, 위쪽 한중까지 차지해야 큰 뜻을 도모할 수 있습니다. 서천에서 온 장송까지도 주공에게 서천을 권하고 있지 않습니까?"

수하들의 말을 다 들은 후, 유비가 무겁게 입을 열었다.

"한나라 부흥을 위해 옳은 말이긴 하나, 곤란하지 않겠습니까? 서천의 주군 유장께서 나와 같은 황실의 종친입니다. 비록 한나라 황실의 권위가 바닥으로 떨어졌다지만, 종친끼리 싸운다는 건 하늘이 두 쪽 나도 있을 수 없는 일입니다. 그러면 나 유비와 조조가 무엇이 다르겠습니까?"

유비의 성격을 아는 수하들은 입을 꾹 다물 수밖에 없었다. 주먹으로 가슴을 내리칠 만큼 답답한 소리였지만, 아이러니하게도 이점이야말로 유비가 존경받는 이유 아니겠는가. 하지만 하늘의 뜻은 달랐을까? 마침 이때 서천의 주군인 유장으로부터 서신이 왔다.

"유 황숙을 서천에 초대하고 싶으니, 와 주시면 더할 나위 없는 영광이겠습니다."

유비가 서신에 대해 의견을 묻자 제갈공명이 말했다.

"주공, 이건 필시 저희 군사를 이용해 북쪽의 한중을 막으려는 계략입니다."

유비가 한쪽 눈썹을 올리면서 의아하다는 듯이 말했다.

"공명 선생, 실제 그렇다면 계략이 아니라 도움을 청하는 것이겠지요. 종친이 도움을 청한다면 도와주러 가는 것이 도리 아니겠습니까?"

"아닙니다, 주공. 그냥 지켜보면 되질 않겠습니까? 장로가 서천을 먼저 차지한 후 미처 안정되기 전, 그때 저희가 서천과 한중을 한꺼번에 칠 수 있겠지요. 그러면 명분도 서고 군사도 안 잃고, 여러모로 이득일 겁니다."

유비가 목에 칼이 들어와도 종친의 땅을 빼앗을 수는 없다 하니, 서천이 장로의 땅이 되면 그때 치자는 뜻이었다. 그러면 골육 간의 피를 보지 않으면서 손쉽게 서천과 한중을 차지할 수 있게 되는 셈이니까. 그런데 유비가 다시 발끈했다.

"아니, 공명 선생. 제 종친이 한중으로부터 속수무책으로 당하는 걸 그냥 두고 보란 말씀입니까? 지금 종친 유장께서 도움을 요청하는데 어찌 매정하게 뿌리치라 하십니까? 당장 도우러 가야겠습니다."

제갈공명이 고개를 숙이며 사죄했다.

"주공, 제가 실언을 한 것 같습니다. 주공의 뜻에 따르겠습니다."

물론 제갈공명이 처음 제안한 것이 전략상으로는 더 손쉬운 방법이었을 겁니다. 하지만 제갈공명은 다 알고 있었답니다. 유비의 성격상 종친을 도우러 떠나는 게 마땅한 도리라 여길 거라는 것을요. 그런데 유비가 서천으로 가면 어떤 일이 일어날까요?

유비는 지금껏 가는 곳마다 민심을 얻어 왔습니다. 사실 유장이 심보가 나쁜 사람은 아니었지만 워낙 행정에 무능해 민심을 얻는데 실패했거든요. 민심을 얻으면 강산을 얻는 거나 마찬가지라는 말이 있지요. 유비가 서천에 가면 서천 백성들이 유비를 주군으로 모시길 원할 거라고 제갈공명은 예측한 것입니다. 하지만 제갈공명은 속내를 전혀 드러내지 않았죠.

서천으로 떠나기 전에 유비가 말했다.

"형주는 우리의 중심지이니, 여기를 잃으면 모든 걸 잃는 거나 마찬가지입니다. 그러니 공명 선생이 형주를 지켜 주셔야겠습니다. 관우와 장비, 조자룡도 함께 이곳에 있게 하겠습니다. 저는 황충 장군, 방통 선생과 함께 서천으로 가겠습니다."

이미 마음의 결정을 내린 듯 유비가 단호히 말하자, 제갈공명이 걱정스런 표정으로 대답했다.

"주공, 만에 하나 위기 상황이 오면, 지체 없이 연락 주십시오. 언제든 명령만 내리시면 달려갈 수 있도록 대기하고 있겠습니다."

"잘 새겨듣겠습니다. 선생이 있어 얼마나 든든한지 모릅니다."

유비가 제갈공명에게 예를 갖춰 말한 후 관우를 불렀다.

"언제나 산처럼 든든한 관우 네가 형주를 지켜 주어라. 형주야말로 우리의 요새 아니냐. 관우라면 내가 믿고 떠날 수 있을 것 같네."

"여부가 있겠습니까? 형님."

이들이 있다면 무슨 걱정이랴 싶었던 유비는 서둘러 길을 나섰다.

유비의 서천행이 제갈공명이 예상한 대로 흘러갈까요? 역시 유비는 가는 길에 만나는 마을마다 그곳에 필요한 물품들을 나누어 주었어요. 또한 백성들을 해치는 자는 엄하게 다스린다는 유비의 엄명이 있었기에, 유비의 5만 군사는 백성들에게 피해를 끼치지 않으려 극도로 몸을 사렸습니다. 이런 미담이 서천 땅에 널리 전해져 남녀노소 백성들이 나와 유비의 행군을 환영했지요.

유장은 군사를 이끌고 친히 300여 리 밖까지 나와 유비를 마중했다.

"와 주셔서 정말 고맙습니다."

"우리는 같은 황실의 후손 아니오? 유장 공께서 오라 하면 당연히 달려오지 않겠소. 이리 마중까지 나오니 몸 둘 바를 모르겠소."

유비를 불러들여서는 안 된다, 그러다 도리어 유비에게 서천을 뺏길 것이다 등등 신하들의 간언이 무색할 만큼, 유장의 눈에 유비는 겸손하고 믿음직스러워 보였다. 잠깐이나마 그를 의심했던 자신이 부끄러워질 정도였다. 유장이 미안한 마음을 만회하려는 듯 거하게 유비를 환대해 줬다. 그들을 호위하는 군사들의 분위기는 삼엄했지만 두 사람만큼은 시종일관 화기애애했다.

한동안 유비와 유장이 우애를 다지며 즐거운 나날들을 보내고 있는데, 한중의 장로 군이 한중과 서천 사이의 길목 요충지인 가맹관이라는 지역으로 군사를 일으켰다는 소식이 들려왔다. 유장은 급히 유비에게 지원을 요청했고, 유비와 그 수하들은 곧바로 가맹관으로 진격했다.

"방통 선생과 황충 장군, 당장 가맹관으로 갑시다. 누가 우리 종친의 땅을 넘보는지, 내 두 눈으로 확인하고 그들을 처단해야겠소."

"그 아무리 대단한 놈이라 한들, 어찌 우리를 넘어서겠습니까?"

피곤할 법도 한데, 노장 황충이 도리어 기세등등하게 대답했다. 방통도 '흥, 그것들 아무것도 아니오.'란 듯한 미소를 지으며 빠릿빠릿하게 발걸음을 재촉했다.

유비는 형주에서 데려온 5만 군사를 이끌어 가맹관으로 달려가 영채를 세우고, 한중군과 맞섰다. 이미 유비는 백전백승에 자신 있을 만큼 노련한

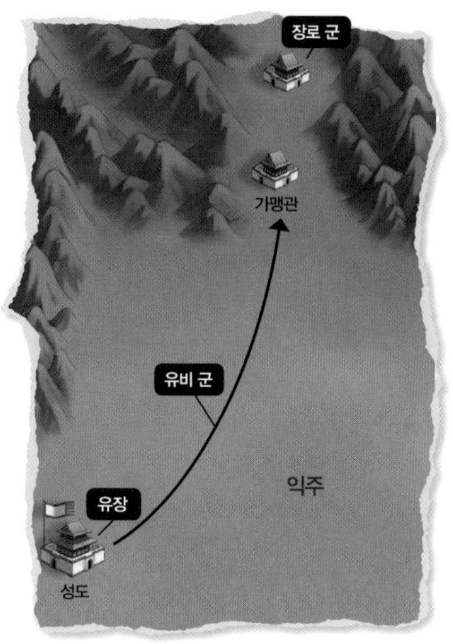

장군이 되어 있었다. 병법의 매뉴얼대로 잘 훈련된 5만 명의 유비 군이 적을 갖고 노는 수준이었다. 아군의 수가 10배일 때는 적진을 포위해 버리고, 5배일 때는 적진을 공격하며, 2배밖에 안 될 때는 적을 혼란스럽게 분산시켜 가장 약한 쪽을 쳐야 한다는 등의 손자병법의 가르침을 제대로 따랐다. 매복은 고요하게, 공격은 격렬하게, 거침없이 적을 쥐락펴락하니, 적은 정신을 잃고 이곳저곳으로 흩어지기 바빴다. 전투는 수십 일간 이어졌고 마침내 유비 군은 가맹관을 단단히 지켜냈다. 그 와중에도 유비는 덕장의 품격을 잃지 않았다. 뛰어난 행정가의 면모로 서천 백성들을 안전하게 보호해 주었기 때문이다. 심지어 적진으로부터 얻은 군량미를 백성들에게 나눠주기까지 했다.

"유비 장군이 오시니, 이제 먹고 살 만하네."

"뻔질나게 드나들던 한중군의 수탈이 없으니, 밤중에도 돌아다닐 만해."

백성들이 하나같이 입을 모아 유비를 칭송했다.

시간이 지날수록 흉흉하던 민심이 훈훈해지니, 유비야말로 서천의 진정한 주군이라는 소문이 돌기 시작합니다. 그러자 점점 유장의 마음이 변해

갔습니다. 처음엔 한없이 고마웠지요. 아무런 대가 없이 자신을 돕기 위해 천리 길을 마다않고 달려와 줬잖아요. 그리고 한중군을 몰아내 주었고요. 그런데 차츰 민심이 유비 쪽으로 기울기 시작하니 아무리 같은 황실의 후손에, 자신을 도와준 은인이라지만, 질투심이 생긴 겁니다. 게다가 처음부터 유비의 서천 진입을 반대하던 책사들이 발을 동동 구르며 말했지요.

"주공, 저희가 뭐라고 했습니까? 굴러온 돌이 박힌 돌 빼내게 될 거라 말씀드리지 않았습니까? 유비는 덕장인 척하지만 실제로는 교활한 자입니다. 보세요, 벌써부터 민심을 흐리고 있지 않습니까?"

이거 참, 사람 마음이란 게 화장실 들어갈 때와 나갈 때 다르다고 하잖아요? 점점 안정을 찾아갈수록 유장은 유비가 위협적인 존재로 느껴졌습니다. 임진왜란 때 이순신 장군이 23전 23승하면서 목숨 걸고 왜군을 막아주었을 때, 선조가 어땠나요? 고마워하기는커녕 의심과 시기, 질투에 몸 둘 바를 몰랐었지요. 아마도 이순신 장군이 전장에서 장렬히 전사하지 않았다면, 선조의 손에 죽었을지도 모릅니다. 유비가 도와준 은혜는 까맣게 잊고 유비의 인기가 자신을 앞설까 두려워 전전긍긍하는 유장의 모습이 마치 임진왜란 때의 선조를 보는 것 같아 마음이 씁쓸한 순간입니다.

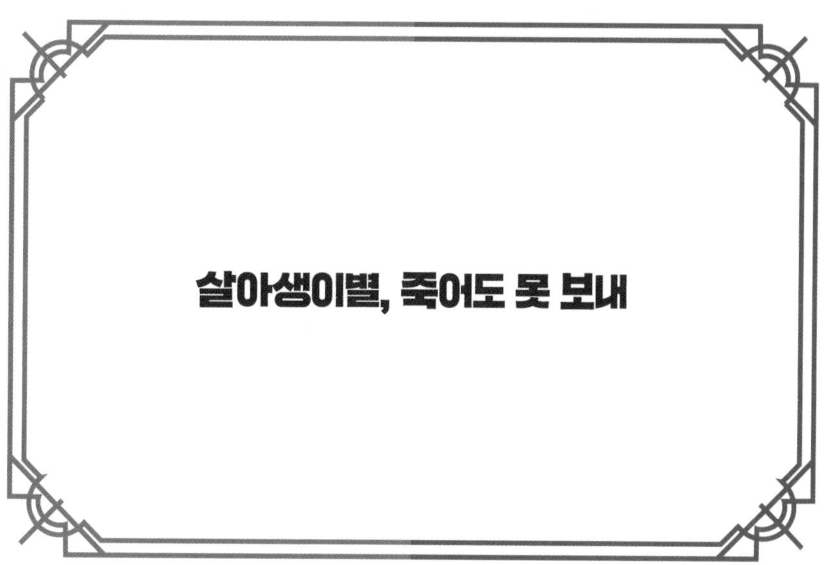

살아생이별, 죽어도 못 보내

유비가 이렇게 한나라의 서쪽 깊숙한 곳으로 가 있단 소식은, 항상 유비의 동태를 살피던 손권의 귀에도 들어갔다.

"지금 형주에 유비가 없으니, 지금이 형주를 되찾을 절호의 기회입니다."

책사의 간언에 손권도 옳다구나 박수를 치고 의논을 하는데, 갑자기 호통 소리가 들려왔다.

"진정 너는 네 누이를 죽이려는 것이냐! 너는 아버지와 형이 물려준 강동의 땅도 모자라, 무엇을 더 얻고 싶어 네 혈육의 목숨까지 위협한단 말이냐!"

손권이 깜짝 놀라 돌아보니 태부인이었다. 안 그래도 손상향을 보내고 자주 슬퍼하던 태부인이었으니, 터져 나오는 그녀의 분노와 서러움을 아무도 막을 수가 없었다.

효자 손권은 태부인이 화를 내자 아무 말도 못하고 그저 고개를 격하게 끄덕일 뿐이었다.

"어머님 말씀이 다 맞습니다. 제가 어리석었습니다. 들어가셔서 진정하십시오. 그대들도 다 물러가라! 오늘의 논의는 없던 일로 할 것이다!"

태부인은 손권이 바로 굽히고 들어오자 화를 애써 삭이기는 했지만, 그래도 원망이 가시지 않는 눈빛으로 손권을 쳐다보며 자리를 떠났다.

말은 그렇게 했지만 손권은 아무리 생각해도 이 기회가 너무 아까웠다. 어찌해야할 바를 몰라 근심하고 있는데, 책사인 장소가 들어와서 조용히 속삭였다.

"무엇이 걱정이십니까? 손부인만 데리고 온다면 모든 것이 이치에 맞지 않습니까?"

장소를 기억하십니까? 적벽대전이 일어나기 전 조조와의 전쟁을 반대했던 대표적인 인물이었죠. 비록 이때는 손권과 의견이 달랐지만, 손권의 형인 손책이 죽기 전에 손권에게 당부한 유언이 있었습니다. 바깥일은 주유에게 묻고, 안의 일은 장소에게 물으라고요. 손책이 이렇게 당부할 만큼 장소는 동오에 없어서는 안 될 훌륭한 책사였습니다. 이제 주유는 가고 장소만이 남아 손권의 곁을 지키고 있었죠.

"아니 그렇기야 하지만은, 내 동생을 무슨 수로 데려온단 말이오?"

"손부인 역시 주공 못지않게 효심이 가득하십니다. 태부인께서 편찮으시다는 밀서를 보내면 분명 돌아오실 것입니다. 비록 직접 낳은 자식은 아니지만 유비의 하나뿐인 아들 아두도 이제 손부인께서 키우고 계시니, 아두까지 데려오게 하십시오. 그러면 아들을 인질 삼아 형주는 더욱 쉽게 동오의 손에 떨어질 것입니다."

멀쩡한 어머니를 아프다고 속이는 것이나, 어린 아이를 인질로 데려오게 하는 것이 다소 치사한 행동일 순 있지만, 손권에게 유비는 거짓말을 해 자신의 여동생을 납치한 사람이었다. 게다가 아무리 장례식에도 찾아왔다지만, 손권은 유비와 그 무리 때문에 자신이 존경하던 주유가 죽었다는 생각을 떨쳐 버릴 수가 없었다. 결국 장소의 말을 따라 손상향에게 거짓 편지를 써 내려갔다.

"보고 싶은 상향아, 오라버니란다. 안 좋은 소식이라 전하기가 어려웠건만, 이제 더는 미룰 수 없는 지경이 되어 이렇게 처절한 마음으로 편지를 쓴다. 사실 어머니께서 많이 위독하시단다. 너를 특히 아끼셨으니, 눈감기 전에 꼭 한 번 보고 싶다며 계속 눈물짓고 계신다. 비록 네 배로 낳은 자식은 아니지만, 하나뿐인 손자 아두도 죽기 전에 안아 보는 게 소원이라며 한숨 쉬시는데, 네가 꼭 와서 어머니의 마지막 한을 풀어드리기를 간곡히 부탁한다."

서신은 은밀하게 형주에 있던 손상향에게 전해졌습니다. 먼 타지에서 어머니가 편찮으시다는 서신을 받은 손상향의 심정이 어땠을까요? 그녀는 어머니 태부인과 각별한 사이였잖아요. 그럼에도 불구하고 남편 유비를 따라 형주까지 와서 지내고 있었지만, 얼마나 어머니가 그리웠겠어요.

그런데 그리운 어머니가 임종을 앞두고 있다니, 당연히 머릿속이 하얘지고 아무 생각도 안 들었겠지요.

손상향은 당장 짐을 꾸려 일곱 살 남짓 된 아두를 데리고 동오로 가는 배를 탔다. 그런데 다시 한 번 아두를 구하러 뛰어드는 사람이 있었으니, 다름 아닌 조자룡이었다. 조자룡이 쫓아왔을 때 손상향은 이미 동오에서 보낸 군함을 타고 빠르게 나아가고 있었는데, 조자룡은 작은 고깃배로 뒤쫓으며 "손부인!"을 애타게 외쳤다. 동오군이 화살을 쏘았으나, 조자룡은 검으로 쳐내며 이를 모두 무용지물로 만들었고, 마침내는 손상향의 배에 뛰어올랐다.

"손부인, 어째서 주공께 알리지도 않고 이렇게 가십니까?"

"어머니가 위독하셔서 알릴 틈이 없었습니다."

잔뜩 화가 난 채로 배에 올랐었지만, 손상향의 절절한 표정을 본 조자룡은 차마 더 뭐라 할 수가 없었다.

"하……. 손부인, 태부인께서 위독하시다면 제가 어쩔 수 없겠지만, 작은 주공은 두고 가십시오."

"아두는 제 아들입니다!"

"하지만 유비 주공의 하나뿐인 아들이자, 대업을 이어갈 분이며, 제가 목숨 걸고 장판파에서 구한 작은 주공이기도 하십니다. 죄송하지만 그냥 이렇게 보내드릴 수는 없습니다."

둘이 한참 실랑이를 벌이는데, 그러는 동안에도 배는 계속 동오에 가까워지고 있었다. 결국 마음이 급해진 조자룡은 손부인에게서 아두를 빼앗

아 안았다. 그러나 강물 한 가운데에서 동오의 배를 벗어날 길이 없지 않은가. 조자룡은 그저 동오의 병사들과 대치하며 어찌할 바를 모르고 있었다. 그런데 이때, 한 떼의 배들이 동오의 배를 막아서니, 다름 아닌 장비였다.

"형수님! 이렇게 가시면 섭하오~."

한숨을 깊게 내쉬더니 손상향이 눈물을 글썽이며 말했다.

"압니다, 알아요. 저도 다른 때였다면 서방님께 서신을 먼저 보냈을 것입니다. 하지만 어머니가 죽음의 문턱에 있다는 데 대체 어느 딸이 절차만을 따지고 있는단 말입니까? 보내 주십시오, 도련님. 보내 주지 않으신다면 저는 지금 물에 뛰어들겠습니다."

손상향이 한다면 하는 사람이라는 걸 장비와 조자룡도 알고 있었다. 이렇게 가는 것은 영 마뜩치 않았으나, 그래도 결국 유비 진영의 안주인 아닌가. 결국 그들은 아두만 데려가기로 하고 손상향에게 작별을 고했다.

"저희의 주공께서 손부인을 어떻게 대하셨는지는 손부인도 아십니다. 그러니 부부 간의 의리를 잊지 않으셨다면 속히 돌아오십시오."

이렇게 조자룡은 아두만 데리고 장비의 배에 올라타 형주로 갔고, 손상향은 동오로 돌아갔다. 태부인을 만나 뵙고 그녀가 건강하다는 것을 안 손상향은 바로 다시 유비에게 돌아가겠다고 나섰으나, 이번에는 손권과 태부인 둘 다 굳건하게 반대하며 막아섰다. 손상향은 다만 전할 수 없는 미안함을 느끼며 형주 쪽을 바라보고 눈물을 흘릴 뿐이었다.

이런! 이렇게 유비는 부인과 생이별을 하고 말았네요. 손권은 손상향이 아두를 못 데려온 것은 아쉽긴 했지만, 어쨌든 동생인 손상향이 동오로 돌아왔으니 이제 형주로 군사를 진격시키는 데에 거리낄 것이 없었죠. 벼르고 벼르던 아버지 손견과 동오의 별 주유의 한을 풀어 주리라 다짐하며 손권은 군사를 정비했습니다. 결국 유비는 서천을 포기하고 형주로 돌아와야 하는 것일까요?

서천에서 백성들의 사랑을 받으며 안정을 찾아가던 유비는 이 소식을 듣고 화가 솟구칠 수밖에 없었다. 아무리 전시 상황이라지만, 그래도 종신대사를 치르고 처남-매제 지간이 되었질 않은가. 그런데 어찌 이런 몰상식한 행동을 할 수 있단 말인가. 유비는 바로 방통을 불러 어떻게 해야 할지 의논했다. 방통은 사실 유비가 부르기 전에 이미 이 소식을 들어 알고 있었다. 하지만 그는 이 위기가 오히려 기회라고 생각하고 있던 참이었다. 유비 앞에 간 방통은 짐짓 당황하는 척하며 말했다.

"주공, 안되겠습니다. 손권이 손부인에 이어서 형주까지 빼앗아 가게 둘 수는 없습니다. 가맹관을 지키는 저희 군사는 한중의 군사와 싸우느라 많이 지쳐 있으니, 성도에 있는 유장에게 지원병과 군량미를 요청하십시오. 유장의 지원군과 함께 형주로 돌아가면 손권을 막아낼 수 있을 것입니다."

유비는 방통의 말을 듣고 도움을 청하는 서신을 유장에게 보냈습니다. 자신이 유장의 구원 요청에 응답하여 오고, 서천을 안전히 지켜 줬으니 유장도 당연히 자신을 도와줄 것이라 생각한 거지요. 하지만 방통은 밀정들을 통해 성도의 상황을 알고 있었습니다. 유장이 유비를 의심하고 질투한다는 것을 말이죠. 과연 유장은 유비의 지원 요청에 어떤 반응을 보였을까요?

"주공, 유비 진영에서 군사와 군량미를 지원해달라고 합니다. 손권이 형주로 군사를 일으키려 한답니다."

유장은 내심 기뻤다. 유비가 승승장구할수록 자신의 입지가 점점 줄어들 것을 두려워하던 참이었으니 말이다.

"흠. 한중의 요즘 상태는 어떤가? 이쯤 되면 물러나지 않겠는가?"

"주공의 말씀이 옳습니다. 한중은 군사 피해를 많이 보아 한동안 잠잠할 것입니다. 이제 주공이 신경쓸 자는 유비입니다. 유비가 서천에 온 이후 장로를 견제해 주기는 했지만, 백성들의 칭송이 날로 퍼지고 있습니다. 이러다 유비가 주공의 자리를 넘볼까 우려됩니다."

애초부터 유비를 고깝게 생각했던 책사들이 이구동성으로 간언했다. 유장이 잠시 고민을 하더니 입을 열었다.

"지원을 아예 안 보내는 건 말이 안 된다. 그래도 우리를 위해 싸워준 의리가 있질 않은가."

"그렇다면 이렇게 하시면 됩니다."

한 책사가 간교한 웃음을 지으며 유장에게 계책을 올렸다. 이를 들은 유장은 잠시 고민을 하다가, 못 이기는 척 명했다.

"그대로 행하라."

책사가 어떤 계책을 낸 것일까요? 지원품과 군량미를 보내긴 보내되, 비루하기 짝이 없는 것들로 골라 보내기로 한 것이었어요. 벌레 먹어 속이 텅 빈 쌀에, 다 늙고 병들어 달리기는커녕 걷기도 버거워하는 말들. 그리고 싸울 의지라고는 조금도 없어 보이는 기력이 쇠한 병사들만 말이죠.

"주공, 세상에 어떻게 이런! 자고로 은혜는 돌에 새기라 했거늘, 어떻게 이런 파렴치한 짓을 할 수 있습니까?"

방통이 부르르 떨며 핏대를 높였다. 유비도 기분이 언짢았다. 이건 누가 봐도 자신을 무시하는 처사였다.

"아니, 우리 5만 군사가 서천을 위해 목숨 걸고 싸웠습니다! 그중 목숨을 잃은 5,000명의 군사들을 장례 치르느라 가슴이 미어질 판인데, 위로는 못해줄망정 이것은 어서 나가라고 쫓아내는 게 아니고 무엇입니까? 주공,

이러고도 종친이라고 할 수 있겠습니까?"

유비의 분노를 더 끌어올리려는 듯, 방통이 눈물을 흘리며 고래고래 소리를 질렀다. 이것이야말로 서천을 칠 명분으로 충분했기 때문이었다. 한마디 한마디가 묵직한 황충도 마침내 입을 열었다.

"주공, 이건 전혀 도리에 맞지 않는 파렴치한 행동입니다."

절묘한 시점에 전방을 지키는 군사가 달려와 유비에게 전했다.

"주공! 한중의 장로는 당분간 저희를 칠 상황이 못 됩니다. 그럴 만한 병력도 군량미도 없다는 정보를 입수했습니다. 그러니 한동안은 안심하셔도 될 것 같습니다."

유비는 생각에 잠겼다. 지난 가맹관 전투에서 유비의 군대가 연전연승을 한 것은 사실이지만, 끊임없는 전투와 낯선 풍토병으로 인해 5,000명 군사가 죽거나 전력을 상실했다. 이 탓에 심히 고통스러웠던 유비였다. 게다가 남아 있는 지친 병사들에겐 성도에서 군량 지원이 되지 않아, 배를 곯아 얼굴에 버짐이 피는 이들도 부지기수였다. 인의와 형제애로 예를 갖추었건만, 돌아온 건 배신감뿐이었으니 유비도 기막힐 뿐이었다.

"주공, 이대로 있다가는 남은 병사들마저 굶어 죽게 생겼습니다. 피골이 상접해 가는 우리 병사들에게 먼저 인의를 베푸시는 게 도리 아니겠습니까? 제가 들어 보니, 조조가 또 다시 남하 정책을 펴서 손권은 우리 쪽으로 군사를 움직이지 못한다고 합니다. 게다가 형주는 공명 선생이 지키고 있지 않습니까? 지금은 죽어간 우리 병사들의 목숨을 우습게 안 유장에게 먼저 복수를 할 때입니다!"

방통이 다시 한 번 애타게 간언했다. 유비도 더는 유장에 대한 인의에록 뗄 수 없었다. 쌍고검을 뽑아든 유비는 검으로 바닥을 찍어 내리며 말했다.

"우리의 병사들은 서천을 지키느라 밤낮 편할 날이 없었거늘, 그들은 곳간에 온갖 보물을 쌓아 놓고 이렇게 인색할 수 있는가! 은혜를 모르는 자에게 더는 덕을 베풀지 않으리."

드디어 유비에게 서천을 칠 명분이 생겼습니다. 제갈공명은 서천을 차지하면 천하의 반을 얻는 셈이고, 그러면 대업을 이루어 천하의 민심을 안정시킬 수 있다 했었지요. 당연히 유비도 서천을 원하고 있었습니다. 게다가 장송이 바친 군사 기밀 지도도 있었잖아요.

하지만 유비를 움직이려면 반드시 명분이라는 합리적 이유가 필요했지요. 그래서 방통이 슬며시 그 명분을 쥐어준 것입니다. 그렇지 않아도 아끼는 병사들의 장례를 치르느라 맘이 찢어지는데, 벌레 먹은 쌀, 노쇠한 말, 병약한 병사들이 웬말입니까? 유비가 왜 여포를 죽였나요? 배신을 밥 먹듯 하는 자였기 때문이지요. 의리와 명분에 사는 유비에게 유장의 배신은 용서가 안 되는 일이었습니다. 마침내 유비는 한중과의 접경지인 가맹관에 5,000명의 군사를 남겨두고, 남은 4만의 군사를 이끌고 성도로 향했습니다.

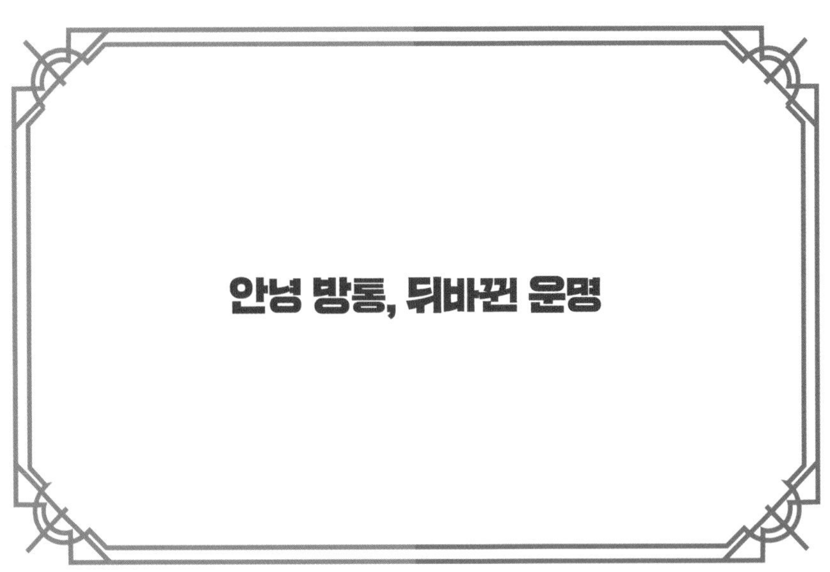

안녕 방통, 뒤바뀐 운명

유비의 군대가 주둔하고 있던 가맹관에서 유장이 있는 성도로 가는 길목에는 여러 성들이 있었다. 하지만 성난 유비의 군대는 질풍처럼 내달려 차례차례 성들을 함락해 나갔다. 유비 군의 기세는 그 누구도 막을 수 없을 것처럼 보였다. 이제는 성도와 유비 사이에 낙성이라는 성 하나만 남아 있었고, 그곳으로 진입하는 길은 두 갈래였다. 유비와 방통은 상의 끝에 군사를 두 부대로 나누어서 나아가기로 했다.

그런데 결전을 앞둔 전날 밤, 유비가 이상한 꿈을 꿨다. 쓰러져 가는 폐가에 혼자 들어갔는데, 한 짐승이 그의 오른팔을 콱 깨물어 버렸다. 어찌나 아프던지 정신이 아득해졌다. 더 섬뜩한 건 오른팔이 툭 떨어져 나간 거다. 그의 오른팔을 문 짐승은 다름 아닌 고슴도치였다.

"안 돼!"

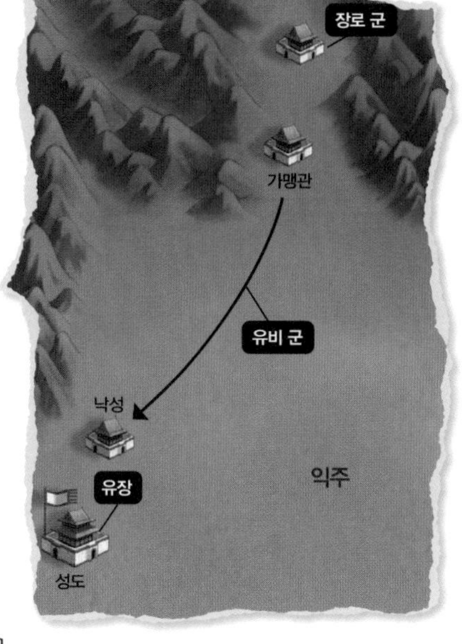

사나운 꿈 때문에 유비가 자다 소리치며 벌떡 일어났다. 그리고 자신의 오른팔을 살폈다. 다행이 멀쩡했지만 왠지 꿈에서 깼는데도 오른팔이 계속 아려오는 것이, 기분이 고약했다.

다음날, 두 길을 살펴보니 하나는 평평하고 넓었으며 하나는 좁은 오솔길이었다. 그 두 길의 끝에 낙성이 있는 형세였다. 방통이 말했다.

"주력 부대가 전면에 앞서고 후방부대가 적의 허를 찌르는 게 좋겠습니다. 주력 부대는 주공과 황충 장군께서 맡으셔서 큰 길로 먼저 가시지요. 저는 특공대를 데리고 오솔길로 가서 후방을 치겠습니다."

방통이 자신 있게 큰소리를 쳤지만, 어젯밤의 꿈이 생각난 유비는 영 맘이 놓이질 않았다. 심란한 기분으로 방통을 바라보던 유비가 말했다.

"방통 선생, 나는 어릴 적부터 많은 싸움터에 나서면서 좁은 길을 수없이 달려 봤으니, 내가 오솔길로 가는 것이 좋겠소. 사실 지난밤에 꿈을 꾸었는데 영 심상치 않은 마음이 들어, 선생께서는 이번 행군 때 무조건 조심하는 것이 좋겠소."

방통이 크게 웃으며 대답했다.

"아닙니다. 큰 길에는 많은 수의 군사가 지키고 있을 것이니 주공께서 대군을 이끌고 가셔서 막아 주셔야 합니다. 그리고 전쟁에 나설 때 죽음을 무릅쓰는 것이 당연하니, 꿈 같은 걸로 걱정 마십시오."

그리곤 방통이 군마를 정비하는데, 갑자기 방통의 말이 다리가 꺾이며 그대로 꼬꾸라지는 게 아닌가. 유비는 화들짝 놀라서 땅에 떨어진 방통을 직접 일으켜 세우며 말했다.

"어찌 이런 말을 타고 다니시오. 말이 늙고 지쳐 보이니, 내 백마를 타고 가시오. 순하고 길이 잘 들어서 좁은 오솔길을 가는데 아무런 문제가 없을 것이오. 내가 방통 선생의 말을 타겠소."

유비는 이전에 타던 적로마가 너무 늙고 쇠약해진 탓에 얼마 전부터 백마를 타고 전쟁터를 누비고 있었다.

"주공의 백마를 제가 어찌……."

유비의 세심한 배려와 걱정에 방통은 또 한 번 감격했다.

"아니오, 그래야 내 맘이 놓일 것 같소."

사양하는 방통에게 백마를 준 후에야 비로소 유비는 안심하고 행군을 시작했다. 그렇게 유비와 방통은 갈라져서 각자의 길로 진군했다.

하지만 불안한 예감은 틀리지 않는 것일까. 유비가 공격해 온다는 첩보를 접한 유장은 큰 길에 대군을, 오솔길에는 저격수를 특별히 뽑아 매복을 심어 두었었다. 좁은 길에 매복해 있던 저격수들의 시야에 방통이 탄 백마가 들어왔다. 저격수들의 수장은 생각했다.

'적장 유비는 백마를 타고 다닌다고 했는데. 맨 앞에 오는 저자가 유비임이 틀림없구나.'

방통이 완전히 사정거리 중심에 올 때까지 기다린 수장은 큰 소리로 명

령했다.

"저기 백마 탄 자가 유비다. 공격하라."

명령이 떨어지자 방통에게 온 화살이 집중적으로 쏟아졌다. 순식간에 방통의 몸에 화살 수십 개가 꽂히며 그가 말에서 떨어지고 말았다. 그 위로 얼마나 많은 화살이 박혔는지, 방통의 모습이 흡사 고슴도치 같았다. 간밤에 꾼 유비의 꿈은 방통의 죽음을 암시하는 예지몽이었던 거다.

방통이 죽은 줄은 꿈에도 모른 채 유비는 평평한 길로 달려가고 있었다. 그런데 유비가 유장을 얕봤던 것인가. 매복병과 성에서 갑작스럽게 쏟아져 나오는 군사들에게 양쪽을 공격당해 고전을 면치 못했다. 우왕좌왕하는 가운데, 병사들이 목숨을 잃는 등 피해가 이만저만이 아니었다. 유비 군사들은 황충의 지휘 하에 후퇴할 수밖에 없었다. 결국 전에 얻었던 성까지 도망쳐 들어온 유비와 황충이 그제야 방통을 찾았다.

"방통 선생은 어디 있느냐?"

유비의 물음에 오솔길로 갔던 병사 하나가 울먹울먹하며 방통이 전사했다고 전했다. 유비가 믿을 수 없다는 듯 재차 물었다.

"방통 선생이 어떻게 됐다는 것이냐?"

"백마를 탄 방통 군사를 주공인 줄 착각한 적군들이 화살을 집중적으로 쏘는 바람에 그만……."

충격적인 소식에 한동안 아무 반응도 못하던 유비는 목 놓아 울었다. 걱정스러운 마음에 백마를 준 게 오히려 화근이 되었으니, 죄스러운 마음 금할 길이 없었던 것이다.

"내가 스스로 내 오른팔을 잘라 버렸구나!"

황충 역시 비통한 표정으로 물었다.

"방통을 따르던 군사들은 어찌되었소?"

"군사의 절반 역시 화살 공격을 받아 목숨을 잃고, 나머지는 뿔뿔이 흩어져 생사를 알 길이 없습니다."

유비가 소리를 내며 통곡했다.

"종친을 도우러 왔다가 내 소중한 군사들이 스러져 갔으니, 내가 무슨 면목으로 그들의 영혼을 위로할 수 있겠소."

"주공, 이럴 때일수록 마음을 다잡으셔야 합니다. 가맹관을 지키는 군사들을 더 데려오는 게 어떻겠습니까?"

황충의 말에 땅을 치며 울던 유비가 고개를 저었다.

"아니오……. 공명……! 공명 선생이 언제든 어려움이 닥치면 달려오겠다 했소. 서신을 보내야겠소."

한편, 형주에서 밤하늘의 별을 바라보던 제갈공명의 얼굴에 수심이 가득했다. 이유도 없이 눈에 눈물이 가득 차올랐다. 왠지 느낌이 좋지 않았다.

'서천에서 슬픈 소식이 올 것 같구나.'

아니나 다를까 다음날 아침, 전령이 달려와 방통의 부음을 전했다. 제갈공명은 애통함에 눈물이 멈추지 않았다.

"방통 선생이 화살을 맞아 눈감고 군사들 반을 잃은 데다, 북쪽으로는 한중이 언제 공격할지 모르며 성도에서는 유장의 군사들이 주공을 공격하니 그야말로 사면초가로군요."

제갈공명은 깊이 한숨을 쉬었고, 옆에 있던 관우의 얼굴은 더 빨갛게 달아올랐다.

"내가 지금 당장 서천으로 가서 형님을 돕겠소."

"안됩니다. 형주를 지키실 분은 관우 장군뿐입니다. 형주를 잃으면 우리의 심장이 없어지는 것과 뭐가 다릅니까? 형주는 오직 장군의 손에 달려 있으니 그 책임을 다해 주십시오."

제갈공명이 관우를 달랬다. 제갈공명은 조자룡, 장비와 함께 직접 달려나가 유장을 멸하고 서천을 차지한 뒤 북쪽에 있는 한중까지 차지할 생각이었다. 그동안 한결같은 태도로 묵묵히 형주를 지켜낼 사람은 관우밖에 없을 거라 여겼다. 제갈공명의 진심을 알게 된 관우가 말했다.

"형주는 걱정 말고 다녀오십시오. 내 목숨 걸고 지키겠습니다."

관우를 믿지만, 그래도 염려가 된 제갈공명이 떠나기 직전 그에게 물었다.

"만일 북쪽에서 조조가 치고 내려오면 어찌하시겠습니까?"

관우가 미간에 힘을 주며 묵직하게 대답했다.

"죽을힘을 다해 싸우겠습니다."

"조조가 동오와 힘을 합해 동시에 형주를 치면 그때는 어찌하시겠습니까?"

"군사를 두 갈래로 나누어 동시에 막아 낼 것입니다."

거침없는 관우의 대답에 제갈공명이 고개를 저었다.

"그러시면 절대 안 됩니다. 동오와는 손을 잡고, 조조와는 맞서 싸우십시오. 이 여덟 글자만 가슴에 새기시면 됩니다."

"북거조조 동화손권(北拒曹操 東和孫權)"

"동오와는 필히 화친하셔야 합니다. 그래야 형주를 지킬 수 있습니다."

이렇게 관우에게 형주를 단단히 부탁한 제갈공명이 장비, 조자룡과 함께 군사 5만을 이끌고 서천으로 향했다. 모두 젊고 두려움을 모르는 날쌘 군사들이었다. 그들을 배웅하는 관우는 마음속에 묘하게 허함을 느꼈다. 그도 달려가 싸우고 싶어 몸이 근질근질했던 것이다. 하지만 지금은 형주를 지키는 게 무엇보다 중요한 임무 아니겠는가. 관우가 낮은 목소리로 중얼거렸다.

"나 관우가 형주 하나 못 지킬까. 걱정 말고 다녀오시오."

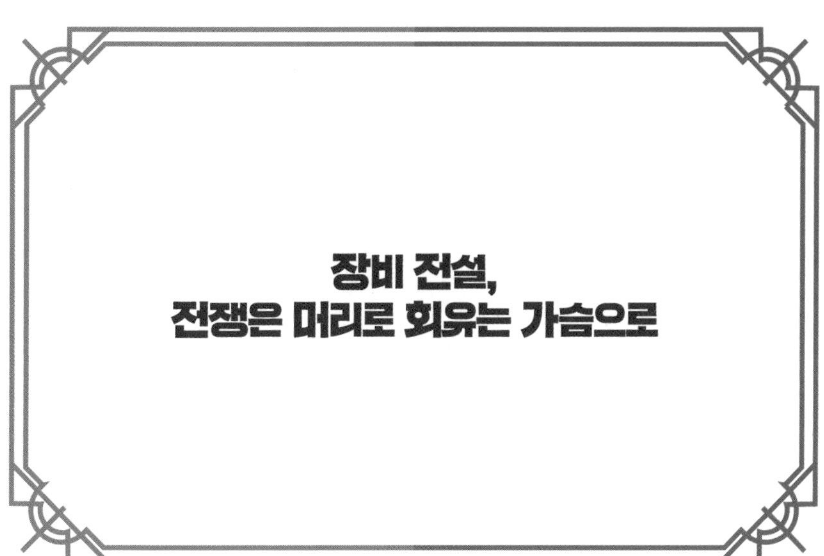

장비 전설,
전쟁은 머리로 회유는 가슴으로

특전사 5만을 이끌고 명불허전의 제갈공명이 출동했습니다. 형주에서 성도로 가는 길이 넓어졌다 좁아졌다를 반복하기에 군사 5만을 한 번에 이끌면 기동성이 떨어진다고 판단한 제갈공명은, 빠른 진군을 위해 군을 세 갈래로 나누어 움직이기로 결정했습니다. 우선, 장비가 1만 5천 병사들을 이끌고 낙성의 서쪽으로 에둘러 치게 했어요. 제갈공명 자신은 2만 병사를 이끌고 중앙으로 나아가고, 조자룡은 1만 5천 병사를 데리고 낙성의 동쪽으로 진격하기로 했습니다. 목적지는 유비가 함락하지 못하고 위기를 맞은 낙성입니다. 제갈공명이 먼저 선제공격을 하고, 우회로 돌아온 후발대 두 장수가 양쪽에서 공격해 빈틈없이 적을 포위하는 작전이었죠.

세 갈래로 나누어지기 전, 제갈공명이 장비에게 특별히 부탁했다.

"백성들은 절대 해치지 마십시오. 주공의 좌우명 아시죠? 민심이 우선입니다. 마찬가지로 항복하는 병사들은 도륙하지 말고 살려 주십시오."

장비는 얼른 형님을 구하러 가려고 안달이 난 모습으로 대답했다.

"걱정 마쇼, 백성들은 털끝 하나 안 건드릴 테니까. 그리고 항복하면 살려 줘야지, 왜 죽이겠소? 내가 그렇게 인정사정도 없는 놈으로 보이쇼?"

그래도 안심이 되지 않는지, 제갈공명은 다시 말했다.

"서천에는 영웅들이 많으니 항상 조심하셔야 합니다. 특히 서천 경계의 파군 태수 엄안은 충성심이 강한데다 맹장이니, 절대 얕봐서는 안 됩니다. 주공께서 진퇴양난의 상황이시니, 부디 힘을 쏟아 빠른 시일 내에 낙성에서 만납시다."

"엄안? 그놈이 뭐 그리 대단하다고? 조조 놈도 내 고함소리에 놀라 똥줄 빠지게 도망간 거 잊으셨소? 엄안이란 놈도 내 목소리만 들어도 심장이 오그라질 거요. 헤헤."

"그래도 조심 또 조심하셔야 합니다."

제갈공명은 성격 급하고 거친 장비가 우려스러웠다. 일을 그르쳐 낙성에서 만나지 못하게 될까 걱정이 되었던 것이다.

걱정되는 장비를 뒤로하고, 제갈공명은 이내 돌아서서 서둘러 진군했습니다. 방통을 잃고 낙담해 있을 유비를 생각하면 한시도 지체할 수 없었거든요. 과연 제때 도착해서 유비를 구할 수 있을까요?

제갈공명이 만난 성 중에서는 문을 열고 진입을 도와주는 장수들도 있

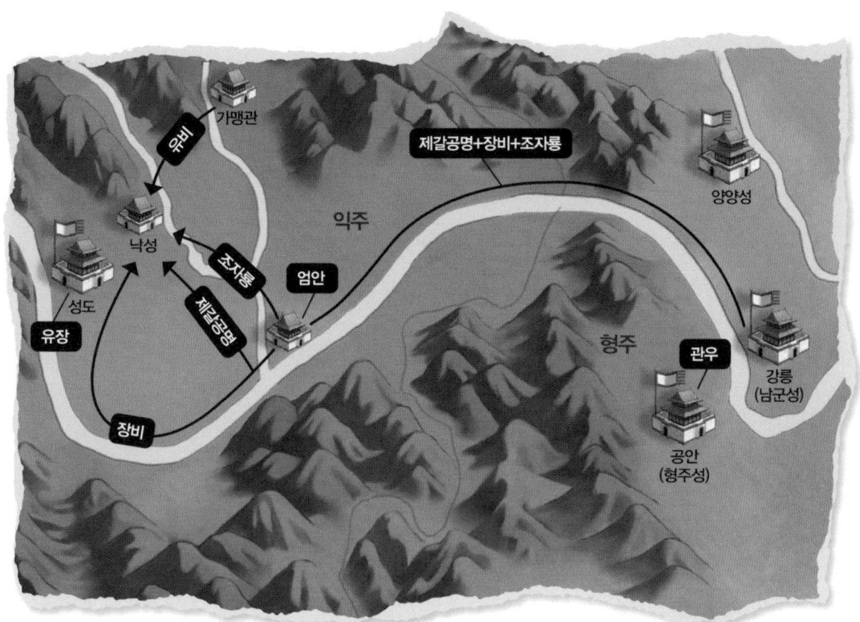

었고, 끝까지 항전하는 유장의 심복들도 있었다. 하지만 제갈공명이 이끈 군대의 적수가 되기엔 역부족이었다. 큰 부상자 없이 눈썹을 휘날리며 그가 유비에게 달려가고 있었다. 얼마나 유비가 걱정이 되었는지, 밤잠도 자지 못한 채 퀭한 얼굴이었다. 그러다 낙성 바로 앞, 평야에서 조자룡과 제갈공명의 두 군대가 만났다.

"허허 자룡 장군, 역시 빠르시군요. 직진해 온 저와 시간을 맞추어 도착하시다니. 얼마 남지 않았습니다, 어서 달립시다."

"예, 공명 선생!"

조자룡의 눈도 실핏줄이 터질 듯 빨개져 있었다. 그 역시 며칠 밤을 새며 달려온 게 분명했다.

"장비 장군께서는 아무래도 늦으시려나 봅니다."

제갈공명과 나란히 말을 달리던 조자룡이 말하자, 제갈공명은 살짝 인상을 찌푸리며 대답했다.

"아무래도 엄안이라는 장수가 보통내기가 아니니, 그자를 상대하려면 시간이 좀 걸리겠지요. 너무 심하게 응징하진 마셔야 할 텐데."

"그렇다면 저희가 먼저 가서 주공을 구해드려야지요."

비장한 눈빛을 교환한 두 사람이 낙성 근처에 지어 놓은 유비의 영채로 빠르게 달려갔다. 그런데, 이게 웬일인가. 긴장과 슬픔으로 사기가 잔뜩 떨어져 있을 거라 생각했던 유비의 영채는 활기찼고, 심지어 잔치를 즐기고 있는 듯했다. 어안이 벙벙한 채로 유비의 방으로 안내 받은 두 사람은 껄껄 웃으며 술을 마시고 있는 유비를 발견했다. 그리고 그 맞은편에 앉아 있는 사람을 보고 경악을 금할 수 없었다. 유비와 함께 술을 마시고 있는 사내는 다름 아닌 장비였다. 당황하여 문턱에 멈추어 선 제갈공명과 조자룡을 보고 장비가 손을 흔들어댔다.

"아이고, 이제야 오슈?"

"아니, 대체 이것이 어찌된…… 일……?"

제갈공명은 너무 놀란 탓에 말도 마무리하지 못했다. 놀란 토끼 눈으로 묻자, 장비가 어깨를 으쓱하며 입을 열었다.

"헤헤. 내 자랑 같아서 말 안 할라 했는데, 이게 어찌된 일인고 하면……."

그때 눈이 살짝 풀린 유비가 장비의 말을 끊고 끼어들었다.

"공명 선생, 예전의 장비가 아닙니다. 이제 우리 아우를 무장이 아니라 책사라 불러야 할 것 같습니다. 내가 유장 군사들에게 휩싸여 위기 상황에 놓였을 때 우리 장비가 눈을 부라리며 나타났지 뭡니까. 오늘 장비 덕에 목숨도 구하고 영채도 지킬 수 있었습니다."

두 사람이 발그레해진 얼굴로 서로 어깨동무를 하며 함박웃음을 지었다.

아니, 장비가 제일 먼저 도착하다니요? 이게 웬일이랍니까? 제갈공명의 말대로 엄안이란 장수가 보통이 아니었을 텐데 말입니다. 무공과 지략을 두루 갖춘 명장으로 소문이 자자했거든요. 더군다나 장비의 길은 지형도 수비도 험했어요. 그런데 어떻게 엄안을 제치고 그 길을 그렇게 빨리 통과할 수 있었을까요? 잠시 시간을 되돌려 장비가 엄안과 조우하던 시점으로 가 보겠습니다.

엄안이라는 장수는 유장 밑에서 오랜 시간동안 그를 섬겨온 유장의 심복이었다. 장비가 낙성으로 가려면 그가 지키는 성을 지나야 하는데, 나이가 지긋이 들도록 평생 서천 수호에만 힘써 온 엄안이 호락호락하게 넘어갈 리 없었다. 엄안이 지키고 있는 성을 우회해서 지나가는 것도 생각해 보았지만, 그랬다가 그들이 후방을 치며 공격해 온다면 보급로가 막히거나 군사들의 목숨이 위태로워질 수 있었다. 그러니 장비 입장에서는 무조건 성을 격파해야 했다.

성격 급한 장비가 처음부터 소리를 버럭 질렀다.

"문 열어라 이놈들아. 좋은 말로 할 때 열어. 안 그러면 칡뿌리처럼 한 주먹에 뽑아 입속에 넣은 뒤 잘근잘근 씹어 삼켜 버리겠다!"

바로 그 순간 성벽 위의 군사들이 질서정연하게 솟아올라 화살을 겨누며 쏘아대기 시작하는데, 명중률이 보통이 아니었다. 보통 성벽 위에서 궁수가 쏘는 화살들은 적에 대한 위협용으로 허공에 발사하여 곡선으로 떨어지기 마련이었다. 쉽게 말해, 운 나쁘면 맞는 거고 방패로 막거나 피하면 살 수 있는 것이다. 그런데 엄안의 병사들은 달랐다. 궁수들이 활을 45도 아래로 겨누고, 장비를 기점으로 가까이에 있는 병사 한 명 한 명을 조준 사격하는 게 아닌가. 이것은 궁수가 아니라 저격수 무리나 다름이 없었다. 그 와중에 엄안이 쏜 화살은 장비의 투구를 맞히기까지 했다. 투구가 날아간 장비는 정신이 번쩍 들었다.

"이거, 보통내기가 아니고만. 제대로 훈련된 놈들일세. 성을 들이치는 건 안 되겠다. 골려서라도 끌어내야지. 얘들아 일단 후퇴!"

공격을 멈춘 장비의 군사는 성문 앞에서 120보 떨어진 곳에 술판을 벌였다. 화살의 사정거리인 150보 안이었지만, 이 정도 거리면 살상력이 떨어지기에 장비는 대담하게 그 거리에서 잔치 상을 펼쳤던 것이다. 성에서 장비의 목소리나 잔치하는 모습이 뚜렷이 보일 테고, 적이 화살을 쏘아도 맞지 않거나, 맞아도 다치지 않는 기가 막힌 거리를 유지한 것이다.

"이왕 이렇게 된 거 술이나 마시자고."

이렇게 적을 무시하는 행동을 해서 성밖으로 끌어낼 생각이었던 것이다. 그런데 병사들과 한참 술을 마시는데도 안에서 적들이 꿈쩍을 안 하니, 부아가 치민 장비가 욕을 퍼부었다.

"이런 우라질 놈들, 왜 안 기어나와? 이래도 안 나올래?"

장비는 군사들을 일렬로 세운 뒤 뒤를 돌아 바지춤을 내려 성을 향해 엉덩이춤을 추게 했다. 한참을 그렇게 흉한 모습을 보이던 장비의 군사들은 뒤돌아 성의 정문을 바라보며 이리저리 오줌을 갈겼다. 하지만 성안에서는 아무런 낌새도 없었다.

엄안은 장비 성격을 잘 알고 있었다. 성격이 급하고 불같아, 대꾸를 안 해주면 자기 성질을 못 이겨 난리법석 필 거라는 걸 말이다. 그는 수비만 할 뿐, 선불리 성문을 열고 공격하지 말라고 명했다. 장비와 군졸들이 제풀에 진이 빠질 때를 기다릴 셈이었다. 그러니, 밖에서 장비와 그 군이 난장판을 치고 고래고래 소리를 지를수록 엄안은 더 여유만만해질 수밖에.

아니나 다를까 약이 오를 대로 오르고, 화가 머리끝까지 솟아 얼굴이 벌게진 장비였다. 그런데 갑자기 장비의 눈이 번쩍 빛났다.

“에잇, 겁쟁이 놈들. 아무래도 이 장비가 겁나서 절대 나오지 않을 모양이니 고기나 뜯자고. 반으로 나눠서 니들은 멧돼지 잡아오고, 니들은 땔감이나 구해 와. 싸게 싸게 움직여라.”

성 안쪽에서 이 모습을 훔쳐보던 엄안이 잘 됐구나 싶어 무릎을 쳤다. 그리고 몇 명의 정예병들에게 명령했다.

“잽싸게 나가, 성문 앞에 쓰러져 죽은 장비 병사들의 옷을 벗겨 입고 산으로 따라가거라. 그들의 병사인 척하고 무슨 꼼수인지 알아보자.”

마침 해는 뉘엿뉘엿 저물고 있었고, 낮과 밤이 만나는 묘한 조명이 전장을 뒤덮고 있었다. 장비 군으로 변장한 엄안의 병사들이 숲속으로 들어갔다. 장비의 병사들은 이미 횃불을 든 채 산속에서 멧돼지를 잡느라 난리법석이었다. 그들 속으로 끼어들어 같이 멧돼지 잡는 척하며 엄안의 첩자들은 귀를 활짝 열어 두었다.

“오늘밤은 멧돼지나 실컷 먹고 달이 떠오르면 오솔길로 그냥 가자는 말이지?"

"그렇지, 어차피 저놈들 안 나오고 버틸 게 뻔한데 언제까지 기다려. 장비 장군 성격에 기다릴 만큼 기다리셨지."

엄안의 병사들이 얼른 성안으로 달려가 보고를 올렸다.

"장비가 결국 못 참고 오늘밤 오솔길을 통해 성을 우회해 간답니다."

이 말을 들은 엄안은 너무 신난 나머지 크게 웃으며 평소보다 격하게 말을 늘어놓았다.

"오호, 그래? 하늘이 내린 기회다. 그 많은 군사를 오솔길로 인솔하다니, 역시 장비란 놈은 꾀가 부족한 정도가 아니라, 아예 없구나. 머리가 없어! 뇌도 없어! 저놈의 머리통은 장식품인 것이 분명하다. 우리는 언덕에 매복해 있다 그들을 화살로 공격하고, 중간을 막아 군량미도 차지하자. 어서 서둘러라!"

그날 밤, 밝은 달빛 아래. 예상한 대로 한 무리의 군사들이 오솔길로 몰려오고 있었다. 그리고 그 선두에는 장팔사모를 높이 든 장비가 있었다. 이 모든 모습들을 엄안의 군사들은 언덕 위에서 지켜보고 있었다. 엄안이 나지막이 속삭였다.

"기다려…… 조금만… 조금만 더……."

장비가 먼저 가고, 그 뒤 병사들도 지나가고 군량미를 실은 수레가 나타났다. 그때, 엄안은 손짓으로 지시했다. 곧바로 엄안의 군사들은 함성을 지르며 아래에 있는 장비 군사들을 향해 쏟아져 내려갔다. 수레를 버리고 꽁무니를 빼는 장비 군대를 쫓으며 엄안이 승리의 미소를 지으려는 바로 이때! 뒤에서 우렁찬 웃음소리가 들려왔다.

“하하, 명장이라더니 별것 없구나! 엄안 이놈아, 순순히 내 창을 받아라!”

깜짝 놀라 엄안이 뒤를 돌아봤는데 우락부락한 몸, 복슬복슬한 수염, 장팔사모를 가뿐하게 들고 있는 모습이 영락없는 장비였다.

“아니 너는 분명 아까 지나갔……?”

“에잉, 이 장비는 아까 그놈보단 훨씬 잘 생겼지! 똑똑히 봐둬라!”

뛰는 놈 위에 나는 놈 있다던가. 엄안이 하도 안 나오자 일부러 오솔길로 간다는 말을 흘렸고, 엄안이 매복할 것을 예상한 장비가 가짜 장비를 준비한 것이다. 그리고 그들보다 더 위쪽에서 매복하고 있었다. 장비가 손짓하자 장비의 군사들이 우르르 내려와 엄안 군을 재빠르게 공격했다. 장비의 명령으로 병사들이 엄안은 살려서 포박해 왔다. 엄안이 눈을 부릅뜬 채 장비에게 물었다.

“힘만 센 무식한 놈인 줄 알았는데, 제법이구나. 우리가 매복할 줄은 어떻게 알았지?”

“이봐, 병법에 의하면 말야…… 그 뭐다냐……. 여튼 어제 멧돼지 잡고, 땔감 구하고 그런 거 다 일부러 그런 거야. 너네들이 염탐하러 올 줄 알았거든.”

장비가 이렇게 또 책략으로 승리를 이끌어 냈네요. 무력으로는 보증 수표이긴 하지만 어째 늘 불안불안했던 장비의 이런 모습은 팬들에게 뿌듯한 미소를 짓게 하지요. 하지만 지난번 장판교에서도 머리를 잘 써놓고 마지막에 결정적인 실수를 저질렀잖아요. 이번에는 과연 마무리까지 잘했을

장비군
엄안군
장비군

까요?

장비는 이제 뒷정리를 하려고 엄안에게 말했다.

"어이, 늙다리. 이렇게 걸려 버렸으니 그냥 항복하는 것이 좋지 않겠소?"

"어린놈이 버릇이 없어도 유분수가 있지. 나는 의로운 자에게만 고개를 숙인다!"

"아니 지금 나보고 의롭지 않다는 거야? 여봐라, 당장 이놈 목을 쳐라!"

"이 목소리만 큰 놈아, 목을 그냥 치면 되지, 역정은 왜 내느냐?"

그런데 장비는 내심, 눈 하나 깜짝 안 하고 충심을 전하는 엄안이 마음에 들었다. 도원결의를 맺은 유비와 관우 형님 생각이 났기 때문이다. 만일 자신이 엄안이었다 해도 똑같은 태도를 보였으리라. 어찌 두 형님을 배신하고 다른 이에게 투항할 수 있을까? 엄안도 자신처럼 의리가 강한 자라 생각하니, 왠지 모를 유대감이 느껴졌다. 엄안의 목을 가지러 온 부하들을 물리더니, 장비가 자리에서 내려왔다. 그러더니 엄안을 포박한 줄을 조심스럽게 풀어 주며 부축해 일으켜 세우고는 말했다.

"아이고, 내가 졌소. 엄안 장군의 충심에 감복했소. 내가 말을 거치게 한 것은 용서해 주쇼, 워낙 적에게 그렇게 말하는 것이 습관이 돼 나서. 자자, 나랑 술이나 한 잔 합시다. 아 백성들은 걱정 마시고, 우린 백성들은 안 건드리는 게 신조요, 신조."

괴팍하고 포악한 자인 줄로만 알았거늘, 장비의 예의 바른 태도에 엄안은 당황하면서도 한편으론 마음이 누그러졌다.

'과연 유 황숙의 명성이 자자한 이유가 있었구나. 아우라는 자가 이리 덕심이 큰데, 큰형은 오죽할까.'

그의 마음에서 존경심이 일었다. 사실 유장을 주공으로 섬겼지만, 유장의 우유부단함과 백성을 포용할 줄 모르는 작은 그릇에 실망스러운 마음도 있었던 것이다.

"허허, 이런 덕심은 참으로 오랜만에 만나는구려……."

엄안이 나지막이 읊조리자, 장비가 호탕하게 웃었다.

"그렇소? 사실 나도 장군이 마음에 쏙 들었수다. 껄껄껄."

전염성이 있는 장비의 웃음소리에 엄안도 가만히 미소를 지으며 생각에 잠겼다가, 마침내 진심 어린 목소리로 말했다.

"나 엄안, 유비 공에게 투항하겠소."

"생각 잘 하셨소! 역시 사리판단이 분명하시고만. 우리 이제 한 식구이니 오늘밤은 술로 적셔 보고, 내일 같이 형님께 달려갑시다. 지금 형님이 매우 위태로우시거든!"

"그럽시다."

두 사람의 호탕한 웃음과 진정 어린 맹세가 하얗게 부서져 올라 밤하늘의 별이 되어 빛나고 있었다.

이게 바로 장비가 제갈공명이나 조자룡보다 빨리 도착할 수 있었던 이유랍니다. 엄안이 열쇠였던 거죠. 왜냐하면 엄안은 낙성까지 이어지는 45개의 모든 성들을 총통솔하고 있던 장군이었거든요. 엄안이 앞장서며 성마다 항복을 권유하자, 유장보다는 엄안의 덕성에 충성하고 있던 장수들은 줄줄이 문을 열어 주었습니다. 장비는 싸울 필요도 없이 낙성으로 내달렸던 거죠.

"이렇게 된 거요. 모든 것이 다 엄안 장군님 덕분입니다. 헤헤."

이에 옆에 앉아 있던 엄안이 공손한 목소리로 말했다.

"아닙니다. 장비 장군의 은혜를 입어 이렇게 투항했으니, 부디 저를 받아 주십시오."

제갈공명과 조자룡이 입을 다물지 못했다. 장비에게 이런 면모가 있을 줄은 상상도 못했기 때문이다.

"과연 지, 덕, 체를 모두 갖춘 장군이십니다."

제갈공명이 장비에게 인사를 올렸다. 모두들 웃음을 참으며 고개를 끄덕거렸다. 우쭐해진 장비가 한 마디 날렸다.

"아, 거, 모름지기 장수란 때론 적도 품을 수 있는 아량이 있어야 하는 거 아니겠소?"

제갈공명도 더는 참지 못하고 "푭"하며 웃음을 터뜨렸다. 다들 깔깔, 껄껄 웃으며 술로 분위기를 돋우었다. 모처럼 편안한 밤이 깊어 가고 있었다.

형주에서 든든한 지원군도 맞이했겠다, 엄안이라는 서천의 대들보 장군도 자신 편으로 끌어들였겠다, 유비는 낙성을 순식간에 함락했습니다. 그리고 성도로 빠르게 진군하며 그곳에 있는 서천 주인 유장을 위협하고 있었죠. 유비를 토사구팽 했던 유장은 이제 어떻게 될까요?

이 사실을 보고 받은 유장은 자리에 털썩 주저앉고 말았다.

"나의 심복 엄안마저 항복했단 말이 정령 사실이오?"

"그렇습니다, 주공. 이대로라면 성도가 함락당하는 건 순식간일 겁니다."

"어찌해야 하겠소?"

책사가 간언했다.

"한중에게 도움을 요청하는 수밖에는 별 도리가 없겠습니다."

"뭣이? 한중? 장로는 우리와 원수 사이가 된지 오래지 않소?"

유장은 오장육부가 뒤집힐 것 같았다. 한중을 무찌르기 위해 유비를 불렀는데, 이제 유비를 치기 위해 한중에게 도움을 요청해야 하는 상황이라니! 늑대 잡으려 호랑이를 불러들였는데, 다시 호랑이 잡기 위해 늑대에게 굽실대야 하는 꼴이 아니고 무엇이겠는가.

"주공, 하지만 다른 방도가 없습니다. 비록 우리와 사이가 좋지 않다고 해도, 유비가 성도를 얻게 된다면 한중도 안전하지 않다는 것을 그들도 알 것입니다. 다른 선택지가 없는 것은 마찬가지니 우리를 반드시 도울 수밖에 없을 겁니다."

어제의 적이 오늘의 동지란 말이 있지요? 이게 또 삼국지의 묘미 아닌가 싶습니다. 지금 유장의 행위는 인간적으로 보면 매우 비겁하고 비열해 보이지만, 전술적으로 풀어냈을 때 이이제이(以夷制夷)라고 합니다. 오랑캐는 오랑캐로 견제한다는 뜻인데요. 힘없는 나라가 주변 국가를 끌어들여 자신을 보호할 때 흔히 쓰는 외교 전략이기도 하지요. 유장은 한중의 장로가 쳐들어올 때는 유비를 끌어다 장로를 막았고, 유비가 자신을 치려 하니 이번에는 장로를 불러들여 유비를 막으려 하네요. 한중과 화친하면 적어도 목숨은 부지할 수 있을 테니까요. 유비가 들이닥치면 단칼에 목이 날아갈 거라 판단했거든요. 은혜를 원수로 갚았으니, 천하의 덕장 유비인들 자신을 살려둘 리 없다 생각한 거지요. 유비 사전에 배신이란 말은 없다는 걸 유장도 잘 알고 있었고요.

결국 그는 한중의 장로에게 굴욕적인 서신을 써야 했습니다. 참으로 황당하고 기막힌 상황이 아닐 수 없네요. 이이제이를 잘만 쓰면 힘없는 나라가 살아남을 수 있는 멋진 전략인데, 의리를 못 지킨 유장이 쓰는 이이제이 전술은 왠지 우리에게 씁쓸함만을 남기네요. 그렇다면 유장에게 뜬금없이 지원 요청을 받은 장로의 기분은 어땠을까요?

"장로 장군께서 도와주신다면, 유비를 몰아낸 뒤 서천의 20개 마을을 드리겠습니다."

장로 입장에서는 유장의 화친이 솔깃했다. 이제 유비 진영만 막으면 손쉽게 서천을 얻을 수 있게 됐으니 말이다.

'이거 참 서천을 날로 먹게 생겼군.'

유비의 주력 부대가 모두 성도로 진격하는 중이니, 한중에서 서천으로 통하는 진입로, 즉 가맹관 쪽은 상대적으로 허술한 상태였다. 서둘러 전력으로 공격한다면 충분히 승산이 있었다. 기분이 좋아진 장로가 말했다.

"누가 나가서 유비의 목을 따오겠느냐?"

유비 수하에 있는 장수들의 명성을 누누이 들어왔기에, 아무도 감히 나서는 사람이 없었다. 그때 한 사람이 정적을 깼다.

"제가 가서 반드시 승리하고 오겠습니다."

살기 어린 눈빛을 빛내고 있는 이 사람은 바로 마초였다. 조조 때문에 아버지 마등을 잃고, 삼촌뻘인 한수와 갈라섰으며, 병사들까지 잃어 버리고 북방 지역에서 쫓겨난 마초 말이다. 이후로 마초는 이곳저곳 전전하다가 한중으로 들어와 장로에게 의탁하고 있었던 것이다. 장로는 기뻐하며 마초에게 군사 2만을 주고 진격 명령을 내렸다.

한편 성도로 향하던 유비는 마초가 가맹관으로 온다는 소식을 듣고 적잖이 당황할 수밖에 없었죠. 북쪽에선 마초가 한중군을 이끌고 내려오는데, 그렇다고 낙성을 비운다면 남쪽에서 유장이 치고 올라올 테니까요. 결국 최선은 군사를 나누는 것이었습니다. 일부는 낙성을 지키게 하고, 그리고 마초를 막을 수 있는 장수를 골라 가맹관으로 보내기로 했죠. 과연 누가 가게 될까요?

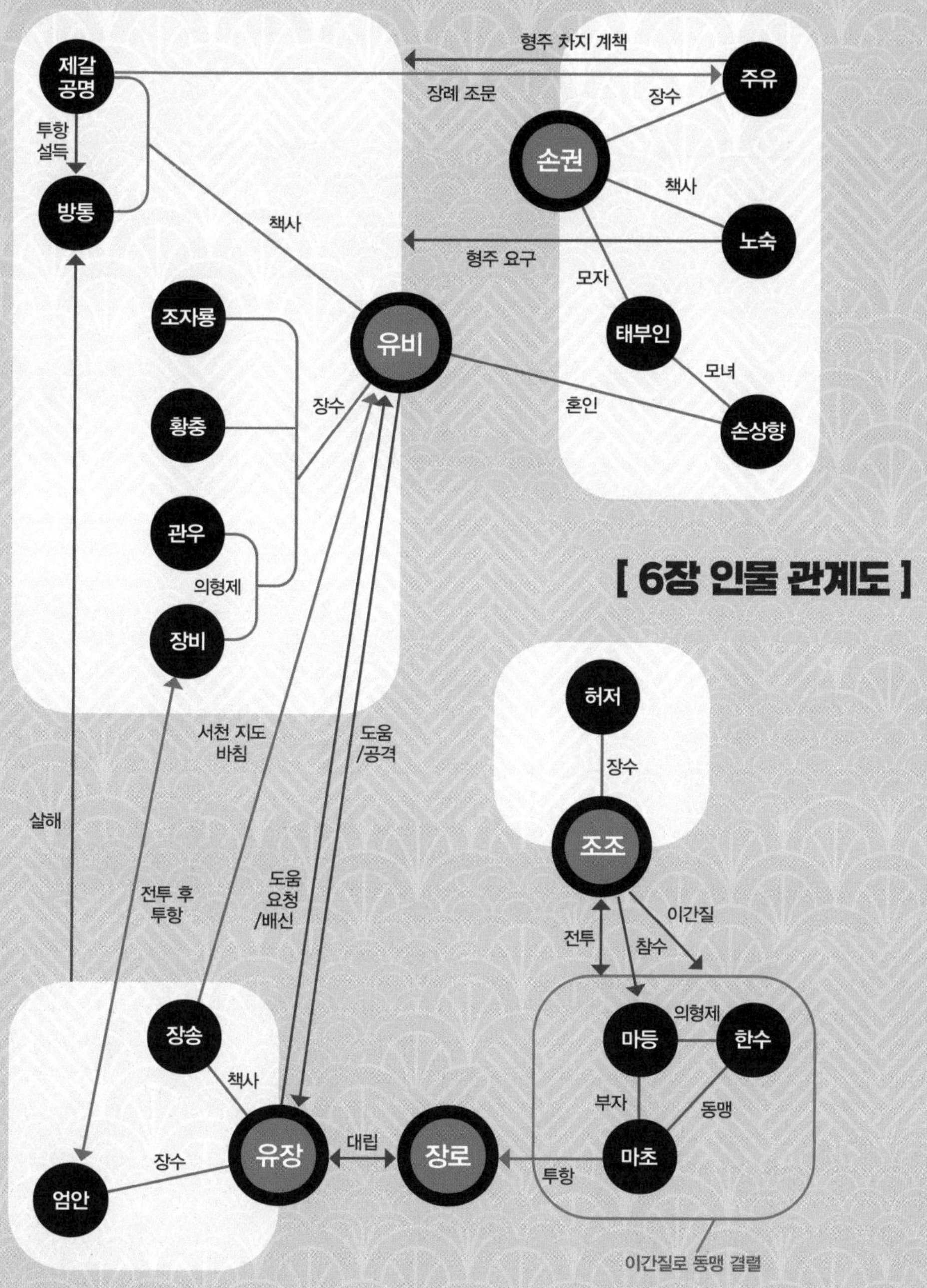

[6장 인물 관계도]
제갈 공명
방통
투항 설득
형주 차지 계책
장례 조문
주유
장수
손권
책사
노숙
형주 요구
모자
태부인
모녀
손상향
혼인
책사
조자룡
황충
관우
장비
의형제
장수
유비
서천 지도 바침
도움 /공격
살해
전투 후 투항
도움 요청 /배신
장송
책사
엄안
장수
유장
대립
장로
허저
장수
조조
전투
참수
이간질
마등
의형제
한수
부자
동맹
마초
투항
이간질로 동맹 결렬

말 위에선 안장을 내릴 틈이 없으며
내 몸에선 갑옷을 벗을 새가 없네.
어느덧 늙음이 스며드는데
고향은 언제쯤에야 돌아갈런가.
깊은 호수 속에 신룡은 자신을 가리고
용맹한 호랑이는 높은 산을 거닌다.
여우도 고향을 향해 머리를 누여 죽는데
나라고 고향을 어찌 잊을 수 있겠는가.

7장

용의 오만, 초심 잃은 영웅들

[7장 인물 소개서]

사마의 제 2의 조조라고 불릴 수 있을 만큼 처세와 지략에 능한 조조 진영의 책사에요. 속을 잘 알 수 없는 의뭉스러움이 있어 조조의 경계 대상이기도 하죠. 끝까지 예측할 수 없는 반전을 품고 있습니다.

여몽 주유, 노숙을 이은 동오의 대들보입니다. 부단히 노력하는 타입으로, 적이나 후배라고 해도 자기가 취할 점이 있다 생각하면 배우고 익힌답니다. 동오의 오랜 꿈을 실현시키는 장본인이에요.

육손 동오의 신흥 세력이죠. 2대나 3대를 이어 손 씨 가문을 섬겨 온 대부분의 동오 충신들에 비해 경험은 부족합니다. 하지만 신선하고 번뜩이는 전략들을 선보이는 동오의 라이징 스타랍니다.

화타 명실상부 전설의 명의입니다. 그 어떤 의원도 치료할 수 없어서 속수무책으로 죽어 가던 환자도 살려내는 신의 손이죠. 결정적인 순간에 나타나곤 합니다.

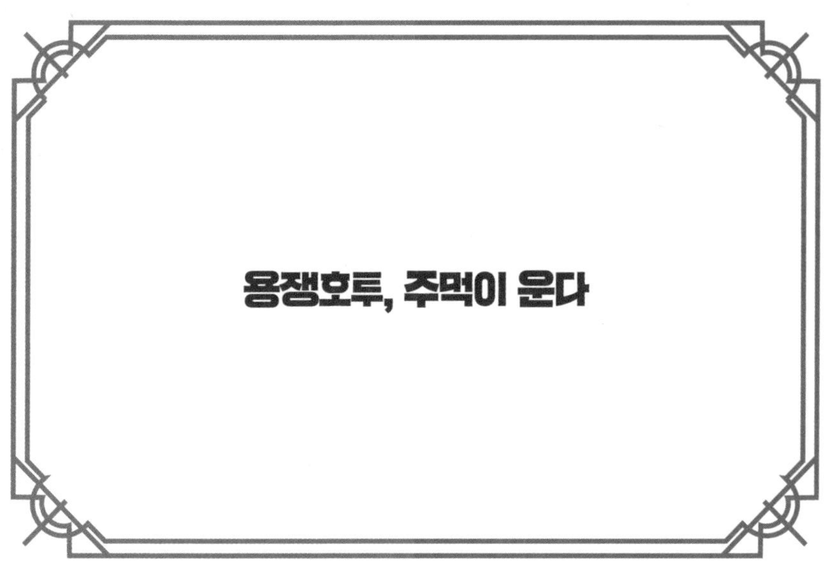

용쟁호투, 주먹이 운다

“마초란 자를 상대할 무장이 필요하오. 누가 좋겠소?”

유비가 휘하 장수와 책사들을 모아 놓고 물으니, 일제히 한 명을 쳐다봤다. 바로 장비였다.

“왜 그렇게들 보슈? 내 얼굴에 뭐라도 묻었소?”

“아우야, 마초 정도로 힘세고 무공이 뛰어난 장수를 상대할 자는 너밖에 없다.”

유비가 그를 치켜세우자, 제갈공명도 거들었다.

“지덕체를 고루 갖춘 장비 장군 아니면 누가 마초를 감당할 수 있겠습니까?”

그러자 장비가 입이 찢어져라 웃으며 큰소리로 대답했다.

“헤헤, 모두들 그리 생각한다면 내가 가야지 별 수 있겠소. 오늘 마초 놈이 내 손에 아작나겠고만."

하지만 장비의 불같은 성격 탓에 혹여 일을 그르칠까 은근히 걱정된 유비가 덧붙였다.

"조자룡과 황충 장군, 그리고 공명 선생이 낙성에 남아 혹시 들이닥칠지 모를 유장의 군대를 막아 주십시오. 나는 장비와 함께 마초를 상대하겠습니다."

제갈공명이 걱정스러운 눈으로 두 사람을 쳐다보며 말했다.

"주공 몸조심하십시오. 장비 장군도 처음부터 너무 힘 빼지 마시고요."

그렇게 유비와 장비는 1만 명의 군사를 차출한 뒤 가맹관을 지키고 있는 군사들과 합류하기 위해 북쪽으로 떠났습니다. 떠나는 유비의 표정은 자못 결연해 보였습니다. 왜일까요? 마초가 누굽니까? 천둥과 번개를 부르는 북방의 야수, 강철 체력과 무공을 동시에 갖춘 무장으로, 조조도 그를 피해 도망치기 바빴잖아요. 물론 장비도 힘으로 치면 그에 못지않지만 결코 방심해서는 안됐지요. 과연 두 사람의 싸움에서 승자는 누구일까요?

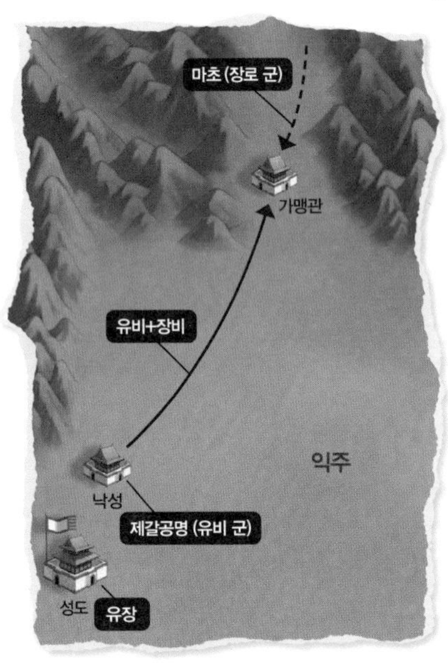

서둘러 가맹관으로 달려온 유비가 망루에 올라 아래를 내려다보았다.

마초의 군사는 벌써 남하해서 가맹관 앞쪽에 진을 치고 있었고, 그들 중 유독 눈에 띄는 장수 하나가 눈을 부릅뜨고 유비 진영 쪽을 째려보고 있었다. 마초였다. 그런데 그의 용모에 유비는 놀라고 말았다. 마초의 얼굴이 장수답지 않게 곱상했기 때문이다. 게다가 흰 갑옷을 입고, 흰 말을 탄 그의 모습은 눈이 부시기까지 했다. 유비가 자기도 모르게 넋을 놓고 마초를 바라보는데 갑자기 마초가 우렁차고 힘센 목소리로 외쳤다.

"적장 누구냐? 당장 나와! 이 마초가 상대해 주겠다!"

고운 얼굴과 달리 포효하는 야수 같은 그의 목소리에 유비는 자신의 귀를 의심할 수밖에 없었다. 얼마나 믿기지 않았는지, 유비가 장비에게 두 번씩이나 물었다.

"저 자가 마초란 말이냐?"

"저 죽일 놈이 마초 맞소, 형님. 왜요?"

"정말 마초라고?"

"맞다니까 그러시네. 얼른 가서 내가 요절을 내줄 테니 형님은 구경이나 하슈."

유비는 마초에게 본능적으로 끌렸다. 처음 장비를 보았을 때 그의 거친 말투와 야성미, 그중에서도 순수하게 빛나는 눈빛에 매료되었던 것처럼 말이다.

마초의 외모는 순정 만화에 나오는 주인공 같았답니다. 북방의 거친 사내일 거란 편견과 달리, 피부는 백옥 같고 입술은 앵두처럼 붉었는데 어깨는 떡 벌어졌고 허리는 개미처럼 가늘었으며 엉덩이와 허벅지는 말처럼 단단했으니, 남자인 유비도 감탄할 만한 풍모였던 거지요. 그런데 또 뿜어내는 기운이 얼마나 맹렬한지, 먹이 사슬의 제일 꼭대기에 있는 포식자의 기운을 가지고 있었답니다.

"장비야, 북방 서량에 천하무공 여포가 되살아났다는 소문이 있던데 과연 진실인가 보구나."

장비는 계속되는 유비의 감탄에 더욱 약이 올라 마초를 잡아먹을 듯한 표정으로 달려 나갔다. 성문이 열리고 거구의 장비가 검은 말을 타고 나가자 양쪽 진영의 병사들은 누가 먼저랄 것도 없이 '우~~~~!' 하는 감탄사를 외치고 있었다. 백마 탄 왕자님과 흑마를 탄 저승사자의 대결이 시작되려는 참이었다. 보통 장비는 적장 앞에서 입에 담지 못할 육두문자를 뱉어내며 기선을 제압하고, 온갖 기합 소리와 함께 떠들썩하게 싸우는 버릇이 있었는데, 어쩐 일인지 이날만은 달랐다. 마초를 만나자 낮은 목소리로 단 한마디만 던졌다.

"우리 사이에 통성명은 필요 없을 텐데!"

마초도 고개를 끄덕이며 답했다.

"긴 말 필요 없다, 시작하자."

마초의 말이 끝나기가 무섭게 장비의 장팔사모가 춤을 추었다. 그런데 세상에, 유비는 장비의 무지막지한 공격을 저렇게 잘 막아내는 자는 여포 이후로는 실로 처음 보았다. 여포와 대결할 당시와 비교해 수많은 실전 경험과 수련을 통해서 장비의 무공이 비약적으로 발전했음에도 불구하고, 50합을 넘어서 100합이 되도록 승부가 나질 않았다. 오랜만의 명승부에 유비는 입을 다물지 못했다. 반나절이 넘도록 두 영웅이 싸워대는데, 이것은 마치 용과 호랑이가 으르렁대는 형상이었다. 장비가 휘두른 장팔사모를 마초가 철퇴로 막기를 반복했다. 그러다 한 순간, 마초에게 위기가 찾아왔다. 이리저리 달리던 마초의 백마가 그만 발을 헛딛고 바닥에 쓰러져 버린 것이다. 마초는 저만치 나뒹굴었다. 위기의 순간이었다.

장비가 달려와 긴 장팔사모를 휘두르기만 하면 마초의 목이 날아갈 터였다. 그런데 장비가 훌쩍 흑마에서 뛰어내리며 이렇게 말하는 것이 아닌가.

"치사하게 나만 말 위에서 싸울 순 없지. 이 장비는 말 없이도 너 따위는 이길 수 있다고! 정정당당하게 땅에서 붙어 보자, 이놈아."

마초는 살짝 놀란 듯했지만 이내 몸을 추스르고 장비에게로 번개처럼 달려갔다.

말도 버린 그들은 한참을 치열하게 싸웠다. 마초가 빠른 발로 계속 치고 빠지기를 반복하자, 제 분에 못 이긴 장비가 마초를 향해 장팔사모를 집어 던졌다. 그러나 번개처럼 날아가는 장팔사모를 마초가 빠르게 오른쪽으로 몸을 돌려 피했다.

"이걸 피해? 이 족제비 같은 놈!"

그런데 홧김에 장팔사모를 던졌으니, 장비 손에는 이제 아무것도 들려 있질 않았다.

순간 장비도 당황했는지 눈을 동그랗게 뜨고 자신의 맨손을 바라봤다. 이제 마초가 철퇴로 장비의 머리통을 부숴 버리면 끝이었다. 영채에서 이 모습을 바라보던 유비는 자기도 모르게 신음 소리를 내었다.

"아…… 안 돼……!"

그런데 바로 그 순간, 숨을 고르며 장비를 지켜보던 마초가 묘한 미소를 지으며 철퇴를 옆으로 내던지는 것이 아닌가. 그러더니 맨손으로 장비에게 들어오라는 손짓을 했다.

육탄전. 이제 말도 무기도 없는 두 사내가 뼈와 힘줄이 타격하고 조르고 꺾어내는 맨몸 싸움을 시작하게 된 것이다. 솔직히 어쩔 줄 몰랐던 장비가 피식 웃으며 달려들었다.

"이런 염병할 놈, 끝까지 사람 골리네."

흥미진진한 두 장수의 모습에 각 진영의 군사들은 누가 먼저랄 것도 없이 응원전을 하고 있었다.

"우! 우! 우! 우! 와! 와! 와! 와!"

"장비 장군, 이기십시오!"

"마초 장군, 힘내십시오!"

힘이 장사인 장비가 마초에게 확하고 달려들다 넘어져 흙바닥에 나동그라졌다. 후다닥 일어난 그가 눈이 시뻘개져 다시 마초를 잡으려고 으르렁대는데, 마초가 어찌나 빠른지 이쪽으로 달려들면 어느새 저쪽에 가 있고, 저쪽으로 달려들면 어느새 이쪽으로 가 있는 게 흡사 바람과도 같았다. 그의 행동 패턴을 파악하던 장비가 기합 소리를 내며 마침내 마초의 허리를 잡아 넘어뜨렸다. 씨름 선수나 다름없었다. 마초를 몇 번 들었다 놨다 하니, 그가 속절없이 장비 손에 휘둘렸다. 마초는 이미 정신을 잃은 듯 했고, 장비는 싸움을 끝내려는 듯 마초의 허리를 끌어안고 두 팔에 힘을 주어 허리를 부러뜨리려 했다. 그때 마초가 순식간에 손을 들어 양 손바닥으로 장비의 양쪽 귀를 타격했다.

"으아악!"

마초의 재빠른 공격에 장비는 두 귀를 부여잡은 채 중심을 잃고 뒤뚱거렸다. 기세를 몰아 마초는 발로 장비의 허벅지를 걷어찼다. 다시 한 번 장비는 비명을 지르며 왼쪽 무릎을 꿇을 수밖에 없었다.

"빠박!"

번개보다 빠른 마초의 손이 장비의 뺨을 연달아 사정없이 가격했다. 그렇지 않아도 큰 장비의 얼굴이 터질 듯이 부풀어 올랐다. 장비는 너무나 분한 나머지, 포효하며 두 손으로 자신의 가슴을 두드리기 시작했다. 이건 사람의 모습이 아니라 흡사 야수의 모습이 아닌가. 두 사내는 숨을 고르며 서로 간의 거리를 쟀다. 장비는 마음속으로 생각했다.

'잡아야 산다.'

동시에 마초도 속삭이듯 중얼거렸다.

"잡히면 죽는다."

이때 가맹관 위에서 멋진 중저음의 낮익은 목소리가 흘러나왔다.

"장비야, 그만 해라. 밥 먹자."

유비의 말을 들은 장비가 씩씩대며 말했다.

"야 이 애송아, 배고파서 못해 먹겠다. 밥 먹고 다시 붙자."

마초도 지지 않았다.

"그래, 이 산적 같은 놈아. 많이 처먹어야 할 것이다. 나랑 붙으려면."

화가 잔뜩 난 장비를 유비가 말린 건, 이러다 진짜 장비가 죽는 거 아닌가 싶어서였어요. 근데 또 반면 장비에게 허리를 잡힌 마초가 괴로워하자

"아이고 저런!"이란 말이 절로 튀어나올 뻔했죠. 어느새 유비는 할 수만 있다면 마초를 자기 사람으로 만들고 싶었던 거예요. 그러니 이쪽이 이기고 있어도 "아이고" 저쪽이 이기고 있어도 "아이고"를 속으로 되뇌다가, 장비를 불러들인 거죠.

하지만 두 사람은 이미 몸이 달아오를 대로 달아올라 오늘 승부를 보고야 말겠다며 벼르고 있었다. 장비가 얼른 다시 나갈 생각으로 급하게 밥을 먹는 걸 보고 유비가 말했다.

"장비야, 오늘은 그만 해라. 내일 해 뜨면 다시 하든지."

"아니오, 형님. 내가 이 돼지구이 다 먹고 반드시 저놈의 다리를 분질러 놓겠소. 아주 이 뼈를 부수듯이, 뚝!"

장비가 먹던 돼지 뒷발을 부러트리며 말했다.

"글쎄 오늘은 그만 하래도."

유비가 알아듣게 타일렀다 생각하고, 잠시 뒷간에 다녀왔더니 장비가 보이질 않았다.

"장비 어디 갔는지 아는가?"

유비가 놀라 묻자, 한 병사가 당혹스러운 얼굴로 말했다.

"그게, 장군께서 벌써 성문 밖으로 나가셨습니다."

"뭣이? 명령도 안 내렸거늘."

유비가 한숨을 푹 쉬고 성문 밖을 바라보니, 장비가 투구와 갑옷도 벗어던진 채 두건만 쓰고 나가 있는 게 아닌가. 장비가 마초 진영을 향해 고함쳤다.

"밥 다 처먹었으면 얼른 나와라 햇병아리 놈아. 오늘 안에 끝장을 보자!"

"오냐, 이 뚱땡아 지금 나간다!"

마초도 달려들었다.

두 사람이 다시 붙었을 때는 이미 어둑한 저녁이었습니다. 둘이 다시 나가는 걸 보자 주변 군사들도 밥 먹다 말고 나와 횃불을 들었네요. 수많은 횃불에 밤이 낮처럼 환해졌고요. 이들도 이런 진귀한 구경을 지금 아니면 언제 보겠나 싶었던 겁니다. 오늘날로 따지면 우리나라가 월드컵 결승전에 올라가, 한여름 밤 다들 거리로 뛰쳐나가 응원하는 모습 아니겠어요? 이쯤 되면 더 이상 전투가 아니라 경기네요. 적수를 만나 싸움의 피가 끓어오르고 있는 파이터 마초와 장비의 흥미진진한 경기 말입니다.

다시 붙는 두 사람은 서로에 대해 너무도 잘 파악했기에 쉽사리 다가서지 못하고 거리를 재고 있었다. 그러나 그도 잠시, 맞붙었다 떨어졌다를 반복하며 어느 한쪽도 물러서지 않는 혈전이 이어졌다. 얼마나 시간이 흘렀을까. 거구의 몸에 어울리지 않게 빠른 몸놀림의 장비가 순식간에 마초의 멱살을 잡는데 성공하였다.

"잡았다 이놈. 너 이제 내 손에 죽었다."

그런데 웬일인지 마초도 장비의 멱살을 맞잡는 것이 아닌가. 덩치로 보나 힘으로 보나 서둘러 빠져나가야 할 마초인데 말이다. 그리고 찰나의 순간, 마초가 머리를 살짝 뒤로 젖히는가 싶더니 그대로 장비의 코를 이마로 들이받았다.

VS

"으아아악!"

장비가 눈을 부라리며 마초를 죽일 듯이 노려볼 때, 유비가 관 위에서 외쳤다.

"장비야, 그만 자자!"

"뭘 벌써 자요, 저놈 분질러 놓기 전엔 안 자요."

"너 코피 나."

"엥, 코피? 이 개뼈다귀 같은 놈."

코 밑을 훔쳐 보니 진짜 진득하고 뜨거운 것이 손등에 묻어 나왔다. 소리를 지르며 다시 달려드는 장비 귀에 더 큰 징소리가 들렸다.

"장비야, 어서 들어오라니까. 형님 말 안 들리냐?"

마초가 씩씩거리다 웃으며 말했다.

"이놈아, 코피 터졌으면 내가 이긴 거지."

"네 입술도 터졌어, 이 자식아."

그러고 보니 미소 짓고 있는 마초의 앞니가 모두 붉은 피로 물들어 있었다.

"억, 피! 이런 젠장. 너 내일 다시 붙자."

두 사람이 각자의 진영으로 걸어 들어가자, 양쪽 진영에서 힘찬 박수 소리와 함성이 터져 나왔다. 삼국지 전투사상 최초의 육탄전이자 응원전까지 펼쳐진 명장면, 명승부였다.

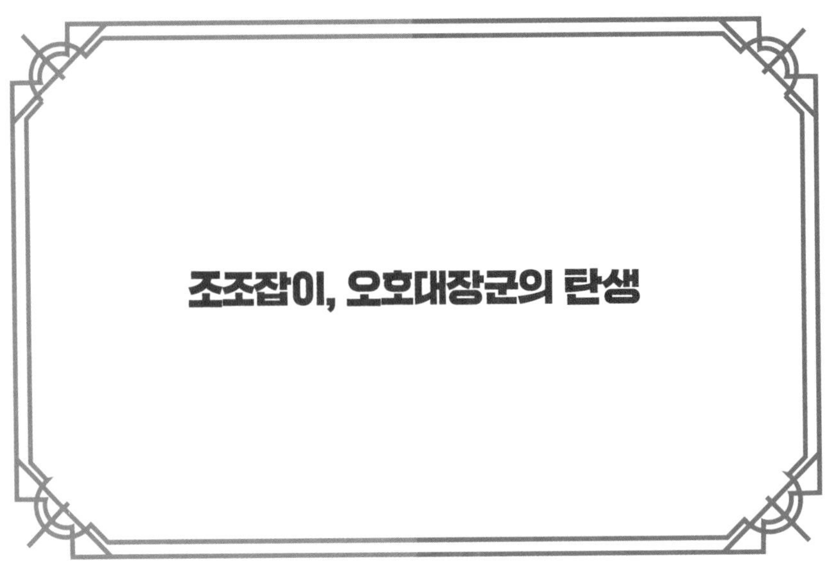

조조잡이, 오호대장군의 탄생

승부가 나지 않는 싸움이 계속되자 유비가 어찌할 바를 몰라 하고 있었다. 그가 할 수 있는 최선은, 장비를 가맹관 안에 붙잡아 두고 뛰쳐나가지 않게 하는 것뿐이었다. 아침이 되자 어김없이 나와서 싸움을 걸고 있는 마초를 유비는 물끄러미 내려다보며 생각에 잠겨 있었다.

"한 명이 크게 다쳐야 끝이 나겠지요?"

낯익은 목소리에 유비가 깜짝 놀라 뒤돌아보니 제갈공명이 서 있었다.

"공명 선생! 안 그래도 이럴 때 공명 선생께선 어떻게 하실까 생각하고 있었습니다."

유비가 반가워하며 말했다.

"마초가 워낙 용처럼 용맹하다고 소문이 난지라, 분명 장비 장군과 싸움이 계속되면 둘 중 하나는 목숨을 잃은 것 같았습니다. 그래서 자룡 장군과 황충 장군에게 성도 쪽은 맡겨 두고 달려왔습니다."

그러고는 옅은 미소를 지으며 유비의 표정을 찬찬히 살피던 제갈공명이 말했다.

"저 장군을 수하에 두고 싶은 것이지요, 주공?"

유비가 눈을 빛내며 냉큼 대답했다.

"맞습니다! 장비와 함께 어우러지는 마초의 용맹함을 보고 있노라면 그가 탐이 나서 견딜 수가 없습니다. 그를 얻을 방법이 없겠습니까?"

제갈공명이 빙그레 미소를 지으며 대답했다.

"제가 그럼 마초를 사로잡을 묘책을 내 보겠습니다."

제갈공명이 유비의 마음을 읽었네요. 그런데 어떤 방법으로 마초를 데려온다는 걸까요? 제갈공명이 제일 잘하는 것 중 하나가 무엇인가요? 사람의 특성을 파악하고 그 심리를 이용하여 원하는 것을 얻어내는 것이지요. 동오와의 동맹도 그렇게 이루어냈고, 주유 죽음 이후의 위기도 그렇게 극복했었잖아요. 이번에도 그는 한중을 차지하고 있는 장로의 심리를 한껏 이용합니다.

한중의 장로 곁에는 뇌물을 좋아하는 심복이 하나 있었다. 그의 말이라면 장로가 껌뻑 죽는다는 것을 안 제갈공명은 금은보화를 싸서 그에게 보냈다. 뇌물을 받은 심복이 바로 장로에게 가서 유비에 대해 좋은 말들을 하며 아첨했다.

"주공, 사실 유 황숙은 주공의 원수인 유장을 치기 위해 서천에 머물고 있는 것이라고 합니다. 우리 한중의 위엄도 충분히 알린 것 같으니 이제 그만 마초를 불러들이시지요. 그리하시면, 유비는 황실의 종친이라서 주공을 왕의 자리까지 올릴 수 있을 것입니다."

왕에 오른다는 말에 솔깃한 장로는 바로 마초를 불러들였다.

"마초에게 당장 들어오라 전해라."

전령이 이 명을 전했지만, 한창 싸움에 열중한 마초 귀에 그의 말이 들릴 리가 없었다. 육탄전으로 모처럼 온몸이 달아오르고 가슴이 뛰고 있었는데 말이다.

"지금 한창 전투 중이라 못 간다 전하시오. 공을 세우기 전에는 절대 돌아가지 않겠소."

전령이 돌아와 장로에게 이 말을 전하자, 장로는 황당해 하며 말했다.

"아니 이놈이 어디서 명을 거역한단 말이냐? 그놈이 얼른 들어와야 내가 왕이 될 수 있거늘! 다시 가서 엄명이라 말해라!"

그러나 마초는 복귀하라는 장로의 명령을 세 번이나 거부했다. 장로의 분노가 치솟고 있을 때, 장로의 심복은 더욱 장로를 부추겼다. 이자는 평소에 마초를 굴러들어 온 돌이라 여기며 상당히 경계하던 참이었는데, 이 기회에 아예 보내 버리려는 작정을 한 것이다.

"마초 그놈 꿍꿍이가 본래 의심스러웠는데, 이제 보니 주공의 신하가 될 마음이 없는 게 분명합니다. 유비를 제압한 뒤 서천을 차지하고, 그 다음엔 거꾸로 우리 한중을 칠지도 모릅니다. 벌써 온 한중에 마초의 반역에 대해 소문이 파다합니다."

진짜 이런 소문이 있었냐고요? 그럼요, 있긴 있었습니다. 그러나 이 또한 장로의 심복이 몰래 헛소문을 퍼트린 거였습니다. 금은보화도 받고, 평소 눈엣가시였던 마초도 제거하고. 그는 자기가 원하는 모든 것을 얻게 된 것 같았죠. 하지만 이 모든 건 제갈공명의 설계였답니다.

“마초 장군! 장로 주군께서 장군이 공을 세우려는 뜻이라면 한 달의 기간을 줄 터이니 유비를 몰아내고, 서천을 차지한 뒤, 유장의 수급을 베어 오라 하십니다. 이 세 가지 중 하나라도 이루지 못한다면 그땐 장군의 목을 바치라고 하셨습니다.”

장로가 보낸 전령의 말에 마초는 퍼뜩 정신이 들었다. 이러다간 장비와의 싸움은 둘째 치고, 돌아갈 곳이 없어질 듯했다. 어쩔 수 없이 그는 싸움을 멈추고 복귀해야 했다. 그러나 때는 이미 늦었다.

마초가 볼일 보고 뒤처리를 안 한 양 찜찜한 마음으로 장로에게 가고 있는데, 장로의 군사들이 중간에서 턱하니 길을 막았다.

“무슨 짓이냐? 나 마초다, 모르느냐? 장로 공의 명을 받고 유비와 목숨 걸고 싸우다 돌아가는 길이란 말이다!”

그러자 한 장수가 앞으로 나와 말했다.

“이 역적 놈아! 네가 군사를 이끌고 돌아와 한중을 먹으려 한다는 사실은 이미 온 백성들이 알고 있거늘, 어디서 뻔뻔한 말을 지껄이느냐!”

이런 망할, 마초의 입에서 욕이 터져 나왔다. 어떻게든 돌아갈 길을 찾아보려 했으나, 모든 길목을 장로 군이 삼엄하게 지키고 있었다.

결국 마초는 집도 절도 없이 황야 한복판에 장막을 칠 수밖에 없는 신세가 되었네요. 이 순간을 기다렸던 한 사람이 있었습니다. 바로 제갈공명이 마초를 찾아옵니다.

마초는 제갈공명이 왔다는 소식을 듣고 20명의 날랜 병사들을 장막 뒤에 숨겨두었다. 신호만 내리면 바로 일어나 제갈공명을 죽일 수 있는 상태에서 마초는 제갈공명을 맞이했다. 제갈공명이 들어와 마초에게 깍듯이 인사하자, 마초도 얼결에 넙죽 고개를 숙이며 인사했다. 하지만 이내 표정을 고치고 매섭게 고함을 질렀다.

"뭣하러 여기까지 왔느냐! 가만있으면 내가 모든 장수의 목들을 베고 널 찾았을 텐데 말이다!"

마초의 사나운 기세에도 제갈공명은 평안한 표정을 지으며 담담히 말했다.

"마초 장군, 한때는 서량에서 이름을 날리며 왕자처럼 지내던 시절도 있으셨지요. 그러다가 아버지 마등께서 조조에게 귀한 목숨을 잃으신 슬픔, 다 알고 있습니다. 그 원수도 못 갚고 한중으로 쫓겨 오셨으니 그 원한이 오죽할까요. 한중을 위해 목숨 걸고 싸웠건만, 장로 장군마저 옥석을 못 알아보니, 어찌 애통하지 않을 수 있습니까?"

여기서 제갈공명은 말을 잠시 멈추고 마초를 쳐다보았다. 마초는 자신의 서러운 곳을 너무나 정확하게 콕콕 집어내는 제갈공명의 말에 저도 모르게 고개가 숙여졌다.

"이제는 제대로 된 주인을 만나실 때입니다. 지금 저희 유비 주공께서 마초 장군을 친히 뵙고 싶어 하십니다. 장군의 아버지와 저희 주공은 마음을 모아 천자의 밀서에 서명을 한 적도 있었지요. 따지고 보면 장군의 아버님과 우리의 주공은 동지가 아닙니까. 그걸 아시면서도 왜 어둠을 버리고 밝음을 얻으려 하지 않으십니까?"

말이 끝났을 때는 마초는 고개를 푹 떨구고 있었다. 그가 잠시 후 대답했다.

"한 마디 한 마디 구구절절 다 맞습니다. 저는 다만 아버지의 원수를 갚고자 했건만, 일이 이리저리 꼬이는 바람에 이제는 완전히 길을 잃어 버렸습니다."

제갈공명은 슬며시 미소를 띠고, 부채를 꺼내 부치며 말했다.

"정말 그렇게 생각하신다면 숨겨놓은 병사들은 이제 그만 물리시지요."

마초는 제갈공명의 말에 흠칫 놀라며 즉시 숨겨 놓은 병사들을 물렸다. 그러자 제갈공명이 말을 이었다.

"결국 마초 장군과 저희의 마음은 같습니다. 역적 조조를 제거하는 것이지요. 그러니 저희 주공과 함께하면 장군은 아버지의 원수도 갚고, 한나라에 공도 세우는 것이 아니겠습니까?"

마침내 마초가 벌떡 일어나 제갈공명 앞으로 나오더니 자세를 낮추며 말했다.

"유 황숙의 명성은 일찍이 들어 알고 있습니다. 저희 아버지와 함께 천자의 혈서에 이름을 쓰신 것도 알고 있지요. 한중의 식객인지라 어쩔 수 없이 서천을 쳐야 했을 뿐, 유 황숙께 사적인 감정은 전혀 없습니다."

"그럼요, 제가 왜 그걸 모르겠습니까? 주공께서 기다리고 계십니다."

이렇게 해서 마초가 유비를 만나러 오게 되었지요. 유비가 어떤 사람입니까? 누가 오든 버선발로 나가 두 손을 꼭 붙잡아 주는 덕장이지요? 마초 역시 그렇게 맞이해 주었답니다. 유비가 나오는 것을 보며 마초가 서둘러 무릎을 꿇고 예를 갖추었죠. 멋들어진 투항의 말도 잊지 않았어요.

"부족한 저를 받아 주시니 감사합니다. 이제야 진정 제가 모실 인덕의 주군을 만나 뵈옵니다."

여기서 유비의 특기가 또 나옵니다. 그 역시 한쪽 무릎을 꿇고 두 손을 잡은 채 상대를 일으키는 것 말입니다.

유비는 마초를 일으켜 세우며 말했다.

"마초, 그대 이야기는 많이 들었소. 얼마 전 전투 역시 감명 깊게 봤소. 꼭 우리 막내, 장비의 젊은 시절을 보는 것 같아 내 맘이 다 벅차오르더이다."

유비 뒤에서 이 말을 듣던 장비가 고개를 삐죽 내밀며 물었다.

"형님, 뭐요? 쟤랑 나랑 그렇게 판박이오? 얼굴이?"

유비가 들은 척도 안 하고 계속 말을 이었다.

"나와 같이 역적 조조를 제거하고, 한나라를 재건하는데 힘을 보태줄 수 있겠소?"

마초가 씩씩하게 대답했다.

"저 마초, 목숨 걸고 명을 받들겠습니다."

유비가 든든하다는 듯이 마초를 다독일 때, 장비가 곁으로 다가와 말했다.

"야 애송이, 오늘 저녁 먹고 야간에 한 판 더 뛰자."

마초가 웃음을 참으며 정중하게 대답했다.

"장비 장군, 저 마초가 이제부터는 형님으로 모시겠습니다."

"에이 왜 이래, 어색하게. 야, 인마 하던 대로 해! 간만에 피가 끓어서 얼마나 재밌었다구. 형님, 이제 와서 말하지만 이거 이거 물건이오. 앞으론 나 대신 얘를 쓰면 되겠수다."

마초는 장비의 말에 마침내 웃음을 터트렸다. 자신이 온전히 유비의 편이 되었음을 느끼는 순간이었다.

자, 마초가 유비의 오호대장군 중 한 명이었다는 말 기억하시나요? 이렇게 마초까지 얻음으로써 유비는 오호대장군을 완성했습니다. 오호대장군은 다섯 명의 호랑이 같은 명장이란 뜻으로, 관우, 장비, 조자룡, 황충, 마초를 칭하지요. 유비는 이들이 천군만마보다 더 든든했는데요. 그럴 만했다는 걸 보여 주는 에피소드가 있답니다.

마초를 얻고 나서 가맹관이 안정되자, 유비는 마초, 장비, 제갈공명과 함께 다시 유장이 머무는 성도 근처의 낙성으로 돌아왔다. 새로 온 마초를 환영하고 있는데, 유장의 장수들이 성도에서 나와 싸움을 걸었다. 이제 막 술잔을 들려던 조자룡이 앞으로 나서며 말했다.

"뜻 깊은 시간을 방해하다니, 제가 얼른 가서 처치하겠습니다."

마초가 자신이 나서겠다고 말하기도 전에 조자룡은 말에 올라타 뒤를 돌아보며 말했다.

"술잔이 식기 전에 돌아오겠소."

이 말과 함께 왼쪽 눈을 찡긋하고는 바람처럼 사라졌다. 모두가 한바탕 크게 웃었고, 영문을 모르는 마초만이 이 뭐하는 사람들인가 생각하며 멀뚱히 술잔을 바라봤다. 유비는 태연하게 마초를 환영하는 잔치를 이어갔는데, 술이 한 바퀴 돌기도 전에 출정했던 조자룡이 장수들의 수급을 베어 와 유비에게 바치는 게 아닌가. 마초의 입이 떡 벌어졌다.

"무신이라고 소문을 들어왔지만, 이 정도일 줄이야……."

게다가 이런 상황이 익숙한 듯한 유비의 모습에 마초는 경외감까지 들 정도였다. 질 수 없다고 생각한 마초가 말했다.

"주공, 수고롭게 싸우실 필요 없습니다. 제가 가서 유장의 항복을 받아오겠습니다. 만약 항복하지 않는다면 제가 알아서 성도까지 함락해 버리겠습니다."

이러니 유비가 든든할 수밖에. 그날 밤 잔치에는 내내 웃음소리가 끊이지 않았다.

한편 유장은 더는 버틸 재간이 없었다. 장수들은 내보내는 족족 유비의 장수들에게 당하고, 심지어 성벽을 넘어서 유비에게 항복하는 자들도 점점 늘어나고 있었다. 그때 한중군 마초가 왔다는 소식이 들려왔다. 구원병이라고 생각한 유장은 성벽 위로 뛰쳐 나갔다. 그런데 마초가 전혀 의외의 말을 외쳤다.

"유장은 속히 항복하시오!"

겁도 먹고 당황한 유장이 입을 열기도 전에 마초는 말을 이어갔다.

"나는 유 황숙을 주군으로 받들고 섬기기로 결심했소. 장로에게 군사를 받아 서천을 도우려했건만, 그자는 덕이 없어 한낱 신하의 모함으로 나를 죽이려 했소. 더 지체말고 항복하여 화를 면하시오!"

마초의 말을 들은 유장은 놀라서 그만 정신을 잃고 쓰러지고 말았다. 신하들이 놀라 방안으로 모시니, 일어난 그가 힘없이 읊조렸다.

"내 욕심으로 백성들의 터전을 피로 물들게 했으니, 이 모든 것이 나의 업보다. 이제 정말 물러날 때가 되었구나. 인장을 꺼내어 가지고 와라. 유 황숙에게 항복하겠다."

드디어 성도의 성문이 열리고, 유장이 직접 인장을 가지고 나와 유비에게 바치며 말했다.

"우리 서천을 잘 맡아 주십시오."

그리고 유장은 '내 생도 이렇게 마감하는구나.' 생각하며 처연하게 눈을 감았다. 그런데 그때 유비가 이렇게 말하는 게 아닌가.

"부족한 제가 서천을 받아도 되겠소?"

유장이 놀라 눈을 번쩍 뜨고 유비를 쳐다보았다.

"제가 처음부터 서천을 치고 싶었던 건 결코 아니었소. 어쩔 수 없이 상황이 이렇게 흘러간 점, 유장께서 넓은 아량으로 이해해 주시길 바라오. 내 청이 하나 있소. 유장께서 형주로 가셔서 관리직을 하나 맡아주셨으면 하오."

목이 베일 줄로만 알았던 유장에겐 뜻밖의 제안이 아닐 수 없었다. 그가 뜨거운 눈물을 흘리며 유비 손을 꼭 잡았다. 이 모습을 본 마초가 깜짝 놀라며 중얼거렸다.

"아니, 저 몹쓸 놈을 바로 죽이지 않고!"

이때 옆에서 황충이 그의 팔을 툭 치며 작게 속삭였다.

"익숙해지시게, 이런 덕심은 이곳에선 일상이니."

신입생 마초에겐 이 모습이 생경했나봅니다. 좀더 일찍 유비의 팀이 된 선배 황충에겐 낯익은 풍경이었는데 말이지요. 유비와 유장이 손을 잡고 성도에 입성하니 백성들은 환호하며 맞이했답니다. 이렇게 드디어 유비가 서천과 형주를 차지했습니다. 이제 유비의 전성시대가 열리는 걸까요?

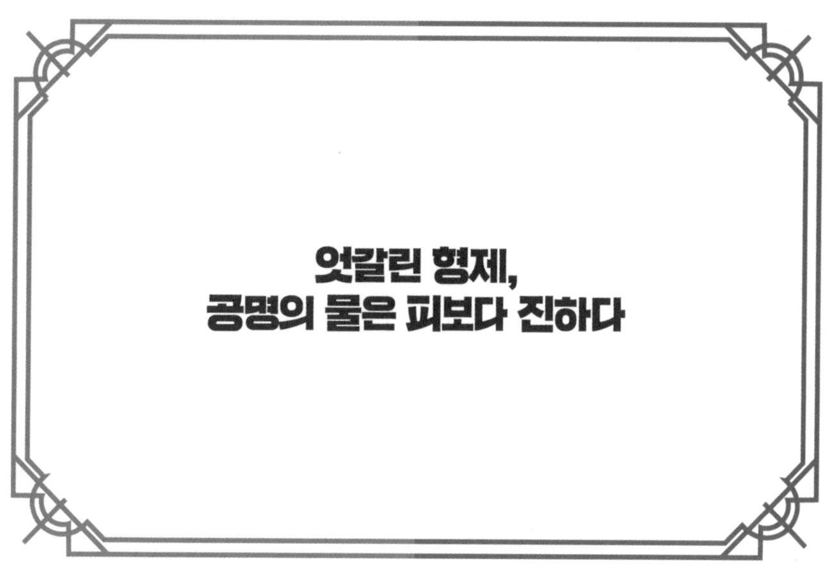

엇갈린 형제, 공명의 물은 피보다 진하다

유비가 서천을 차지했다는 소식은 흘러 흘러 동오의 손권에게까지 들어갔다. 손권은 때가 왔다고 생각했다. 형주를 탈환하는 것이 바로 손권의 오랜 목표 아니었던가. 그런데 서천을 얻으면 형주를 내주겠다고 문서까지 주며 약조한 유비가 드디어 서천을 차지한 것이다! 이제 더는 발뺌할 수 없겠다 싶었다.

"이번에야말로 형주를 찾아와야겠소. 누가 가는 게 좋겠소? 노숙, 아니 노숙께서는 그냥 계시지요. 번번이 공명의 계략에 말리고 오질 않았소."

노숙이 고개를 푹 숙였다. 입이 열 개라도 할 말이 없어 자숙 중이었기 때문이다. 이때 적벽대전 때 군량미를 총괄했던 장소가 나서서 이렇게 말했다.

"제갈근 선생을 보내는 건 어떻겠습니까?"

손권의 눈이 번쩍였다.

"제갈근이라……."

제갈근이 누구냐고요? 유비가 제갈공명을 삼고초려 하던 때를 기억하시나요? 두 번째 찾아갔을 때 동생 제갈균이 그를 맞이했었잖아요. 그러면서 "저희는 삼 형제입니다. 저는 제갈균이고 바로 위 형님이 제갈량, 그리고 제일 큰 형님이 제갈근이랍니다."라고 말했었지요. 네, 제갈공명의 형이 바로 제갈근입니다. 이미 삼고초려 당시 제갈근은 동오의 책사로 가 있었지요. 이후에 동생 제갈공명이 유비의 책사로 갔으니, 형제가 모시는 주군이 각기 달랐네요. 제갈근은 형주를 받아올 수 있을까요?

장소가 간언했다.

"지금 유비가 믿고 있는 사람은 공명뿐입니다. 공명만 흔들 수 있다면 형주를 얻는 것도 어렵지 않을 것입니다. 제갈근의 식솔을 인질로 삼으십시오. 제아무리 제갈공명이라도 핏줄 앞에서 어찌할 수 없지 않겠습니까?"

손권이 고민에 빠졌다.

"천하의 악질 조조도 그런 행동은 안 하지 싶은데. 제갈근은 오래도록 동오에 충성한 신하인데 어떻게 그에게 그런 일을 할 수가 있겠소."

"연출은 할 수 있지요, 주공."

장소가 의미심장한 미소를 지으며 대답하자, 손권도 고개를 끄덕이며 제갈근을 호출했다.

제갈근이 달려오자, 손권이 높은 자리에서 내려와 제갈근의 손을 잡으며 말했다.

"선생, 선생의 동생이 번번이 우리의 형주 진출을 막아온 것은 아시지요? 그래서 말인데……. 선생의 가족을 잠시 감옥에 모셔 놓고 잘 대접할 테니, 서천에 가서 동생을 좀 설득해 주면 어떻겠소?"

제갈근이 무슨 뜻인지 잘 알겠다는 듯 고개를 끄덕이며 말했다.

"주공, 너무 걱정 마십시오. 제가 동생을 만나 보겠습니다."

"고맙소. 내가 선생 가족들을 매끼 9첩 반상으로 극진히 모실 걸 약속하겠소."

제갈근이 미션 수행을 위해 동생 제갈공명을 만나러 서천까지 왔습니다. 모처럼 친형을 만났으니, 응당 기뻐해야 하는데 어째 제갈공명의 표정이 좋질 않네요. 올 것이 왔구나 싶은 게 골치가 아팠던 겁니다. 제갈공명은 이미 다 알고 있었거든요. 손권이 형주를 뺏기 위해 어떤 카드를 쓸지 말입니다. 그래도 형이 왔으니 반가운 척, 걱정스러운 척은 해야겠지요?

"형님 어쩐 일로 여기까지 오셨습니까?"

제갈공명의 물음에 갑자기 제갈근이 눈물을 펑펑 쏟으며 말했다.

"아우야! 형수랑 네 조카들이 다 옥에 갇혀 있다. 우리 가족이 다 죽게 생겼구나. 제발 도와다오."

제갈공명이 한숨을 내쉬며 제갈근의 손을 잡았다.

"형주 때문이겠지요? 형님, 어찌 제가 저희 혈육의 안위를 걱정하지 않겠습니까? 제가 저희 주공께 말씀드려 볼 테니, 같이 가시지요."

두 사람이 유비가 있는 내원으로 갔다. 유비를 보자마자 제갈근이 다시 울음을 터뜨렸다.

"유 황숙, 저희 식솔들이 모두 죽게 생겼습니다. 부디 형주를……."

그런데 말이 끝나기도 전에 유비가 두 주먹으로 상을 세게 내리쳐, 쾅 소리가 내원에 가득 울려 퍼졌다. 예상치 못한 그의 행동에 제갈근의 눈물이 쏙 들어가고 말았다. 격분한 유비는 제갈근을 노려보며 떨리는 목소리로 소리를 쳤다.

"아니, 이거 해도 해도 너무한 거 아니오? 내가 서천을 차지하면 곧장 형주를 내어줄 참이었소. 그런데 내가 서천 가맹관에서 장로와 싸우느라 목숨을 걸고 고군분투하고 있을 때, 동오에서 저지른 그 파렴치한 행각을 내 잊을 수 없소. 내 부인을 속여 납치해 가고 게다가 내 아들도 데려가려 하다니! 아직도 그때의 찢어지는 심정을 생각하면 분이 풀리지 않소! 그런데 그것도 모자라 이제 공명 선생의 가족을 감옥에 가둬?! 아니 내가 장가든 동오의 손 씨 가문이 이거밖에 안 된단 말이오?"

예의 바르기로 유명한 유비가 갑자기 왜 거칠어졌냐고요? 실제로 손상향과 아두 납치 사건은 유비에게 격분의 사건이긴 했지만, 그래도 손님에게 이렇게까지 화를 내는 건 유비답지 않잖아요. 결론부터 말하면, 유비와 제갈공명이 벌인 한 편의 연극입니다. 이들이 함께한 세월이 얼마인가요? 제갈공명의 쇼를 하도 보아 왔던 터라, 유비도 이제 눈치 100단이 된 거예요. 제갈공명이 눈짓만 해도 어떤 상황인지 다 파악하고 기막힌 애드리브를 연출한 거지요.

인덕이 넘치는 주군이라 명성이 자자한 유비가 이렇게 화를 내자 제갈근은 눈이 동그래져서 안절부절못할 뿐이었다. 이틈에 제갈공명이 엎드려 통곡하기 시작했다.

"주공, 이대로 돌아가면 저희 형님은 동오에서 온 가족과 함께 죽임을 당할 것입니다! 그렇다면 저도 같이 죽여 주십시오. 가족을 잃고 어찌 제가 살 수 있겠습니까? 저를 보아서라도 형주를 내어 주십시오!"

제갈공명의 간곡한 부탁에도 불구하고 유비의 태도는 단호했다. 절대 안 된다며 거듭 화를 내며 거절한 것이다. 하지만 제갈공명이 바닥에 엎드려 계속해서 읍소하니 유비가 선심 썼다는 듯 제갈근에게 말했다.

"공명 선생이 저리 우는 건 처음 봤소. 맘 같아선 괘씸해서 절대 주고 싶지 않지만, 공명 선생의 맘을 헤아려 결단하는 것이오. 형주의 절반! 그 이상은 안 됩니다! 내 친히 서찰을 써 줄 테니 형주로 가서 내 아우 관우를 만나시오. 그러면 관우가 알아서 형주의 절반을 줄 것이오."

유비가 목간에 글을 써 내려가자 제갈근이 인사를 했다.

"감사합니다, 정말 감사합니다."

서찰을 전해 주며 유비가 한 마디 더했다.

"관우가 성격이 보통이 아니니, 예를 갖춰 대해야 할 것이오."

"여부가 있겠습니까?"

제갈근이 서찰을 품에 안고 서둘러 형주로 떠났다. 유비와 제갈공명은 알 수 없는 표정을 지으며 떠나는 그의 뒷모습을 바라보았다. 제갈근이 보이지 않을 만큼 멀리 가자 유비가 한숨을 지으며 물었다.

"공명 선생, 화내는 연기가 어색하진 않았습니까?"

"전혀요, 원래부터 폭군이신 줄 알았습니다."

두 사람이 마주보며 껄껄 웃었다.

제갈근이 부랴부랴 형주에 도착했습니다. 드디어 말로만 듣던 관우와 대면을 하게 되었네요. 제갈근도 관우의 명성을 왜 몰랐겠어요. 불타는 대추, 오관육참의 사나이, 긴 수염에 말수가 적어 선비의 풍모를 풍기지만, 청룡언월도를 휘두르면 그 누구도 쉽게 접근하지 못할 만큼 무시무시한 살기를 뿜어내는 자. 그가 바로 관우 아니겠어요? 그러니 제갈근이 잔뜩 긴장할 수밖에요. 하지만 관우가 존경하는 세 가지가 있으니, 그게 바로 하늘과 땅 그리고 큰형님 유비란 것을 제갈근도 알고 있었답니다. 그러니 유비의 서찰인데 관우라고 별 수 있을까 싶었죠. 아랫배에 힘을 팍 주고 제갈근이 관우를 만났습니다. 서찰을 받은 관우는 어떤 말을 했을까요?

관우가 편지를 펼쳐 보니 유비의 서체가 맞았다. 잠시 아무 말 없이 수염만 쓰다듬는 관우의 얼굴을 보자니, 제갈근은 간장이 쪼그라드는 것 같았다. 관우가 침묵하는 1분이 1시간처럼 길게 느껴졌다. 드디어 관우가 입을 열었다.

"전쟁 중에 밖에 나간 장수는 왕의 명령도 받들지 못한다는 말이 있소. 형님이 가실 때 내게 형주를 지키라 했는데, 어찌 형님이 오시기도 전에 모르는 이에게 이 형주 땅을 내어줄 수 있단 말이오? 사람을 보내 형님께 상황을 여쭐 터이니 오늘은 그냥 돌아가시오."

"아니, 관우 장군, 서찰에 분명 유 황숙께서……."

그러나 관우가 단호하게 고개를 젓자, 제갈근은 서천에서 먹혔던 방법을 다시 쓰기로 했다.

"사실 지금 동오에 내 가족들이 모두 잡혀 있소. 형주를 돌려받지 못하고 빈손으로 돌아가면 분명 목숨을 보전하지 못할 것이란 말이오. 부디 우리 가족을 불쌍히 여겨 주시오!"

순간 관우의 인상이 험악해지더니 옆에 있던 청룡언월도를 들어 바닥에 쿵하고 내리쳤다.

"그 모든 것이 동오의 계략임을 모를 줄 아시오? 내 이 청룡언월도로 선생 목을 베어 버릴 수도 있지만, 공명 선생의 얼굴을 봐서 참는 줄 아시오!"

너무 놀라고 겁에 질린 나머지 제갈근은 심장이 밖으로 튀어나오는 줄 알았다. 한 마디라도 더 했다가는 진짜 목이 베일 것 같은 분위기였다. 그러니 벌렁대는 심장을 부여잡고 줄행랑칠 수밖에.

제갈근으로부터 이 얘기를 전해 들은 손권의 마음이 어땠을까요? 분노로 얼굴뿐 아니라 눈까지 시뻘게지고 말았습니다. 기어이 말로 안 된다면 전쟁도 불사하겠다며 군사를 일으키려 하지요. 하지만 손권이 형주를 치러 가면 조조가 비어 있는 강동을 차지하려 한다는 첩보를 입수했네요. 결국 동오에 남아 자신의 지역을 지키기로 했답니다.

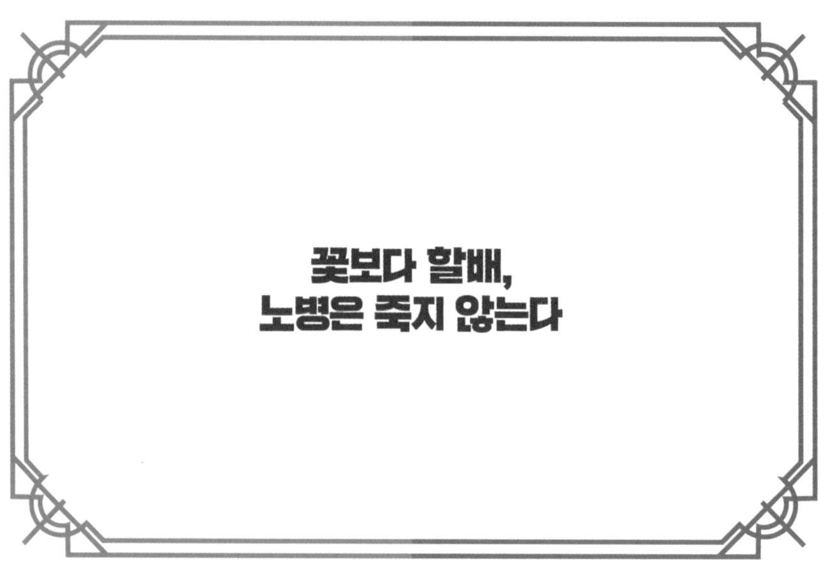

꽃보다 할배, 노병은 죽지 않는다

자, 여기까지가 유비가 형주를 넘어 서천을 얻고 그것을 공고히 하는 과정이었습니다. 그러면 유비와 유장이 서천을 두고 으르렁대는 동안, 우리의 조조는 무얼 하고 있었을까요? '남의 위기는 우리의 안정이다.' 라는 강령을 내걸고 조용히 똬리를 틀고 있던 조조는 학교를 세우고 민심을 살피며 반동 세력을 숙청하는 등 내부를 다지고 있었습니다. 그렇게 조조가 차지하고 있던 허창을 중심으로 한 북방이 어느 정도 안정이 되고 나자 이제 다시 남으로 영토를 넓혀야겠다는 생각이 들었죠. 그런데 조조의 남하 정책 방향은 강동도 형주도 아닌, 한중이었습니다. 한중의 주인인 장로는 자신의 상대가 되지 못한다고 생각했고, 한중을 차지한 뒤 그곳을 병참기지 삼아 남쪽에 있는 유비의 서천까지 진군하는 것이 조조의 최종 목표였습니다.

조인, 허저, 하후돈 등의 장수들을 불러 놓고 조조가 영토 확장의 의견을 물었다. 하후돈이 나서서 말했다.

"유비 쪽이나 동오 쪽은 대비가 너무 잘 되어 있습니다. 한중의 장로를 먼저 치는 것이 좋겠습니다."

그 말이 맞다 생각한 조조는 즉시 한중으로 남하했다. 장로는 필사적으로 맞서 싸워 보았으나, 장수의 역량 차이가 너무 극심해, 번번이 패하고 있었다. 결국 한중은 다섯 달을 채 버티지 못하고 조조의 손에 들어갔다. 장로는 성을 버리고 남문으로 달아났다. 그러다 훗날 조조 군에게 붙잡혀 참수를 당할 뻔하였으나, 민심을 신경 쓴 조조가 장로에게 변방의 관리직을 하나 내주어 조용히 여생을 보내게 했다.

"주공 지금 한중에서 멈추시면 안 됩니다. 유비는 아직 서천을 차지한지 오래되지 않아, 서천 민심 전부를 얻지는 못했습니다. 지금 공격하시면 서천을 쉽게 가지실 수 있을 겁니다."

이렇게 간언한 사람은 사마의라는 사람이었다. 사마의는 관직이 높지는 않았지만, 유학 경전에 통달하여 조조는 그에게 후학 양성을 맡기고 있었다.

자, 이 사마의라는 사람을 꼭 기억하셔야 합니다. 사마의는 굉장히 유능한 사람이었기 때문에 조조에겐 양날의 검처럼 느껴졌어요. 조조는 뛰어난 인재들에 대한 욕심이 대단하긴 했지만, 만약 그 사람이 자기보다 뛰어나다고 생각이 들면 굉장히 경계했거든요. 사마의의 간언을 들은 조조는 생각지도 못한 결정을 내립니다. 더 남하하지 않고 한중에 머무르겠다는 것이었죠. 출정을 할 때는 유비의 서천까지 치는 것이 목표였는데, 어찌 된 일일까요. 사마의의 말이 왠지 의심스러웠는지, 아니면 조조도 나이가 들었던 것인지, 아니면 유비를 얕잡아 보아 지금이 아니라도 언제든 공략할 수 있다고 생각한 건지. 그 속내를 아무도 알 수 없었지만 조조는 군사들도 긴 전투 후에 좀 쉬어야 하지 않겠냐며 진군을 멈췄습니다.

무시무시한 조조가 바로 머리 위까지 올라와 있으니, 서천 땅의 백성들이 얼마나 불안했겠어요. 유비가 와서 겨우 장로의 침략을 막아 주나 싶었는데, 한중 지역에 늑대가 물러나고 호랑이가 들어온 격이지요.

게다가 사마의의 말대로 유비가 아직 서천을 완전히 안정시킨 것은 아니었습니다. 한중 장로와의 전투, 서천 유장과의 전투, 끊임없는 싸움을 치루며 유비와 군사들도 많이 지쳐 있었고 군량의 보급도 여의치 않은 형편이었죠. 고심 끝에 제갈공명은 조조를 막기 위한 방편으로 외교술을 이용하기로 합니다. 동오에 사신을 보내어 다시 동맹을 맺자고 제안한 것이지요. 손권이 그렇게 바라던 형주의 일부를 떼어 줄 테니, 함께 조조를 막자는 것이었습니다.

형주 땅의 일부를 확보한 손권은 군사를 일으켜 조조의 합비를 공격합니다. 조조가 한중에 머물러 있는 틈을 타 합비를 친 것이지요. 하지만 조조의 군대는 상상 이상의 전력으로 맞섰고, 결국 손권의 원정은 실패하고 맙니다. 이에 기세등등해진 조조는 이듬해 자기 진영에 위라는 국호를 붙이고 스스로 위왕에 올랐습니다. 드디어 왕의 시대가 시작된 것이죠. 이후 조조는 궁전도 짓고, 세자도 책봉했습니다. 간만에 중국에 평화가 깃들었죠. 하지만 이 평화는 오래가지 않았습니다. 이번에는 어디서 전쟁이 터져

나왔을까요?

평화의 때라고는 하지만, 사실 조조의 한중과 유비의 서천 사이에서는 몇 차례의 대소 전투가 있었다. 이에 조조는 지원병을 내려 보냈는데, 이때 나섰던 조조의 장수가 장비를 우습게 보고 장비가 지키고 있는 지역을 공격했다. 그러나 제법 책략까지 쓸 수 있게 된 장비가 아니었던가. 장비는 위군, 그러니까 위왕 조조의 군사를 잘 막아냈을 뿐 아니라 오히려 성 하나를 빼앗기까지 했다. 그러자 위군은 이를 만회하기 위해 5,000명의 군을 이끌고 가맹관으로 진군했다. 가맹관 쪽 움직임에 대해 보고를 받은 유비가 대책을 마련하기 위해 제갈공명과 여러 장수들을 불러 모았다.

"마초가 한중에서 얼마간 머무르면서 그 지역을 익히지 않았소. 마초가 선봉장이 되어 싸우는 게 어떻겠소? 아니면 역시 장비가 나서는 것이 좋을지……."

그런데 그때 황충이 손을 번쩍 들었다.

"주공, 저를 없는 이처럼 여기는 이유가 무엇이옵니까! 제가 가겠습니다."

"아니, 황충 장군. 물론 장군의 노련한 실력을 모르는 바 아니나, 조조 군은……."

당시 황충의 나이가 70세를 바라보고 있었으니, 유비가 걱정하는 건 당연한 일이었다. 하지만 황충은 끝까지 자기가 가겠다며 고집을 부렸다. 사실 황충은 노장 대접을 받는 게 내심 불편하고 서운하던 참이었다. 뭔가 나서서 하려고 하면, "아이고 어르신, 무릎 아플 텐데 쉬시지요." 매번 이런 식이었기 때문이다. 물론 자신을 배려한 행동이란 걸 황충이라고 왜 모르겠는가. 하지만 이래봬도 평생 전장을 누비며 산 명장인데, 유비 진영에 와서 이렇다할 공도 세우지 못했으니 자존심이 상하고 죄스러운 마음도 있었던 것이다.

"황충 장군, 가맹관을 잃으면 큰일납니다. 장군의 마음을 모르는 바는 아니나, 이번에는 차라리 제가……."

조자룡까지 나서서 만류하자 황충은 갑자기 자리에서 벌떡 일어나 큰 검을 들고 나는 듯이 춤을 추고, 옆의 활을 힘껏 당겨 연달아 두 개를 부러뜨렸다. 그리곤 보란 듯이 강렬한 눈빛으로 유비를 보며 소리 높여 말했다.

"아직도 힘이 없다 저를 무시하실 겁니까? 주공, 저한테 맡겨 주십시오. 실패한다면 이 머리를 바치겠습니다."

그래도 유비는 걱정스러운 눈으로 그를 바라볼 뿐이었다. 유비 머릿속에는 여전히 나이 70이란 숫자가 떠나질 않았던 것이다. 이때 제갈공명이 나섰다.

"황충 장군이라면 능히 해내실 수 있을 겁니다. 출전을 허락하시지요, 주공."

제갈공명의 말에 유비가 잠시 고민을 하더니 고개를 끄덕였다. 황충은 기뻐하며 말했다.

"우리 군사 중 야전에 강한 1,000명만 뽑아 주십시오. 아, 그리고 엄안 장군과 함께 가고 싶습니다."

장비가 서천으로 들어올 때 항복했던 노장 엄안은 오랫동안 서천 군사들의 정신적 지주, 아버지와 같은 역할을 해왔다. 그러니 서천 출신 군사들 중 가장 뛰어난 자들이 누구인지 제일 잘 알았고, 그들을 통솔하는 데에도 능했다. 게다가 엄안은 황충을 형님처럼 믿고 따랐다. 황충과 관우가 겨룬 일화를 듣고, 그의 무공은 물론 의리에 탄복했기 때문이다. 엄안은 군사들 중 야전에 강한 1,000명을 따로 차출했다. 그리고 황충과 엄안은 그중 극한 상황에 강한 특급 전사 300명을 한 번 더 추렸다. 그들은 언뜻 보면 왜소해 보였지만, 눈빛과 잔근육이 살아 있는 최강의 전사들이었다. 덤비면 금방이라도 물어뜯을 것 같은 야수의 기개를 가진 이들, 그들이 바로 300 특급 전사였던 것이다.

그런데 두 노장이 300명 특급 전사를 이끌고 가맹관에 나타나자 웅성웅성하는 소리가 들리기 시작했다. 성도에서 당연히 조자룡이나 마초 정도의 혈기왕성한 장수를 보내줄 거라 기대하고 있었건만, 두 노인이 나타났으니 황당했던 것이다. 어떤 이들은 제갈공명이 판단력이 흐려졌다며 비웃기까지 했다.

어수선한 분위기를 눈치챈 엄안이 칼자루에 손을 가져갔다. 그리고 눈 깜짝할 사이에, 가맹관 수비를 총괄하던 장수의 수염을 잘라 버렸다. 순간 병사들이 바짝 겁먹었다. 칼자루에 손이 닿는 것을 봤을 뿐인데, 바닥에 잘린 수염 뭉치가 떨어져 있었기 때문이다.

"이분은 형주의 무신 황충 장군이시다. 다들 인사드려라."

이 한마디에 군사들의 군기가 한순간에 잡혔다. 황충이라면 천하제일무공 관우를 감탄케 했던 그 전설의 이름? 엄안이나 황충의 명성을 그들도 익히 들어왔지만, 이제야 그 명성이 또렷이 살아 숨쉬고 있다는 것을 다시금 깨달았다.

"명을 받들겠습니다."

엄안이 다시 말을 이었다.

"황충 장군께서 너희들을 진두진휘할 것이다. 그 어떤 명령에도 무조건 복종하라."

"명을 받들겠습니다."

이때 황충이 나섰다.

"나를 믿고 따르면 살 것이오, 믿지 못하면 죽어서 돌아갈 것이다!"

"명을 받들겠습니다!"

한 치의 흐트러짐 없이 군사들이 합창하듯 외쳤다. 그제야 황충과 엄안이 보일 듯 말 듯한 미소를 지었다.

황충은 무공만 뛰어난 게 아니었다. 늘 손무의 손자병법을 손에 들고 다닐 만큼 병법에도 능했다. 그가 가맹관에 도착하자마자 먼저 살핀 건 군량이었다. 그런데 군사의 사기를 진작시킬 만큼의 군량이 아니었다. 그가 몇

명의 정탐병을 선출한 후 말했다.

"병법에 의하면 전쟁터에서 군량은 보급으로 얻는 게 아니라 적에게 탈취하는 것이다. 그러니 적진으로 가 그들의 군량 상태를 살펴라."

야전에 강한 특전사 대여섯이 야밤에 달빛을 불빛 삼아 쥐도 새도 모르게 천탕산으로 갔다. 천탕산은 조조의 요충지로, 그 중턱에 조조 위군의 군량 저장소가 있었던 것이다. 군량 상태와 주변 지리를 확인한 정탐병들은 돌아와서 보고 들은 것을 황충과 엄안에게 소상하게 전달하였다. 정탐병의 보고를 들은 황충과 엄안은 한참을 고민하며 귓속말로 소곤소곤 회의를 하는데 중간에 낄낄거리기도 하고, 심각한 표정을 지었다가 다시 밝아지기도 했다.

이튿날 황충은 천탕산부터 가맹관으로 들어오는 좁은 길목에 영채를 한 개, 두 개, 세 개 빠르게 세웠다. 시간이 없으니 서두르라 명하여 겉보기에는 다소 어설픈 영채 3개가 완성되었다. 영채가 완성된 뒤 얼마 있지 않아 위군이 쳐들어왔다. 황충의 병사들 역시 죽음을 두려워하지 않으며 나가 싸우자를 외치며 진군했다. 굶주린 맹수처럼 적군을 향해 뛰어드는데, 한창 싸우던 중 별안간 황충이 후퇴 깃발을 올리는 게 아닌가.

'이게 아닌 거 같은데.'

장수들은 고개를 갸웃거렸지만, 처음부터 그 어떤 명령도 묻지도 따지지도 말고 군령만 따르라 했었기에 장수와 병사들은 후퇴할 수밖에 없었다. 그렇게 첫 번째 지어둔 영채를 버리고 달아나니, 위군은 사기가 올라 황충의 군사들을 뒤쫓았다. 다음날도, 그 다음날도 황충은 연달아 영채를 내주었다.

큰소리를 떵떵 치며 나왔건만, 역시 황충도 나이는 숨길 수 없었던 것일까요? 영채를 3개나 빼앗긴 황충은 가맹관으로 쏙 들어왔습니다. 생각보다 손쉽게 승리를 거듭한 위군은 신이 났죠. 의심 많은 조조가 직접 진군했다면, 뭔가 이상하다고 생각했을 지도 몰라요. 그런데, 조조는 직접 오지 않고 장수들만 보냈답니다. 이들이 딱 보니, 황충이 나이가 들어도 너무 든 거지요. 손만 대도 툭하고 쓰러질 것 같은 노장이 나왔으니, 그를 만만하게 본 겁니다. 겁을 먹고 후퇴하는구나 싶어 전속력으로 황충의 군을 쫓아갔어요.

"이거 누워서 떡 먹긴데?"

위군들이 황충을 비웃으며 말했다. 그리고 그날 밤 새롭게 차지한 영채

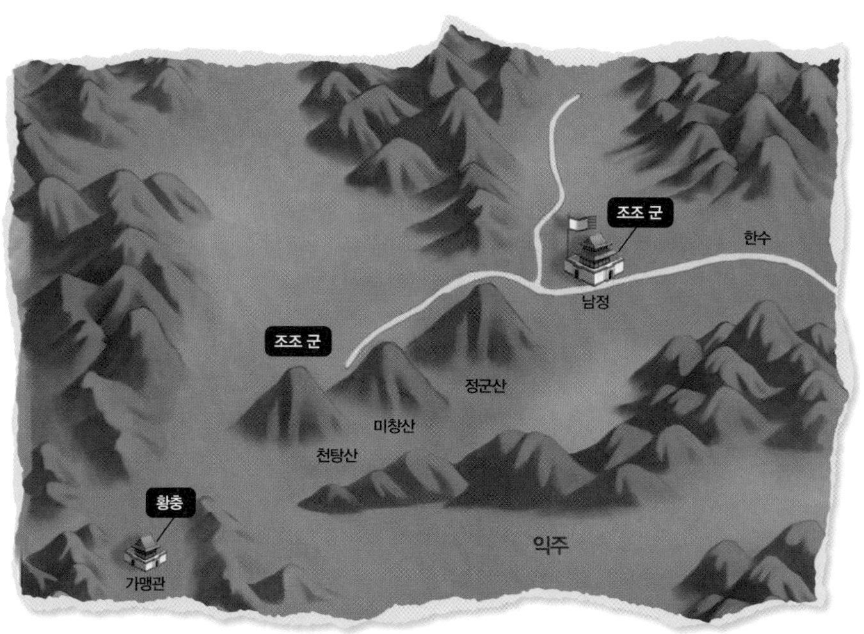

에 군량, 군장과 무기를 풀어 놓고 술잔치를 벌였다. 먼 길 오느라 수고한 데다 손쉽게 적의 영채를 3개나 얻었으니 긴장이 풀어진 것이다. 술에 취하고 흥에 취해 깊은 잠에 빠졌을 시각, 반전이 시작되었다. 황충이 야습에 나선 것이다.

원래 자신들의 영채 아니었던가. 구조를 빠삭하게 알고 있을 뿐 아니라, 황충은 이미 후문을 밖에서 쉽게 열 수 있게 특수 장치를 설치해 두었었다. 황충과 1만 군사는 삽시간에 몰아쳐 영채 3곳에 머물던 위군을 도륙했다. 그날 밤 가맹관에서 천탕산으로 이어지는 길은 온통 핏빛 강물로 뒤덮였고, 하늘에 있는 달빛조차 붉게 물들었다.

이러한 병법을 교병지계라고 합니다. 일부러 패한 것처럼 해, 적을 교만하게 만들고, 그들이 해이해졌을 때 적을 치는 계략이죠. 원전에 의하면, 제갈공명은 이를 먼저 예측했어요. 황충이 아직 지고만 있을 때 전령이 유비에게 달려가 가맹관의 소식을 전했습니다.

"전쟁 시 군량은 적으로부터 얻는 거라며, 적진으로 염탐을 보내더니 정작 보급소는 치지 않고, 영채를 3개나 연달아 빼앗겼습니다. 어찌하면 좋겠습니까?"

이 말을 들은 유비가 한탄하며 말했지요.

"판단을 잘못한 것 같습니다, 공명 선생. 역시 황충 장군만 보내는 게 아니었는데……."

이때 제갈공명이 웃으며 한 말이 바로 교병지계였습니다. 그리고 그가 덧붙였습니다.

"조만간 좋은 소식이 들려올 겁니다, 주공."

그리고 아니나 다를까, 황충이 영채 탈환에 성공했네요. 그 영채에 위군이 비축해 놨던 군량미들도 모두 얻었음은 물론이고요. 그러나 황충은 이에 만족하지 않았습니다.

내친김에 황충은 천탕산으로 내달렸다. 뒤따르던 장수 하나가 황충 옆으로 말을 달려와 말했다.

"장군, 이미 이전 전투들로 군사들이 많이 지쳐 있지 않을까 합니다. 게다가 천탕산은 10만의 대군이 지키고 있는데, 오늘은 이만 돌아가시는 게……."

황충은 큰 소리로 웃으며 말했다.

"호랑이를 잡으려면 호랑이 굴에 들어가야지, 어딜 가겠소?"

야전병들이 이미 황충의 저력을 실감하지 않았던가. 그들은 자신만만한 황충을 믿고 함성을 지르며 천탕산을 올랐다. 그들이 치는 북소리가 하늘과 골짜기에 쩌렁쩌렁 울려 퍼졌다.

위쪽에서 이 모습을 지켜보며 가소롭다는 듯 웃음을 터뜨린 자가 있었으니, 바로 조조가 아끼는 장수 하후연이었다. 조조는 얼음성 전투로 서북쪽 지방을 평정한 후에, 마초가 아직 그 지역에 어슬렁거리고 있을 때도 서북 지방을 하후연에게 맡겨 두고 허창으로 돌아갈 정도로 하후연을 신임하고 있었다. 그 정도로 뛰어난 장수였던 것이다. 그의 눈에 횃불을 들고 바득바득 기어 올라오는 일흔 남짓한 노장 황충이 어떻게 보였을까?

"병법의 병자도 모르는 노인네가 죽으려고 환장했구나. 화살을 날려라."

하후연의 부대가 일제히 화살을 날리려던 찰나, 갑자기 산 위에서 커다란 함성이 들려 왔다. 하후연이 놀라 뒤를 돌아보는데, 위에서 야수와 같은 이들이 단도를 들고 짓쳐들어왔다. 하후연은 하나는 알고 둘은 몰랐던 것이다. 황충이 가맹관 밖에 3개의 영채를 세웠던 그때부터 이미 천탕산의 꼭대기에 엄안이 이끈 매복병이 숨어들었단 사실을 말이다. 엄안의 부대가 위에서 위압적인 모습으로 내려오며 하후연의 병사들을 도륙하고, 밑에서는 황충이 이끄는 병사들이 창칼로 찔러 올리니 하후연은 어쩔 줄 몰라 크게 당황했다.

"영채를 버려라! 아래로 길을 열어라!"

그래도 용맹을 떨쳐 보며 아래로 달려 내려갔지만, 황충과 정면으로 마주치고 말았다. 이미 마음이 너무 흔들리고 있었던 하후연은 황충의 칼에 맞아 목이 떨어졌다.

이게 어찌 된 일이냐고요? 처음에 야전에 강한 특전사 중에서도 더 특화된 300명을 선출했었지요. 약 5일 전, 황충과 엄안이 가맹관을 나설 때, 그 둘은 각자의 부대를 이끌고 갈라집니다. 황충은 1만 군사를 이끌고 조조군과 격돌하고 엄안은 300명의 전사를 이끌고 천탕산으로 갔어요. 그리고 위군이 황충의 군사에게 시선을 빼앗긴 틈을 타 산의 정상 부근에 매복을 했던 겁니다. 그들은 중턱에 있는 하후연의 군에게 존재를 들키지 않기 위해서 칡뿌리를 뽑아 먹거나 챙겨온 생쌀과 육포를 씹으며 5일 남짓한 시간을 버텼습니다. 특별히 선출된 특급 전사들이었으니 가능한 일이었던 거죠. 황충이 후퇴하면서 첫 번째, 두 번째, 세 번째 영채를 빼앗길 때도 그들은 미동하지 않고 기다렸습니다. 황충이 야습을 시작해서 바로 천탕산까지 밀고 올라왔을 때, 그들은 고된 기다림을 마감하고 품속에 있던 단도를 꺼내었습니다. 그리고 황충이 붉은 달빛을 조명 삼아 질풍처럼 밀고 올라와 모든 위군이 아래만 보고 있을 때, 닷새간 품어 왔던 날카로운 비수를 하후연 군사들의 등 뒤에 꽂았던 것입니다. 고된 기다림의 시간은 이렇게 엄청난 승리로 보답 받았네요.

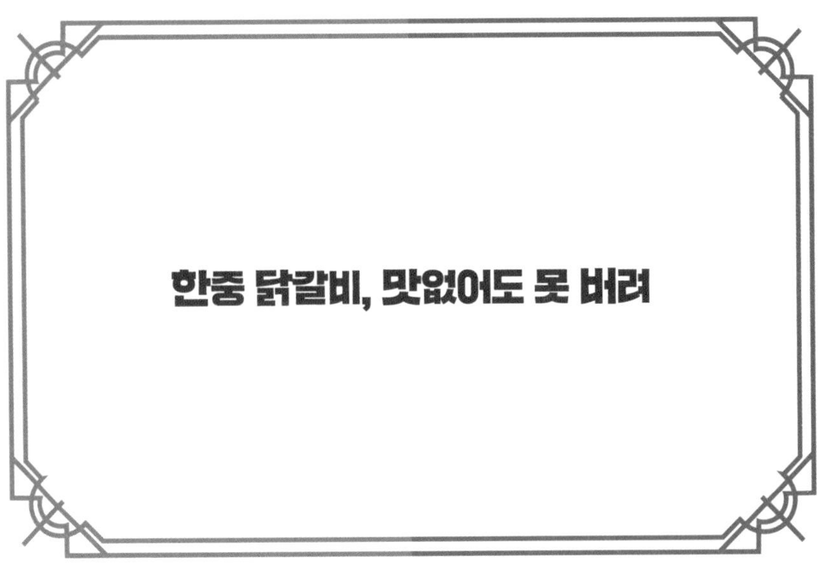

한중 닭갈비, 맛없어도 못 버려

이 소식을 들은 조조는 목 놓아 통곡했다.

"하후연이 전사했단 말이냐?"

수십 년간 전쟁터를 함께 누빈 용장 하후연이 죽었으니, 조조의 분노가 하늘을 찔렀다.

"내 이놈들을 결코 용서하지 않으리."

조조는 이를 바득바득 갈며 40만 대군을 이끌고 직접 남하했다.

한편 유비는 승전보를 듣고 한중을 평정하기 위해 10만 대군을 일으켰습니다. 그리고 조조의 중요 영채들과 군량미 보관소가 있던 미창산, 정군산을 모두 함락해 버렸지요. 그런데 이때 조조가 40만 군사를 일으켰으니, 무려 네 배나 차이가 나네요. 조조는 이번엔 기필코 유비를 끝장내리라 벼르고 별렀답니다. 조조와 유비 사이의 한중 전쟁은 해를 넘기도록 치열하게 지속되었어요. 그런데 전투가 거듭될수록 매 전투마다 이상하리만치 조조가 유비 진영의 지략에 휘말리네요.

한중의 중심지는 남정이라는 곳이었다. 조조는 남정까지 왔다가, 남정 앞에 흐르는 강인 한수를 건너서 영채를 세웠다. 그리고는 유비 진영의 황충, 조자룡과 일진일퇴의 공방을 벌이다가, 조자룡이 영채로 후퇴를 하자 쫓아 들어갔다.

그런데 조자룡을 거의 다 따라잡아 승리의 미소를 지으려던 찰나, 조조는 문득 멈춰 설 수밖에 없었다. 조자룡이 자신의 영채 앞에서 혼자 떡하니 서 있는 것이 아닌가. 영채의 문은 활짝 열려 있었는데, 깃발도 보이지

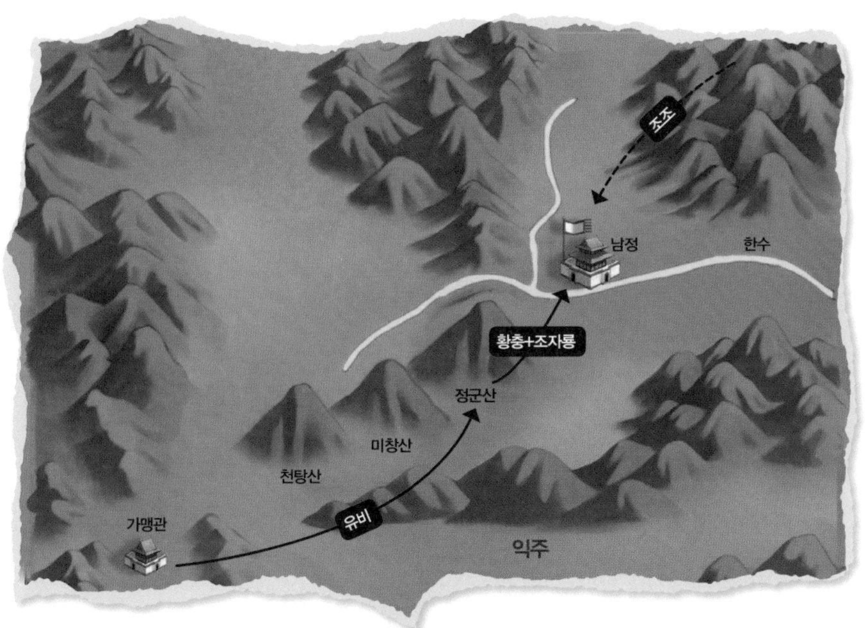

않았고 북소리도 들리지 않았다. 오로지 조자룡 혼자 영채로 들어가는 길목을 지키고 있었다.

그 모습을 본 조조는 순간 놀라 말에서 떨어질 뻔했다. 아무 군사도 없이 혼자 길목을 지키고 있는 조자룡의 모습에 예전의 악몽이 떠올랐기 때문이다. 바로 형주를 떠나는 유비의 군대를 추격하다 장판교에서 마주친 장비 말이다. 이번엔 장비가 아니라 조자룡이었지만, 덩치만 달랐지 자세와 표정은 거의 흡사했다. 자신의 굴욕이 떠오른 조조가 악다구니를 썼다.

"저놈이 미쳤구나."

군사들이 만류했다.

"필시 매복일 겁니다. 믿는 구석도 없이 저렇게 당당하게 서 있을 리가 없지 않습니까?"

조조가 고개를 내저었다.

"아니다, 나 조조야. 한 번 속지 두 번 속는 얼간이가 아니라고. 저놈이 요망스럽게 장비 놈이 한 짓을 똑같이 따라해? 그때처럼 허세일 뿐이다. 당장 저놈을 쳐라!"

조조의 명에 군사들이 함성을 지르며 조자룡에게 달려드는데, 조자룡이 입가에 미소를 짓더니, 빛나는 검을 높이 들었다.

"지금이다!"

조자룡이 함성을 지르자 영채 위와 영채 좌우의 숲속에서 화살이 빗발쳤다. 이번에는 진짜 매복이 있었던 것이다. 비 오듯 내리는 화살에 조조는 사색이 되어 말 머리를 돌려 도망쳤다. 조자룡과 그의 군사가 쫓으니 조조의 군사 중 서로에게 밟혀 죽은 이들과 한수에 빠져 죽은 이들이 셀 수 없이 많았다.

조조의 수난은 여기서 끝난 것이 아니었다. 조조는 한수 북쪽으로 건너가 영채를 세웠는데, 제갈공명은 조조의 지병이 두통이란 걸 잘 알고 그를 괴롭힐 방법을 구상하였다. 조조의 영채 근처를 정찰하다 거대한 토산을 발견한 제갈공명은 병사들에게 그 위로 올라가 몸을 숨기라 명했다. 그리고 그들에게 밤마다 북을 치고 피리를 불되, 나가 싸우지는 말라 당부했다. 조조 군이 밤에 쉬려고 누우면 북이 울려 놀라 뛰쳐나가는데, 막상 어떤 군대도 쳐들어오지 않았다. 그래서 다시 영채 안으로 들어가면 북이 울리고, 이런 현상이 지속되었다. 안 그래도 불면과 두통에 시달리는 조조가 그 소리에 정신 착란을 일으킬 만큼 예민해졌다.

"이것들, 내가 내일도 당하나 어디 두고 보자."

밤잠을 못 이룬 조조가 아침에 완전 무장을 하고, 유비 진영을 치러 나갔는데, 그들은 굳건히 지킬 뿐 절대 나오지 않았다.

온종일 싸움을 걸다 기진맥진해 영채에 돌아와 잠을 청하는데, 또 피리소리와 북소리가 들리는 게 아닌가. 이렇게 사흘 동안 같은 상황이 반복되니, 조조는 완전히 지쳐 버렸다. "더 이상은 속지 않으리라." 다짐하며 별다른 대비를 취하지 않고 조조가 머리를 싸매며 잠을 청하고 있는데, 이때 황충과 마초, 엄안이 군사들을 이끌고 정말로 들이닥쳤다. 방심한 사이 공격을 당하니, 조조 군사들은 큰 피해를 입고 30리 밖으로 후퇴하고 말았다.

비참한 저녁이었다. 군량 보급소로 사용했던 산들은 모두 유비 군에게 빼앗겼으니, 군량은 바닥이 났다. 늙고 비루한 닭을 잡았는지 살점이라곤 없어 보이는 닭곰탕 한 그릇이 조조의 저녁상에 올라왔다.

살점이 어디에 붙었나 보려고 젓가락으로 닭을 이리저리 찔러 보았지만, 앙상하게 뼈만 잡힐 뿐이었다. 갈비라도 뜯자 싶어 손으로 집어 들었는데, 먹자니 뜯을 게 없고, 버리자니 아깝고, 참으로 애석했다. 문학적 조예가 깊은 조조가 닭갈비에 자신의 심경을 이입하며 말했다.

"한중을 버리자니 아깝고, 갖자니 희생에 비해 얻는 것이 작구나. 마치 계륵처럼 말이야."

계륵이라는 말이 바로 여기에서 나왔답니다. 닭의 갈비뼈라는 뜻으로, 큰 쓸모나 이익은 없으나 버리기는 아까운 것을 비유하는 말이지요. 한중이 딱 조조에게 그랬거든요. 사실 비옥한 땅도 아닌데 유비에게 뺏기긴 아까웠던 것이죠. 한 걸음을 물러서면 천 걸음을 빼앗길 수 있다는 두려움도 있었구요. 그렇다고 유비 군의 매서운 기세를 꺾을 방법도 없어 곤란한 상황이었죠. 머리가 지끈지끈한데, 이때 하후돈이 와서 조조에게 물었습니다.

"주공, 오늘밤 암호는 뭘로 할까요?"

"계륵이라고 해라."

고민하던 조조는 한중을 깔끔히 포기하지 못하고 결국 마지막 전투에 임했다. 그러나 출군과 동시에 비어 놓은 영채는 근처에 매복해 있던 마초의 군사들에게 불타올랐고, 앞에서는 유비의 군사들이 몰려와 활을 쏘는 바람에 조조는 인중을 맞고 쓰러지고 말았다. 결국 그는 앞니 두 개가 부러진 상태로 퇴군을 명하고 수레에 실려 허창으로 향하는 수치스런 결말을 맞았다.

"남들 눈에 내가 어떻게 보일지에 대해 생각한 적 없다. 나 조조는 언제나 조조일 뿐이니까." 이런 생각이 조조의 가치관이었어요. 그만큼 있는 그대로의 자신을 사랑했던 자기애 강한 리더가 바로 조조입니다. 우리는 남의 시선, 체면, 자존심 같은 것에 신경 쓰느라 정작 중요한 걸 놓치고 말 때가 많잖아요. 그런 면에서 조조는 많은 것을 생각하게 합니다. 그럼에도 불구하고 조조도 부끄러워할 만큼 굴욕적인 일들이 그의 인생에서 여러 번 있었습니다. 조조의 굴욕사, 한 번 짚고 가 볼까요?

첫째, 관우가 자신을 버리고 간 일이었습니다. 남녀 간의 실연보다 조조에게는 더 큰 상처였지요. 조조가 얼마나 애절하게 구애했는지 기억나시나요? 금은보화, 미녀들과 비단옷에, 적토마까지 아낌없이 주었잖아요. 그런데도 관우는 적토마만 데리고 홀연히 떠나 버렸으니 얼마나 상처가 컸겠습니까? 둘째, 역시 장판교에서 장비한테 당한 일이지요. 병법 한 줄 안 읽은 장비에게 계책으로 당한 건 창피해서 어디서 말도 못 꺼낼 일입니다. 셋째, 적벽대전에서 100만 대군과 8,000척의 배를 순식간에 잃은 사건입니다. 그것도 적진의 계략에 속아 스스로 8,000척을 쇠사슬로 묶어 버리는 바람에 당한 굴욕이었잖아요. 넷째, 아버지의 원수를 갚겠다고 눈을 부라리며 마초가 쫓아왔던 일도 잊을 수 없죠. 그때 조조는 자신의 트레이드마크와도 같은 붉은 망토를 벗어던졌지요. 수염도 직접 잘랐고요. 깃발로 얼굴을 가리고 내달리던 사건은 그야말로 망신살의 끝이었습니다. 마지막으로 한중에서 앞니가 부러진 채로 도망간 사건이 있겠습니다.

조조라 하면 권모술수에 능하고 꾀와 지략이 하늘을 꿰뚫을 지경이라는 이미지가 강한데요. 실제 조조는 그 이면에 이런 굴욕의 역사들이 있었답니다. 우리는 흔히 성공한 사람들을 볼 때 그의 빛나는 면만을 보고 부러워할 때가 많은데요. 실제 그들이 그 자리에 오르기까지 얼마나 많은 고생과 굴욕과 힘든 과정을 거쳤는가를 생각하는 이는 많지 않습니다. 만약에 조조가 이런 어려운 상황에서 좌절하거나, 용기를 잃거나, 트라우마에서 빠져 나오지 못해 스스로를 자학했다면 어땠을까요? 우리가 도저히 미워하려야 미워할 수 없는 매력적인 영웅, 조조는 탄생하지 못했겠지요. 억울하고 분하고 힘든 일들이 우리를 찾아올 때, 오뚝이처럼 일어난 조조를 한 번씩 떠올리시길 바랍니다.

Q. 꾀 많은 지략가 조조가 한중 전쟁에선 대체 왜 이렇게 힘을 못 썼나요? 조조치고는 너무 당하기만 한 것 같아요.

A. 아무리 한결같음을 유지하려고 애쓰는 사람이라고 한들, 사람은 상황에 영향을 많이 받지요. 조조가 한중 전쟁에서 정신을 못 차릴 만한 요인이 몇 가지 있었답니다.

첫째, 충복이자 전우인 하후연을 잃은 후였잖아요. 그러니 분노 조절이 안 되었던 겁니다. 한마디로 이성을 잃은 거지요. 그렇게 분노로 머리가 끓어오르는데, 어찌 냉철한 판단을 내릴 수 있었겠어요?

둘째, 조조는 유비 진영에 대한 트라우마가 심했어요. 생각해 보세요. 관우에 대한 외사랑은 좌절되고, 조자룡은 아기를 안은 채 혼자서 수많은 장수들을 격파했죠.

그를 쫓다가 장판교에서 만난 장비에게는 지략에 속아 넘어가고, 인생 최대의 굴욕이라서 생각도 하기 싫은 댕강 잘린 수염의 원인 제공자 마초도 유비에게 갔지요. 조조가 가장 크게 패배했던 적벽대전도 상당 부분 제갈공명의 작품이었잖아요. 조조의 흑역사는 모두 유비 진영에서 쓰여졌으니, 조조는 유비와 그 팔로워들을 생각하면 자다가도 이불을 팡팡 차곤 했지요. 그들의 별명을 조조 킬러스(zozo-killers)라고 붙여도 손색이 없었을 거예요. 이런 트라우마 때문에 조조 자신도 모르게 매번 무리해서 악수를 두지 않았나 생각해 봅니다.

셋째, 교만입니다. 우리는 역사 속에서 교만 때문에 큰 착오를 저지르는 인물들을 많이 보지요. 조조도 이 당시 그랬던 겁니다. 한나라 땅의 절반 이상을 평정하고 위왕에 올라 황제 행세를 하고 다녔다고 하니, 교만이 몸에 푹 젖어 들었겠죠. 그 전에 서천 지도를 가지고 조조를 찾아 갔던 장송도 조조의 그런 모습에 실망했다고 하잖아요. 조조는 환관의 양손자로 자라나 콤플렉스를 극복하고 황제의 자리까지 넘본 자수성가형 인물이었죠. 그런데 그렇게 힘들게 한 단계 한 단계 오를 때의 초심을 잃은 그의 모습을 보면서, 다시금 교만에 대한 경각심을 가지게 됩니다.

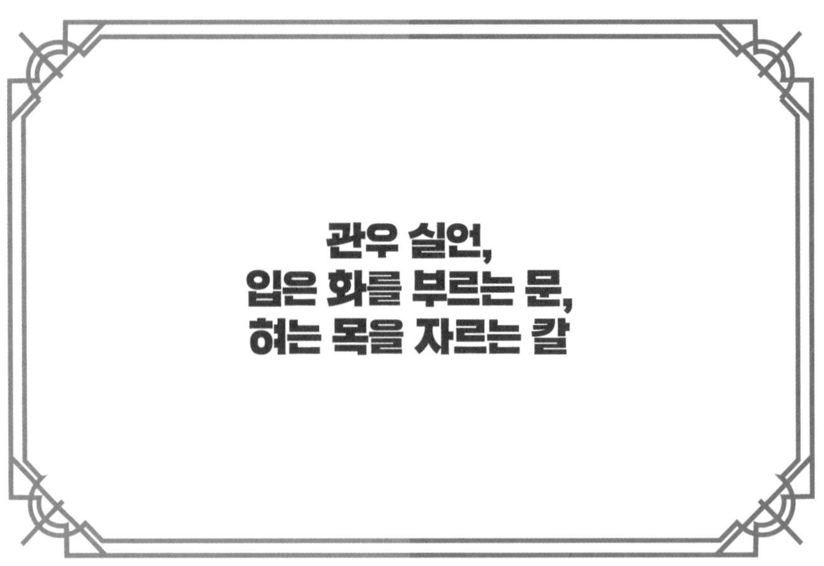

관우 실언, 입은 화를 부르는 문, 혀는 목을 자르는 칼

한 번 정리를 해볼까요? 서천의 주인이었던 유장은 한중의 장로로부터 자신을 지키기 위해서 유비를 불렀습니다. 그래놓고 정작 유장 본인은 유비를 도와주지 않아서 결국 유비는 군사를 일으켜서 서천 정복 전쟁을 시작했죠. 그 과정에서 방통이 죽기도 했지만, 제갈공명, 장비, 조자룡의 지원으로 엄안과 마초까지 얻고 서천을 성공적으로 차지했습니다. 그리고 얼마 후 장로를 이긴 조조를 노장 황충의 활약으로 몰아내고 유비가 한중 땅까지 얻었어요. 유비는 이제 형주와 서천, 한중까지 이 넓은 땅의 주인이 되었습니다. 정말 아무 인맥도, 재산도, 지역 기반도 없이 시작해서 큰 성공을 이루었네요. 손바닥만한 터전 하나 없이 무일푼에 관우 장비만 데리고 여기저기 떠돌며 의탁하고 도망가고를 반복하던 유비가 드디어 전성기를 맞이하게 됩니다.

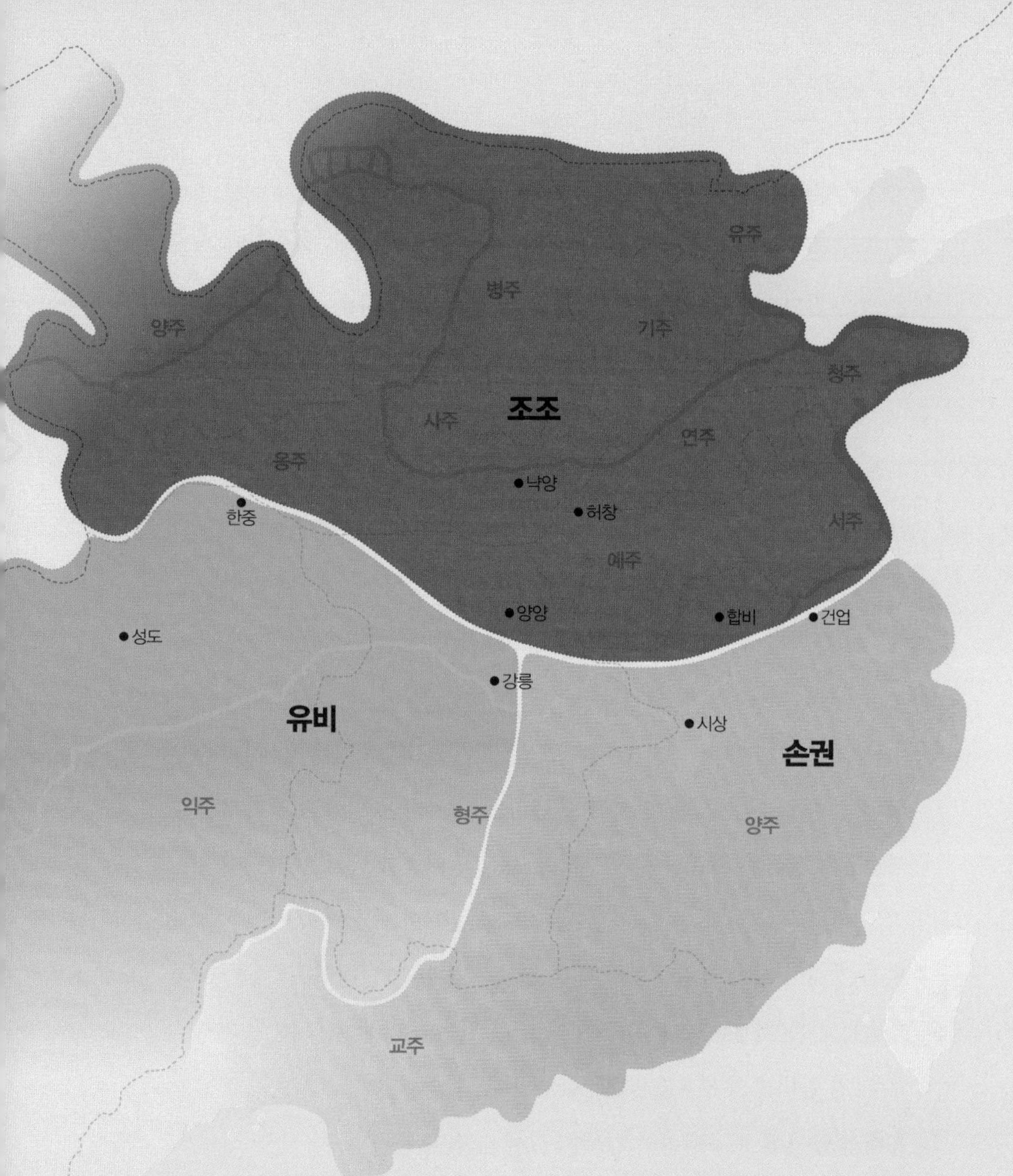

조조와 유비 사이에 큰 전쟁이 끝났으니, 이제는 동오가 다시 등장할 차례지요? 삼국지는 항상 동오 덕분에 흥미진진해진답니다. 유비에게 빈틈이 보일 땐 형주를 노리고, 조조가 잠시 긴장을 놓으면 북쪽을 노렸지요. 그런 동오 덕분에 서로 끊임없이 견제하며 천하삼분지계가 유지되었고요.

여태까지는 조조가 압도적으로 강성한 세력이었기에, 유비가 때론 얄미워도 손권은 그와의 동맹을 깨지 못하고 있었어요. 그런데 지금 떠오르는 별은 누구인가요, 바로 유비지요. 강한 자에 맞서서 다른 두 나라가 동맹을 맺는다는 건 삼국의 역사적 원칙입니다. 그에 따라 손권과 조조가 동맹을 맺게 될까요?

한중까지 차지한 유비는 한중왕으로 추대되었다. 신하들은 물론 온 백성들이 그에게 간청했기 때문이다. 물론 유비의 성격상, 천자의 조서가 없는 한 절대 그럴 수 없다며 세 번이나 고사한 일이었다. 하지만 문무백관 모두가, 특히 제갈공명이 간언했다.

"주공, 치세였다면 당연히 천자의 조서가 먼저겠지요. 하지만 지금은 난세입니다. 이런 때는 상황에 따라 유연하게 대처하실 필요도 있질 않겠습니까? 지금 천하가 혼란하여 각지에서 자신의 이름을 내세운 이들이 자꾸만 일어나고 있습니다. 이럴 때엔 황제의 종친이신 주군께서 어서 왕위에 오르시는 것이 세상 사람들의 기대에 합하는 일일 것입니다."

유비는 거듭 거절했으나, 종국엔 어쩔 수 없이 대답했다.

"오로지 한나라의 부흥을 위해, 한중왕이 되겠습니다."

유비의 공언에 문무백관이 일제히 그에게 절을 올렸다.

"한중왕을 뵙습니다!"

명분에 죽고 사는 유비가 허창에 있는 황제에게 표문을 올려 자신이 한중왕에 오른 사실을 전했습니다. 결국 그 표문을 실질적으로 받는 건 조조라는 걸 알면서도, 표면적으로라도 천자에게 꼭 알려야 한다고 생각한 거죠. 표문에는 조조를 역적으로 칭하는 말들이 가득했고, 조조는 분노했습니다.

"내 이놈을 당장 토벌하겠다! 돗자리나 짜면서 연명하던 촌놈이 어디서 감히!"

조조가 표문을 갈기갈기 찢어 버리며 소리쳤다. 옆에 있던 책사 사마의가 담담한 목소리로 말했다.

"주공, 뭣 하러 직접 토벌을 나가십니까. 강동의 손권이 있지 않습니까? 그는 언제나 호시탐탐 형주를 노리고 있으니, 합력하여 형주를 정벌하자고 하면 분명 응할 것입니다. 손권이 형주를 공격할 때 주공께서 한중을 공격하시면, 유비는 오도 가도 못하고 망해 버릴 것입니다."

조조는 기뻐하며 당장 손권에게 화친의 서를 보냈다. 조조의 서신을 받은 손권은 고민에 빠졌다. 형주를 차지하자면 조조와 동맹하는 것이 맞지만, 명색이 유비와 사돈 지간인데 어찌 가족을 친단 말인가. 더군다나 조조는 천자를 짓밟고 황제 행세를 하는 역적 중에 역적이 아닌가. 고민에 빠진 손권에게 제갈근이 나섰다.

"주공, 관우에게 장성한 딸이 있다고 하니, 주공의 아드님과 혼례를 시키면 어떨는지요? 만약 관우가 동의한다면 가족의 연을 끈끈히 맺고 함께 조조를 치면 되고, 그가 거절한다면 이것을 명분 삼아 조조와 손을 잡고 형주를 치면 될 것입니다."

이쪽이든 저쪽이든 그럴 듯한 명분이 생기는 계략이었다. 손권은 허락하고, 제갈근을 중매로 보냈다.

동오의 동맹의 짝대기, 즉 삼국지의 운명이 관우의 결정에 달렸습니다. 말수가 적고 매사에 심사숙고하는 관우는 과연 제갈근에게 어떻게 화답할까요? 자, 오랜만에 관우를 만나러 가 보시죠.

유비와 나머지 장수들이 서천과 한중에서 수많은 전투를 치르며 패배의 쓴맛, 승리의 단맛을 다 맛보는 동안, 관우는 홀로 형주를 지키고 있었다. 묵묵하지만 카리스마 넘치는 관우는 단단한 바위 같은 매력이 있었고, 그처럼 형주도 꼿꼿이 잘 지키며 정비하고 있었던 것이다. 땅이 비옥하고 교통의 요충지인 형주를 유비가 얼마나 중요하게 생각하는지, 그리고 손권이 얼마나 탐내는지 관우는 잘 알고 있었기에 그는 더욱 힘을 써 형주를 지켰다.

하지만 관우가 형주를 맡은 지도 어느덧 8년의 세월이 다 되어갈 때쯤, 작은 균열들이 생기기 시작했다. 늘 전장만 누비던 그가 수성을 하는 동안 허벅지에 기름이 끼고, 눈에 잘 띄진 않지만 아랫배도 살짝 나오게 됐다. 날카롭던 야생의 기운이 조금씩 희미해지고 있었던 것이다.

그리고 유비가 대차게 세력을 확장할수록 관우는 복잡미묘한 심경이었다. 큰형님 유비가 잘 나가고 있으니 기쁘고 뿌듯하기도 하고, 덩달아 관우 자신의 어깨에도 힘이 바짝 들어갔다. 그런데 또 한편으론, 다른 이들이 공을 세우고 땅을 넓히는 동안 자신만 이곳에 머물러 있다는 것이 서글프기도 했다.

장비와 마초 이야기를 들었을 땐 자신도 마초와 싸워 보고 싶다며 서신을 보냈는데, 제갈공명이 마초는 관우에게 적수가 안 된다며 다독였다. 또한 오호대장군 임명을 받았을 땐 자신이 이제 갓 한편이 된 마초나 황충 등과 같은 선상에 있다는 것이 말이 되냐며 역정을 내기도 했다. 전령으로 온 이가 '한중왕과 관우 장군은 한몸과 같지 않습니까?' 라며 추켜세워 주지 않았다면 당장 서천으로 따지러 갔을 지도 모를 정도였다. 이렇게 분출되지 못한 공로에 대한 욕망과 외로움, 지속된 형주의 평화 등은 관우 마음속에 교만의 불씨를 키우고 있었다.

그렇게 시간이 흘렀고, 그런 관우의 눈에 동오는 이제 호족들이 사는 변방 그 이상 그 이하도 아니었다. 그리고 끊임없이 동분서주했던 유비와 달리 동오는 지난 세월 수성에만 몰두하지 않았던가. 관우에게는 그런 동오의 모습이 물려받은 금싸라기 땅을 빼앗기지 않으려 웅크린 채, 눈치만 보고 있는 한심한 작자의 모습으로 밖에는 보이지 않았던 것이다. 게다가 거의 10년간 형주를 '우리 땅이니 돌려달라.'고 말해온 것도 슬슬 짜증이 났고, 형수님을 몰래 데려간 것도 화가 나, 동남쪽을 향해서는 오줌도 누기 싫을 정도였다. 이런 상황에서 제갈근이 도착한 것이다. 손권의 아들에게 자신의 딸을 시집보내는 게 어떻겠냐는 제안을 가지고 말이다. 이를 들은 관우가 한참을 껄껄 웃더니 제갈근에게 말했다.

"이보게 제갈근 선생. 가서 손권에게 전하시오. 염치가 없어도 유분수지. 너희 동오에서 우리 형님에게 저지른 만행을 생각해 보라고. 우리 형님을 사위로 삼겠다 불러 놓고 암살을 시도했었지. 게다가 형수님까지 납치해 가놓고 무슨 낯짝으로 내게 이런 제안을 하는 것이오? 내 딸에게 무은 짓을 할 줄 알고 내가 시집을 보내겠소?"

여기까지는 일리 있는 말이었다. 그런데 그 다음 말은 관우 수하의 장수들조차 놀라 '헉' 소리가 날 만큼 무례하고 불손했다.

"어디서 감히 호랑이의 딸을 개의 아들에게 시집보내라고 해! 한 번만 더 이런 말을 꺼내면 그대의 목이 날아갈 것이니 어서 썩 물러가시오!"

제갈근은 너무 놀라고 분통한 마음에 서둘러 동오로 향했다. 손권이 물었다.

"뭐라 하오?"

"아뢰옵기 황공하오나……."

제갈근이 뜸을 들이며 말을 잇지 못하자 손권이 재촉했다.

"괜찮으니 말해 보오."

"호랑이의 딸을…… 개의 아들에게 주겠느냐고……."

순간 손권의 얼굴이 일그러지더니 자리를 박차며 일어났다.

"그러니까 내가 개? 개라는 말이군. 내가 개면 우리 형 손책도 개고, 우리 아버지 손견도 개고, 우리 어머니, 여동생도 모두 개고……. 이런 개자식을 봤나! 내 오늘의 이 능멸을 절대 잊지 않으리! 더 이상은 정말 참을 수가 없구나. 여봐라, 당장 목간을 가져와라."

화가 머리끝까지 솟구친 손권이 평소답지 않게 반말과 육두문자를 쏟아내며 거칠게 글씨를 써 내려갔다.

"조조 위왕께 강동의 손권이 드립니다. 화친하겠습니다. 우리가 힘을 합하면 유비 따위가 두려울 리 있겠습니까? 위왕의 군이 차지하고 있는 번성 쪽이 형주를 공략하기 용이하니, 먼저 군사를 움직이시면 동쪽에서 저희도 호응하겠습니다."

조조와 동오가 손을 잡고 형주를 치기로 했다는 소식은 한나라 곳곳에 귀를 두고 있는 제갈공명에게도 들어갔습니다.

"올 것이 왔구나. 그들이 뭉쳐 힘을 합하기 전에 우리가 먼저 쳐야겠다."

동오가 위협당할 경우를 제외하고는, 승산이 없는 싸움에 손권이 절대 나서지 않는다는 것을 제갈공명은 잘 알고 있었어요. 그러니 관우가 번성을 공격하여 조조가 위태로워진다면 손권이 군대를 출정시키지 않을 거라 계산했답니다. 제갈공명은 관우의 실력이라면 충분히 번성을 차지하고, 또 형주도 지켜낼 것이라 믿었던 거죠. 그래서 번성을 공격하라고 관우에게 서신을 보냈습니다.

"번성을 칠 것이니 속히 준비하시오."

제갈공명의 서신을 받은 관우가 전쟁을 선포하자, 앞뒤 사정을 모르는 책사들이 모두 일제히 반대하고 나섰다.

"장군, 번성은 그 어느 곳보다 견고합니다. 수도인 허창으로 향하는 길목인 만큼 조조 군이 철통 수비를 하고 있지 않습니까? 지금 그곳을 친다는 건 불가능한 일입니다."

'뭣이 불가능? 나 관우 사전에 불가능이란 말이 있었단 말인가.'

제갈공명이 내린 명이며, 이유가 있다는 것을 설명하려는 찰나였지만, 불가능하다는 책사들의 말에 관우의 심기가 불편해졌다. 관우가 짐짓 고집을 피우며 큰 소리로 말했다.

"내가 누군지 잊었소? 술잔이 식기 전에 화웅의 목을 따온 자가 바로 나 관우요."

책사들 중 한 명이 조심스레 입을 열었다.

"장군, 정 그러하시다면 공명 선생께 자문을……."

제갈공명의 계책이었지만, 자신에겐 불가능을 말하면서 제갈공명의 말은 신뢰하는 책사의 말에 관우는 빈정이 상했다. 그의 말이 끝나기도 전에 관우가 핏대를 세우며 말을 뚝 잘랐다.

"공명? 자네들은 나보다 공명 선생이 더 위라 생각하오?"

관우가 벌떡 일어나며 명했다.

"나흘 만에 번성 공략을 못하면 나 관우가 아니오. 당장 출정 준비를 하시오."

"그렇다면 장군. 장군께서 출정하신 사이, 동오의 손권이 형주를 공격하면 어떻게 해야 합니까?"

뼈 있는 책사의 간언에 관우가 수염을 어루만지더니 말했다.

"동오에 대한 대비책은 나도 생각하고 있었소. 강기슭에 연이어 20~30리마다 봉화대를 놓고 각각 50명의 군사들을 배치하시오. 만에 하나 동오에서 쳐들어올 기미가 보이면, 봉화대에 연달아 불을 밝혀 신호를 주시오. 내가 한 걸음에 달려와 궤멸시키고 말테니. 하지만 내가 속전속결로 번성을 차지하고 다시 돌아올 테니, 동오가 움직일 겨를도 없을 것이오."

이렇게 호언장담하는 관우의 목소리에는, 젊은 시절 "술잔이 식기 전에 돌아오겠다." 말하던 그 진중함은 느껴지지 않았다. 관우 옆 탁자에 놓인 술잔은 언제부터인가 싸늘히 식어 가고 있었다.

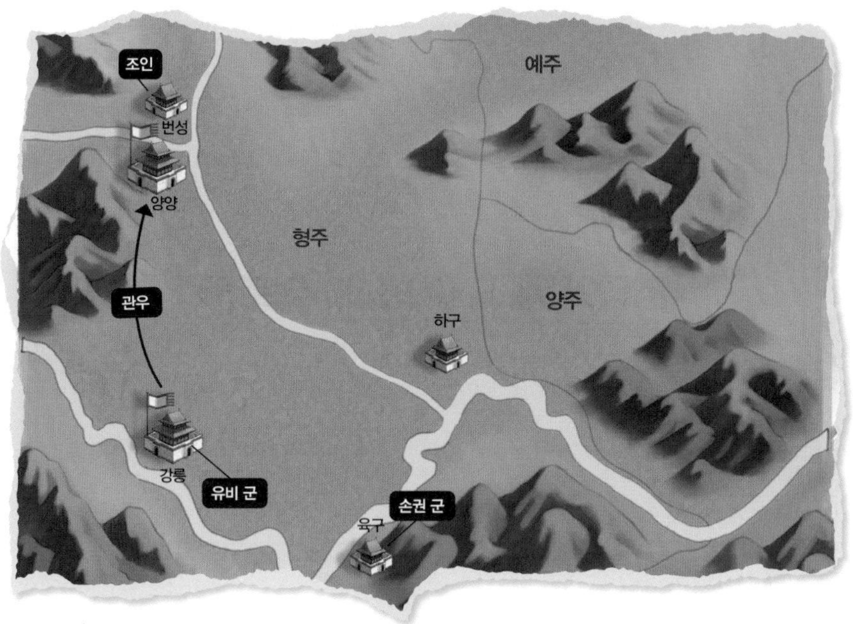

호언장담을 한 관우가 형주의 군사 중 정예한 2만 명을 데리고 번성으로 출격합니다. 형주 북쪽 지역에 번성, 양양성이 있었던 것 기억하시나요? 번성까지 가려면 양양성을 먼저 지나쳐야 했지요. 그런데 역시 관우는 관우인가 봅니다. 8년 남짓한 긴 시간 전쟁을 쉬었건만, 단숨에 양양을 점령해 버렸거든요. 그리고 거침없이 나아가서 번성을 포위합니다.

위왕 조조가 이 소식을 듣고 깜짝 놀랐습니다. 관우가 누굽니까? 조조에게 두려움을 넘어 경외심을 일으키던 명장 아니었나요. 그런 관우가 번성을 포위했다니요. 얼마나 놀랐는지, 조조가 의자에서 벌렁 넘어질 뻔했답니다. 조조는 관우의 공격을 막아낼 수 있을까요?

방덕의 패배, 아프니까 청춘이다

"관우, 관우가 쳐들어온다고?"

조조가 의자의 손잡이를 꽉 붙잡은 채로 물었다.

"그렇습니다. 전하."

"머리가 찢어질 듯 아프구나. 누가 나가서 관우를 막겠는가?"

조조가 손으로 머리를 싸맨 채 물었건만, 아무도 손을 드는 이가 없었다. 조조가 한숨을 푹푹 내쉬며 한탄조로 말했다.

"내게 이토록 장수가 없단 말인가."

그때 장수 한 명이 앞으로 뚜벅 걸어나와 말했다.

"전하, 저 방덕이 나가 싸우겠습니다."

조조가 보니, 아직 어린 티가 채 다 가시지 않은 젊은 장수였다.

"그래, 자네가 전설의 관우를 상대로 싸우겠다는 건가?"

조조의 꿈틀거리는 입꼬리에도 아랑곳 않고 방덕이 호기롭게 대답했다.

"장단상교라고 했습니다. 길고 짧은 것은 서로 대봐야 하지 않겠습니까? 관우도 예전에나 관우지, 전설은 그냥 전설일 뿐입니다. 제가 공을 세울 수 있게 허락해 주십시오."

'오호, 이놈 보게.'

조조가 속으로 흡족해하며 방덕을 지긋이 바라봤다.

여기서 방덕이란 사람을 짚고 넘어가 보겠습니다. 방덕은 마초 수하에 있던 장수로, 마초 밑에서 서북 땅을 누비며 맹렬하게 공을 세웠었어요. 마초가 조조에게 속아 삼촌뻘인 한수의 팔을 자르고 서량에서 쫓겨났을 때 마초와 함께 한중의 장로 밑으로 들어갔고요. 그런데 마초가 유비를 공격하러 출정할 때 방덕은 병이 나 한중에 남았다가, 마초가 갑자기 유비에게 항복해 버리는 바람에 혼자 장로 밑에 남게 되었답니다. 그러다가 조조와 장로가 전쟁할 때, 장로의 심복에게 모함을 받아 궁지에 몰린 채로 조조를 공격하다가 결국 조조에게 항복했죠. 하지만 조조 진영에 와서는 이전부터 신임을 받고 있는 장수들에게 밀려 공을 세울 기회가 없었어요. 잃을 것이 없었던 방덕은 조조 진영에 찾아온 위기를 자신의 기회로 삼으려 용기 있게 나선 거랍니다. 사실 방덕도 관우가 무서웠지만 위기를 기회로, 두려움을 용기로 승화시킨 진정한 전사! 바로 그 모습이었던 것입니다.

조조도 반은 어이없었지만 또 반은 감회가 새로웠답니다. 왜냐고요? 방덕을 보며 다름 아닌 관우의 젊은 시절을 떠올렸기 때문입니다. 동탁을 제거하기 위해 쟁쟁한 제후들이 모인 자리에서 "마궁수 출신이오."라며 당당히 말하던 관우 말입니다. 조조의 뇌리에 선명히 각인된 그 모습이 잊혀질리 있을까요? 그런데 몇십 년 만에 그 눈빛을 다시 본 겁니다.

"전하, 방덕의 객쩍은 혈기에 넘어가시면 안 됩니다."

일단 방덕을 밖으로 잠시 내보내자, 책사들이 득달같이 반대하고 나섰다.

"왜 안 된다는 거요?"

"방덕은 마초의 수하에 있던 장수입니다. 마초는 지금 유비의 심복이 되지 않았습니까. 게다가 그의 친형도 유비의 신하로 있으니, 방덕을 선봉으로 삼으면 기름을 끼얹어 불을 끄려는 것과 같습니다."

방덕의 객기가 맘에 들었던 조조였건만, 책사의 간언에 마음이 흔들렸다. 의심하면 조조 아니었던가.

"방덕의 친형이 유비의 신하로 있어? 흠…… 듣고 보니 그렇군."

그가 방덕을 다시 불러들였다. 그리고 다소 찜찜한 표정으로 말했다.

"나는 자네가 맘에 드네만 책사들이 자네의 출신 때문에 반대를 하는구만."

그 말을 듣고는 방덕이 갑자기 바닥에 엎드렸다.

"전하, 형과는 어질지 못한 형수 때문에 형제 간의 인연을 끊은지 오래고, 마초는 혼자 서천으로 도망가 이미 의리가 끊겼습니다. 오로지 대왕께서 절 거두어 주신 은혜에 보답하려 할 뿐인데, 제 충심을 모르시겠다면, 제 피로써 증명하겠습니다."

그러더니 방덕이 바닥에 머리를 있는 힘껏 박기 시작하는 게 아닌가. 순간 조조는 방덕의 모습에서 초선을 떠올렸다. 초선이 누구였던가. 역적 동탁의 마음을 사로잡기 위해 기둥에 머리를 찧다 기절한 구국의 여인 아니던가. 초선을 직접 본 적은 없지만 절개 높은 그녀의 일화를 조조도 익히 들어 알고 있었다. 관우의 용기와 초선의 기개를 동시에 가진 방덕이 조조의 마음에 어찌 안 들 수 있으랴.

어좌에서 뛰어 내려온 조조는 방덕을 끌어안으며 그 특유의 살가운 눈빛으로 속삭였다.

"방덕 장군, 일어나게. 사실 나는 처음부터 자네가 마음에 들었어. 여러 의심들을 불식시키고 싶었을 뿐이네."

"전하, 그렇게도 제가 못미더우시다면 제게 하루의 시간을 주십시오. 제 결연함을 전하뿐 아니라 위나라 신하 모두에게 보여드리겠습니다."

과연 방덕이 확고한 충심을 어떻게 보여주겠다는 걸까요? 다음날 방덕이 다시 조조를 찾아왔네요. 그런데, 신하들이 몹시 당황한 표정으로 조조에게 방덕의 등청 사실을 알립니다. 왜일까요?

"전하, 방덕이 전하를 뵙겠다고 왔는데……. 송구하오나 친히 나가서 보셔야 할 것 같습니다."

"뭐야? 뭔데 그러느냐?"

책사들이 술렁거릴 뿐 딱히 뭐라 말을 하지 못하자, 답답해진 조조가 냉큼 밖으로 나갔다. 그런데 방덕이 갑옷을 두르고, 관우의 청룡언월도와 같이 거대한 창을 들고 있었다. 게다가 더욱 놀라운 건 그 옆에 관 하나가 떡

하니 놓여 있었던 것이다. 방덕이 비장한 표정으로 고했다.

"전하, 이 관에 반드시 관우의 시신을 남아 바치겠습니다. 만일 그러지 못한다면 제가 이 관 속에 들어가겠습니다."

조조의 광대가 한껏 치솟았다.

"자네의 용맹한 모습을 보니 이제 내가 걱정이 없네! 방덕 장군, 자네가 나를 저버리지 않는다면, 나 또한 자네를 저버리지 않을 걸세. 방덕, 그대가 관우를 대적하러 가게."

그렇게 출전하는 방덕의 늠름한 뒷모습을 보며 조조는 오랜만에 가슴이 뜨거워지는 것을 느꼈다. 마치 젊은 시절 한나라의 부흥을 꿈꾸던 의로운 젊은이의 가슴으로 되돌아간 듯 말이다.

이때 조조의 모습이 어떻나요? 다른 이들이 반대하고, 증명된 업적이 적어도, 가능성을 믿고 인재를 신뢰해 주는 리더의 면모가 보이죠? 저는 삼국지에 나오는 여러 리더 중에 누구와 닮고 싶냐는 질문에 주저하지 않고 유비라 화답합니다. 부족하지만 따뜻한 가슴을 가진 그 덕장의 모습을 본받아 제 남은 삶을 살아가고 싶기 때문이지요. 하지만 삼국지의 리더 중에 누가 가장 매력적이냐고 물으신다면 이번에도 주저하지 않고 저는 말할 겁니다. 바로 조조라고요. 조조는 눈앞의 이익을 위해서는 수단과 방법을 가리지 않는 간웅으로 묘사되지만, 삼국지 원전을 자세히 살펴보면 수단도 가리고, 방법도 가립니다. 도망가지만 비겁하지 않고, 얄밉지만 미워할 수 없는 묘한 조조의 매력이 물씬 풍겨나는 대목입니다.

유비는 우리에게 다소 비현실적인 이상향처럼 다가오지만 조조는 어찌 보면 치열하게 오늘을 살아가는 우리의 모습과 가장 닮아있는 듯합니다. 그도 젊은 시절엔 충성과 의리 같은 가치를 좇았겠죠. 그러니 적폐 환관들을 청산하는 십상시의 난도 주도했구요. 그러나 살다 보니 자기 자신을 더 위하게 됐을 거예요. 인재도 얼마나 아끼던가요? 그러나 높은 자리로 향할수록 아무래도 사람을 온전히 믿기 어려웠을 겁니다. 이렇게 조조는 현실적인 선택을 많이 하죠. 그러면서도 결정적인 순간, 멋을 잃지 않는 조조. 말 그대로 멋쟁이라 할 수 있겠네요.

자 다시 이야기로 돌아옵시다. 젊은 시절의 관우 같은 방덕과 이제는 나이가 들어 버린 관우. 과연 누가 이길까요? 그리고 동오는 조조와 함께 형주를 공격해 들어올까요? 양쪽에서 공격을 받는다면 아무리 관우라도 일생일대의 곤경에 처할 텐데 말이에요. 일단 먼저, 관우와 방덕이 만납니다.

번성 앞으로 진격한 관우가 묵직한 목소리로 외쳤다.

"순순히 문을 열면 목숨만은 살려 주마. 항복해라!"

이때 성문이 쩌억하고 열리며 우렁찬 사내의 목소리가 울려 퍼졌다.

"어쩌냐! 나에게 죽음은 쉽지만, 항복은 어려운 것을."

순간 관우는 흠칫 놀라고 말았다. 목소리의 주인공은 이제 서른 살을 넘긴 듯한 청년 장수가 아닌가. 태양빛에 그슬린 구릿빛 피부에 듬직한 두 어깨, 쭉 뻗은 두 다리에 죽일 듯 자신을 노려보는 그 뜨거운 눈빛이 마치, 청년 시절 관우 자신의 모습을 보는 것 같았다.

'범상치 않은 자구나.'

관우가 생각하는데, 그자가 등에 뭔가를 지고 걸어 나오는 게 아닌가.

"너 이놈, 등에 진 건 뭐냐?"

방덕의 두툼한 입술이 씰룩거렸다.

"관우 네놈의 관이다."

"뭐? 관? 관은 내 성이다 이놈아, 허허."

웬 애송이가 농담을 하나 싶어 관우가 크게 웃자, 방덕이 굳은 표정으로 외쳤다.

"관우 네놈을 처넣을 관이란 말이다. 그리고 나는 너를 죽일 방덕이라는 장의사다. 그동안 전쟁터를 누비느라 피곤했을 텐데 이제 그만 쉬어라. 내가 오늘 네놈 염을 해주러 왔다."

관우가 수염을 만지며 다시 한 번 웃음을 터뜨렸다. 내심 한편으로 기특한 마음도 들었던 것이다.

'머리에 피도 안 마른 놈이 똑똑하고 야무지구나. 옛날 내 모습을 보는 것 같아 기분이 묘하구만.'

하지만 이내 웃음기를 싹 없애고 근엄히 외쳤다.

"네놈의 청춘이 아깝긴 하다만, 어쩌겠냐. 너 같은 애송이랑 농담할 시간이 없다. 네 용기를 불쌍히 여겨 내 빨리 저 세상으로 보내 주마."

말은 이렇게 했지만 관우는 왠지 방덕을 죽이고 싶지 않았다. 전사끼리 서로를 알아볼 때 묘하게 핏줄이 당기는 느낌이랄까? 방덕을 잘 구슬려 자기 사람으로 만들고 싶은 욕심이 생겼다. 그래서 청룡언월도를 거꾸로 들어 날이 서 있지 않은 창의 반대 면으로 방덕을 내리쳤다. 제대로 들어 베면 바로 목이 날아갈 게 뻔하니, 자상이 아닌 타박상 정도로 혼절만 시킬 참이었다. 그런데 방덕은 그렇게 만만한 자가 아니었다. 관우의 빠른 몸놀림을 잽싸게 피해 버린 거다. '이것 봐라, 제법인데?'라고 생각하며 관우가 이번에는 힘껏 창을 내질렀다. 그때 꽝하는 소리와 함께 관우가 중심을 잃고 말에서 굴러 떨어지고 말았다. 무슨 일이 일어난 걸까? 실상은 이랬다.

관우가 청룡언월도를 힘껏 방덕을 향해 내지르는 순간, 방덕은 몸을 휙 하고 돌리며 메고 있던 관을 180도 휘둘러 관우의 뒤통수를 가격해 버린 것이다. 단단한 오동나무로 만든 관에 머리를 가격당한 관우는 바로 투구가 벗겨지며 땅바닥에 널부러지고 말았다. 땅바닥에 코를 박고 있던 관우는 한참을 그 자세로 엎드려 있었다. 정신을 잃어버린 것이 아니라 너무 창피했던 것이다. 도저히 자리에서 일어나 병사들의 얼굴을 볼 수가 없었다. 붉은 관우의 얼굴이 더 벌겋게 타올랐다.

"이 녀석을……!"

관우가 지리에서 일어나 청룡언월도를 바른 방향으로 고쳐 잡고 말에 올랐다. 방덕 역시 관을 옆으로 던지고, 큰 창을 꽉 쥐고, 둘은 본격적으로 맞붙기 시작했다. 그런데 10합, 50합, 100합이 넘어가도 승부가 안 나는 것이었다.

관우는 속으로 깜짝 놀랐다. 8년 남짓 전장을 누비지 않은 것과 환갑에 가까운 나이를 감안하더라도 관우는 관우 아니던가. 그런데 이 애송이 하나를 못 해치우다니! 관우는 방덕을 다시 보게 되었다. 방덕 역시 마찬가지였다. 아무리 명성 자자한 관우라지만 자기보다 수십 살이나 많은 노인을 상대하는 게 이렇게 벅찬 일일 줄이야.

숨 막히는 대결이 이어지고 있는데, 돌연 위군, 즉 조조 측의 진영에서 후퇴를 명하는 징이 울렸다. 방덕은 혹여 후방에 문제가 생긴 게 아닐까 걱정하며 급히 진영으로 돌아가는데, 관우의 아들 관평 또한 아버지가 다칠까 염려되어 징을 울렸다.

돌아오는 관우의 입가에는 어쩐지 미소가 있었다.

"방덕 저자의 칼놀림에 웅장한 기세가 있어 간만에 적수를 만난 것 같구나."

그러나 오랜 시간 아버지를 지켜 봐온 관평은 어쩐지 요즘 들어 불안 불안한 느낌을 지울 수가 없었다. 걱정이 된 관평이 관우에게 말했다.

"아버지, 옛말에 하룻강아지는 범 무서운 줄 모른다는 말이 있습니다. 저자는 용맹만 믿고 짖어댈 뿐이니, 아버지께서 저자를 죽인다고 해도 한낱 서쪽의 오랑캐를 죽인 것에 불과합니다. 도리어 실수를 하여 화를 입으실까 두렵습니다. 다음번엔 제가 대신 나가겠습니다."

"무슨 소리냐? 네 애비를 뭘로 보는 게냐? 오랜만에 제대로 된 상대와 맞붙으니 몸의 핏줄기가 거꾸로 치솟는 듯하고, 사내로서의 기상이 차오르는구나."

관우는 방덕과의 전투에서 간만에 자신이 살아 있다는 것을 느낀 것이다.

한편 위군의 지휘관인 우금이 징을 울려서 할 수 없이 돌아온 방덕은 우금에게 따져 물었다.

"아니 왜 징을 울리십니까? 조금만 더 치면 관우 놈의 목을 벨 수 있었을 건데."

"아니, 그게……. 생각보다 자네가 너무 잘 싸워서 격려 좀 해 주려고 그랬지."

"뭐라고요? 전쟁이 장난입니까? 관까지 짜서 나온 제 결의가 그렇게 하찮아 보이십니까?"

방덕이 화를 버럭 내자, 우금이 그를 달랬다.

"아니 농담이고, 관우를 우습게 보지 말게. 자네가 너무 멋모르고 달려드는 것 같아, 그러다 큰일날까 걱정이 되어 징을 울린 걸세."

"전 아직 싸울 힘이 가득하건만, 무슨 큰일이 난단 말입니까?"

화가 난 방덕이 계속 물고 늘어지자, 우금은 지위를 이용하기로 했다.

"아냐, 관우가 보통내기 아니란 건 내가 자네보다 더 잘 안다네. 이러다 자네 목이라도 날아가면 끝이야. 지금은 전시 상황일세. 부하가 상관 말을 안 들으면 군법에 따라 처리한다는 것쯤은 알고 있겠지? 일단 영채를 뒤로 물리겠네. 그리고 관우를 이쪽으로 유인하도록 하지."

한창 달아오른 열기를 꺾어놓는 상관이 영 마뜩치 않은 방덕이었지만, 어쩌겠는가. 우금 말대로 전시 상황이니 따를 수밖에.

우금은 도대체 왜 그런 걸까요? 사실 우금은 겁이 났습니다. 그는 조조의 오랜 장수였는데다가 명색이 현장의 총사령관인데, 진짜로 방덕이 관우의 수급을 베면, 모든 공이 방덕에게 가겠지요. 사실 전쟁터에 나올 때 우금은 관우에 대한 공포와 경외심이 컸어요. 그런데 막상 보니 방덕하고 실력이 비슷해 보이네요. 원래 자기 부하는 만만해 보이는 게 상관의 심리잖아요. 자신도 충분히 관우쯤은 상대할 수 있다고 자신감이 생겼습니다. 그래서 일단은 방덕을 후퇴시키고, 자신이 직접 관우를 제거해야겠다고 생각한 겁니다. 그런데 문제는 이 자만심과, 일단 방덕을 막아야 한다는 생각이 치명적인 실수를 저지르게 만든 것입니다. 지금부터 어떤 상황이 벌어지는지 살펴볼까요?

우금은 번성에서 10리 정도 떨어진 산기슭에 영채를 세울 것을 군사들에게 명령했다. 그리고 식수를 조달하기 위해서 계곡 근처로 자리를 잡았다. 자신의 것은 맨 앞에 세우고, 방덕의 영채는 골짜기 뒤쪽에 세우도록 했다. 앞으로부터 관우가 진격하면 바로 자신이 생포할 작정이었던 것이다. 그 모습을 고지대에서 지켜본 관우가 실소하며 말했다.

"저자는 병법을 한 줄이라도 읽어 봤단 말이냐?"

"왜 그러십니까, 장군?"

옆의 부하 장수가 묻자, 관우가 대답 대신 명을 내렸다.

"지금 바로 뗏목을 여러 개 만들어라."

"배를요? 여기는 육지인데 갑자기 왜 그러십니까?"

"만들라면 만들어라. 뗏목의 쓰임은 나중에 다 알게 될 것이다."

어리둥절한 표정으로 장수가 명을 받들겠다고 대답했다.

관우는 몇 년간 제갈공명과 함께 전투를 하면서 배운 것이 있었다. 바로 지형지물과 날씨를 이용해야 한다는 것이었다. 살펴보니 가까운 곳에 세찬 강이 있어, 비만 내린다면 계곡의 물이 불어 넘칠 것 같았다. 마침 때는 7월 말, 비가 자주 내리는 계절이었다. 관우는 재빨리 강의 상류에 둑을 쌓아 두었다. 비가 와서 물이 쌓이기를 기다려, 저지대에 있는 위군을 모두 물고기 밥으로 만들어 버릴 참이었다.

드디어 후드득 빗소리가 들렸다. 굵은 장대비가 땅을 뚫을 것처럼 세차게 내리기 시작한 것이다. 하늘에 구멍이 난 것처럼 쏟아지는 비를 바라보던 우금이 뭔가 이상하다는 듯 중얼거렸다.

"비가 이렇게 많이 내리는데 왜 계곡의 물이 불지 않지?"

그때 갑자기 천지를 울리는 진동 소리가 나며 땅이 울리기 시작했다. 우금과 방덕이 놀라서 소리가 나는 쪽을 바라보니, 마치 하늘에서 내려온 100만 대군이 말을 몰아오는 듯한 모습으로 홍수가 강의 상류에서부터 밀려오고 있었다. 기겁한 우금과 방덕을 비롯한 군사들이 죽기 살기로 산 정상으로 기어올라 갔다. 하지만 산 위로 충분히 오르지 못해 휩쓸려간 이들이 태반이오, 서로 살겠다고 달리다가 밀치고 밀려 계곡 바닥으로 낙사한 이들이 부지기수였다.

산 넘어 산이라더니, 갑옷도 무기도 제대로 챙기지 못하고 산 위로 도망쳐 일단 목숨은 건진 위군을 기다린 건, 뗏목을 타고 다가오는 관우의 군사들이었다. 마땅히 가릴 것도 도망칠 곳도 없는 위군에게 관우의 병사들은 사방에서 화살을 날렸다. 이것은 말 그대로 대학살이었다.

모두가 죽거나 항복하고, 남은 것은 방덕 뿐이었다. 방덕을 생포하고 싶었던 관우가 배를 타고 직접 다가가자, 방덕은 악을 지르며 돌을 집어던졌다. 그 모습을 처연히 바라보던 관우에게 방덕은 옆에 쓰러져 있는 병사의 활을 주워 시위를 당겼다. 순식간에 벌어진 일이었다. 방덕이 날린 화살은 관우의 왼쪽 팔을 스쳐 지나갔다. 하지만 그것은 마지막 발악이었고, 방덕은 결국 포박되었다.

우금의 어설픈 꼼수에 결국 위군이 절멸했네요. 우금은 항복해 옥에 갇혔고, 방덕은 생포 당해 관우 앞에 끌려왔습니다. 죽으면 죽었지 관우 앞에 무릎은 못 꿇겠다며 발악한 나머지, 군사들이 그를 들어 올려 억지로 관우 앞에 데려왔답니다. 관우도 온전치는 못했지요. 화살을 맞았으니까요. 관우는 방덕이 괘씸하긴 했지만 그의 용기와 혈기가 맘에 들었답니다. 그래서 그를 회유할 참이었지요. 과연 방덕은 관우의 덕성에 충성을 맹세했을까요?

관우가 화살 맞은 왼쪽 팔을 어루만지며, 방덕에게 말했다.

"네가 마초의 수하에 있었다는 얘길 들었다. 너의 형님도 우리 유비 형님 수하에 있다던데, 이참에 항복해 한나라 재건에 힘을 쏟는 게 좋지 않겠느냐? 간교한 역적 조조 아래에 있기엔 너의 무공이 아깝구나."

방덕이 콧방귀를 뀌며 소리쳤다.

"나는 이미 관을 짜면서 내 목숨을 오로지 위왕에게만 바치겠다 다짐했다. 당장 내 목을 쳐라!"

그러면서 관우를 향해 욕을 쏟아냈다. 관우는 두 번 설득하지 않았다. 주군에 대한 충심까지도 자신과 똑같다는 걸 간파했기 때문이다. 그가 지금 방덕이었다해도 똑같은 모습을 보였으리라.

"참수하거라!"

방덕이 짠 관은 결국 관우가 아닌 방덕 자신의 것이었네요. 관우는 팔이 불편함에도 굴하지 않고 다시 번성으로 출격합니다. 왜 그랬을까요? 관우는 수공을 통해 위군을 대파시킨 데다 방덕까지 참수하자, 자기를 대적할 사람은 천하에 없다는 오만함이 점점 굳어가고 있었습니다. 제갈공명이 화공으로 적벽대전에서 조조를 완패시켰다면, 자신은 수공으로 그들을 물리쳤다는 자신감에 더욱 기세등등해진 겁니다. 은연 중에 자기를 제갈공명과 비슷한 책사 급이라고 자부하면서요. 그렇다면 이 기세를 몰아 관우가 번성을 함락시킬 수 있을까요?

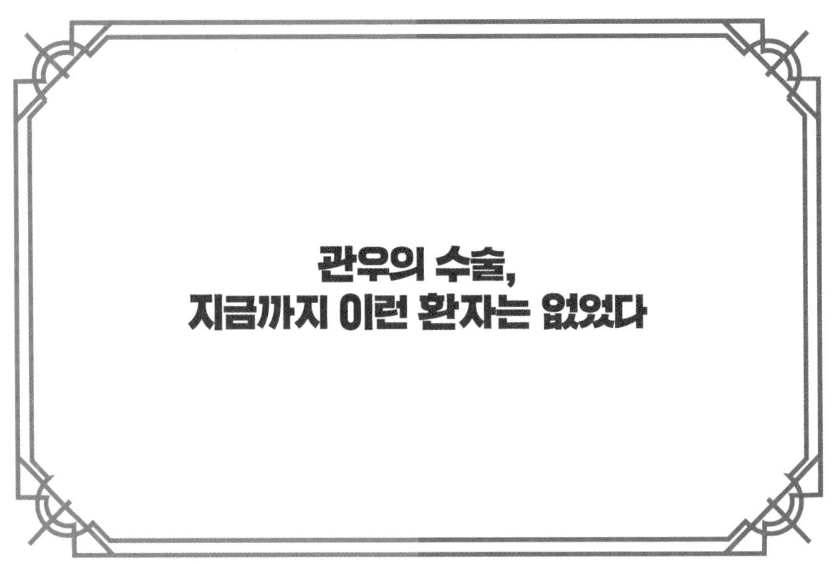

관우의 수술, 지금까지 이런 환자는 없었다

관우의 수공 덕분에 번성 주변은 물에 잠겼으니, 이미 위군의 보급로는 끊긴 상태였다. 번성을 지키던 조조의 장수 조인은 간이 콩알만큼 오그라들었다. 관우가 다가오는 것, 양양성이 함락 당한 것, 지원군마저 몰살당한 것, 그리고 지금은 성 주변에 물이 가득한 것까지, 지독한 악몽을 꾸는 것 같았다.

게다가 간간히 날라 오는 보고들로 미루어 봤을 때, 관우는 이미 번성과 허창 사이에 있는 고을들의 민심을 얻은 상태였다. 관우가 일부 군사들에게 번성을 우회하여 북쪽으로 미리 가서, 고을의 백성들을 후하게 대접하라 명한 것이다. 일찍부터 관우의 명성을 들어 온데다가 미리 군사들을 보내 놓으니, 그들은 관우가 오기만 하면 길을 터주고 군량미를 지원해 주기로 약속한 상태였다. 관우는 번성이 함락되면 허창까지 큰 방해 없이 밀고 올라갈, 모든 준비가 되어 있었다.

'다 끝난 것인가…….'

조인은 절로 한숨이 나왔다.

하지만 모든 것이 끝난 듯하다고 여긴 건 관우도 마찬가지였다. 관우는 벌써 승리했다는 도취감에 빠져 긴장을 완전히 풀어 버리고 말았다. 예전 같았다면 반대편 문을 열어 주고 3면만을 공격했을 관우인데, 그런 지략조차 무시한 채 성을 포위하고 공성전을 벌이려 하고 있었다. 번성을 포위한 관우는 완전 무장을 풀어 두고, 가슴가리개인 엄심갑만 입은 채 말을 몰아 성 앞으로 갔다. 속전속결로 끝내고 싶은 마음에 기본을 잊은 것이다.

그러나 궁지에 몰린 쥐는 고양이를 무는 법. 포위된 번성의 병사들은 마지막까지 결사항전하리라 다짐하며 성벽에 활과 쇠뇌를 잔뜩 올려다 놓았다. 그러다 녹색 전포에 엄심갑만 입은 관우를 본 것이다.

"관우! 저 녹색 전포를 입은 자가 관우다! 무장도 하지 않았다! 일제 공격!"

500명의 궁수들은 이때다 싶어 한꺼번에 관우를 향해 화살을 날렸다. 그냥 화살이 아니었다. 촉에 독을 바른 독화살이었다. 화살이 빗발치니, 관우는 급히 몸을 피하며 화살들을 쳐내었지만 그중 하나가 관우의 오른쪽 팔꿈치에 꽂히고 말았다.

"윽."

관우가 오른팔을 부여잡으며 말에서 떨어졌다. 군사들이 깜짝 놀라 관우를 에워쌌다.

“어서 장군을 모셔라!”

아들 관평을 비롯한 군사들이 관우를 호위하고 서둘러 영채로 후퇴했다.

영채로 돌아온 관우의 팔에 독이 시퍼렇게 번져가고 있었다. 별일 아닌데 호들갑 떨지 말라고 호통치는 관우도, 사실 팔이 움직이지 않아 내심 마음이 무거웠다. 팔을 잘라내야 목숨을 부지하는 게 아닌가란 걱정에 군사들은 초상집 상주들 같았다. 승리를 목전에 두고 형주로 돌아가는 것만은 죽어도 하지 않겠다는 관우의 쇠고집에 군사들은 더욱 골머리를 앓았다.

그러던 어느 날 밤, 작은 배 한 척이 관우의 진영 앞에 당도했다. 커다란 갓을 쓰고 머리와 수염이 새하얀 노인이 배에서 내려 병사들의 호위를 받으며 뚜벅 뚜벅 관우의 막사 안으로 들어와 자신을 소개했다. 이때 관우는 군기가 꺾일까 걱정해 평상시처럼 바둑을 두고 있었다.

“노인장은 누구신지요?”

“저는 의술을 공부하며 어려운 이들을 돕고 있는 의원입니다. 이름은 화타라고 합니다. 천하에 이름이 드높은 관우 장군께서 큰 상처를 입으셨다는 소문을 듣고 치료해드리러 이곳까지 왔습니다.”

“화타라……. 천하의 명의 화타 선생을 뵙는구려.”

이에 관우는 자신의 팔 소매를 걷어 올렸다. 화타가 관우의 상처를 살펴보는데 표정이 영 좋지 않았다. 관우가 물었다.

“치료할 수 있겠소?”

“장군, 가능은 하오나 생살을 찢고 뼈를 긁어야 하는 고통이 따르는지라……. 중간에 두려움과 충격으로 돌아가실까 걱정되옵니다.”

“껄껄.”

한참을 웃던 관우는 대수롭지 않은 듯 말했다.

"그런 걱정일랑은 말고 치료나 해 주시오."

"도저히 그냥은 어렵고, 기둥에 장군을 묶은 후, 안대로 눈을 가리고 수술을 집도하는 게 좋겠습니다."

"기둥엔 왜 나를 묶겠다는 거요? 그리고 안대는 왜 필요한 거요?"

"기둥에 묶어야 함은 고통이 극심한 나머지 장군께서 몸을 움직이게 되면 수술이 잘못될까 염려스러워서입니다. 또한, 뜨거운 꼬챙이로 뼈에 묻은 독을 긁어내는 모습을 직접 보시면 혼절할까 걱정되어 안대가 필요한 것입니다."

"의원 선생, 내가 전장에서 30년간 싸워온 사람이오. 죽음도 본래의 집으로 돌아가는 것으로 여길 만큼 두려운 게 없는, 관우란 말이오. 그깟 고통 때문에 사지를 기둥에 묶고 안대를 해야 한다니, 참으로 우스운 말씀이오. 내가 바둑을 두는 동안, 선생은 치료를 끝내 주시오."

화타가 안절부절못하며 차마 수술 준비를 못하고 있자, 태연한 얼굴의 관우가 다시 바둑을 두기 시작했다. 결국 화타도 마음을 굳히고 칼을 손에 쥐었다. 끝이 뾰족한 칼이었다. 그것으로 관우가 화살 맞은 곳의 살갗을 찢어내자, 생살 갈라지는 소리가 찍찍 하고 들렸다. 바둑을 같이 두던 부하는 물론, 주변 군사들이 소름이 돋아 온몸을 덜덜 떨어야 했다. 대다수는 눈을 질끈 감고 얼굴을 가려 버렸다. 하지만 관우는 미동도 없이 그저 손으로 바둑알만 움직일 뿐이었다. 탁 하고 관우가 바둑알을 내려놓았는데도, 부하는 두려움에 손이 너무 떨려 바둑알을 집을 수조차 없었다.

"뭐 하는가? 바둑 상대 어디 갔는가?"

“아, 아니 여기 있습니다.”

바둑알을 내려놓으면서도 부하의 신경은 온통 관우의 팔에 쏠리고 있었다. 그때 화타가 벌겋게 달군 꼬챙이로 뼈에 묻은 독을 긁어내기 시작했다. 뼈를 긁는 소리가 다시 끽끽 하고 나자, 바둑을 두는 손이 달달 떨렸다.

“자네 왜 이렇게 떠는가?”

관우의 손이 아닌 부하의 손이었던 것이다.

“아, 아닙니다.”

관우는 가끔 “음, 음” 하는 신음소리만 낼 뿐, 눈 하나 깜짝하지 않았다. 그 모습에 화타도 놀라며, 화약 가루에 불을 붙인 꼬챙이로 상처를 소독하고 다시 살을 꿰맸다. 방안에는 관우의 뼈와 살이 타는 냄새가 진동하고

있었다. 그때는 이미 익숙해졌는지 관우는 더 이상 신음소리조차 내질 않았다. 치료가 끝나자 관우는 팔을 움직여 보이며 말했다.

"허허 신기할 노릇이구나. 통증이 없어지고 팔도 전과 같이 움직일 수 있으니, 화타 선생은 정말 이름난 의원이 맞구려! 감사하오."

화타도 땀을 닦으며 화답했다.

"일전에 많은 장수들을 치료했건만 이런 일은 처음 겪어 봅니다. 관우 장군께서는 소문대로 사람이 맞는지 의심이 될 정도입니다."

관우가 껄껄 웃는데, 화타가 다시 표정을 고치고 말했다.

"다만 장군. 100일 동안은 팔을 조심하셔야 합니다. 화를 내셔도 상처가 다시 터질 수 있으니, 조심 또 조심하셔야 합니다. 무엇보다 마음을 잘 다스리십시오, 장군."

관우는 정말 안 아팠을까요? 제 생각에는 관우도 무척 아팠을 겁니다. 아니, 마취도 안 하고 생살을 찢고, 뜨거운 꼬챙이로 뼈를 득득 긁는데 안 아프면 그게 사람인가요? 하지만 자존심이 셌고, 군사들의 사기를 북돋아 주고 싶었던 관우는 이를 악물고 버텼겠지요. 화타는 관우를 치료한 후에 사례로 내리는 금도 마다하고 떠나갔습니다. 그런데 그의 마지막 말이 의미심장하지요? 주유도 독화살을 맞은 이후로 자꾸만 피를 토하는 일이 늘었잖아요. 관우는 괜찮을까요?

아무리 치료를 받았다고 한들, 100일간은 조심을 해야 한다는 당부를 들은 상태였다. 게다가 아버지가 다치는 모습을 눈앞에서 본 관평은 도저히 마음이 놓이지 않았다.

“아버지, 아무래도 형주로 돌아가셔서 몸조리를 하시는 것이 좋겠습니다. 정 이곳이 걱정되신다면 제가 지키고 있겠습니다.”

“무슨 소리냐? 이번엔 반드시 허창까지 진격하여 역적 조조 놈의 머리를 베어 형님에게 바칠 것이다!”

잠시 고민하던 관평은 이번에는 형주를 빌미삼아 말해 보았다.

“형주는 과연 잘 지켜지고 있는지 걱정이 됩니다. 형주에 남기고 온 자들이 미덥지 않습니다.”

“아들아, 내 장수들은 내가 제일 잘 안다. 믿을 만한 장수들에게 형주를 맡겨 놓고 왔으니 걱정마라. 게다가 봉화대가 촘촘히 세워져 있어 동오가 도발해 온다면 봉화대에 불이 올라올 것이니, 내가 바로 연기를 볼 수 있을 것이 아니냐?”

그러자 관평은 마지막 간언을 관우에게 청했다.

“큰아버지께서 아버지의 상태를 아시면 많이 걱정하실 것입니다. 유비 큰아버지께 상황을 알리고 지원군을 요청하는 것이…….”

이번에는 관평의 말이 끝나기도 전에 관우가 성을 냈다.

“뭣하러 형님을 걱정시키느냐? 형님은 내 승리 소식만 들으시면 된다. 사기를 떨어뜨리는 말을 계속 한다면 아무리 내 아들이라 해도 가만두지 않을 것이니 그만 물러가거라!”

관평의 말을 모두 물리친 관우는 번성 공략 작전을 다시 논의하기 시작했다.

Q. 여전히 멋있긴 한데, 아무래도 관우의 모습이 예전과는 다른 것 같아요. 화도 더 잘 내는 것 같고, 주변 사람들 말도 잘 안 듣고……. 왜 이렇게 변한 거죠?

A. 맞습니다. 관우가 변했죠. 예전의 관우였다면, 단언컨대 독화살을 맞는 등의 치명적인 실수 같은 건 하지 않았을 겁니다. 그전에 좀더 그 지역에 머물면서 전시 상황을 지켜봤거나, 혹은 북문 하나 정도는 열어 놓고 공격했겠지요. 그랬다면 조조 군사들은 결사 항전을 하기보다 도망을 갔을 지도 모르고요. 행동 하나, 말 한마디가 묵직하던 관우의 모습은 온데간데없고, 애석하게도 성급하고 교만해진 관우만 남았네요. 한쪽 팔로도 문제없다며 다시 전쟁을 불사하는 모습 또한 현명한 선택이라고 볼 수 없습니다.

제가 1권에서 관도대전을 설명하면서 인용했던 말 기억나시나요?

"기업이 가장 위태로울 때는, 가장 잘 나갈 때다."

이 대목에서 필히 다시 언급해야할 것 같습니다. 왜냐고요? 삼국지를 보면, 최고의 자리를 유지하는 건 참 어려운 일이라는 것을 자주 느끼거든요. 조조가 가장 잘 나가던 시절에 적벽대전을 일으켜 8,000척의 배와 100만 군사를 모두 잃었지요? 지금은 어떻습니까? 유비의 전성시대입니다. 그런데 유비 진영의 대들보 관우가 교만해졌네요. 교만과 관우, 너무 안 어울리는 키워드 아닙니까? 관우가 어떤 사람이었나요? 늘 유비를 받들고 그의 말을 무조건 따르는 아우이자 충신이었습니다. 그런데 유비에게 상황을 제대로 알리지도 않고, 홀로 공을 세우겠다는 욕망에 눈이 멀어버린 것 같지요?

최고의 자리일수록 자신을 낮추고 주변을 돌아보는 자세가 필요할 것입니다. 그렇지 않으면 지금의 관우처럼 금세 위태로워질 수 있으니까요.

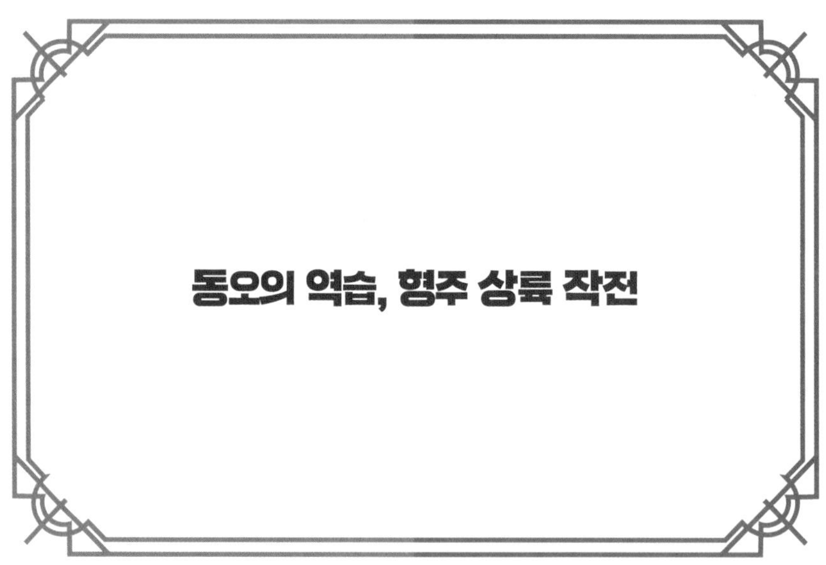

동오의 역습, 형주 상륙 작전

우금과 방덕마저 관우에게 처참히 패했다는 보고를 들은 조조는 나리에 힘이 풀려 주저앉아 버렸습니다. 그리고 부들부들 떨리는 목소리로 신하들에게 말했죠.

"관우가 언젠가 큰일을 저지를 것을 나는 진작 알았소. 이제 그 맹수 같은 자가 우금과 방덕마저 꺾었으니 허창까지 오는 건 시간문제 아니겠소? 안되겠소. 아무래도 수도를 옮기는 것이 좋겠소."

관우 때문에 20여 년간 지켜온 수도까지 버릴 결심을 한 것이죠. 과연 조조는 이렇게 관우에게 굴복하게 되는 걸까요?

조조의 말에 사마의가 반대하며 간언했다.

"전하, 진정하십시오. 전쟁을 하다 보면 지는 날도 있다고 늘 말씀하시던 건 전하 아니십니까? 전투를 하나 졌을 뿐이지, 아직 대세가 기운 것은 아닙니다. 동오에 다시 한 번 서신을 보내시지요. 형주를 오래도록 탐해 왔으니, 분명 응할 것입니다."

조조는 바로 서신을 써서 손권에게 보냈다. 그리고 또 다른 장수들을 차출하여 번성을 지키도록 출병시켰다.

"지금 우리의 번성은 위태로운 형세에 있지만, 내가 지원병을 보냈으니 제 아무리 관우라고 한들 번성에 발이 묶일 수밖에 없을 것이오. 그러니 이참에 동오에서 형주를 치면 어떻겠소. 형주는 도적 유비가 동오에게서 강탈한 땅이니 동오가 되찾아야 마땅하지 않겠소? 나 조조가 관우를 상대할 때가 바로 손권 그대가 형주를 차지할 절호의 기회요."

이 편지를 받은 손권은 이제는 때가 왔다고 느꼈다. 유비에게 미운 정만큼 고운 정도 있었고, 여동생과 혼인까지 했던 사이이기에 웬만하면 외교로 해결하고 싶었던 형주 문제였다. 그러나 '개의 아들'이라는 말을 들은 이후로 손권의 인내심은 한계에 다다랐다. 마침 조조도 북쪽에서 전투를 치를 것이고, 제갈공명과 유비는 서천의 성도로 멀리 떠났으며, 관우도 몸이 성치 않다 하였으니 이젠 정말 형주를 얻을 때였다.

손권은 대도독 여몽을 불렀다. 그리고 엄숙하게 선언했다.

"여몽 장군, 비로소 우리가 형주를 탈환할 날이 온 것 같소. 동오의 자존심을 걸고, 이번에는 기필코, 기필코! 형주를 정복하십시다!"

여몽은 누구냐고요? 여몽은 바로 '괄목상대'의 주인공입니다. 어떤 사람이 몰라보게 능력이나 지식수준 등이 발전했을 때 쓰는 사자성어지요.

여몽은 원래 무술은 뛰어났으나 책은 잘 읽지 않는 사람이었다고 해요. 그런데 손권이 나라를 이끌려면 학문을 연마해야 한다고 충고하자 그날부터 열심히 공부를 했습니다. 그래서 오랜만에 여몽을 만난 노숙이 그의 일취월장한 학문 실력에 깜짝 놀라자, 여몽이 능청스럽게 이렇게 말했다는 거죠.

"자고로 선비라면 3일이 지나 다시 만나면, 눈을 비비고 다시 봐야 할 정도로 변해 있어야 하는 것 아니겠습니까."

이런 여몽을 좋게 봤는지, 노숙은 자신의 후임자로 여몽을 지목했습니다. 노숙은 유비와 조조가 한중에서 전쟁을 벌이기 전에 죽었거든요. 주유가 노숙을 지명하고, 노숙이 여몽을 지명하여 그 계보에 따라 여몽이 동오의 대도독 즉, 동오의 군을 지휘하는 총사령관이 된 것입니다. 원전에 따르면 관우도 여몽은 어느 정도 인정했다고 하는데요. 과연 여몽은 관우를 이기고 형주를 차지할 수 있을까요?

여몽은 먼저 정찰병을 보내 형주를 살피게 했다. 그런데 돌아온 정찰병이 하는 보고는 그다지 희망적이지 않았다.

"관우가 멀리 떠나 있는 것은 맞으나, 단단히 방비를 해두고 갔습니다. 강가를 따라서 봉화대가 쭉 세워져 있어, 들키지 않고 상륙하는 것은 쉽지 않을 듯합니다."

이 말에 여몽은 고민에 빠졌다. 아무래도 관우와의 전면전은 피하고 싶었던 것이다. 조조가 관우의 시선을 끌어 준다고 했으나, 워낙 조조는 믿을 만한 사람이 아니었다. 자신이 불리하다는 생각이 들면 발을 뺄 것이 분명했다. 적당한 계책이 떠오르지 않는데, 손권은 한껏 기대를 하고 있으니, 여몽은 일단 아프다는 핑계를 대고 막사에서 나오지 않았다.

그러던 어느 날, 젊은 책사 하나가 찾아왔다. 동오 내부의 작은 반란들을 잠재우며 공을 세워 인정을 받았지만, 대외적으로는 아직 이름을 알릴 일이 없었던, 육손이라는 책사였다.

"여몽 장군을 뵙습니다. 편찮으시다고 하여 걱정이 되어 달려왔습니다."

고민으로 인해 두통이 생긴 것은 맞지만, 멀리서 달려올 만큼 아프진 않았던 여몽은 멋쩍어졌다.

"그, 그래. 여기까지 발걸음을 해 주니 고맙소."

그런데 육손이 여몽의 얼굴을 살피더니 씩 웃는 게 아닌가.

"대도독, 실례지만 솔직하게 말씀드려도 괜찮겠습니까?"

"무슨 일인데 그러시오. 얘기해 보시오."

"대도독께서는 지금 몸이 아프신 게 아니지요?"

너무나 정곡을 찔리자 여몽은 그만 너털웃음을 터트리고 말았다.

"맞소. 사실 마음의 짐이 클 뿐일지. 형주를 하루 빨리 공략하고 싶지만, 관우가 세워 놓고 간 봉화대를 지나칠 방법이 없어 고민이오."

"제가 계책을 하나 올려도 되겠습니까?"

육손의 말에 여몽은 눈이 번쩍 뜨였다. 돌파구가 될 수만 있다면 무엇이든 좋았다.

"무엇이오? 어서 말해 보시오."

육손이 여몽의 눈을 뚫어져라 쳐다보며 잠시 뜸을 들이더니, 또박또박 말했다.

"저를 대도독으로 임명해 주십시오."

이게 뭔가요? 여몽의 고민을 이용해서 자신의 야욕을 채우려는 걸까요? 사실 육손은 아주 똑똑한 책사였답니다. 그래서 여러 소식을 들으며 관우가 예전 같지 않게 교만해졌다는 것을 파악했어요. 그래도 관우가 여몽은 경계를 하기에, 형주 수비를 철저히 해 두었지만, 만약 아직 젊고 경험이 부족한 육손 자신이 대도독에 오른다면? 관우가 긴장을 풀 것이라고 생각한 것이지요. 손권에게 이 계책을 자세히 설명하니 손권은 기뻐하면서 육손을 대도독에 올렸어요. 곧 여몽이 아파 대도독에서 물러났고, 육손이라는 젊고 경험 없는 책사가 대도독이 되었다는 소문이 퍼졌습니다. 여기에 쐐기를 박기 위해서 육손은 관우에게 잘 부탁한다는 서신까지 보냈답니다.

서신을 받은 관우는 웃음을 터트렸다.

"동오에는 참 인재가 없는 모양이구나. 이렇게 어린놈에게 중요 직책을 맡기다니. 하늘이 나 관우에게 번성을 주려는 뜻인 것 같다. 이제 형주는 걱정할 일이 없어졌으니, 군사를 번성으로 더 데려 오거라."

그렇게 형주를 지키던 군사들이 번성으로 떠났다. 게다가 남아 있던 병사들 사이에 관우가 형주의 수비를 크게 신경쓰지 않는다는 소문이 퍼지면서 어느새 봉화대 군사들의 기강은 느슨해지고 있었다. 그러던 어느 날, 배 80척이 유비 진영 나루터에 와 닿았다. 각 배에는 흰 옷을 입은 사람들이 30여 명씩 타고 있었다.

"누구냐? 허가 받은 자들이 아니면 이곳에 배를 대게 하지 말라고 관우 장군께서 명하셨다."

배 위에 있던 한 사람이 울상을 지으며 대답했다.

"아이고 장군. 한 번만 봐주십시오. 저희는 힘없는 장사꾼들일 뿐입니다요. 저희도 다른 곳으로 가고 싶지만, 바람이 워낙 거세서 나아갈 수가 없는 걸 어떡합니까?"

이렇게 말하며 은근슬쩍 수호대의 손에 뇌물을 쥐어 주니, 형주군들은 못 이기는 척, 배 정박을 허락해 주었다.

그리고 그날 밤. 달빛도 구름 안으로 숨어 버린 칠흑의 밤이었다. 강물 밑에서 검은 물체들이 하나둘씩 위로 떠오르기 시작했다. 입에 단도를 문 동오의 군사들이었다. 인기척 하나 없이 까만 두 눈만 번쩍이는 그들이 조용히 봉수대를 타고 올랐다. 그리고 보초 선 형주 군사들의 뒤로 가만히 다가가 왼손으로 입을 틀어막고 오른손으로 혈을 빠르게 눌러대니 보초를 서던 형주의 군사들은 순식간에 쓰러졌다. 그리고 그들 뒤로 여몽이 등장했다.

네! 장사꾼들은 바로 동오군이 변장한 것이었어요. 관우의 반응은 바로 여몽과 육손이 원하던 바였죠. 수비대가 줄었다는 것을 확인한 여몽은 바로 작전을 개시했습니다. 80여 척의 배와 3만의 대군을 이끌고 형주행 길에 나섰는데, 소수의 병력만 배 위에 있었고, 나머지는 배 밑, 깊은 선창 안에 숨어 있었답니다. 그리고 그 배 위에 있는 군사들은 평상복을 입고, 장사꾼처럼 꾸미도록 한 거죠.

몽골이 세계를 제패하던 13세기 시절, 그들은 세 살 때부터 말을 탔답니다. 당시 몽골 군사들의 다리가 다 휘어져 있었던 이유지요. 동오 역시 태어날 때부터 태아를 물에 던졌을 거예요. 엄마의 자궁이 물이니, 물속으로 들어간 갓난아이는 자연스레 헤엄을 친답니다. 그렇게 길러진 군사들이 수면 밑에 있다가 밤에 쥐죽은 듯 조용히 일을 치른 거지요.

여몽은 봉화대의 군사들을 절대 죽이지 말라고 명했다. 따로 쓸모가 있었기 때문이다. 기절했던 병사들은 포박된 상태로 깨어나 소스라치게 놀랐다. 그들 앞에 앉아 있던 여몽이 나긋나긋한 말투로 말했다.

"나는 자네들을 해칠 의향이 전혀 없소. 협조만 잘해 준다면 자네들은 물론이고, 자네들의 가족들까지 먹고 입을 것을 내가 보장해 주겠소. 자, 잘 생각해 보시오. 지금 자네들이 경비를 게을리해서 형주의 경비선이 뚫렸지 않소. 관우가 이것을 알게 된다면 자네들 목숨이 어떻게 될 것 같소?"

병사들의 눈이 공포로 커지는 것을 가만히 지켜보던 여몽이 사람 좋은 미소를 지으며 말했다.

"그러니 나에게 항복하시고, 나의 작은 부탁 하나만 들어 주시오."

여몽은 형주의 군사들로 하여금 앞장서서 형주성으로 가게 했다. 형주성을 지키던 병사들 역시 기강이 흐트러져 있었는데, 더군다나 자기편이 왔으니 더더욱 의심 없이 성문을 열었다. 그러자 그 바로 뒤로 동오군이 뛰쳐 들어왔다. 그리고 그들을 지휘하는 여몽은 큰 소리로 명했다.

"절대 백성들을 해치지 마라! 반항하는 군인들만 제압하라! 특히 아녀자, 노인, 어린이들의 안전에 만전을 기해라. 다시 한 번 말한다! 백성들의 작은 물건조차도 건드리는 자가 있다면 엄벌을 줄 것이다!"

보통 적군이 성을 공격하면 어떤 일이 일어납니까? 수탈과 겁박은 물론 선혈이 낭자하게 되지요. 이 때문에 백성과 군사가 반란을 일으키게 되고요. 하지만 이런 일들을 사전에 철저히 차단했으니, 민심이 크게 동요하지 않았던 거지요. 여몽이 얼마만큼 철저히 형주 사람들의 안전을 지켰냐면요. 원전에 의하면, 비가 내리자 동오의 한 군인이 백성의 삿갓을 빼앗아 투구 위에 썼는데, 이 보고를 받은 여몽이 즉시 그를 참수했답니다.

이를 본 형주 사람들이 어떤 생각을 했을까요? 사실 지난 8년 동안 관우가 형주를 잘 다스리긴 했지만 다소 방만한 면이 있었거든요. 치리에 능한 건 유비였지 관우는 아니었잖아요. 이에 비해, 여몽은 겸손하고 깍듯한데다 위험에 처한 백성을 도리어 구해주기까지 하니, 형주 사람들의 민심이 이들에게 기울 수밖에요. 이렇게 선정을 베풀어 성을 얻는 것, 원래 유비의 트레이드마크이지요? 그런데 그런 방법으로 유비의 성을 빼앗았네요.

르네상스 시대의 정치가인 마키아벨리의 『군주론』에도 이런 내용이 나온답니다.

"식민지를 다스릴 때는 반드시 그 지역에 군주가 나아가 함께 거주해야 한다."

이 말이 무슨 의미일까요? 엄격한 군주가 지키고 있어야, 관리들이 식민지 백성들을 함부로 수탈하지 못하겠지요. 그래야 반란군, 독립군이 생기지 않을 거고요. 결국 덕치로써 식민지를 다스려야 한다는 의미랍니다.

형주가 손권에 의해 함락됐다는 사실은 꿈에도 몰랐던 관우였다. 그는 화타의 당부를 무시한 채 다시 군사를 이끌고 번성을 공격하러 나섰다. 수술 받은 지 고작 이틀 후에 일어난 일이었다. 하지만 이미 그 사이 철통 방어를 해둔 번성이 쉽사리 무너질 리 없었다. 인근에 장막을 친 채 관우가 때를 기다리고 있었다.

이때 전령이 헐레벌떡 달려와 전했다.

"장군, 큰일났습니다. 형주가 동오군에게 함락되었다고 합니다."

관우는 표정 하나 안 바꾸고 대꾸했다.

"누가 지껄인 헛소리냐?"

전령이 대답하려던 찰나 번성의 군사들이 망루에서 합창하는 소리가 들려왔다.

"관우 놈아, 손권이 형주를 가져갔는데, 어서 돌아가는 게 낫지 않겠냐?"

이에 관우가 껄껄 웃으며 말했다.

"그럼 그렇지. 조조 놈의 계략이군. 필시 조조가 우리를 내쫓기 위해 퍼트린 헛소문일 거다. 그자 자체가 바로 거짓말 아니더냐?"

이에 전령이 발을 동동 구르며 재차 말했다.

"장군, 아닙니다. 진짜 형주가 함락됐다고 합니다."

"염려 놓아라. 형주의 군사들은 나 관우에게 훈련을 받아 용맹하고 굳건해. 게다가 봉수대 하나를 50명씩 지키고 서 있는데 어찌 동오 졸개들이 손쉽게 형주를 넘볼 수 있겠느냐. 문제가 생기면 당장 불을 올리라고 명했다. 그런데 불은커녕 연기조차 나질 않았으니 개의치 말거라."

관우는 태연자약 그 자체였다. 그런데 또 한 명의 전령이 달려왔다.

"장군 큰일났습니다. 동오군의 군사들이 기습했습니다."

그제야 관우의 눈썹이 꿈틀댔다.

"정말이냐? 그런데 어찌하여 봉수대에 불을 올리지 않았느냐?"

"여몽이 정예병만을 따로 배 아래에 숨겨 놓았다가 밤사이에 습격했다고 합니……."

"뭣이?"

관우는 이 상황이 믿기지 않는 듯 입을 다물지 못하다가 이내 털썩 주저앉아 탄식했다.

"내 저들의 술수에 말려들고 말았구나! 오호통재라, 이제 어찌 형님의 얼굴을 본단 말이냐!"

관우가 소리를 높인 순간 팔의 실밥이 터져 피가 줄줄 흘러내렸다. 이에 군사들이 안절부절 못하며 간언했다.

"장군 부디 고정하십시오. 팔의 상처가 아직 아물지 않았습니다."

관우가 팔을 붙잡고 "윽"하며 신음소리를 냈다. 바로 이 시각 조조가 12만 군을 이끌고 관우를 향해 진격하고 있었으니, 이것이 설상가상이 아니고 무엇일까.

어떻게 조조는 이렇게 기막힌 타이밍에 나타날 수 있었을까요? 그는 번성 뒤에서 계속 때를 기다렸던 겁니다. 자신이 보낸 밀서대로 손권이 형주를 함락하고 그 소식을 관우에게 전할 그때를 말입니다. 형주 함락 사실을 널리 알린 것 역시 조조였으니, 아주 치밀하게 움직인 거지요. 전쟁은 타이밍이 중요합니다. 관우의 요충지인 형주가 함락되고 관우 군사들이 이성을 잃고 우왕좌왕할 때, 대군을 이끌고 급습한다면 전세가 어떻게 될까요? 당연히 조조가 이끈 위군의 승리겠지요. 조조의 기습 앞에 결국 관우의 군사는 후퇴할 수밖에 없었습니다. 상처가 터진 관우를 호위한 채 말이지요.

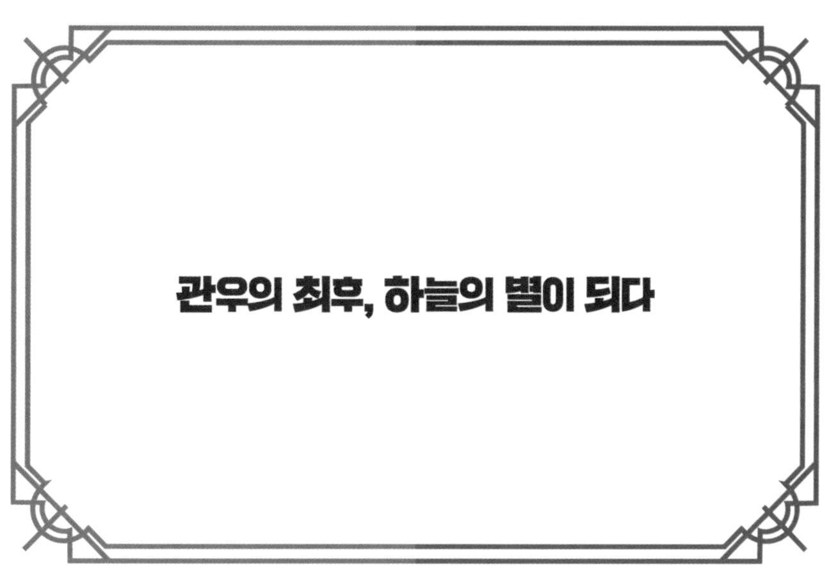

관우의 최후, 하늘의 별이 되다

급히 후퇴하며 관우는 끊임없이 자신의 패착들만을 떠올렸다. 방심하다가 독화살을 맞아 번성 공격을 늦춘 실수, 번성 함락이 생각보다 늦어짐에도 불구하고 다른 계책과 재정비를 생각하지 않았던 실수, 동오가 육손을 임명했다는 소식에 동오를 얕보며 형주군을 더 동원한 실수, 봉수대만 믿고 책사들의 간언도 귓등으로 들었던 실수 등 꼬리에 꼬리를 물고 잘못들이 떠올라 마음속으로 혹독하게 자신을 책망했다.

'내가 공명심에 눈이 어두웠구나. 나의 욕심과 교만이 형주의 백성들을 위기에 빠뜨리고, 형님이 어렵게 얻은 형주 땅을 잃게 했구나.'

관우가 속울음을 삼키며 겨우 명령을 내렸다.

"우선 성도로 사람을 보내 지원군을 요청한다. 그리고 형주로 돌아간다. 백성들과 식솔들을 구하는 것이 먼저다."

관우는 걱정, 근심으로 속이 까맣게 탄 채 형주성으로 달려왔다.

"비겁한 동오 놈들아! 관우 장군께서 오셨다. 당장 성문을 열고 항복해라!"

장수가 소리쳤다. 그러자 성벽 위에서 사람들이 얼굴을 드러냈는데, 그들은 동오의 군사들이 아니라, 형주 사람들, 즉 관우 군의 처자식, 부모들이었다. 그것도 불안한 얼굴이기는커녕 평안한 모습으로 말이다.

"아들아, 우리는 잘 지내고 있단다. 동오 군사들이 정말 잘 대해 주거든. 너도 어서 항복해라. 그래야 편안하게 살 수 있다, 결코 피를 뿌려서는 안 된다."

"여보, 돌아와요!"

"아버지!"

이렇게 각자 자기 가족의 이름을 부르며 잘 지내고 있다고, 돌아오라고 청하니 식솔들 걱정에 분노, 공포감을 안고 왔던 군사들은 순식간에 긴장이 확 풀렸다. 가족들이 안전하다는 생각에 마음이 안정되고, 동시에 전의까지 상실되고 있었다.

이 모습을 본 관우가 공격 명령을 내릴 수 있었을까요? 군사들의 처자식이 성안에서 편히 지내고 있는데, 과연 불화살을 쏠 수 있을까요? 아무것도 할 수 없었답니다. 여몽은 바로 이 점을 노린 것이지요. 전쟁은 결국 군사가 싸우는 것이고, 그들도 어쩔 수 없는 사람이죠. 마음을 가진 사람 말입니다. 그래서 일부러 형주성의 백성들을 극진히 대했습니다. 동오군이 민폐를 끼치지 못하게 단속했음은 물론이고, 날마다 식량을 나누어 주고,

아픈 사람에겐 의원을 보내 주었죠.

그리고 형주 사람들 입장에선, 여몽이 고마운 것도 있지만 멀리 떠난 자신의 아들, 동생, 남편을 걱정시키고 싶지 않았을 거예요. 웬만하면 그냥 전쟁 없이 도란도란 살고 싶었겠죠. 당연한 사람의 심리잖아요. 충성도 좋고, 명분도 좋지만, 대다수의 사람들은 그저 가족들과 편안하게 살고 싶죠.

상황이 이러니 관우는 다른 선택지가 없었습니다. 결국 근처에 영채를 짓고 진을 칠 수밖에요. 번성으로 갈 수도, 형주성 안으로 진격할 수도 없는, 말 그대로 오도 가도 못하는 진퇴양난이 된 겁니다. 그런데 하루, 이틀이 지날수록 군인들이 슬슬 사라지네요. 가족이 있는 형주성 안으로 들어간 것이지요. 동오군에게 항복한 겁니다.

"아버지, 동오에 투항하려다 잡혀온 놈들입니다. 이놈들을 참수해 버릴까요?"

아들 관평의 보고에 관우가 힘없이 고개를 들었다. 나이가 아무리 들어도, 젊은이들보다도 팔팔하고 힘이 넘쳤던 관우이건만, 며칠 동안 그간의 세월이 한걸음에 그를 따라잡았는지, 확 늙어 보였다. 자존심과 의리가 그의 힘이었는데, 스스로 그 모두를 망쳐 버렸다는 생각에 깊이 좌절한 것이다.

"그러지 마라. 그들은 누군가의 아들이고, 누군가의 남편이며, 또 누군가의 아비가 아니더냐. 자신들의 가족을 챙기러 떠나는 한 집안의 가장들을, 그것도 우리 형주의 군사들을 어찌 우리 손으로 참할 수 있다더냐. 탈영했다는 건 이미 싸울 의지가 없다는 뜻이다."

관평은 아버지의 모습에 가슴이 찢어지는 듯했다. 그러나 이럴 때일수록 자신이 더 정신과 기운을 차려야 했다. 그는 눈물을 집어삼키며 관우에게 조언했다.

"아버지, 군영에서 이탈하는 병사들이 점점 늘어납니다. 밤마다 맞은 편 언덕에서 형주 사람들이 군사들의 이름을 부르니, 동요하지 않는 자가 없습니다. 이곳을 떠나 인근의 맥성으로 가 지원병을 기다리는 것이 어떨는지요?"

관평의 말대로 맥성으로 이동하기로 하고 군사들을 집결시켰는데, 영채 안이 휑했다. 군사의 절반이 투항한 것이다. 관우의 팔꿈치 상처가 다시 한 번 터지고 말았다. 진퇴양난을 넘어 외롭고 힘겨운 사면초가의 형국이 아니고 무엇일까. 관우는 다시 한 번 속울음을 쏟아야 했다.

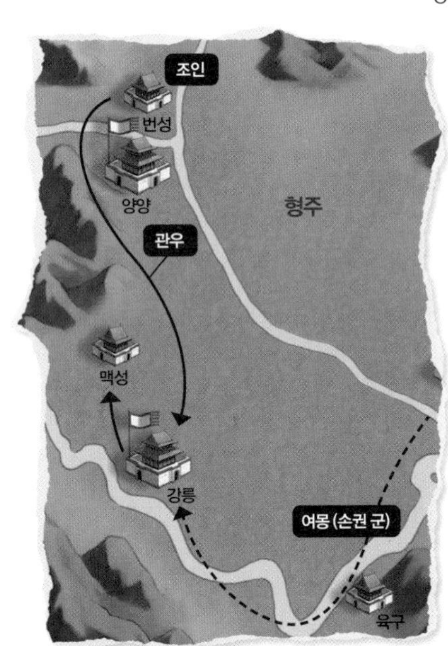

남은 300여 명의 군사들과 함께 관우는 사방을 둘러싼 동오의 군사들을 뚫고 맥성으로 들어왔다. 하지만 희망은 요원했다. 맥성은 작은 성이었고, 서천의 지원병이 빨리 이르기에는 거리가 너무 멀었으며, 성벽 밖은 이미 셀 수 없이 많은 수의 동오 군사들로 가득 찼다. 그 맨 앞에는 애타게 자식 혹은 남편의 이름을 부르는 형주 백성들이 나와 있어 군사들은 지속적으로 줄어만 갔다. 그나마 자신을 끝까지 믿고 곁을 지키는 수하 군사들이 있었지만, 그들의 식량도 턱없이 부족했을 뿐더러, 그들 대부분이 깊은 부상을 당했는데 치료할 약도 없는 상황이었다. 결국 관우는 눈물이 흐르는 것을 참지 못하며 탄식했다.

"내 지난날 여러 간언을 듣지 않고, 혼자 힘을 믿다가 이렇게 되었구나. 이곳에선 더 이상 길이 없는 듯하다. 군마를 정비해서 형님이 있는 서천으로 가자."

한편 맥성을 포위하고 있던 여몽에게는 손권이 당도했다. 천하의 관우를 포위했다는 소식을 듣고 몸소 찾아온 것이다. 손권까지 오니, 여몽은 좀더 힘을 내 관우를 사로잡아야겠다고 다짐했다.

다음날, 여몽은 성문 앞에 가서 외쳤다.

"관우 장군. 이제 그만 항복하시오! 사방은 모두 포위당했소!"

관우가 망루 위에 올라서 주변을 살펴보니, 북문만은 동오군이 적어 보였다.

"북문으로 간다. 서천으로 가서 형님을 만나면, 그러기만 하면! 다시 살 길이 보일 것이다."

관우와 그를 따르는 몇백의 군사들은 그렇게 북문을 열고 나갔다. 하지만 그 역시 여몽의 함정이었음을 어찌 알았으랴. 매복 군들이 일어나고, 풀숲에선 갈고리들이 날아와 말들의 발목을 잡으니, 관우 군사들의 말들이 고꾸라져 나갔다. 그러나 그 공격을 피해 하늘을 날듯 뛰쳐나가는 한 마리의 말이 있었으니, 바로 관우를 태운 적토마였다. 적토마는 관우의 마지막을 예감이라도 했는지, 우렁차게 소리를 토해내며 적들의 공격을 피해 나갔는데, 그 모습이 마치 한 폭의 그림 같았다.

무사히 빠져나왔다고 생각하는 그 순간, 적토마가 울부짖으며 발길을 멈추었다. 관우가 고삐를 당겨 적토마를 세운 것이다. 관우는 방향을 돌려 동오군에게로 스스로 다가갔다.

'얼마 남지 않은 나의 수하들이 모두 동오군의 포로가 되어 죽게 생겼는데 나 혼자 도망간다면 이들은 어찌하겠는가.'

"아버지 도망가세요!"

고꾸라진 말 밑에 깔려 버둥대는 아들 관평이 부르짖고 있었다.

"이놈들아, 내가 이들의 수장 관우다! 나를 붙잡고 이 군사들은 모두 안전한 곳으로 옮겨다오!"

그렇게 울부짖던 관우는 결국 붙잡혀 손권 앞으로 끌려갔다.

"관우 장군, 그 이름은 오래도록 들었건만, 드디어 만나게 되니 반갑소. 자고로 때를 알고 일으키는 사람이 진정 호걸이라 하였소. 이제 그만 나에게 항복하는 것이 어떻겠소?"

손권도 당연히 관우가 탐났던 것이다. 은근한 말투로 회유해 보았으나, 관우의 대답은 한 치의 망설임도 없었다.

"일개 무사에 불과한 나를 유비 형님께서 가족처럼 대해 주셨거늘, 어찌 사내대장부가 의리를 배신하고 적장에게 귀순할 수 있겠소. 옥을 깨어 부서지게 할 수는 있어도, 그 빛은 변하게 할 수 없소. 대나무를 태워 없앨 수 있어도, 그 절개는 절대 꺾을 수 없을 것이오. 비록 이 몸이 죽고, 살이 썩어 뼈까지 진토되어 모두 다 흩어진다 하더라도 내 이름은 역사에 남을 것이니 더 이상 무슨 여한이 남아 있겠소."

그의 한마디 한마디가 모든 동오 군사들의 심금을 울리고 있었다. 차마 입 밖으로 꺼내지는 못했지만, 무장으로 자라 관우를 존경하지 않은 자 누가 있을까. 모두 침묵한 채 아무 말도 못할 때, 관우가 가만히 옆에 있던 적토마를 쳐다보았다. 그리고 적토마를 눈으로나마 쓰다듬으며 말했다.

"네가 하룻밤에 천리를 달리는 명마임에도 주인 복을 못 타고 났구나. 못난 주인을 만나 고생이 많았다. 부디 지혜롭고 너를 아껴 주는 주인을 만나 이제 편안하게 남은 생을 살길 바란다."

적토마가 이 상황을 아는 것인지, 고개를 하늘로 올리고 한없이 울부짖기 시작했다. 이 상황을 본 동오 군사들의 가슴이 또 미어졌다. 관우는 차분히 서쪽을 향해 절을 하며 들릴 듯 말 듯 작게 혼잣말을 했다.

"도원결의의 맹세를 지키지 못하고 먼저 떠나는 점, 입이 열 개라도 형님께 드릴 말씀이 없습니다. 대의를 도모할 때의 초심을 잃고 교만해진 이 못난 아우, 큰 짐만 드리고 갑니다. 그리고 장비야, 형으로서 부끄럽고 면목이 없구나. 부디 너만이라도 형님을 도와 대업을 이루는 데 힘쓰길 바란다. 형님, 먼저 갑니다. 그간 정말 고마웠습니다."

반나절을 고민한 손권은 결국 결단을 내렸다. 참수당한 관우는 하늘의 별이 되었다. 서기 219년 향년 58세, 매서운 바람이 불어 닥친 한겨울의 일이었다.

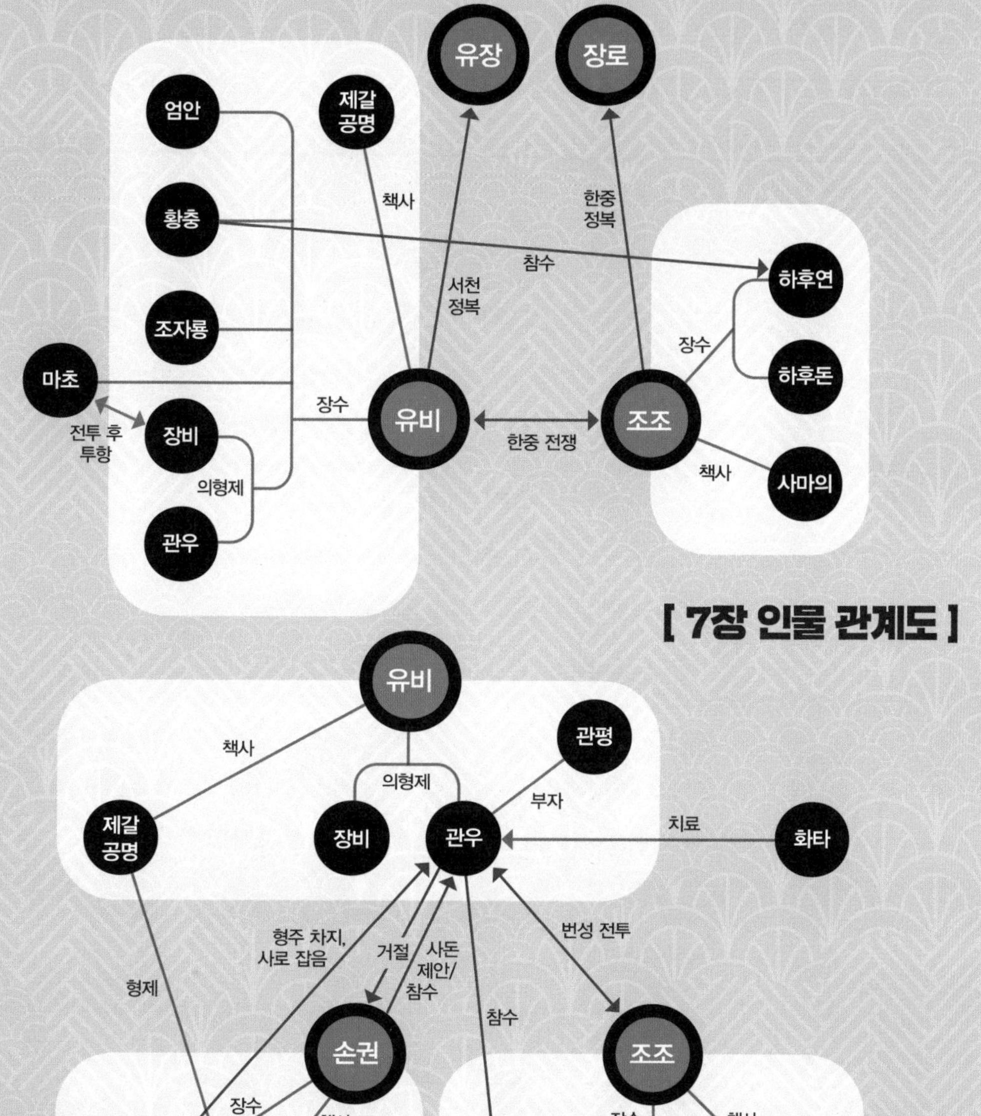

유장
장로
엄안
제갈
공명
황충
조자룡
마초
장비
관우
책사
서천
정복
한중
정복
참수
하후연
하후돈
장수
전투 후
투항
의형제
유비
한중 전쟁
조조
책사
사마의

[7장 인물 관계도]

유비
책사
관평
의형제
부자
제갈
공명
장비
관우
치료
화타
형주 차지,
사로 잡음
거절
사돈
제안/
참수
번성 전투
형제
참수
손권
조조
장수
책사
장수
책사
여몽
제갈근
육손
방덕
조인
우금
사마의

어젯밤 하나의 별 긴 꼬리를 비치며 졌고
오늘 해가 뜰 때 그가 떠남을 들었네.
영채 어디에도 그의 강한 목소리가 들리지 않으니
이제 누가 밝은 이름을 다시 나타내리.
문하에 두었던 삼천의 사람들도 덧없고
마음에 품었던 십만 병도 허무하다.
녹음이 올라오는 쾌청한 날이건만,
답하여 들려오는 노랫소리 다시는 들을 수 없겠구나.

8장

용의 최후, 무엇을 위하여 그리 살았나

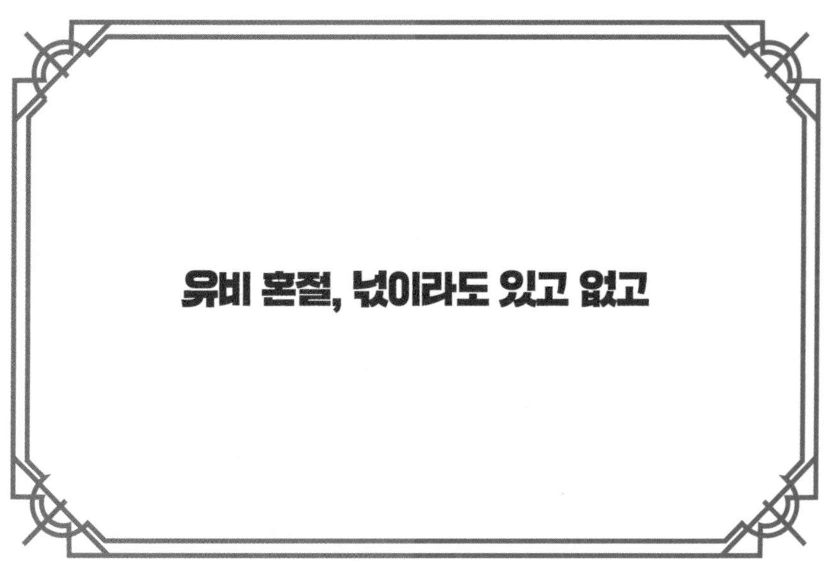

유비 혼절, 넋이라도 있고 없고

한중왕이 된 유비는 서천의 성도에서 모처럼 편안한 시간을 보내고 있었다. 유비의 다스림으로 백성들이 모두 근심이 없었고, 태평성세를 이루고 있었다. 그러던 어느 날 밤이었다. 잠을 이루기 전 유비는 자신의 생애를 되돌아보았다. 몰락한 황실의 후손으로 자라 어릴 때부터 생계를 유지하기 위해 허덕여야 했고, 도원결의를 맺고 전장에 뛰어든 이후 의탁자로, 도망자로 눈물겹게 산 풍상들이 스쳐지나갔다. '그래도 이제 좀 이뤄냈구나. 내가 왕이 되었다니.'라고 생각하니 가슴이 벅차올랐다. 그 기쁨과 안도감에 숙면에 빠져들 찰나였다. 갑자기 몸이 사시나무 떨듯이 떨리고, 숨쉬기가 가빠지기 시작했다. 기분이 너무 이상해 일어나 앉았는데, 누군가 방안으로 들어왔다.

"누가 이 밤에 함부로 내 방에 들어오느냐?"

유비가 호통을 치며 누군지 보려는데, 그 사람은 자꾸 어둠 속으로 몸을 피했다. 그러나 그 스치는 순간에도 알아볼 만큼 유비가 잘 아는 사람이었다. 바로 관우였다.

“아니, 아우야, 어찌 형주에서 기별도 없이 이 밤에 왔느냐? 옷이 얇구나, 오면서 춥지는 않았느냐?”

유비가 다가가 관우의 두 손을 잡으려던 참이었다. 관우가 한 번 뒷걸음쳐 어둠속으로 물러나며 천천히 말했다.

“형님……, 먼 길 떠나게 되어 인사드리러 왔습니다.”

“무슨 소리냐, 이 추위에 어딜 간단 말이냐? 그러지 말고 따뜻한 술 한 잔 하자.”

“아닙니다. 그동안 부족한 저를 거둬 주셔서 정말 감사했습니다. 덕분에 미천한 저 관우, 역사에 이름을 남기게 되었습니다. 허나 죄송하고 면목 없게도 먼저 가게 되었습니다. 부디 한나라 재건의 꿈을 이루시길 바랍니다.”

말을 다 마친 관우가 완전한 어둠속으로 쓱 사라지고 말았다. 허공을 바라보며 유비가 멍하게 서 있다가 문득 정신을 차렸는데, 아무래도 기분이 이상했다. 마음이 불안하고 안정이 되지 않아, 제갈공명을 찾아갔다.

“공명 선생, 방금 내가 관우를 봤는데 기분이 왠지 좋지 않습니다. 헛것을 본 것인지, 꿈을 꾼 것인지…….”

그런데 제갈공명이 침통한 표정을 지으며 유비를 맞는 것이 아닌가. 안 그래도 불안했던 유비가 불길한 기운을 느끼며 물었다.

“공명 선생, 무슨 일이십니까?”

“전하, 모든 것은 제 불찰입니다. 이런 말씀을 드리게 되어 너무나 죄송합니다."

"무슨……?"

유비는 가슴이 두방망이질해대며 현기증이 느껴졌다.

"관우 장군께서 형주를 동오에게 빼앗겼다고 합니다."

"관우가? 형주를 말입니까? 그럼 내 아우 관우는 지금 어디 있습니까?"

제갈공명이 엎드려 흐느끼며 말했다.

"말씀드리기 송구하오나, 투항하라는 손권의 말에 맞서 의리와 절개를 지키시다가 결국 손권에게 그만……."

유비는 믿을 수 없다는 듯 말했다.

"아니, 무슨 소리를 하시는 겁니까? 좀 전에 관우가 갑자기 찾아와, 저랑 얘기를 나누었는데. 밖에서 관우 못 보셨습니까? 방금 관우가 저한테 인사하고 나갔는데 못 봤을 리가……. 공명 선생, 이런 연기는 하는 게 아닙니다."

현실을 인정하지 않으려는 유비의 모습에 제갈공명의 마음이 더 무너졌다. 잘 울지 않는 제갈공명이 소리 내어 통곡하는 모습을 한참이나 멍하니 쳐다보고 나서야 이게 정녕 사실인가 싶어 유비가 바닥에 주저앉았다. 그리고 실성한 사람처럼 멍한 눈으로 혼잣말을 했다.

"한날한시에 죽기로 약속했는데, 우리 관우가 그 약속을 어길 리가 없는데……."

유비는 스르륵 눈물을 흘리기 시작했다. 한 번 시작한 울음을 멈출 수가 없어 하염없이 울던 유비는 그만 쓰러져 혼절하고 말았다. 한참 후에야 정신을 차린 유비가 관우의 유해가 어디 있는지 찾기 시작했다. 한 신하가 조

심스레 고했다.

"손권에게 있다고 합니다."

유비가 또다시 통곡했다. 한참을 울던 그는 분노로 온몸을 부르르 떨며 말했다.

"앞으로 동오와는 같은 해 아래에 있지 않을 것이고, 같은 달을 바라보지도 않겠다! 비록 유해는 없지만, 관우의 손때가 묻은 물건들을 가져와 국장을 치르도록 하라."

원전에 의하면 관우의 소식을 들은 유비는 사흘 동안 물 한 모금 마시지 못한 채 통곡만 했다고 합니다. 그리고 원망의 대상이 필요했던 유비에겐 동오를 향한 분노가 한없이 차올랐죠. 한나라 재건을 위해서 동오와 화친해야 한다는 걸 누구보다 잘 알고 있던 유비였습니다. 목숨의 위협을 무릅쓰고 동오로 건너가 동오의 사위가 될 만큼요. 그런 유비가 이제 동오를 증오하게 되었으니, 과연 천하삼분지계의 균형은 앞으로 어떻게 될까요?

한편 동오의 승전군은 전리품을 잔뜩 챙겨서 동오의 수도 건업으로 돌아왔다. 그중에는 관우의 시신도 있었다. 그런데 손권을 기쁘게 맞이하던 책사 장소가 관우의 커다란 관을 보자 화들짝 놀라며 말했다.

"저 관은 무엇입니까, 주공?"

"우리가 마침내 굴복시킨 관우의 관이요."

손권의 대답에 장소는 더욱 표정이 어두워졌다.

"상황은 들었습니다만, 시신까지 가지고 오셨군요……. 유비와 관우는 한날한시에 죽기로 결의를 맺은 사이인데, 유비가 현재 서천에서 군마를 쥐고 군림하고 있으니 우리 동오에 해를 끼치지 않을까 걱정스럽습니다. 그가 선전포고를 한다면 제갈공명의 지략과 장비, 황충, 조자룡, 마초의 용맹함을 어찌 감당할 수 있겠습니까?"

형주를 얻었다는 기쁨에 미처 생각하지 못했던 부분이었지만, 장소의 말을 듣자마자 손권은 자신의 실수를 깨달았다.

“어찌하면 좋겠소?”

“이렇게 하는 것이 좋겠습니다. 관우의 수급을 수습해 조조에게 보내십시오. 유비는 이 모든 일을 조조가 계획한 것이라 생각할 것입니다.”

손권은 바로 관우의 머리가 들어갈 관을 짜라고 명했고, 가장 발 빠른 전령에게 그것을 주어 조조에게 보냈다. 이때 조조는 초심을 잃지 않겠다는 마음으로 낙양에서 지내고 있었다.

“전하, 손권이 작은 상자를 하나 보내 왔다고 합니다. 형주 전쟁에서의 은혜에 감사한다며…….”

신하가 전하자 조조가 놀라서 물었다.

“뭐? 손권이 나한테? 동오에 실리적으로 도움이 되지 않으면 절대 움직이지 않는 놈인데, 도대체 무엇을 보냈단 말이냐?”

“지금 밖에서 사신이 기다리고 있습니다.”

“들라 하라.”

어안이 벙벙해진 조조가 사신이 건넨 서찰을 읽어 내려갔다.

“위왕의 명을 받들어 협공 작전을 펼친 결과, 드디어 저희가 형주를 차지했습니다. 유비를 공격한 것도, 형주를 차지하게 된 것도 모두 위왕의 명이자, 은혜입니다. 이 은혜에 보답하고자 작은 성의를 표합니다.”

조조가 편지를 다 읽고 찜찜한 표정으로 함을 열어본 순간, 까무러치게 놀라며 함을 떨어뜨렸다.

“으악!”

바닥에 떨어진 함 밖으로 눈을 부릅뜨고 있는 관우의 수급이 떼구루루

굴렀다.

"과…관우…관우가……!"

한동안 말을 잃었던 조조가 정신을 차린 뒤 이내 분노했다.

"손권! 이 간교한 놈 같으니라고!"

조조의 손이 달달 떨렸다. 산전수전 다 겪은 백전노장 조조였지만 이처럼 당혹스럽고 끔직한 일은 실로 처음이었다. 관우가 누구던가. 자신의 외사랑이자 경외심의 대상 아니었던가. 그의 목이 지금 눈앞에서 굴러가고 있으니, 머리가 하얘지고 심장이 떨릴 수밖에.

조조가 지르는 소리에 놀라 달려온 사마의가 관우의 머리를 보더니 말했다.

"이건 동오가 우리 위나라에게 덤터기를 씌우려는 계략입니다."

천천히 심호흡을 가다듬은 조조는 관자놀이를 짚으며 말했다.

"그래 그렇겠지. 지가 관우를 죽여 놓고 그 수급을 나에게 보내 유비의 분노를 내 쪽으로 돌리겠다? 관우를 죽인 건 손권이지만 그 손권을 부추겨 전쟁을 일으킨 건 나 조조라는 것을 유비에게 각인시키겠다는 것인데…… 그냥 이렇게 당할 수는 없다. 지금 당장 향나무로 관우의 몸을 만들어 주고 아주 성대하게 국장을 치를 준비를 하거라. 문무백관 한 명도 빠짐없이 모두 참석하게 하고. 죽은 관우를 형왕으로 추존할 것이다."

조조는 억울한 누명을 벗기 위해서 관우의 장례식을 성대하게 치렀는데요. 이런 메시지를 유비에게 건넨 거였겠죠. "관우의 수급을 벤 자는 손권이지, 내가 아니다. 나는 결백하다."

그렇지만 또 한편으론, 자신이 지금껏 계속 존경해 왔던 장수에 대한 예의이기도 했을 거예요. 단순히 오해를 풀기 위해서였다면 관우 시신을 유비에게 재빨리 보내는 게 더 효과적일 수도 있었을 테니까 말이죠. 심지어 조조는 낙양 근처 양지 바른 곳, 자신이 자주 찾아갈 수 있는 곳에 관우를 묻어 주었답니다.

Q. 관우의 시신은 이렇게 동오를 거쳐 결국 위나라에 묻혔네요. 그런데 관우가 죽은 후, 적토마와 청룡언월도는 어떻게 됐어요? 동오에 있었나요?

A. 적토마는 과연 명마인 듯합니다. 관우의 죽음 이후, 적토마는 풀도, 물도 먹지 않은 채 시름시름 앓더니 결국 관우를 따라 저 세상으로 갔답니다. 청룡언월도는 관우의 말에 갈고리를 건 장수, 반장이란 자가 갖고 있다가 훗날 관우의 둘째 아들 관흥이 반장을 사로잡고 도로 찾아왔다고 합니다. 그렇다면 지금은 어디에 있을까요?

사실 삼국지 시대를 기록해 둔 그 어떤 역사서에도 그 당시에 그런 무기를 사용했다는 기록은 없어요. 그러니 박물관이나 사당에 청룡언월도가 있다면 후대 사람들이 만들어 놓은 물건인 셈이지요. 현재 중국 하남성 장저우에는 관우의 동상이 우뚝 서 있는데요, 그 높이가 무려 58m나 되지요. 충과 의리의 화신인 관우를 중국인들이 얼마나 사랑하는지 알 수 있지요?

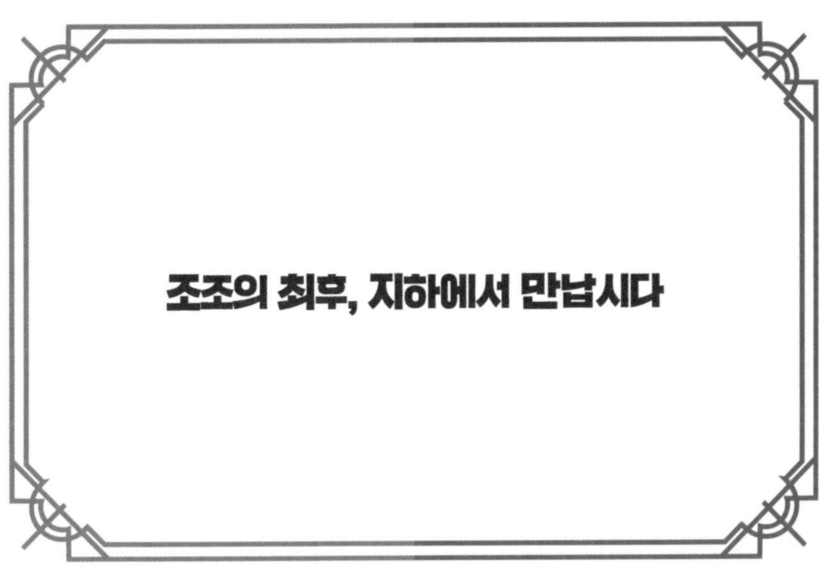

조조의 최후, 지하에서 만납시다

관우가 떠난 이듬해 또 한 명의 영웅호걸이 세상을 등집니다. 관우를 시작으로 삼국지의 영웅들이 하나둘 별이 되기 시작하는데요. 그들이 마지막으로 남기는 유지 역시 각자의 리더십 성향을 확연히 보여 준답니다. 어차피 태어난 이상 누구나 한 번은 죽잖아요. 하지만 영웅들의 죽음은 우리에게 주는 삶의 통찰이 있답니다. 관우 다음으로 우리가 떠나보내는 사람은 누굴까요?

관우가 떠난 후, 조조는 삶을 관조하는 시간이 많아졌다. 흠모하던 영웅 관우도 하릴없이 스러져 갔으니, 죽음 앞에서 인간이 얼마나 나약하고 초라한 존재인지 생각하지 않을 수 없었다. 죽기 살기로 전장을 누비며 손에 피를 묻힌 결과로 얻은 것들의 의미에 대해서도 생각해 봤다. 권력, 명예,

부를 누렸으나 잃은 것도 많았다. 속내를 털어놓으며 술잔을 기울일 수 있는 친구, 서열과 그릇의 크기를 계산하지 않고 오롯이 정으로만 대할 수 있는 가족. 그 어느 것도 없었다. 천하를 얻었다고 생각한 조조였지만, 어찌 보면 인생에 있어서 가장 소중한 것을 가지지 못한 셈이었다. 늘 경계와 의심의 대상이었을 뿐, 단 한 번도 누군가를 전적으로 믿어 본 적이 없던 그였다. 이런 고민들로 심경이 복잡해지자 그의 만성 두통이 더 심해졌다.

"머리가 두 동강 날 것 같구나. 어지러워 일어설 수가 없다."

낙양의 명의가 갓 달인 약에도 차도가 없자, 한 책사가 수소문 끝에 화타를 불러왔다. 관우의 팔을 치료한 이후 더욱 유명세를 탄 그였다.

"전하를 뵙습니다."

"화타 선생의 의술이 신선의 경지라는 말은 익히 들어 알고 있소. 내 두통이 갈수록 심해지는데 대체 원인이 무엇이오?"

조조의 맥을 한참 짚어 보던 화타가 말했다.

"우울과 분노, 욕망과 살기, 이 모든 것들이 화가 되어 뇌 속에 꽉 차서 생긴 병입니다. 30년은 넘게 곪어진 병으로 보입니다만……."

조조가 알만 하다는 듯이 고개를 끄덕이고 한숨을 푹 내쉬며 물었다.

"고칠 방도가 있겠소?"

"말끔히 없앨 수 있습니다. 하지만 그 뿌리가 깊어, 평범한 방법으론 안 됩니다. 두개골을 반으로 갈라, 그 안의 독기를 빼낸 후 다시 꿰매면 됩니다."

조조가 갑자기 눈을 부라리며 쏘아붙였다.

"네놈이 나를 죽이려고 계략을 쓰는구나. 내가 원숭이로 보이느냐? 머리를 반으로 쪼갠다고?"

"향을 태워 마취하니 고통은 없으실 겁니다. 관우 장군께서는 마취도 하지 않은 채 생살을 찢고 뼈에 묻은 독을 긁어내는데도 신음 소리 한 번 내지 않으셨습니다만."

"팔이야 설사 못 쓰게 된다 해도 살 수 있지만, 머리는 잘못되면 나 조조가 아닌 딴 사람이 되는 거지 않느냐! 네놈이 관우와의 인연으로 나를 죽이려는 게 틀림없구나. 이놈을 당장 옥에 가두어라!"

화타가 끌려 나간 후, 조조는 언짢은 표정으로 자리에 누워 중얼거렸다.

"오래되긴 했지……, 우울과 화병이 어제오늘 일이 아니고 내 평생 고질병이거늘, 어찌 한 방에 나을 수 있겠나……."

화타는 환자를 치료하러 왔다가 졸지에 옥에 갇혔네요. 하지만 생각해 보세요. 오늘날에도 머리를 쪼개는 수술은 무서운데, 그런 수술 방식이 생소했던 그 당시는 어땠겠어요. 더군다나 조조는 치료에 대한 안 좋은 기억이 있죠? 두통을 치료하는 약을 달여 온다던 길평이 독을 그 안에 넣어 두었던 사건 기억나나요? 조조에게 들켜 헌제의 혈서를 받았던 동승까지 모두 발각됐던 사건이었잖아요. 그런 일까지 있었으니 더더욱 조조는 화타의 치료법을 믿기 어려웠을 거예요. 그렇게 두통을 치료할 유일한 방법을 스스로 포기해 버린 조조에게 서신이 하나 왔습니다.

"위왕 전하, 이미 천하의 일은 정해졌으니 황제의 자리에 오르십시오. 오르시고 남방의 역적 유비를 치시옵소서."

손권이 보낸 서신이었다. 자신의 신하도 아니고 동오의 주인인 손권으로부터 황제에 오르라는 말을 들었음에도, 조조는 기뻐하기는커녕 피식 웃을 뿐이었다.

"어린놈이 많이 컸구나. 이렇게 아부를 떨면서 나를 구워삶으려고 하다니."

조조가 다시금 아파 오는 머리를 부여잡고 낮은 목소리로 신하들에게 말했다.

"나는 이미 내가 바라던 것 이상으로 높은 곳에 올랐고, 많은 것을 누리고 있소. 황제에 오를 생각은 없다네. 하늘이 허락한다면 주 문왕이 되기를 바랄 뿐이지."

옆에서 이를 듣던 사마의는 고개를 끄덕이며 말했다.

"그러시다면 손권에게 벼슬과 작위를 내리시어 유비와 싸우게 하시옵소서."

"경의 뜻대로 하시게."

여기서 사마의는 조조의 속뜻이 무엇인지 알았답니다. 주 문왕은 예전 중국의 역사에서 천하의 3분의 2를 차지하고도 황제에 오르지 않은 인물입니다. 하지만 이후 그의 아들 무왕이 황제에 올랐죠. 조조의 뜻이 무엇인지 아시겠죠? 아들을 황제에 올리겠다는 거였어요. 그토록 더 높은 곳, 더 많은 것을 바라며 달려온 삶이건만, 조조는 끝내 황제에는 오르지 않는 걸까요?

겨울이 가고 이듬해 봄이 되어도 조조의 두통은 나을 기미가 보이질 않았다. 자다가 머리를 부여잡고 소리를 지르곤 했고, 밥을 먹다가도 숟가락을 내던지고 악을 썼다. 신경이 날카로워지니 그에게 어떤 말도 할 수 없었다. 그러다 마침내 자리에 누워 일어나지 못하는 지경이 되었다. 어느 날, 조조가 큰 아들 조비와 몇몇의 신하들을 불렀다.

병상에 누운 채, 가쁜 숨소리로 조조가 말했다.

"첫째 조비야, 내 뒤를 이을 사람은 너밖에 없다. 어릴 때부터 너를 유심히 지켜봤지. 한결같고, 매사에 조심스럽고, 겸손하고 성실한 녀석이야. 그래, 그렇게 조심해야 한다. 최고의 자리에 오르는 자는 늘 한결같이 조심스러워야 해. 명심하거라. 경들도 내 아들 비를 잘 보좌해 주게."

머리가 아픈지 인상을 찡그리며 말하는 조조에게 조비가 엎드려 말했다.

"아버지 10년은 더 나라를 이끄실 수 있습니다. 부디 몸과 마음을 추스르십시오."

"아냐, 어제 내가 밤하늘을 올려다보니, 내 별이 지더구나. 이제 내 운도 다 한 거다."

그러더니 조조가 희미해진 눈으로 주변을 둘러보다가 사마의를 가까이 오라고 손짓했다. 사마의가 나아오자, 조조가 그의 눈을 똑바로 쳐다보며 말했다.

"특별히 자네에게는 더 부탁하고 싶네. 부디 내 아들을 잘 섬겨 주게."

"전하, 여부가 있겠습니까?"

"부탁이네."

이 말을 하는 조조의 눈에는 왠지 모를 간절함과 불안함이 서려 있었다.

조조는 이번에는 첩들을 가까이 오라 했다.

"바느질과 여자의 일들을 부지런히 하시오. 내 생전 지어 놓은 별채에서 부족하지 않게 살게 해줄 테니, 부디 날 위해 제사 지내는 것을 게을리하지 말아 주시오."

다시 조비를 쳐다본 조조가 말했다.

"마지막으로 내 무덤은……."

"걱정 마세요, 아버지의 위엄을 살려 웅장하게 모시겠……"

조비가 눈물을 흘리며 결연하게 대답하는데, 조조가 황급히 손짓을 하며 말을 막았다.

"아냐, 그게 아냐. 그래서는 큰일난다. 최대한 작게 만들되, 내 무덤과 똑같은 무덤 71개를 주변에 만들어 놔라. 어떤 게 내 무덤인지 사람들이 알아차리지 못하게. 평생 얼마나 많은 사람들을 죽였는지 모른다. 그들 가족이 내 무덤을 가만 놔둘 리 없다. 그리고 금은보화 같은 건 절대 넣지 말거라. 도굴꾼들이 다 파내갈 것이야. 윽…머리가…깨질 것 같구나……."

"아버지 괜찮으세요?"

"그래, 난 괜찮다. 이제 조금 있으면 편안해질 것 아니냐. 죽지 않기 위해 발악하며 사는 것보다는 영웅답게 죽는 편이 훨씬 낫다. 한평생 늘 불안과 의심에 쫓기며 살아왔는데, 이제야 편안한 잠을 잘 수 있겠구나……."

그 말을 남기고 조조는 눈을 감았다. 관우가 죽은 다음 해인, 220년 향년 66세의 나이였다.

끝까지 조조답다는 생각이 들지요? 어느 것이 자기 것인지 알 수 없도록 무덤을 72개나 만들라니요. 자신에게 원한 있는 사람들이 많다는 사실을 알고 있는 것도, 자기 자신을 잘 알았던 조조답습니다.

그렇지만 또 한편으론, 죽음을 앞두고는 의외의 모습을 보이기도 했다는 생각이 듭니다. 아내들을 불러서 바느질에 힘쓰라는 등의 가정적이고 소소한 유언을 남기기도 했잖아요. 그런 조조의 유언이 멋이 떨어진다는 평들도 봤었는데요. 저는 그렇게 생각하지 않습니다. 명예, 부, 권력을 당시 그 누구보다도 많이 누렸던 조조가 죽음 앞에서 인간은 결국 미약한 존재라는 것을 절절히 깨달은 것이라고 생각해요. 저는 이 대목에서 구약 성경에 나오는 솔로몬 왕이 떠오릅니다. 그는 아버지 다윗이 물려준 엄청난 영토와 금은보화 그리고 1,000여 명의 부인이 있었죠. 누려 볼 것을 다 누려 본 그가 무엇이 더 바랄 것이 있었을까요. 그런데 그가 나이가 들어 써 내려간 전도서에는 이런 대목이 나옵니다. "헛되고 헛되며 헛되고 헛되니 모든 것이 헛되도다."

인생무상. 이 네 글자 이외의 무슨 말로 이 상황을 표현할 수 있을까요. 불교에서는 '공수래공수거'라 하여 빈손으로 왔다 빈손으로 가는 것이 인간의 삶이라 하죠. 과연 우리는 무엇을 얻고자, 무엇을 좇아 하루하루 그토록 치열하게 살아가는 것일까요? 다시 한 번 우리의 삶을 되돌아보게 하는 대목입니다.

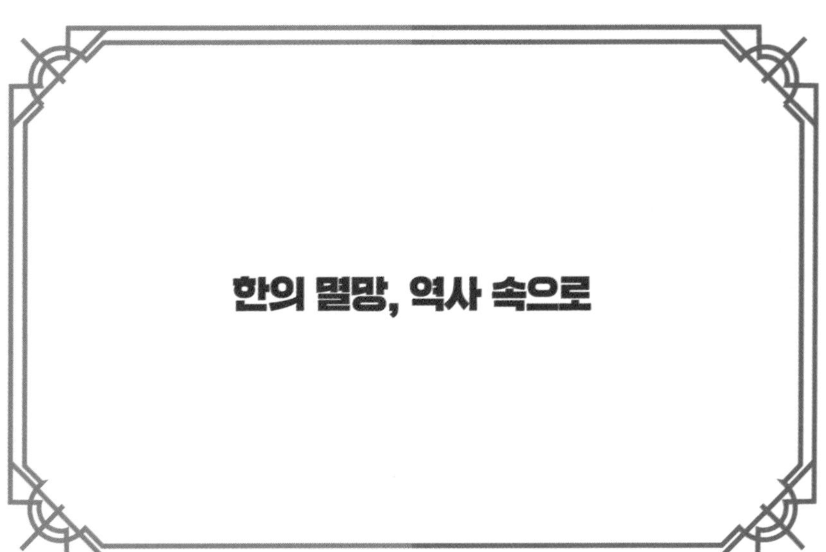

한의 멸망, 역사 속으로

조조의 유지대로 위왕을 이은 것은 조비였다. 그런데 얼마 지나지 않아, 모든 신료들이 헌제를 찾아가 황제 자리를 조비에게 양위할 것을 주장했다. 그는 아홉 살에 동탁에 의해 황위에 앉혀진 후 이각과 곽사, 그리고 조조를 거치면서 결국 황제라는 허울만 남았을 뿐 알맹이는 아무것도 남지 않은 황제였다. 그럼에도 불구하고 헌제는 마지막 저항을 해 보았으나, 이제는 눈에 뵈는 게 없는 조비의 신하들이었다. 그들은 헌제를 붙잡고, 칼까지 들고 협박을 해, 결국 헌제는 선위하겠다는 칙서를 썼다.

서신을 받은 조비는 처음에는 고개를 갸우뚱했다.

"아버지도 오르지 못한 자리에 짐이 오르는 것이 맞겠소?"

사마의가 나서서 말했다.

"선대왕께서는 굳이 그러실 필요가 없었지요. 그러지 않으셔도 황제의 지위를 다 누리실 수 있었습니다. 오히려 2인자의 자리를 고수하신 게 현명한 처사셨습니다. 역적이네, 찬탈이네 뒷말들이 많았는데 황제까지 등극하셨다면, 나머지 세력들이 결집하여 선왕을 치는 아주 좋은 구실이 되어 줬을 것입니다. 하지만 현재 위왕 전하께서는 다르십니다. 권위를 더 높여야 신료들이 따를 것입니다. 선대왕께서는 직접 신료, 대신들을 기용하셨지만 전하께서는 다르지요. 그것들을 선왕으로부터 물려받은 것이 아닙니까? 그들에게 위엄을 보이시려면 황제가 되셔야 합니다. 선왕께서 생전에 스스로를 주 문왕에 비유하신 것도, 사후에 전하께서 황제에 오르기를 원하셨기 때문이지 않겠습니까?"

조비는 그제야 안심이 된 듯이 고개를 끄덕이며 말했다.

"그렇다면 당장 양위식을 진행해야겠소."

그런데 사마의가 고개를 가로저으며 말했다.

"전하, 아닙니다. 세 번은 거절을 하시는 것이 천하 사람들의 비판을 잠재우는 방법입니다."

조비는 사마의의 말에 따라 사양하는 서신을 써서 헌제에게 보냈다.

헌제는 겁박을 받아 마지못해 처절한 마음으로 선위 칙서를 썼는데도 거절을 당했습니다. 하지만 눈물을 흘려가며 결국 두 번 더 양위를 청하고, 마지막 세 번째에는 커다란 단을 쌓아서 온 문무백관이 보는 앞에서 조비에게 황제의 인장을 넘겼답니다. 조조가 죽은 해인 서기 220년의 일이었습니다. 원전에서 헌제는 그 이후에 조비에게 멀리 떠나라는 명을 받았고, 그 이후로는 등장하지 않습니다. 하지만 정사에서는 234년까지 좋은 예우를 받으며 편안히 살다 죽었다고 하네요. 어쩌면 이 마지막 14년간 이 헌제에겐 비로소 행복한 날들이었을 수도 있겠습니다. 가장 높은 자리에 있다고 한들, 일거수일투족이 자기 마음대로 되는 것이 없었고, 자기편을 들어주는 사람들은 결국 모두 목숨을 빼앗기는 삶이었으니까요.

어쨌든 명맥을 유지하던 한나라는 결국 명실상부하게 망했습니다. 이 소식을 들은 유비의 반응은 어땠을까요?

이 충격적인 사실은 유비가 있는 성도에도 바로 전해졌다.

"전하, 조비가 옥새를 강탈하고, 스스로 황위에 올라 낙양에 새롭게 대궐을 짓고 있다 하옵니다."

"뭐라?"

안 그래도 관우의 죽음 이후에 성정이 바뀌어 가고 있던 유비였다. 침착하고 심사숙고하며 특히 화는 잘 드러내지 않던 그였지만, 이번에는 신하의 보고에 얼굴이 새빨개져 벌떡 일어났다.

"그리고 황제께서는……."

말을 잇지 못하는 신하를 유비가 다그쳤다.

"아니, 황제께서는? 또 무슨 일이 있단 말인가?"

"조비에 의해 황궁에서 쫓겨나, 귀양을 가시던 길에 쫓아온 군사들에 의해 시해당하셨다 하옵니다."

잘못된 소문이었지만, 이를 알 리가 없는 유비는 온종일 통곡했다. 관우에 이어 황제까지 변을 당하다니, 유비는 견딜 수 없이 고통스러웠다. 유비가 누구인가. 황실의 후손이라는 명분으로 이 자리까지 온 사람이었다.

그런데, 이제 황실의 명맥이 끊긴 것이다. 그것도 역적 조조의 후손에 의해서 말이다. 유비는 신하들에게 명령하여 모두 상복을 입게 하고, 낙양을 향해 제사를 지냈다.

제사가 끝난 후, 제갈공명을 포함한 모든 문무대신들은 유비에게 청했다.

"한나라를 계승하는 황제의 자리에 전하께서 오르셔야 합니다. 이 나라에 하루라도 황제가 없어서는 안 되지 않겠습니까? 먼저 간 관우 장군도 간절히 바라는 바일 겁니다."

그러나 유비는 눈을 크게 뜨더니 말했다.

"아니 나를 역적의 무리와 똑같이 만들 셈이시오? 어찌 스스로 황제를 칭하는 그런 파렴치한 행동을 하겠소!"

역시나 제갈공명이 대표로 나섰다.

"전하, 역적 조비가 이미 찬탈을 감행한 이때에, 한나라의 황제에 올라 그 무구한 역사를 계승하실 분은 전하밖에 없으십니다. 황실의 후손이시지 않습니까?"

"그렇다고 한들, 나는 한낱 탁군의 필부에 불과합니다, 공명 선생. 천자께서 돌아가신 지 얼마 되지도 않았는데……. 더 이상 이 이야기는 하고 싶지 않습니다."

유비가 자리를 박차고 나갔다. 그 이후로 며칠간 신하들이 돌아가며 권하여도 유비는 완강하였다. 심지어 유비는 신하들을 은근히 피하기까지 했는데, 어느 날 제갈공명이 아프다는 소식이 들려왔다.

소식을 듣자마다 한달음에 제갈공명의 방으로 달려온 유비가, 누워 있는 제갈공명에게 다가가 물었다.

"공명 선생, 무슨 병이십니까? 의원은 불렀겠지요? 내가 가장 좋은 의원을 수소문해 보겠습니다."

"전하, 이 공명은 가슴이 불타는 듯합니다. 걱정이 제 마음을 떠나지 않으니 결국 병이 되었습니다."

유비는 깜짝 놀라 물었다.

"뭐가 그렇게 공명 선생을 근심스럽게 한단 말입니까?"

제갈공명은 한참 뜸을 들이더니 말했다.

"역적 조비가 한나라를 무너뜨리니, 이제 온 천하는 오로지 전하께서 한나라의 정통성을 이어 주시기만을 바라고 있습니다. 그런데 전하께서 이 대의를 거절하시니, 이제 곧 백성들은 물론, 신하들조차도 실망하여 등을 돌릴 것입니다. 그러면 여태껏 저희가 목숨 바쳐 쌓아 왔던 한나라 부흥의 길이 모두 물거품이 되오니, 제가 어찌 아프지 않겠습니까?"

유비는 낮은 목소리로 말했다.

"내가 의롭지 못한 행동을 해, 천하 대대로 욕을 먹지 않을까 그것이 두렵습니다."

제갈공명은 유비의 속마음을 듣고 더욱 간곡히 말했다.

"전하, 명분은 이미 바로 섰습니다. 오히려 하늘이 정해준 때를 거부하신다면, 그 때문에 하늘로부터 벌을 받지 않을까 신은 그것이 무섭습니다."

유비는 한숨을 깊게 쉬며 말했다.

"알겠습니다, 공명 선생. 일단 병부터 나으시지요. 그러면 그때 황제에 오르겠습니다."

순간 제갈공명의 얼굴에 화색이 돌았다. 그는 유비의 말이 떨어지기가 무섭게 벌떡 일어나더니 침상 뒤에 쳐져 있던 커다란 병풍을 걷어내었다. 그러자 병풍 뒤의 방, 그 방 바깥의 방, 또 바깥의 방에 모든 신하들이 일렬로 정렬해 대기하고 있는 게 아닌가. 그들은 놀라서 눈만 크게 뜨고 있는 유비에게 절을 하며 말했다.

"전하께서 허락하셨으니, 곧 길일을 정해 식을 준비하겠습니다."

네, 그렇죠. 제갈공명이 유비의 마음을 돌리려고 또 한바탕 극적인 연출을 한 거예요. 결국 유비는 221년 황제에 오르고, 이 나라가 한나라를 계승한다고 선포했죠. 이 그림을 짠 제갈공명은 승상의 자리에 올랐답니다.

Q. 한나라요? 유비의 나라는 항상 촉이라고 불리던데……. 삼국은 위, 촉, 오 아닌가요?

A. 조조 가문이 이끌던 나라는 위, 손권 가문이 통치하던 나라는 오였던 것이 맞아요. 그런데 사실 유비가 세운 나라는 '한나라'였답니다. 그런데 보세요, 삼국지 초반에 망해 가던 나라도 한나라였잖아요. 그 한나라도 사실은 '후한'으로, 앞서 유방이 세운 '전한'과는 다른 한나라입니다. 그런데 유비까지 한나라의 정통성을 잇는다는 명분으로 '한나라'라는 나라를 세우니 중국 역사에 한나라가 너무 많아서 헷갈릴 정도지요. 그래서 후대 사람들은 구분을 위해서 유비의 한나라를 '대촉' '촉한' '촉' 등으로 불렀답니다. 마치 우리나라 역사에서 고구려를 계승한 나라들을 '후고구려' '고려' 등으로 구분해서 부른 것과 비슷하죠? 우리 책에는 편의상 '촉'이라고 쓰겠습니다.

이렇게 조조의 아들인 조비, 그리고 유비 순서대로 황제에 올랐고요. 오나라의 손권은 한참 후에야 추대 형식으로 황제에 등극했어요. 위나라의 조비와 촉나라의 유비는 서로가 자신이 정당한 천하의 주인이라고 주장하며 황제 역할을 해 나갑니다. 결론적으로 이제 드디어 위, 촉, 오 삼국의 시대가 펼쳐지게 됐네요. 삼국지에서 가장 중요한 인물들이 두 명이나 세상을 떠나고서야 말이죠. 자, 지금부터는 어떤 지각 변동이 일어날까요?

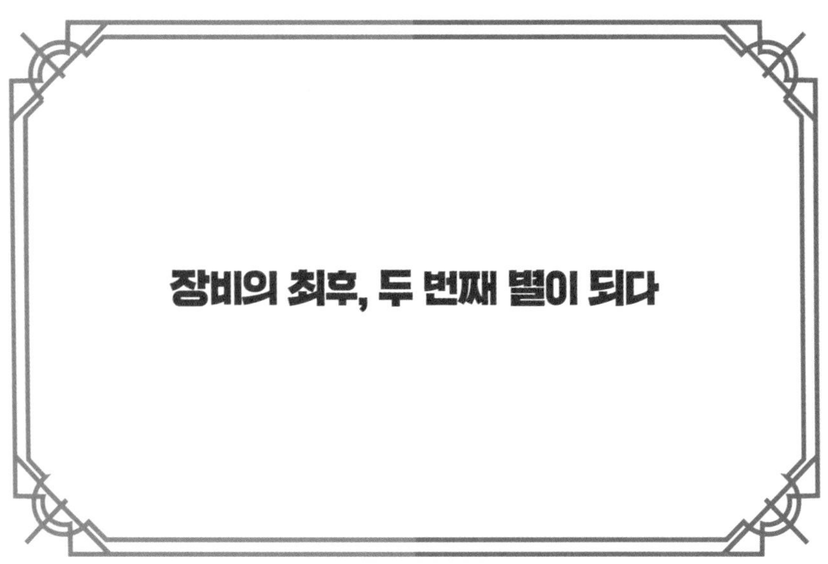

장비의 최후, 두 번째 별이 되다

한나라를 계승한다는 의미로 황제에 등극한 유비니, 당연히 한나라를 멸망시키고 전대 황제를 살해한 위나라를 먼저 공격하는 게 순리였다. 물론 유비도 머리로는 이 사실을 알고 있었다. 하지만 가슴에서 솟구치는 울분을 어찌할 수 없었다. 관우의 죽음 이후로 유비는 이성적인 판단력을 잃어 가고 있었던 것이다.

유비가 황제에 오르는 대례를 올린 이튿날, 첫 조회에서였다. 유비는 모든 문무백관들을 둘러보며 엄숙한 목소리로 선포했다.

"짐이 지난 날 도원에서 관우, 장비 두 아우와 생사를 함께하자고 결의하였소. 하지만 관우가 손권에게 해를 입어 먼저 세상을 떠났소. 나는 내 첫째 아우를 죽게 한 손권을 용서할 수 없소. 동생의 명예를 회복시켜주는 게 먼저요. 한날한시에 죽진 못하더라도 그의 넋은 달래줘야 하질 않겠소. 고로 나는 역적 동오의 무리를 토벌하여 내 아우의 한을 풀어 주려 하오!"

하지만 제갈공명이 지극히 간절한 목소리로 그를 만류했다.

"폐하, 사사로운 감정에 휩싸여 큰일을 그르치시면 안 됩니다. 한나라를 도적질한 원수는 공적인 것이고, 형제를 죽인 원수는 사사로운 것 아닙니까? 지금 우리가 정벌할 곳은 동오가 아니라 한나라의 황실을 짓밟은 위나라입니다."

조자룡도 마찬가지였다. 두 눈에 걱정과 근심을 가득 담은 채 간언했다.

"폐하께서 지금까지 걸어오신 길을 떠올려 보십시오. 오직 한나라의 부흥만을 생각하며 여기까지 오신 거 아닙니까. 이제 와 그 뜻을 저버리시면 안 됩니다."

그 둘뿐 아니라 황충, 마초를 포함한 모든 문무백관이 간곡히 간언했다. 그러나 유비는 고개를 저었다.

"내 아우 관우의 원수를 갚지 못하고 만고강산을 얻은들 귀할 게 무엇이오. 다 부질없소."

평소 제갈공명의 말을 귀담아 들었던 유비이건만, 이번만큼은 완강했다. 하지만 제갈공명이 아무리 생각해 봐도, 대의까지 거스르며 무리하게 동오 정벌에 나섰다가 위의 공격이라도 받는다면 대업의 꿈은 부서질 게 뻔했다. 그는 매일같이 유비를 찾아가 간언했다.

"폐하, 부디 초심을 잃지 마십시오."

"공명 선생도 이번만큼은 나를 말리지 못할 것입니다. 이 분노를 동오에게 풀고 와야만 제가 살 수 있겠습니다."

"폐하, 동오를 정벌하지 말잔 뜻이 아닙니다. 시기를 늦추자는 것이지요. 위나라는 한의 마지막 황제인 헌제를 시해한 역적의 나라입니다. 폐하께서 군사를 일으키시면 수많은 이들이 따라 일어날 것입니다. 그렇게 위나라를 먼저 굴복시킨 후에 동오를 치신다면 일이 쉽게 이뤄지지 않겠습니까?"

귀에 딱지가 앉도록 같은 말을 들으니, 유비의 마음도 조금씩 흔들렸다.

"공명 선생의 뜻 잘 알겠습니다. 며칠 내로 맘을 정리해 보겠습니다."

이때 장비는 한중과 서천의 길목인 낭중 지방을 지키고 있었다. 관우의 죽음 이후 장비 역시 예전의 그가 아니었다. 차분한 성정의 유비가 분노조절이 안 되는 마당에 장비는 오죽할까? 전에도 욱하는 성질이 보통 아니었으나, 그래도 '호걸이구나.'라며 그러저러 받아들일 수 있었다. 하지만 이젠 아니었다. 항상 화가 머리로 솟구쳐 있어 얼굴이 계속 붉었는데, 관우 생전의 붉은 얼굴은 비교도 안 될 정도였다. 게다가 성질은 사납고 포악해져 사리분별 자체가 안 되고 있었다. 걸핏하면 군사들을 매질하기 일쑤였으니, 그 누구도 감히 그에게 옳은 말을 못 했다. 술을 마시지 않으면 눈물이 옷을 흠뻑 적실 정도로 울어대니, 장비의 하루는 술로 시작하여 술로 끝났다. 현을 관리하는 일은 내팽개치고 매일같이 술을 마시며 큰 소리로 우는 게 일이었던 것이다.

"장군, 벌써 세 항아리째입니다. 이제 그만 몸을 생각하셔야……."

무슨 변을 당할지 뻔히 알면서도 장비가 걱정된 군사가 이렇게 간언했다. 아니나 다를까 말이 끝나기도 전에 그에게 항아리가 날아왔다.

"가져오라면 가져오지 뭔 말이 그리 많냐! 여봐라, 저놈을 끌어다 곤장 50대를 쳐라. 또 말대꾸하면 네놈 혀를 싹둑 잘라 버릴 것이다!"

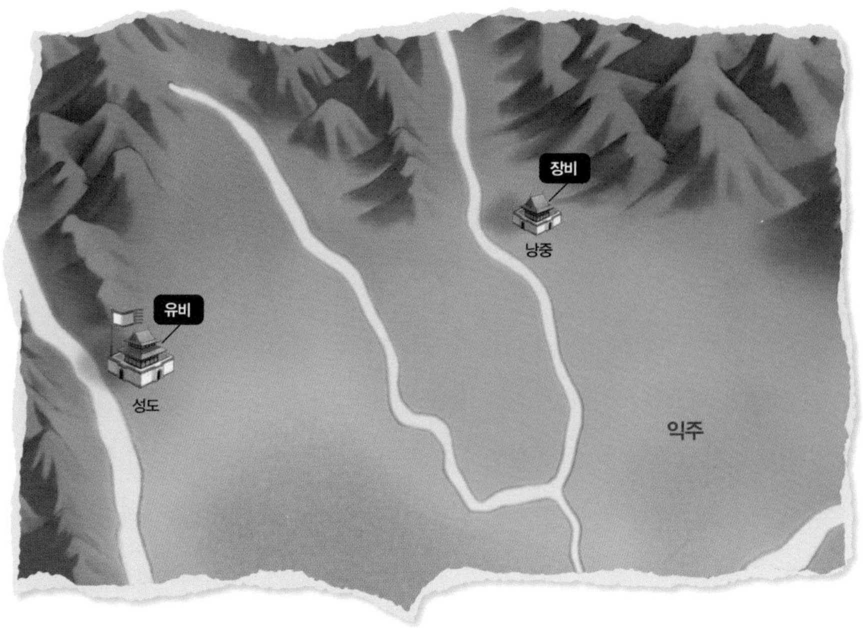

"장군, 장군, 용서해 주십시오."

항아리와 함께 이마가 깨져 선혈이 낭자해진 군사가 울부짖었다.

군사가 이끌려 가는 모습을 보면서 장비가 큰 소리로 웃었다.

"으헤헤, 저놈 쌤통이다."

그러더니 별안간 울면서 소리쳤다.

"내 이 심정을 네놈들이 아느냐? 알긴 하냔 말이다! 동오 놈들을 내 지금 당장……!"

성질이 더 불같아진데다 조울을 반복하기 시작한 장비는 숨이 꼴딱 넘어가기 일보직전이었다. 하루에도 몇 번씩 전령을 불러 닦달했다.

"성도에 가봤냐? 큰형님은 대체 언제 동오 놈들 때려잡으러 간다더냐? 내 바로 상복을 입고 선봉으로 나서서 동오를 칠 준비가 되었거늘. 손권

그놈의 머리를 가져다 관우 형님의 제사를 드려 지난날의 결의를 지켜야 하는 거 아니냐! 왜 이리 연락이 없느냔 말이다. 혹시 잘못 알아본 것이 아니냐?"

전령이 안절부절못하며 아무 말도 못하자 장비가 따져 물었다.

"네 이놈, 똑바로 말 안 하면 오늘 네 뼈다귀가 아작 날 것이다. 성도에서 대체 무슨 작당이 벌어지고 있는 게야?"

"장군, 공명 선생과 여러 문관, 무장들이 매일같이 궁에 들어가 동오 토벌을 반대하고 있는지라 폐하께서도 결정을 내리지 못 하시는 걸로……."

장비는 들고 있던 술잔을 손아귀 힘으로 깨뜨려 버리며 소리쳤다.

"이 빌어먹을 자식들! 너희들은 우리 형제 아니라 이거지? 내 이놈들을 당장……!"

장비는 곧장 일어나 겉옷도 챙겨 입지 않은 채 밤중에 말을 달려 유비에게 갔다.

다음날, 유비는 군사 훈련을 감찰하고 있었다. 그는 관우의 죽음 이후로 사람들에게 둘러싸여 있어도 부쩍 외로움을 느끼고 있었다.

'장비는 잘 지내고 있는지. 장비가 보고 싶구나.'

그런데 바로 그때, 장비가 "큰형님! 큰형님!"을 외치면서 씩씩대며 들어왔다.

"큰형님, 황제의 자리에 오르시더니 도원결의를 잊으셨소?"

장비는 유비 앞에 서자마자 발끈한 목소리로 이렇게 말하는가 싶더니, 금방 그 앞에 주저앉아 유비의 발을 잡으며 절규했다.

"우리 형제의 약속을 잊었냔 말이오, 형님!"

유비도 같이 울며 그를 달랬다.

“아니다, 아우야, 그럴 리가 있겠느냐? 하루에도 몇백 번씩 속에서 천불이 나거늘, 내가 어찌 잊을 수 있단 말이냐?”

“그럼 왜 출정 명령을 내리지 않는 거요? 우리 삼 형제가 그날부터 지금까지 가슴으로, 피로 지켜온 맹세를 알지도 못하는 놈들의 말 따위에 흔들리시오? 만일 둘째 형님의 한을 풀어드리지 못한다면, 나는 다시는 큰형님을 보지 않을 거요! 만일 형님이 가지 않는다면 나 혼자서라도 동오로 쳐들어가겠소.”

유비가 고개를 저으며 말했다.

“아니다, 아니다, 절대 그런 게 아니다. 그래, 내가 잠시 정신이 나갔었다. 군대를 정비한 후 나흘 후에 동오로 가는 길목에서 만나자. 동오부터 정벌해 관우의 원한을 풀어야 한다.”

그제야 장비가 눈물을 그치며 말했다.

“좋소, 형님. 손권과 여몽 그놈들의 사지를 내가 직접 갈기갈기 찢어 놓을 것이오.”

“오늘은 너무 늦었다. 나랑 여기서 자고 내일 아침에 돌아가거라.”

“아니요, 지금 바로 가서 군사 정비를 할 것이오. 형님, 내가 사흘 안에 준비해서 형님을 만나러 가겠소.”

장비가 뛰쳐나가는데, 유비가 급히 붙잡더니 장비의 충혈된 눈을 바라보며 말했다.

“장비야 너의 마음은 누구보다도 내가 잘 안다. 하지만 이럴 때일수록 부디 마음을 다스리거라. 너는 술만 마시면 더욱 화가 많아지는데, 특히 부하들에게 부당하게 화를 내거나 매질을 하다간 언젠간 큰일이 난다. 내 말 알겠느냐? 너까지 잃을 수는 없다. 제발 내 말을 명심해라."

장비는 "알겠소, 형님, 알겠소."하며 급히 낭중으로 돌아갔다. 성급하게 말에 올라타는 장비의 뒷모습을 보니, 유비는 왠지 모를 격한 슬픔이 차올랐다.

"장비야……."

그리고 다음날 아침, 유비가 동오와의 전쟁을 선포했다.

"나흘 뒤 동오를 치러 출정할 것이오. 대의도 중요하나 내 핏줄이나 다름없는 관우의 원한을 먼저 풀 것이오."

"폐하……."

조자룡이 입을 열자, 미처 무슨 말을 꺼내기도 전에 유비가 호통쳤다.

"지금부터 내 명령에 반대하는 자는 군법에 따라 다스릴 것이오."

유비가 쇠심줄 고집으로 나오니, 그 누구도 더는 말리질 못했다. 어쩔 수 없이 명을 따를 수밖에.

그 시각 장비도 군사들에게 출정 준비를 명했다. 그리고 물품 조달을 맡은 범강과 장달이라는 장수를 불렀다.

"우리 관우 형님께 예를 갖추기 위해 단 한 사람도 예외 없이 모두 흰 갑옷을 입고 갈 것이야. 한시가 급하다마는 앞으로 딱 3일을 줄 테니, 군사들이 입을 흰 갑옷을 만들어 대령해라."

3일 동안 그 많은 군사들의 흰 갑옷을 만들라니, 이건 뭐 밤하늘의 별을 따다 달라는 부탁과 뭐가 다를까. 무서운 나머지 그러겠다고 대답은 했지만, 불가능한 일이었다. 그러니 그 둘은 그저 한숨만 푹푹 내쉬어야 했다.

결국 3일 동안 밤낮 안 가리고 옷을 만들었지만, 반의반밖에 완성하지 못했다. 그러나 어김없이 3일째 되는 날 장비가 그들을 불렀다. 장비는 역시나 술에 취해 있는 상태였다.

"장군, 시간이 너무 부족합니다. 3일 동안 밤을 꼬박 샜지만 아직 다……."

"뭣이? 당장 내일이 출정인데 아직도 못 만들었다고? 네놈들 앞에 저승사자가 왔다 갔다 해야 정신을 차리겠고만. 내가 직접 저승사자를 만나게 해주마."

"장군, 장군, 살려 주십시오."

두 사람이 애원했지만, 이미 이성이 마비된 장비 귀에 들릴 리 만무했다. 장비는 그 둘의 머리채를 움켜잡고 문밖으로 질질 끌고나가 몽둥이로 직접 50대씩 내리쳤다. 다른 군사의 50대와 장비의 50대가 같을 수 있겠는가. 걸음조차 제대로 걷지 못할 만큼 초죽음이 될 수밖에. 장비 수하의 모든 군사들이 이 모습을 보고 겁에 질려 아무 말도 하지 못했다.

"자, 이제 내일까지 다 만들 수 있겠냐?"

"장군 명에 따르겠습니다."

두 사람이 모기만한 소리로 겨우 답했다.

"똑바로 일어서서 대답하지 못할까? 이놈들!"

"장군, 다리가 부러졌는지, 도저히 일어설 수가 없습니다. 용서해 주십시오."

그러나 눈에 뵈는 게 없었던 장비는 고개를 돌리며 냉정히 말했다.

"기어서 가든 걸어서 가든 네놈들 맘대로 하고, 내일까지 못 만들어 오면 그때는 저 세상으로 보내 주마."

관우가 죽은 지 어느덧 일 년이 훌쩍 지났습니다. 그사이 장비는 매일 술을 몇 항아리씩 마셨고요. 그러니 아마도 알코올 중독 상태였을 겁니다. 사실 장비는 술을 마시지 않고는 하루도 잠을 잘 수가 없었답니다. 맨정신으로 있으면 눈앞에 관우가 보이니, 미칠 것 같았거든요. 결국 한 시도 제정신으로 있질 못하고, 우울증과 화병이 극심해졌던 겁니다. 그런 그의 마음을 이해하지 못하는 건 아니지만, 수하들은 더 이상 그의 포악함을 견디기 힘들었겠죠. 특히 장비에게 직접 몽둥이찜질을 당한 범강과 장달은 날이 새면 죽을 목숨이었습니다. 쥐도 궁지에 몰리면 고양이를 문다는 말 여러 번 했지요? 그들 역시 마찬가지였습니다. 살기 위해 극단적인 선택을 할 수밖에 없었거든요.

"수일이 걸려도 다 만들기 힘든데, 어찌 내일까지 갑옷을 다 만들어 낼 수 있겠냐?"

장달이 울분에 찬 목소리로 말하자, 범강도 이를 부득부득 갈며 말했다.

"어차피 우린 내일이면 죽을 수밖에 없는 운명이다. 그러느니 차라리 장비 놈 목을 따 버릴까?"

범강의 말에 장달도 눈에 불을 키고 맞장구쳤다.

"이리 죽으나 저리 죽으나 결국 똑같이 죽을 목숨이니, 까짓것 시도나 해 보자. 우리가 지금 무서울 게 뭐 있냐?"

암살 모의를 마친 그 둘이 비장하게 검을 들고 장비의 방으로 살금살금

들어갔다. 어차피 죽을 목숨이라 무서울 거 없다고 큰소리쳤지만, 심장이 밖으로 튀어나올 것 같고 등에서 식은땀이 줄줄 흘렀다. 집채만 한 몸의 장비가 누워 있는 형상이 보였다. 그들이 서로 눈짓으로 신호한 후 잽싸게 다가가려는데, 장비가 그들 쪽으로 돌아누웠다. 이에 놀라서 기절할 뻔한 두 사람은, 그 자리에 주저앉고 말았다. 장비가 두 눈을 부릅뜨고 있는 게 아닌가. 둘이 벌벌 떨며 어쩔 줄 몰라 하고 있는데, 장비가 천둥소리 진동하듯 코를 골았다. 눈을 뜨고 자는 게 장비의 잠버릇이었던 것이다. 정신을 차린 두 사람은 지금이 아니면 결코 장비를 제거할 수 없다고 생각한 뒤, 자리에서 일어나 있는 힘을 다해 검으로 장비의 배를 힘껏 찔렀다. 그렇게 장비를 죽인 범강과 장달은 장비의 목을 베어 들고 동오로 도망쳤다. 결국 장비는 술에 절은 채 잠이 들었다가, 아들에게 유지도 남기지 못하고

세상을 등진 것이다. 서기 221년, 장비의 나이 55세였다.

이게 바로 도원결의의 주인공 중 한 명인 장비의 최후네요. 행동파, 감정파의 좌충우돌 막내였지만, 애국심과 의리가 강하고 호탕한데다 순진한 면모까지 갖추었던 영웅호걸이었죠. 허당인 듯해도 유비, 심지어 제갈공명까지 무공에 있어선 무한 신뢰를 할 만큼 뛰어난 장수이기도 했고요. 점점 지략까지 익히는가 했는데, 자신의 정신적 지주이자 롤모델이었던 형님의 죽음 앞에서 그는 처절하게 무너져 내리고 말았습니다. 결국 주변 사람들을 함부로 대하는 치명적인 실수를 저지름으로써, 전쟁터에서도 아니고 자신의 부하의 손에 이렇게 허망한 말로를 맞이하고 말았네요.

관우에 이어 장비마저 세상을 떠났다는 사실을 유비가 알 리 없었다. 그는 무려 75만 대군을 이끌고, 장비와 만나기로 한 곳으로 달려가고 있었다. 다음날이면 장비가 도착하기로 한 날이라서, 같이 동오로 나아갈 참이었다. 그런데 그날 밤 어쩐지 유비는 살이 덜덜 떨려, 한참을 뒤척이다가 겨우 잠이 들었는데, 꿈을 꿨다. 서쪽 하늘에서 별 하나가 또르르 떨어지는 꿈이었다. 눈을 뜬 유비는 뭔가 불안한 예감에 휩싸였다. 이른 아침부터 안절부절못하던 유비는 시간이 흐를수록 더욱더 큰 불안에 휩싸였다. 성격이 급한지라 한 번도 늦는 적이 없던 장비였기 때문이다. 유비의 불안함이 극대화될 즈음 신하가 들어와 말했다.

"폐하, 장포 장군이……."

"장포? 아니…… 어찌 이런 일이……."

장포란 말만 듣고 유비가 다리에 힘이 풀려 주저앉으며 통곡했다. 장포는 장비의 아들이었다. 장포가 슬픈 소식을 갖고 왔을 거란 걸 직감했던 것이다.

"장비가, 우리 장비가 잘못된 거로구나."

유비가 흐느끼며 울 때, 장포가 달려 들어와 "큰아버지!"하며 유비 품에 안겼다. 장포와 함께 엉엉 우는 유비를 말릴 수 있는 사람은 아무도 없었다. 두 아우를 연이어 잃은 유비는 며칠 동안 식음을 전폐하며 애통해했다. 어찌 슬픈 예감은 이리도 틀리질 않는 것인지, 유비는 이 모든 사실이 믿을 수 없고, 하늘이 원망스러울 뿐이었다.

유비는 며칠째 누가 뭐라 해도 듣질 않고, 아무것도 먹지도 마시지도 못한 채 그저 울기만 했다. 이러다 진짜 유비마저 세상을 떠날까 걱정이 된 책사들이 어쩔 수 없이 간언했다.

"폐하, 음식을 드시고 옥체를 보존하셔야 두 장군님의 복수를 할 수 있질 않겠습니까?"

관우의 죽음 이후에 그 어떤 간언도 듣질 않던 유비였다. 그런데 이 말에 유비의 두 눈이 번쩍 뜨였다.

"그렇지, 내가 이러고 있을 때가 아니지. 두 아우의 복수를 하기 전에 결코 눈을 감아선 안 되지. 당장 음식을 가져오시오."

억지로 기운을 차린 유비는 관우의 아들인 관흥과 장비의 아들 장포를 앞세워 동오로 출정했다. 반드시 손권을 처단하리라 입술을 꽉 깨물고서.

젊은 남자, 육손은 대도독

유비의 75만 대군이 동오를 향해 전력으로 질주하고 있다는 소식을 들은 손권은 어땠을까요?

손권은 오히려 마음이 편해졌다. 비로소 올 것이 왔다고 생각했기 때문이다. 관우가 죽은 지 어느덧 2년이 되어 가고 있었다. 유비나 조조에 비해 상대적으로 맘 편히 살았던 손권이지만, 지난 2년은 최악의 나날을 보내야 했다. 유비가 언제 쳐들어올지 몰라 항상 노심초사했기 때문이다. 원래 싸움도 하기 직전이 더 무섭지 않던가. 이제 막상 전쟁이 시작되니, 한편으론 도리어 맘이 편안해진 것이다. 하지만 역시나 이왕이면 피는 흘리지 않는 것이 나았다. 신료들을 불러 방책을 물으니, 한 신하가 간언했다.

"주공, 손부인을 보내드리면 유비의 맘이 누그러질 것 같습니다만……."

달려오는 유비를 막을 수만 있다면 뭔들 못할까. 손상향 역시 유비를 그리워하고 있었으니 잘만 하면 누이 좋고 매부 좋을 수 있었다. 손권은 제갈근을 전령으로 보내 유비에게 뜻을 전했다. 그러나 장비까지 잃은 유비를 멈출 수 있는 것은 아무것도 없었던 것일까. 유비는 화를 내며 말했다.

"납치해 갈 땐 언제고 이제와 돌려준다니. 이 무슨 염치란 말이오! 내 부인도, 내 아우의 명예도 내가 직접 찾아갈 것이오."

그래도 항상 말은 통해 왔던 유비이기에, 제갈근은 적잖이 당황했다.

"폐하, 손권 주공께서는 화친을 위해서라면 손부인뿐 아니라, 형주 땅 그리고 장비 장군을 암살한 장수 둘까지 모두 넘기실 생각이십니다. 대의는 북방의 역적 조비를 치는 것이 아니겠습니까. 촉과 동오가 손을 잡고 위를 치는 것이 천하가 바라는 바일 것입니다."

제갈근의 말은 촉의 신하들 말과도 일치했으며, 손권이 많은 것을 약속하고 있었음에도 불구하고 유비에겐 전혀 먹혀들지 않았다. 그 무엇도 죽은 아우들을 되살릴 순 없었기 때문이다. 유비는 매서운 눈으로 제갈근을 내려다보며 낮은 목소리로 말했다.

"선생, 내가 지금 선생을 죽이지 않는 것은 오로지 공명 승상 때문이오. 돌아가서 손권에게 내 칼을 기다리고 있으라 전하시오."

네, 유비는 더 이상 예전의 유비가 아니네요. 전쟁도 빠르게 밀고 들어가 속전속결로 끝낼 참이었습니다. 이를 위해 군사를 둘로 나누어 육지뿐 아니라 수로로 나눠 진격했습니다. 성난 파도와 태풍 같은 속도였습니다. 싸움에 유능한 자는 시간을 끌지 않는다는 병법에 완벽히 충실한 것인지, 아니면 동생들의 원수를 갚겠다는 급한 마음 때문이었는지. 유비의 성난 군사들을 막을 수 있는 자는 동오에 그 누구도 없었습니다. 유비는 이대로 동오를 궤멸시키고 두 아우의 원한을 풀어줄 수 있을까요?

사지에 몰린 손권은 위나라 황제 조비에게 지원군을 요청했지만, 조비는 단호하게 자신은 동오도, 촉도 도울 생각이 없다고 말했다. 조비는 그저 싸움을 지켜보다가 한 쪽이 망하면 다른 쪽을 손쉽게 차지할 생각이었다.

그 와중에 촉군은 맹렬한 기세로 동오로 밀려오고 있었다. 게다가 형주 땅이 원래 유비의 영토였던 곳이라 그런지, 형주의 중앙쯤인 이릉 부근에 이르기까지 대다수의 성들은 저항조차 하지 않고 항복하고 말았다. 힘껏 맞서보기로 결정한 손권은 자신의 조카에게 대군을 주어 출정시켰으나, 그는 패전하여 이릉성 안으로 쫓겨 들어가 촉군에게 포위를 당하고 말았다. 조카가 궁지에 몰렸다는 사실을 듣자, 손권은 그간 많은 공로들을 세웠던 동오의 장수들을 내보내 싸우게 했다. 그러나 유비와 함께 출정한 노장 황충이 목숨을 잃어 가면서까지 싸워 승세를 돋웠고, 관우와 장비의 아들들인 관흥과 장포가 활약하는 바람에 동오군은 연전연패를 거듭 이어갈 수밖에 없었다.

이쯤 되니 동오의 온 백성들은 겁에 질렸고, 많은 군사들도 유비에게 항복할 마음을 먹었다. 발등에 불이 떨어진 손권은 다시 한 번 문무백관을 전부 불러 놓고 다급하게 물었다.

"지금 유비와 화친하는 방법이 뭐가 있겠소?"

손권의 물음에 한 책사가 간언했다.

"오왕 전하, 장비를 죽인 범강과 장달을 촉에 되돌려 보내야 합니다."

"그럼 그들이 도륙당할 게 뻔한데 어찌 그럴 수 있겠소. 나를 믿고 죽기 살기로 이곳으로 도망친 자들인데."

손권이 동오의 품위를 생각해 이렇게 말하자 다른 책사가 입을 열었다.

"전하, 주인의 목을 들고 온 배신자들보다 동오 백성들의 안위를 더 생각해 주십시오."

손권이 더는 할 말이 없었다. 결국 이 둘을 꽁꽁 묶어 말에 태운 뒤 유비에게 보냈다.

주군을 죽인 배신자의 말로는 어땠을까요? 물론 장비의 경우 스스로 빌미를 제공한 면이 있긴 하지요. 하지만 정신이 붕괴된 유비가 그런 걸 헤아릴 리 만무하겠죠? 포박당한 채 온 두 명을 보자 눈이 뒤집힐 뿐이었습니다. 게다가 장비의 목도 같이 왔네요. 피가 거꾸로 솟을 일이지요. 이에 유비가 그들에게 끔찍한 형벌을 내립니다. 그게 뭐냐고요?

"장비의 제사상을 차려라."

아들 장포가 명을 받들어 제사상을 정성스레 마련했다. 그 앞에 제물로 범강과 장달을 발가벗긴 채 눕혔다.

"100포 형이다."

"네, 명을 받들겠습니다."

장포가 회 뜨듯 칼로 범강과 장달의 살을 한 점 한 점 뜨기 시작했다. 최악의 죄인에게 내리는 능지처참 형이었다.

우리가 흔히 아는 형벌 중 거열형이 있지요? 소나 말에 사지를 묶어 찢어 죽이는 형벌입니다. 그런데 그 거열도 능지처참의 한 종류였을 뿐이지요. 능지처참은 최고로 극악무도한 죄를 지은 자들에게 행하는 형벌이지요. 살을 포 뜨는 방식인데요. 죄질에 따라 50포 형, 100포 형으로 나뉜답니다. 사형수의 목을 전문적으로 베던 사람을 망나니라 부르지요? 포를 뜨는 전문 기술자들도 있었어요. 하지만 이번에는 그들이 아닌 장비의 아들 장포가 포를 떴네요. 능지처참은 죄인의 죽음을 최대한 지연시키면서 천천히 포를 뜨는 게 관건이랍니다. 만일 50포 형인데, 40포 떴을 때 죄수의 심장이 멈추면 기술자가 남은 만큼의 벌을 대신 받아야 하거든요. 그러니 중간 중간 죄인이 죽지 않도록 지혈도 하고, 약도 먹이는 등 나름의 처치를 한답니다. 정말 잔인하지요? 하지만 당시 중국에 이런 형벌이 있었다는 것은 사실이기 때문에 원전의 내용을 그대로 살려 봤습니다.

화친의 뜻으로 손권이 보낸 범강과 장달을 받고도 유비는 군대를 물릴 생각이 전혀 없었다. 기어코 동오와 손권까지 망하게 하고야 말리라는 다짐이었다. 할 수 있는 모든 계책을 다 써 버린 것 같았던 손권은 정신이 혼미해질 지경이었다.

이때 평소 묵묵히 손권을 보좌하던 막료, 감택이란 자가 입을 열었다. 감택은 손권이 세자의 스승으로 삼을 만큼 신뢰하는 책사였다.

"동오에는 천하를 지탱할 만한 인재가 있는데, 어찌 걱정하십니까? 육손을 추천 드립니다."

"육손?"

감택이 추천한다면 믿을 만한 사람이라고는 생각했지만, 육손은 평소에늘 가까이하면서 신임하던 인물이 아닌지라 손권은 의아했다.

"비록 군을 통솔해 본 적이 없는 문인이지만, 지난 번 여몽이 관우를 깨뜨리지 못해 근심하고 있을 때 그에게 계책을 냈던 자입니다. 감히 단언컨대 제가 책임지고 추천드릴 수 있는 자입니다."

그제서야 손권의 표정이 밝아졌다. 2년 전, 자신을 대도독에 앉혀 관우의 마음을 교만하게 하자는 계책을 육손이 가져왔을 때도, 참으로 영특하나 생각했었던 참이었다. 게다가 이렇게 감택이 강하게 추천을 하니, 손권은 한 번 그를 믿어보기로 했다.

"좋소, 그러면 육손에게 대도독 자리를 주겠소."

그러자 다른 대신들이 웅성거렸다. 그때 한 책사가 나서서 반대했다.

"전하, 송구하오나 전쟁을 모르는 애송이에게 동오의 운명을 맡기시겠다는 건 신중하지 못한 처사이십니다."

이에 감택이 지지 않고 말했다.

"전하, 육손은 제 목숨을 걸고 추천할 만한 인물입니다. 아니, 제 가족 모두의 목숨을 걸어도 좋습니다."

감택의 말을 들은 손권은 고마워 눈물이 날 지경이었다. 그가 대신들을 향해 소리를 버럭 지르며 꾸짖었다.

"경들은 유비와 맞설 자가 있냐 물었을 때 어느 한 명도 나서지 못하더니, 감택이 목숨 걸고 추천하는 사람을 비판질이나 하는 것이오? 나가서 싸울 용기는 없고, 나갈 자를 꼬투리 잡는 입만 살아 있냔 말이오!"

그의 일침에 일순 조용해지더니 그 누구도 더는 입을 열지 못했다.

손권이 그제야 화를 누그러뜨리며 말했다.

"육손을 들라 하라."

잠시 후 곱상하게 생긴 사내가 들어와 왼 무릎을 꿇고 인사를 올렸다. 손권이 엄숙한 목소리로 말했다.

"나는 지금 그대를 촉에 맞설 대도독으로 임명하려 하네."

그러나 뜻밖에도 육손은 당황하는 기색도 없이 침착하게 대답했다.

"전하, 전하 밑에는 오래도록 전하를 모신 실력 있는 장수들이 많건만, 어찌하여 신에게 이런 무거운 짐을 지우십니까. 저는 그 정도의 그릇이 되지 못합니다."

"아닐세. 감택 선생이 목숨을 걸고 그대를 추천하며, 나 또한 여몽 장군이 죽은 이 시점엔 그대에게 희망을 걸어볼 만하다 생각하네. 지난번의 작전도 성공적이지 않았는가?"

그러자 육손은 총기어린 눈을 빛내며 지극히 현실적인 말을 했다.

"하지만 전하의 높은 장수들이 신의 명을 따르지 않을까 염려됩니다."

손권은 단 번에 육손의 뜻을 알아들었다. 손권은 항상 차고 다니던 칼을 빼 육손에게 하사하며 단호하게 말했다.

"대도독의 명을 따르지 않는 자는 이 칼로 참수하시게. 형을 먼저 집행하고 그 다음에 보고를 해도 받아들일 테니 그대의 뜻대로 하시게."

손권의 칼을 받아들긴 했지만 육손은 더 나아간 부탁을 했다.

"전하, 바라옵건대 이 칼을 내일 모든 장군과 장수들이 보는 앞에서 내려 주시옵소서."

현실 파악이 빠르고 대안책 또한 확실한 육손의 영민함이 손권은 마음에 들었다. 손권은 껄껄 웃더니 아예 단까지 쌓게 하여 모든 장군들과 관리들을 모아놓고 그 앞에서 육손을 대도독으로 봉하고, 자신의 검을 내렸다. 그제야 육손은 큰 목소리로 말했다.

"전하, 명을 받들겠습니다. 신이 동오를 반드시 지켜낼 것입니다."

내로라하는 잔뼈 굵은 장수들을 내버려두고, 아직 경험이 적은 책사에게 동오의 존망을 맡겼네요. 사실 손권 입장에서 쉬운 결정은 아니었겠지요. 하지만 손권의 가장 큰 장점은 적재적소에 인재를 잘 배치한다는 거였어요. 인재를 알아보는 눈, 혜안이 밝은 리더가 바로 손권이었답니다. 게다가 손권은 '의심이 가면 아예 쓰질 않고, 한 번 썼으면 끝까지 믿어야 명군.'이라는 말에 딱 걸맞은 리더였습니다. 과연 손권이 임명한 새내기 육손은 유비 대군을 잘 막아낼 수 있을까요?

Q. 여몽은 죽었나요? 여몽과 노장 황충은 어떻게 죽은 건가요?

A. 엄청난 영웅들이었는데 순식간에 사라져 버린 것이 서운하지요. 저 역시도 원전을 읽으며 그랬답니다. 원전에선 여몽에게 관우의 혼령이 입신했다고 하네요. 손권에게 큰 소리로 욕을 하면서 자신이 관우라고 말하더니, 몸에 난 일곱 개의 구멍에서 피를 쏟으며 죽었다고 합니다. 너무 황당한 이야기라 우리 책에는 싣지 않았어요. 정사에서는 남군 태수로 살다가 42세에 내전으로 인해 죽게 되었다고 합니다.

한편 황충은, 손권의 조카를 촉군이 포위한 시점에서 손권이 새로운 장수들을 보내자, 유비의 명을 받기도 전에 군사를 단 대여섯만 이끌고 나가서 싸웠다고 해요. 그리고 한 차례 크게 이겼으나, 그 다음날 승세를 이어 적을 쫓아가다가 매복병에게 화살을 맞고 말았습니다. 어깨에 맞은 화살이었지만, 나이는 참 속절없죠. 상처를 회복하지 못하고 죽어 버렸습니다. 유비는 황충의 시신을 성도로 보내주고 후하게 장례를 치루라고 말한 뒤, 성도의 하늘을 바라보며 또 슬피 울었다고 하네요.

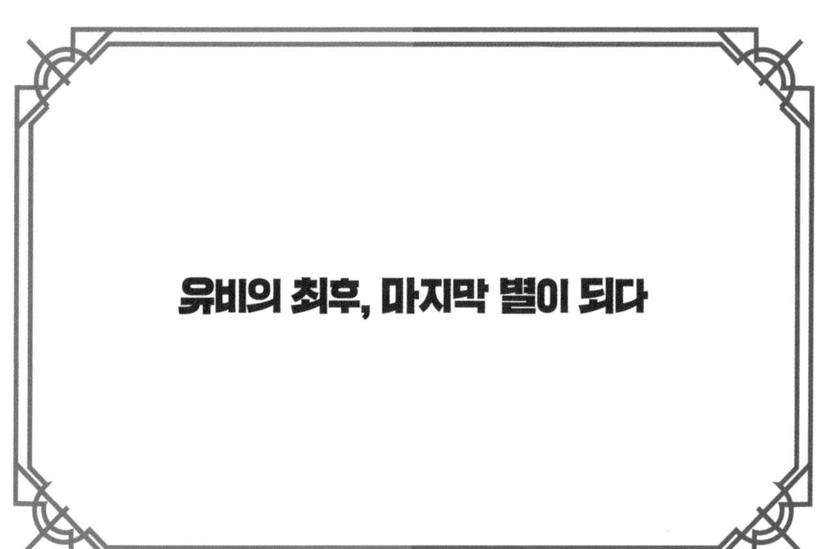

유비의 최후, 마지막 별이 되다

먼저 진군했으나 유비를 막아내는 데 급급했던 동오의 원로 장수들은 이릉성 근처의 효정이라는 곳에서 촉군과 대치를 하고 있었다. 그런데 육손이 대도독으로 임명되어 전쟁터에 오자, 동오에서 오랜 시간 공로를 세워온 장군들은 그 불만이 하늘을 찔렀다. 그중에는 손권의 아버지 손견 때부터 손 씨 일가를 섬기던 장수들도 있었는데, 이렇게 경험 없고 젊은 책사가 대도독이 되어 왔다니 말도 안 된다 생각했다. 그래서 그들은 육손을 시험할 생각으로 육손에게 가서 물었다.

"대도독, 지금 이릉성에 전하의 조카가 포위되어 있는데, 그를 구해 오실 계책이 있으시오?"

육손은 그 질문의 의도를 간파했지만, 전혀 흔들리지 않고 대답했다.

"이릉성은 견고하오. 우리가 촉군을 격파하고 나면 포위는 자연스럽게 풀릴 것이니 걱정할 것 없소."

원로 장수는 육손의 태연한 태도가 더 마음에 들지 않았다. 어금니를 깨문 채로 재차 물었다.

"그러면 촉군을 격파할 대도독의 계책은 무엇이오?"

"지키시오. 모든 험한 길목들, 작은 길목들까지 오로지 굳게 지키기만 하시오. 절대 나가서 싸우면 아니 되오."

수많은 싸움에서 용맹을 떨치며 나아가 승리를 이뤄낸 장수들이 육손의 이 명령이 마음에 들 턱이 없었다. 하지만 어쩌겠는가, 손권이 단을 쌓고 보검까지 내리며 육손을 대도독으로 임명한 것을. 이를 꽉 깨물고 육손을 쏘아보며 물러갈 수밖에 없었다.

한편 유비의 촉군은 오랜 시간 대치를 했음에도 그 강성함에 흔들림이 없었다. 700리에 달하는 땅에 40개의 영채가 세워져 있었는데, 낮에는 깃발들이 햇빛을 가릴 정도였고, 밤에는 숙영지의 불빛이 별이나 달보다 하늘을 환하게 밝혔다. 이제 동오의 영채는 몇 개 남지 않았고, 속전속결로 이 전쟁을 끝내고 싶었던 유비는 계속해서 싸움을 걸며 남은 영채들을 공격해 보았지만, 육손은 직접 영채들을 순회하며 절대 나가 싸우지 말라고 신신당부했다.

어느덧 유비가 동오와 전쟁한지도 1년이 가까운 세월이 흘렀다. 육손의 동오군은 지키는 데에 익숙해지고, 촉군은 동오군과 싸우지 않는 데에 익숙해지고 있었다. 그런데, 촉군에게 치명적인 변화가 생기고 말았다. 한 장수가 유비의 막사에 찾아와 말했다.

"폐하, 이제 한여름이 되었습니다. 군사들이 무더위에 지치고, 또 비가 내리지 않아 물을 구하려면 너무 먼 거리를 왕복해야 합니다."

과연 유비가 보기에도 군사들은 더위와 갈증에 지쳐 보였다. 사실 본인 스스로도 무더위에 뇌가 녹아내리는 것 같았다.

"근처 숲 안으로 들어가 진을 치도록 하라. 그곳은 그늘이 져서 시원한 데다 개울가도 있으니 목도 축일 수 있을 것이다."

유비의 명을 들은 책사 마속이 잠시 고민하더니 신중한 말투로 말했다.

"폐하, 싸움이 너무 길어졌으며, 진을 옮기는 것은 작은 일이 아니오니, 공명 승상에게 현 상황을 말하고 앞으로의 향방에 대해 조언을 구하는 것이 어떻겠습니까?"

유비는 피식 웃으며 말했다.

"지금 짐을 무서워한 동오군들이 그들의 성안에 박혀 움직이지도 못하는 것이 보이지 않소? 나도 병법에 무지하지 않으니 걱정할 것 없소."

"그래도 여러 지혜를 모으는 것이 더 좋을 것입니다."

유비는 성가시다는 듯 미간을 살짝 찌푸렸으나, 이내 고개를 끄덕이며 말했다.

"그렇다면 경이 다녀오시오."

유비는 정말 변해 버렸네요. 제갈공명의 말을 듣는 것조차 게을리하다니요. 관우와 장비가 죽은 이후로 사실상 유비의 자아는 죽어 버린 것이나 다름없었습니다. 자신의 꿈을 이루려면 조비의 위를 쳐야 한다는 것, 손권을 죽여 봤자 달라질 것은 없을 거라는 것, 사실 마음속으로는 유비도 알고 있었을 거예요. 하지만 유비가 어떤 사람인가요? 그가 천하를 통일하는 자신의 꿈만큼이나, 아니 어쩌면 그것보다 더 사랑한 것이 자기 사람들이었습니다. 그러니 복수심이라도 붙잡지 않으면 미쳐 버릴 것 같은 심정에 맹목적으로 동오 정벌에 매달리고 있었죠. 게다가 연승과 장기간의 휴전이 지속되자, 거기에 안일함까지 생긴 최악의 상황이었습니다. 이제 돌아갈 수도 없는, 너무 멀리 와 버린 상황이랄까요. 그러면 이제 육손이 움직일까요? 육손은 무엇 때문에 주위 장수에게 수없이 욕을 먹으면서도 지키라고만 명했을까요?

유비가 영채를 옮긴다는 소식을 듣고 장수들이 다시 한 번 단체로 육손을 찾아왔다.

"대도독, 이제는 정말 쳐야 할 때요! 지금 촉군이 영채를 옮기느라 정신이 없을 때 습격한다면 모조리 사로잡을 수 있소."

한 장수가 말하자, 다른 장수도 흥분하며 말했다.

"유비가 후방을 맡겨 놓고 간 부대는 형편없소. 별로 힘도 없을 뿐더러, 기강이 해이해져 보초도 제대로 서고 있지 않소. 이건 유비가 우리 동오군을 얕잡아 봐도 너무 얕잡아 보는 것 아니오!"

하지만 육손은 높은 곳에 올라 이동하는 촉군을 바라보며 아득한 목소리로 말했다.

"안 되오. 유비는 만만한 자가 아니니, 그의 마음이 완전히 풀어질 때까지 기다려야 하오."

더 이상 참을 수 없다는 듯이 한 장수가 소리를 질렀다.

"대체 무슨 소리요! 우리가 관우를 죽인 이후 유비 놈이 정신 나갔다는 것은 온 천하가 알고 있건만 육손 대도독만 모른단 말이오!"

그러나 육손은 여전히 촉군의 뒷모습을 물끄러미 바라보며 표정의 미동이 없었다. 그러더니 한 계곡을 가리키며 말했다.

"보시오. 유비의 영웅다움이 무너진 것은 사실이지만, 아예 없어진 것은 아니라는 걸 알게 될 것이오."

장수들은 화가 머리 꼭대기까지 났지만, 육손의 초연한 반응에 할 말을 잃어 어쩔 수 없이 그의 손가락 끝이 향하는 곳을 보았다. 그런데 촉의 대군이 숲속으로 이동을 마치고 얼마 안 되어, 육손이 가리킨 계곡 속에서 투구와 갑옷이 번쩍거리고 움직임이 범과 같은 부대가 열을 맞춰 나오는 것이 아닌가. 만약 촉군을 쫓아갔다면 그 매복병에게 호되게 당하고 말았을 것이었다. 허리를 따라서 소름이 쭉 돋은 장수들은 너무 놀라 육손을 쳐다보았지만, 육손은 여전히 태연한 얼굴이었다.

"자, 이제 되었소. 비로소 공격을 할 때가 왔소."

그러더니 육손은 씩 웃어 보였다.

한편, 성도를 지키던 제갈공명은 유비가 출정한 이후 단 하루도 맘 편할 날이 없었다. 이에 마속이라는 책사를 통해 수시로 상황 보고를 받던 참이었다.

"연전연승입니다."

"이릉을 넘어 효정까지 막힘이 없습니다."

승리의 연속이라는 보고를 받아도 웬일인지 제갈공명은 기쁘질 않았다. 그러던 차에 한 번은 마속이 이런 말을 전해 왔다.

"손권이 임명한 대도독이 육손이란 자인데 실전 경험이 부족해 군기를 바로 잡지 못하고 있다 합니다. 수비만 고수할 뿐이고요."

이 말을 들은 제갈공명의 얼굴이 어두워졌다.

"육손이라면 관우 장군을 죽인 계책을 낸 바로 그자가 아닌가. 반드시 주의해야 할 사람이야. 폐하께 부디 조심하시라 간언하고, 폐하 옆에 가까이서 보좌하다가 무슨 변화가 생기면 바로 나에게 와서 알려 주어라."

마속은 결연한 표정으로 알겠다고 대답하고는, 곧바로 다시 유비 곁으로 달려갔다.

제갈공명의 근심이 깊어가는 중에 여름이 찾아왔다. 유비의 허락을 받고 떠났던 마속이 제갈공명에게 돌아와 보고를 올렸다.

"무더위가 지나갈 동안 숲 안에 진을 치도록 했습니다."

순간 제갈공명이 들고 있던 부채를 떨어뜨리더니, 덜덜 떨리는 목소리로 화를 냈다.

"감히 어떤 자가 그렇게 진을 치라고 권했다더냐? 그자를 내 참수하고 말리라."

어리둥절해진 마속이 조심스레 대답했다.

"다름 아닌 폐하께서 직접 명령을……."

그 말에 제갈공명은 비틀거리며 벽을 짚고 탄식했다.

"아…… 한나라의 운명이 여기서 다하는 것인가!"

"왜 그러십니까, 승상?"

마속이 어쩔 줄 몰라 하며 묻자, 제갈공명이 한숨을 깊게 쉬며 말했다.

"폐하께서 이런 기본 병법을 모르실 리가 없을 텐데. 어찌 이런 진을 치셨단 말이냐. 병법에 이르길, 나무와 풀이 울창한 곳, 높고 굴곡이 있는 언덕, 지대가 낮은 물가, 지형이 험준한 곳에는 진을 치면 절대 안 된다 했다. 숲 안이라니, 만일 적군이 화공이라도 쓴다면 적벽대전과 같은 참극이 일어날 게 뻔하질 않느냐. 속수무책으로 당할 수밖에 없다. 육손이 계속해서 싸움을 미뤘던 이유가 바로 이 때문이구나!"

마속이 놀라 제갈공명에게 다급하게 말했다.

"제가 지금 당장 달려가 폐하께 고하겠습니다."

"이미 늦었다. 네가 도착했을 때는 이미 화마가 덮친 후일 것이야. 당장 가서 폐하를 우리 쪽 진영의 백제성으로 모시도록 해라. 백제성은 견고하니 폐하께서 피하실 만하다."

마속이 말을 타고 부리나케 달려갔다. 그의 뒷모습을 바라보는 제갈공명의 속이 바짝바짝 타들어가고 있었다.

그 시각, 위나라의 조비 역시 전령으로부터 유비의 진영에 대한 보고를 받았다. 조비는 혀를 끌끌 차며 말했다.

"한때는 그래도 아버지께서 인정한 자였건만, 이런 악수를 둔단 말인가. 진을 치면 절대로 안 되는 네 가지 장소 중에 하나가 숲속 개울가인데, 영채를 700리나 늘어놓고 숲속에 진을 치다니. 이제 유비가 육손 같은 애송이에게 당했다는 소식이 곧 들려오겠군."

"폐하, 그러면 우리는 어찌 대비하는 것이 좋겠습니까? 그래도 방비를 하는 것이 좋지 않겠습니까?"

조비는 말없이 잠시 고민을 했다. 그 모습이 조조가 계책을 생각해낼 때와 닮아 있어, 신하들은 숨죽이고 기다렸다.

"육손이 반드시 이길 것이오. 그러면 동오의 육손은 유비를 쫓아 서천까지 밀고 들어갈 것이니 우리는 비어 있는 동오를 노리는 것이 좋겠소. 이번 기회에 형주 땅을 우리가 차지합시다. 세 갈래로 나누어 형주를 향해 진군 준비를 하도록 하지."

옆에 서 있던 사마의가 나와 말했다.

"신에게 맡겨주시면 군사를 진두지휘해 형주를 폐하께 바치겠습니다."

그러나 조비는 묘한 웃음을 지어보이며 대답했다.

"선생이 언제나 내 옆에 있어야 맘이 편하오. 다른 장수들을 보내는 게 좋겠소. 나를 두고 어디 멀리 가지 마시오."

사실 조비는 조조가 생전에 했던 말을 기억하며 한 대답이었다. 사마의는 무서운 자이니 상시 가까이 두고 그의 말을 듣되, 절대 병권은 쥐어 주지 말라는 말이었다. 조비가 자신을 경계하고 있다는 걸 간파했지만 사마의가 뭐라 말할 수 있겠는가. 그저 "성은이 망극하옵니다."라고 할 수밖에.

이런, 유비가 어떤 실수를 저질렀는지 본인만 빼고 모두가 알고 있는 듯하네요. 그럼 유비는 이대로 운명을 달리하는 것일까요? 아니면 조조가 적벽에서 극적으로 도망쳐 다시 되살아났듯이 유비도 이번 위기를 기회로 되살릴까요?

유비 군사들은 연승의 자만에 취해서인지, 모처럼 그늘 속에서 쉬면서 두꺼운 갑옷을 벗어 던진 채 개울가에 발을 담그고 웃음꽃을 피우고 있었다. 육손이 바로 들이닥치지 않고 때를 보고 있었기 때문이다. 육손은 바람을 기다리고 있었다. 불길을 더욱 세차게 만들 바람을.

구름이 잔뜩 끼어 달빛도 어둠을 밝히지 못하던 어느 날, 드디어 바람이 강하게 불기 시작했다. 하늘의 별이 하나도 보이질 않아 깜깜하고 어둑한 밤, 육손과 군사들이 망루에 올라 숲속을 가만히 내려다보았다. 70여 만 군사가 밤에 불을 피우고 있는데, 그 모습이 마치 하늘에 있는 별이 다 땅 위에 내려앉은 것 같았다.

"장관이 따로 없구나. 적벽을 다시 재현해 주마."

육손이 중얼거린 후, 조용히 명령을 내렸다.

"시작해라."

군사들이 일제히 기름통에 화살촉을 꽂은 다음, 거기에 불을 붙였다. 그리고 활활 타오르는 화살을 유비의 진영을 향해 힘껏 쏘아 올렸다. 숲이 순식간에 불길에 휩싸였을 뿐 아니라, 육손 군이 미리 유비 진영 근처에 깔아두었던 염초 가루와 짚풀들까지 호응하여 불길은 멈출 줄을 모르고 거대해져 갔다.

불이 제대로 오르는 것을 확인한 육손이 외쳤다.

"모두 밤낮을 추격해 유비를 사로잡을 때까지 진군하라! 물러서는 자는 군법으로 엄히 다스릴 것이다!"

유비가 느긋하게 책사들과 동오를 격파할 계책을 상의하고 있을 때, 갑자기 막사 안의 깃발이 쓰러졌다. '왠지 불안한 징조다.' 라고 예감이 들자마자, 군사들이 뛰어 들어와 외쳤다.

"폐하, 화공입니다! 어서 피하셔야 옥체를 보존하실 수 있습니다."

그와 동시에 바깥에는 비명소리들이 들려왔다. 유비는 이 모든 게 참인지 거짓인지 분간이 안 되었다. 직접 두 눈으로 확인하기 위해 군사들의 만류에도 불구하고 막사 바깥으로 뛰쳐나갔다. 사방의 영채에서 불길이 치솟고 있었고, 눈앞의 모든 것들이 불길에 스러져가고 있었다. 놀라서 뛰어나온 군사들은 우왕좌왕 달리고 있었는데, 서로 뒤엉켜 밟혀 죽은 병사들이 수없이 많았다. 정신이 나간 유비가 쌍고검을 들고 악을 썼다.

"손권, 육손, 이놈들! 내가 다 죽여 버리겠다."

"폐하, 이러시다 다 죽습니다! 후일을 도모하셔야 합니다!"

울부짖으며 허공에 쌍고검을 휘두르는 유비를 군사들 역시 울면서 말렸다. 동오의 군사들이 사방에서 밀려들어오니 장수들이 유비를 호위해 서쪽으로 내달렸다.

한참을 달리던 유비와 그를 호위하는 장포, 관흥은 산 위에 올랐다. 동오군이 올라올 길목을 겨우 막아내고 나서야, 그들은 잠시 숨을 돌릴 수 있었다. 정신없이 앞만 보던 유비가 문득 산 아래를 내려다보니, 온 사방이 불로 인해 환했고 촉군의 아우성과 핏물이 온 땅에 가득하여 강을 이루었다. 유비는 발걸음을 멈추고 그 광경을 바라보며 하염없이 눈물을 흘렸다.

그리고 이튿날, 포위망은 점점 좁혀오고 있었다.

"폐하, 여기에 더 이상 계실 수가 없습니다. 제가 목숨 걸고 길을 낼 터이니, 뒤에 바짝 따라오시옵소서."

이미 온몸에 피를 뒤집어 쓴 관우의 아들 관흥이 말했다.

"아닙니다. 제가 앞장서겠습니다!"

장비의 아들 장포가 나서자 관흥은 버럭 소리를 질렀다.

"형님은 폐하를 지키시오! 방패는 내가 되어줄 테니."

자신의 아버지들의 모습을 너무도 닮은 관흥과 장포의 모습에 유비는 그저 말없이 눈물 흘리며 자책을 할 뿐이었다.

'내가 과거에 얽매이고, 복수에 눈이 멀어 대체 얼마나 많은 것들을 놓쳤단 말인가.'

그러나 더 깊은 생각을 하기도 전에 장포가 "송구하옵니다!"를 외치며 유비를 들쳐 업고 말에 올라타 관흥이 뚫는 길을 따라 백제성으로 향했다.

그런데 쫓아오는 동오군은 셀 수 없었을 뿐더러 그 수가 점점 불어났다. 설상가상, 앞의 길목에서도 동오의 군사 한 무리가 나타났다. 매복이었다. 유비를 호위하던 군사들이 갈피를 못 잡고 우왕좌왕하고 있을 때, 어디선가 선명한 외침이 들려왔다.

"나는 상산 조자룡이다! 한나라의 천자께 해를 가하는 놈이 있다면 가만 두지 않을 것이다!"

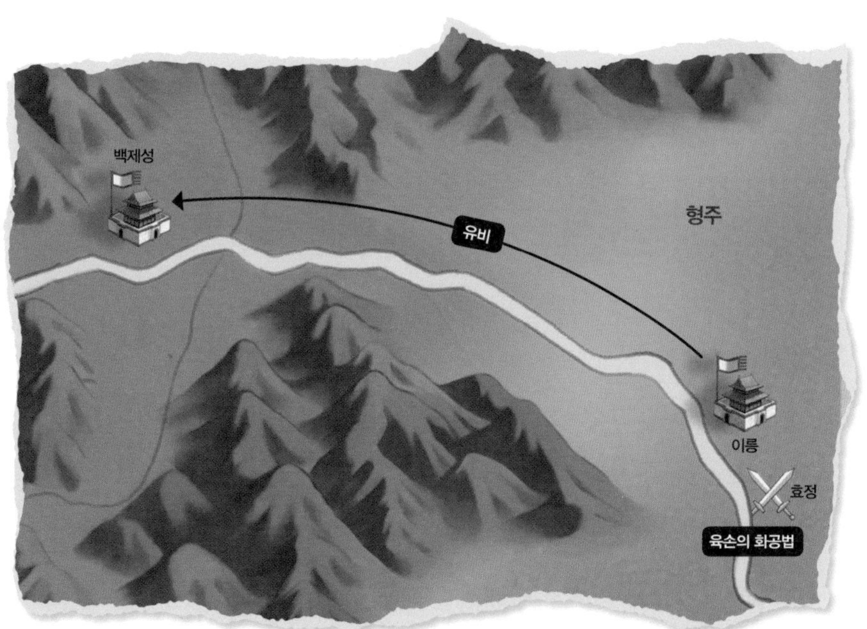

서천을 순회하다가 유비가 위급하다는 소식을 듣고 달려온 조자룡이었다. 유비는 반가워 눈물을 흘리며 외쳤다.

"자룡! 어떻게 여기까지……!"

"폐하! 이제 염려하지 마십시오. 제가 10번 죽는 한이 있더라도 폐하만은 지켜드릴 것이옵니다."

조자룡은 과연 무신다운 무용을 뽐냈고, 동오군은 그가 나타나자 더러는 주춤했고, 더러는 아예 몸을 돌려 달아났다. 그렇게 조자룡의 도움을 받아 마침내 유비는 백제성으로 안전히 들어갈 수 있었다.

"나는 이렇게 목숨을 건졌다지만, 나머지 병사들은 어쩐단 말이냐!"

성문이 닫히기도 전에 유비가 통곡하자 조자룡이 다시 몸을 돌려 나가며 말했다.

"제가 구해오겠습니다!"

하지만 아무리 조자룡이라도 구할 수 있는 사람이 얼마나 되었겠는가. 장수 몇은 구했지만, 동오군에게 사로잡혀 죽임을 당하거나, 절개를 굽히지 않고 자결을 한 장수들의 수는 셀 수 없었다. 화공과 칼, 말발굽에 죽어간 75만 대군은 말할 것도 없었으니, 이것이 222년의 이릉대전이었다.

육손은 유비를 쫓지 않았습니다. 왜 그랬을까요? 동오를 비우면 위나라에서 바로 치고 들어올 것을 간파했기 때문이죠. 이제 유비가 물러갔으니, 주공인 손권을 지키는 자신의 주 임무로 돌아간 것입니다. 동오가 원래 잘하는 건 공격이 아니라 수성이었으니까요. 실제로 육손이 형주를 비롯한 동오의 국경지역에 재빠르게 대비를 해둔 덕분에 조비의 군은 별 힘을 쓰지 못하고 돌아갈 수밖에 없었습니다.

흥미로운 것은 이릉대전에 불을 지폈던 바람 또한, 동남풍이었다는 사실입니다. 적벽대전에서 제갈공명과 주유가 그렇게 원했던 동남풍이요. 계절이 달랐으니 이번에는 북태평양 기단의 영향을 받은 동남풍이 부는 게 그렇게 어렵진 않았지만, 유비를 가장 높은 곳에 올려놓았던 바람과 불의 조화가 아이러니하게도 그를 가장 밑바닥으로 내리꽂았다는 점은 주목할 만합니다. 내가 쓸 때는 가장 좋은 것이었지만, 내가 당할 때는 가장 악한 것이 된 셈이죠.

혼비백산이 된 유비가 백제성에 도달했을 때 함께 들어온 군사는 겨우 100명뿐이었다. 75만 대군을 이끌고 진격했으나 남은 자는 겨우 이 숫자라니. 이마저도 화상을 입은 자들 투성이로, 몸이 성한 군사는 한 명도 없었다. 유비 역시 연기를 많이 마신 데다 자괴감과 울분에 찬 나머지 몸져누울 수밖에 없었다. 두 아우의 원한을 씻겨주지 못했다는 슬픔과 그리움, 수많은 군사들을 사지로 몰았다는 자책감 때문에 그의 병세는 점점 위독해져 갔다.

유비 스스로도 자신이 세상을 떠날 날이 머지않았음을 알고, 성도에 사람을 보내 제갈공명을 불렀다. 유비가 신하들 보기를 부끄럽게 여기고 꺼려한다는 것을 알고 차마 찾아오지 못했던 제갈공명이었다. 명을 받자마자 밤새 백제성으로 달려왔는데, 그가 들어왔을 때 유비 곁에 선 신하들은 모두 이미 울고 있었다. 좀처럼 눈물을 보이지 않는 제갈공명 역시 끊임없이 흐느꼈다.

"폐하께서 어서 일어나셔야 두 아우님들의 원한을 갚고, 한나라 부흥도 도모할 수 있지 않겠습니까? 천하의 모든 사람들의 소망에 부응하셔야 하지 않겠습니까……."

제갈공명의 말에 유비가 파래진 입술로 말했다.

"공명 선생, 약 20년 전 와룡산으로 선생을 찾아가 내 일생의 스승으로 모시면서 그 어떤 말이든 따르겠다 맹세했었죠. 그 결과 부족한 이 몸이 황제라 불리는 과분함을 누렸습니다. 그런데 초심을 잃고 승상의 말을 듣지 않아 이렇게 모든 것이 물거품이 되었습니다. 정말 면목이 없고, 미안한 마음 그지없습니다. 부디 나를 용서해 주십시오."

제갈공명이 눈물을 흘리며 말을 잇지 못하자, 가까이 오라고 손짓을 한 유비가 제갈공명의 손을 잡으며 조용히 눈물을 흘렸다. 그리고는 작지만 분명하게 말했다.

"내 첫째 아들 유선이는 그저 착하기만 할뿐 명석함은 떨어지니, 대업을 이을 수 있으려나 모르겠습니다. 공명 선생, 이것은 내가 늘 생각해 오던 나의 가장 깊은 진심이니 부디 잘 들어 주십시오. 유선이 모실 만하면 모시고, 모실 만하지 않으면 직접 한나라의 대업을 이뤄 주십시오."

제갈공명은 소스라치게 놀라며 물러서 엎드렸다. 그리고 바닥에 머리를 찧으며 울먹임 사이로 맹세했다.

"폐하, 하늘이 두 쪽 나도 제 충심은 변하지 않을 겁니다. 태자 저하를 끝까지 잘 보필해드릴 것을 맹세하겠습니다."

"공명 선생, 고맙습니다. 끝까지 폐만 끼치고 가는군요."

유비는 조자룡에게로 시선을 돌렸다.

"수많은 고난 속에서도 자룡 장군, 자네가 있어 든든했네. 끝까지 대업을 함께하지 못해 정말 미안하네. 나에 대한 정이 남아있다면 부디 내 아들을 지금까지처럼 잘 돌보아 주게."

조자룡 역시 엎드려 울며 대답했다.

"이 목숨이 끊어지는 그날까지 태자를 모실 것입니다!"

유비는 한 명 한 명 자신을 둘러싼 신하들을 바라보며 말했다.

"경들 모두에게 일일이 말을 할 힘이 없는 걸 용서하오. 경들 모두 놀라운 능력과 인품을 가졌음에도 불구하고 나 같은 이를 따라줬음에 한없이 감사할 따름이오. 스스로가 귀한 것을 알고 자신을 사랑하기를 바라오."

말을 마친 뒤 마지막으로 아들 유선에게 줄 유언장을 제갈공명에게 건네주고 눈을 감으니, 서기 223년 봄, 유비 나이 63세였다.

제갈공명이 유비의 시신을 관에 넣어 성도로 돌아왔다. 모든 신하들과 백성들이 다 거리로 나와 유비의 관을 묘지까지 따르며 슬피 울었다. 유비의 관을 땅속으로 내리기 전, 유비의 후계자 유선은 유비가 남긴 서신을 펼쳐 읽었다.

"노력하고 또 노력하라! 악행은 아무리 사소하더라도 행하지 말며, 선행은 아주 작은 것이더라도 반드시 행하라. 어질고 덕이 있는 자만이, 사람들을 따르게 할 수 있는 법인데, 이 아비는 덕이 없으니 닮아서는 안 된다. 공명 선생을 아버지로 섬기고, 천하에 더 아름다운 이름을 남기거라. 간절한 마음으로 부탁하노라, 온 마음으로 간절히 부탁하노라!"

삼국지는 유비의 죽음을 끝으로, 2세들의 이야기가 펼쳐집니다. 유선은

조자룡이 구했던 그 아두인데요, 17세의 나이에 황제에 올랐죠. 아시다시피 위나라에는 조조의 2세 조비가 있었고요. 동오에만 여전히 젊은 중년의 손권이 있었답니다.

그런데, 여기서 잠깐! 제가 독자 여러분들의 마음을 십분 이해한답니다. 유비 삼 형제가 모두 별이 된 이 시점에서 억장이 무너지는 심정과 함께 인생의 무상함을 느끼며, 가슴 먹먹하게 책장을 덮고 싶은 그 마음, 알지요. 네, 그 마음 압니다. 하지만 유비가 울면서 뒤를 부탁한 제갈공명의 신묘한 활약이 아직 남아있답니다. '출사표'란 말이 있지요? 이는 바로 제갈공명의 출사표에서 비롯된 단어랍니다. 그 의미가 궁금하지 않나요?

제갈공명은 한나라의 통일을 위해 황위를 찬탈한 조비에 맞서 총 6번의 북벌을 감행하는데요. 이를 통해 과연 천하통일을 이룰지, 제갈공명의 신묘한 계략을 위나라의 황제 조비는 어떻게 막아낼지, 제갈공명의 라이벌인 사마의는 어떻게 대응할지……. 두 사람의 심리전이 숨막힐 만큼 재미있고 박진감 넘치게 펼쳐지니 기대해 주세요. 관우의 반의반만큼이라도 의리를 발휘해 끝까지 읽어 주시면 고맙겠습니다.

Q. 삼국지를 좀 아는 사람들은 유비의 가장 큰 패착을 이릉대전으로 꼽더라고요. 읽어 보니 왜인지 알 것도 같은데, 선생님은 어떻게 생각하세요?

A. 유비를 좋아하는 분들조차도 변명해 주기 어렵다는 사건이 이릉대전 맞죠. 리더라면 국정을 운영하면서 감정을 섞어서는 안 됩니다. 하물며 전쟁이야 말해 무엇 하겠어요. 한날한시에 죽기로 맹세한 건 유비 삼 형제이지 75만 병사들이 아니질

않습니까. 그들은 그저 누군가의 아버지, 아들, 남편이며 나라의 녹을 먹는 군사들일 뿐, 동오에게 그 어떤 원한도 없었죠. 그런데 화염 속에서 한날한시에 모두 세상을 뜨고 말았으니, 얼마나 원통했겠어요.

우리 역사의 예를 들어볼게요. 고구려 시대의 장수왕하면 여러분은 무엇이 제일 먼저 떠오르나요? 네, 오래 살았으며 장기 집권했지요. 97세까지 살면서 무려 79년을 왕위에 있었거든요. 그의 가장 큰 업적은 바로 남진 정책으로, 고구려를 한반도에서 가장 큰 나라로 만든 겁니다. 장수왕은 이를 위해 무려 50년을 준비했어요. 그가 얼마나 꼼꼼하고 신중한 왕이었는지 알 수 있는 대목입니다. 아마도 장수왕의 이런 치밀함과 신중함은 선대의 소수림왕에게 배운 것일 겁니다. 장수왕의 아버지는 그 유명한 광개토 대왕입니다. 광개토 대왕의 큰아버지가 바로 소수림왕이고요.

소수림왕이 어떤 한을 갖고 있었냐면요. 동맹국과도 같던 백제로부터 아버지 고국원왕을 잃고 백성들마저 도륙당하는 치욕을 겪었답니다. 유비만큼이나, 아니 어쩌면 유비보다 더 심한 분노심에 사로잡혀 있었을 거예요. 하지만 그는 칼을 빼들지 않았어요. 왜 그랬을까요? 아직은 때가 아니라고 생각했던 겁니다. 결국 그는 칼을 휘두르는 대신 법을 제정하고 학교를 세워 인재를 양성했으며, 불교를 받아들였습니다. 먼저 국력을 높이는 데 힘쓴 것이지요. 광개토 대왕이 그 대단한 업적을 세울 수 있었던 것도, 소수림왕이 탄탄한 기반을 마련해 주었기 때문이라고 해도 과언이 아니에요. 장수왕은 그런 소수림왕을 닮았는지, 절치부심하며 큰할아버지의 원수를 갚기 위한 때를 기다렸습니다. 장수왕은 왕이 된 후 15년 만에 수도를 평양으로 옮기고, 그러고도 50년 정도를 더 기다려 유리한 상황, 유리한 때에 주도면밀하게 백제를 공격합니다. 그래서 장수왕의 남진 정책은 성공했죠.

이런 면모와 견주어 볼 때, 적어도 이릉대전을 일으킨 그 순간만큼은 유비는 현명한 리더가 아니었던 겁니다. 분노로 이성을 잃은 유비에게 제갈공명과 신하들이 얼마나 여러 차례 간언을 했었나요? 대의를 먼저 생각한 다음, 사사로운 감정을 해소하는 것이 맞다고 말입니다. 즉 한나라의 부흥이란 대의를 위해 일단 동오와 손을 잡아야 한다는 것이었지요. 백 번 천 번 들어도 맞는 말이었습니다.

만일 유비가 아닌 조조였다면 어땠을까요? 물론 조조도 분노로 밤잠을 이룰 수 없었을 겁니다. 하지만 그는 제갈공명의 뜻에 따랐을 거예요. 조조는 어지간해서는 정치적인 판단력을 잃지 않는 다분히 현실적인 리더니까요.

그런데 또 달리 생각해 보면, 유비가 조조처럼 행동했다면 과연 관우가 금은보화를 다 버리고 여섯 명 장수의 목을 베면서 오관을 통과해 유비에게 돌아왔을까요? 술고래에 기분파인 장비가 초지일관 유비를 큰형님처럼, 아버지처럼 모셨을까요? 작은 마을에서 돗자리 짜던 유비가 촉나라의 황제 자리까지 오를 수 있었던 힘은 바로 주변 사람들에 대한 지극한 정성과 배려였잖아요. 결국 어떤 게 참된 리더의 자질인지 무 자르듯 답을 내는 건 어려운 일 같습니다.

마지막 영웅, 사마의의 등장

유비 삼 형제가 모두 세상을 떠난 후, 제갈공명도 세월의 무상함을 느낄 수밖에 없었다. 인간이 아니라 신이 아닐까란 의심을 자아낼 만큼 매사 냉철한 판단력을 잃지 않았지만, 그도 오장육부를 가진 사람이었다. '백성은 날 버리고 떠나도 난 백성을 두고 도망가지 않을 것입니다.'라는 명언을 남긴 유비의 덕심에 부끄러움과 존경심이 일었었다. 목숨 걸고 아두를 구해 온 조자룡의 충심과 그를 자기 몸처럼 아끼는 유비의 리더십에 눈물을 흘리기도 했었다. 그러니 유비뿐 아니라 관우, 장비를 죽음으로 몰고 간 동오에 대한 복수심이 어찌 없었을까.

하지만 제갈공명은 평정심을 되찾아야 했다. 유비가 어떻게 세상을 떠났던가. 유비를 죽음으로 내몬 건, 사사로운 감정을 다스리지 못한 유비 자신이었다. 제갈공명은 유비와는 다른 길을 걸어야 했다. 유비와 함께 전쟁에 나가 목숨을 잃은 75만 대군의 위령제를 지내며 그 생각은 더 굳어졌다. 황제를 올바른 길로 이끌었어야 했던 한 나라의 책사이자 승상으로서, 이 원혼들에게 진 빚을 어찌 갚을 수 있을까. 제갈공명은 피눈물을 씹어 삼키며 다시 한 번 마음을 다잡아야 했다.

한편, 유비의 사망 소식은 위나라의 황제인 조비의 귀에도 전해졌다. 조비는 환하게 웃으며 말했다.

"이제 천하 평정이 훨씬 수월해지겠소."

책사 사마의는 이때 조비 옆에 서 있었는데, 미소는 띄웠지만 차분한 어조로 얘기했다.

"폐하, 이때를 놓치시면 안 됩니다. 유비는 죽었지만 제갈공명이 남았으니 분명 곧 정비를 할 것입니다. 아직 익주 땅이 혼란할 때 치셔야 합니다."

자, 여기서부터 사마의의 활약이 본격적으로 시작됩니다. 사마의가 처음 등장했을 때, 사마의를 기억하라고 당부 드렸던 것, 기억하시나요? 조조가 한중을 차지한 후 사마의는 곧바로 이어서 서천까지 치라고 조언했지만, 조조는 듣지 않았었지요. 그 이후로 조조와 조비 옆에서 사마의는 결정적인 조언들을 계속합니다. 하지만 천상천하 유아독존 조조는 자기보다 뛰어날 지도 모르는 사마의가 불편하고 의심스러웠어요. 그래서 살아 있을 때 조비에게 거듭 조언했지요. 사마의에게 병권은 주지 말라고요.

그런데 이런 사마의를 경계한 것은 조조뿐만이 아니었습니다. 원전에 따르면 제갈공명은 조비는 걱정할 것이 못되나, 사마의는 조심해야 한다고 말했다네요. 그렇다면 제갈공명은 사마의를 어떻게 이렇게 잘 알고 있었을까요?

제갈공명과 사마의의 인연은 어릴 때부터 시작되었다. 중국의 야사집인 제갈공명 평전에 의하면, 두 사람의 고향은 남양군이었다. 한 스승 아래 청출어람 인재 두 명이 있었으니, 그들이 바로 제갈공명과 사마의였던 것이다. 사마의가 제갈공명보다 나이가 두 살 많은 선배였고, 그의 자는 중달이었다. 그는 자부심이 뛰어난 가문에서 태어났는데, 그의 선조가 중국에서 가장 위대한 역사서인 〈사기〉를 쓴 사마천이었기 때문이다. 사마의는 8형제였는데, 이들 모두 자에 달(達)자가 들어갔으며 재능이 뛰어나 훗날 '사마팔달'이라 불렸다. 이들 형제를 칭하는 말이자, 8명의 달인이라는

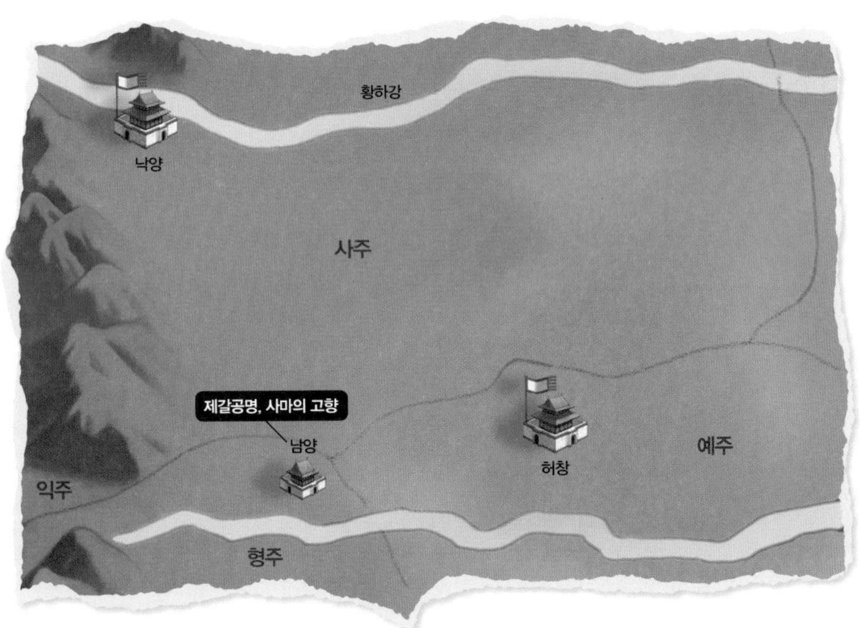

뜻도 되었다. 그중에서도 사마의는 단연 눈에 띌 만큼 명석했다.

반면 제갈공명은 평민의 자제였다. 하지만 그의 비상함은 거의 신과 같았다. 책 한 권을 읽으면 토씨 하나 안 틀리고 달달 외우는데다 그 깊은 의미까지 꿰뚫어 보았다. 이렇게 두 사람은 어릴 때부터 동네에 소문이 자자한 영재로, '남양삼절'이라고 불렸다. 남양군의 세 가지 으뜸인 제갈공명, 사마의, 백하강을 칭송하는 말이었다.

원래 제갈공명은 관직에 뜻이 없었다. 자신이 모실 만한 주군이 없다고 여겼기 때문이다. 농사나 지으며 초야에 묻혀 살고 싶어 했지만, 유비의 삼고초려에 감명 받아 그를 주군으로 모시게 되었다. 사마의 역시 처음에는 조조의 부름을 거절했다. 하지만 조조가 승상에 오른 이후에 다시 또 압박과 회유를 하자, 결국 관직에 올랐다. 관직에 오른 후 이 둘의 행로는 크게 달랐다. 제갈공명은 자신을 전적으로 믿는 주군을 만나 인정을 받으며 활약하는데 비해, 사마의는 조조의 끊임없는 의심과 견제 사이에서 아슬아슬하게 자리를 이어 왔던 것이다. 그러나 강력한 군주였던 조조가 사라진 후, 사마의의 입김은 위나라에서 점점 세지고 있었다. 조비는 사마의에게 병권은 주지 말라는 아버지의 당부를 지키고 있었지만, 사마의의 말에 따라 군사를 일으켜 익주를 치기로 했다.

두 사람은 일찍이 알던 사이였네요. 조조나 주유도 무섭지 않다며 큰소리치던 제갈공명이 인정한 적수, 사마의는 어떤 방법으로 익주를 칠까요? 자신이 직접 지휘도 못하는 마당에 사마의는 위험을 감수하고 싶지 않았습니다. 유비도 죽고 군사도 거의 다 잃은 시점에, 큰 힘을 들이지 않아도 정복할 수 있으리라는 계산도 있었고요. 그래서 사마의는 위나라에서 직접 보내는 군사는 20만밖에 안되도록 설계를 합니다. 대신 남만과 요서의 강병이라 불리는 두 오랑캐 민족에게 여러 귀한 물건과 함께 전령을 보내 10만씩 군사를 일으켜 위나라와 함께하도록 했어요. 그리고 손권의 오나라에 사신을 보냈습니다. 동맹을 맺고 촉나라를 정벌하면 그 나라의 비옥한 땅을 나누어 줄 테니 10만의 군사를 일으켜 촉나라의 익주를 치라고 말이죠. 한동안 깊게 고민하던 손권은 일단 동맹 제의를 수락하고 출정 준비를 합니다. 위나라에서 20만, 두 오랑캐 민족이 20만, 동오가 10만으로 총 50만의 대군이 다섯 갈래의 길로 나누어 사방에서 촉나라로 밀고 들어오는 위기의 상황. 아직 군사도 재정비되지 않은 제갈공명은 어떤 방어책을 썼을까요?

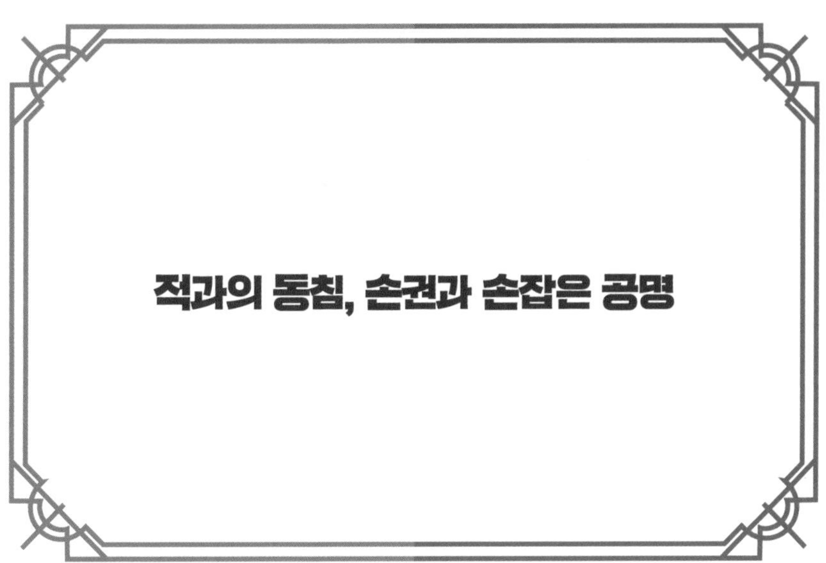

적과의 동침, 손권과 손잡은 공명

오로대군, 즉 다섯 방향에서 쳐들어오는 위군과 그 동맹국에 대한 소식을 듣고, 촉의 새로운 황제 유선은 놀라서 제갈공명을 찾았다. 그런데 제갈공명이 아파서 집밖으로 나오지 못한다는 것이 아닌가. 얼마나 급했는지 유선은 직접 제갈공명의 집으로 찾아갔다. 그런데 그의 집에 가 보니 제갈공명은 당황하거나 초조해하는 기색 없이 자신의 집안 뜰에서 연못을 물끄러미 바라보고 있었다. 연못가에서 헤엄치는 물고기들을 바라보며 생각에 잠겨 있었던 것이다.

'오로대군이라……. 뛰어난 지략이군. 하지만 허점만 잡으면 모두 퇴각시킬 수 있지. 다만…….'

제갈공명 뒤에서 한동안 잠잠히 기다리던 유선이 마침내 말을 꺼냈다.

"상부, 지금 물고기를 보고 계시는 겁니까?"

생각에 깊이 빠져 있던 제갈공명은 화들짝 놀라며 유선에게 절을 했다.

"여기까지 어쩐 일이십니까, 폐하."

"오로대군에 대한 이야기를 듣지 못하셨습니까, 상부! 지금 조정의 온 관리들이 난리인데, 상부의 조언이 절실합니다."

유선이 답을 구하는 애절한 표정으로 말하자, 제갈공명이 미소를 지으며 말했다.

"폐하, 걱정하지 마십시오. 이미 조치를 취해 놨습니다. 다만 일이 새어 나갈까 싶어 나서지 못하고 있었습니다. 근심시켜 드렸다면 죄송합니다."

제갈공명의 특기죠. 가만히 앉아서 지시만으로 백 리 밖의 전쟁을 이기는 것이요. 처음 박망파 전투도 그런 식으로 이겼잖아요. 제갈공명은 사마의가 보내온 군의 특성들을 파악하여 각자에게 적절한 방식으로 대응을 했습니다. 예를 들면, 북방에서 오는 오랑캐에게는 마초를 내보냈어요. 마초는 왕년에 북방이 주요 활동 무대였고, 그곳에서 무신으로 떠받들어졌죠. 마초를 본 순간, 북방 오랑캐들이 싸워 보지도 않고 돌아갈 가능성이 컸기에 북방 오랑캐는 마초에게 맡겼습니다. 또한, 위나라 군대가 들어오는 두 갈래 길 중 하나에는, 적장과 어렸을 적부터 친분이 있는 촉나라 장수를 지휘관으로 내보냈어요. 둘은 의형제를 맺을 만큼 친밀한 사이였고, 위나라 쪽 장수는 투항한 지 얼마 되지 않았었기에 충심보다는 우정이 더 강할 터였죠. 이런 방식으로, 크게 싸우지 않고도 군사들을 돌려보낼 수 있도록 장수들을 적재적소에 보냈답니다. 결과적으로 오랑캐와 위나라 군대의 진로 네 군데를 제갈공명은 모두 틀어막았습니다.

그런데 문제는 동오였습니다. 불과 얼마 전 거대한 전쟁을 치른 사이이니 아무래도 껄끄럽잖아요. 그런 동오가 쳐들어오는 것을 막으려면 임시방편이 아니라 근본적인 관계 회복이 필요하겠죠. 그래서 제갈공명이 고민을 하고 있었던 겁니다. 그런데 안심한 표정으로 궁으로 다시 돌아가는 유선을 배웅하다가 제갈공명의 눈에 띈 사람이 있었습니다. 누구일까요?

제갈공명이 눈을 번뜩이며 말했다.

"폐하, 마속을 보내야겠습니다."

유선을 보좌하는 행렬 가운데 있었던 마속이 고개를 들었다. 마속은 이릉대전 때에도 유비의 전장과 제갈공명의 본진을 오가며 눈과 귀가 되어줄 만큼 제갈공명이 신임하는 사람이었다.

"보내다니? 어디를 말입니까?"

유선이 어리둥절한 표정으로 묻자, 제갈공명이 대답했다.

"마속을 동오로 보내는 것이 좋겠습니다. 지혜롭고 임기응변에 강한 사람이 필요합니다. 마속은 타협과 중재에 강한 달변가적 기질이 있는 사람으로서, 지금과 같은 상황에는 마속이 적임자일 듯합니다. 그가 동오와의 동맹을 이루어내면, 촉에 평화가 찾아올 것입니다."

한편 손권은 고민에 빠져 있었다. 동오는 원래 수성의 지존 아니었던가. 현재 위, 촉, 오 중 가장 강력한 국가는 현재 위였으니, 균형을 위해 촉과 손을 잡는 게 맞았다. 그런데 그쪽에서 먼저 굽히고 나오지 않는 한, 손권이 먼저 손을 내밀 수는 없었다. 이때 촉에서 사신이 왔다는 전갈을 받았다. 손권은 내심 기뻤지만 육손이 간언했다.

"분명 우리가 군사를 내지 못하도록 설득하러 온 것입니다. 하지만 냉정하게 득과 실을 따져 보아야 합니다. 촉의 사신이 말로 전하를 홀리는 일이 없도록 궁의 입구에 큰 솥을 내놓고 기름을 끓이시지요. 그것을 본다면 함부로 입을 놀리지 못할 것입니다."

손권은 끔찍한 행위라고 생각했지만, 육손의 말도 맞았다. 제갈공명이나 유비의 달변에 넘어간 적이 몇 번이었던가. 궁궐 앞에는 대형 솥이 놓였고, 그 안에는 용암처럼 팔팔 끓는 기름이 가득 차 있었다. 그리고 무장한 무사들 또한 삼엄하게 지키고 서 있었다. 궁궐 안으로 들어서던 마속이 이를 보고 알 듯 말 듯한 미소를 짓고는 더욱 발의 보폭을 넓히며 안으로 들어갔다. 손권은 마속에게 위엄 있는 목소리로 말했다.

"오늘 그대가 말을 조금이라도 잘못했다간 저기 보이는 솥 안으로 끌려 들어갈 것이오."

그러나 마속은 겁내기는커녕 크게 웃었다.

"오왕 전하, 어찌 이리 겁먹은 사람처럼 행동하신단 말입니까. 한낱 서생인 제가 무얼 할 수 있다고 저를 이토록 위협하십니까. 저는 다만 동오를 살리는 말을 하러 왔을 뿐입니다."

손권은 마속의 대담함에 허를 찔린 듯했다. 사신에게 이런 대우라니, 자신답지 않은 언행에 민망해진 손권은 한층 누그러진 말투로 물었다.

"우리 동오를 어떻게 살린단 말이오?"

"동오가 위와 손잡는다면, 촉이 위태로워지겠지요. 하지만 그 다음 차례는 바로 동오일 것입니다. 동오와 촉, 그리고 위는 저 바깥에 서 있는 솥의 세 발과도 같지요. 다리 하나가 사라지면 솥이 어떻게 되겠습니까? 무너지고 말 겁니다. 지금 가장 강성한 나라는 위입니다. 이럴 때일수록 촉과 동오는 힘을 합쳐야지요. 두 나라는 두 다리와 같으니, 보폭을 같이해서 걷지 않으면 어찌 앞으로 나아갈 수 있겠습니까."

손권이 다른 말 없이 가만히 고민을 하자, 마속이 외쳤다.

"만일 제 말이 틀리고, 다만 대왕을 현혹하는 거라 생각하신다면, 그런 오명을 쓰느니 지금 솥 안으로 들어가겠습니다."

말을 끝마친 마속은 펄펄 끓는 솥을 향해 성큼성큼 걸어가기 시작했다. 손권이 급히 말렸다.

"멈추시오! 선생의 말이 맞다는 것을 진작부터 알고 있었소."

걸음을 멈춘 마속은 손권의 눈을 똑바로 바라보며 물었다.

"정말이십니까? 만약 결심이 굳지 않으셔서 나중에 동맹을 깨실 거라면 지금 저를 죽이시는 것이 낫습니다."

손권이 웃음을 터트리며 말했다.

"정말 촉에는 인재들이 많소. 아주 못 당해내겠구려! 의심하지 마시오, 내 마음은 정해졌소."

결국 촉은 동오와 화합했고 오로대군 중 마지막 한 갈래였던 동오는 출정하지 않았습니다. 이렇게 다섯 군대가 모두 막히자 속전속결로 촉을 공격할 셈이었던 사마의로서는 당황하지 않을 수 없었겠죠?

"역시 공명은 쉽지 않은 상대다. 까딱 잘못하면 하릴없이 당하겠어."

사마의는 내공 쌓기에 돌입했습니다. 제갈공명 역시 군사를 양성하고 군량미를 확보하는 등 내실을 다지는데 힘을 쏟았답니다.

출사표, 북벌의 시작

위가 오로대군을 일으킨 이후 3년은 그렇게 각자의 영토 안에서 지냈습니다. 그 사이 제갈공명은 익주 남쪽으로 가서 아직 완전히 복속되지 않았던 민족들을 항복시키기도 했죠. 그런데 어느 날 제갈공명은 정탐꾼의 소식을 듣고 놀라서, 얼굴이 하얗게 질려 버리고 맙니다. 사마의가 결국 병권을 잡게 됐다는 소식을 들었기 때문이죠. 이게 어찌 된 사연일까요?

위나라의 조비가 황제에 등극하고 7년째에 눈을 감고 말았다. 그 뒤를 이어 스무 살을 갓 넘긴 아들 조예가 황제 자리에 올랐다. 조비는 사마의를 좋아했음에도 불구하고, 아버지 조조가 생전에 했던 말 때문에 사마의에게 병권만은 주지 않았었다. 그런데 조조에게 직접 경고를 받지 않은 조예가 황제에 오르자, 사마의는 때는 이때다 싶었다.

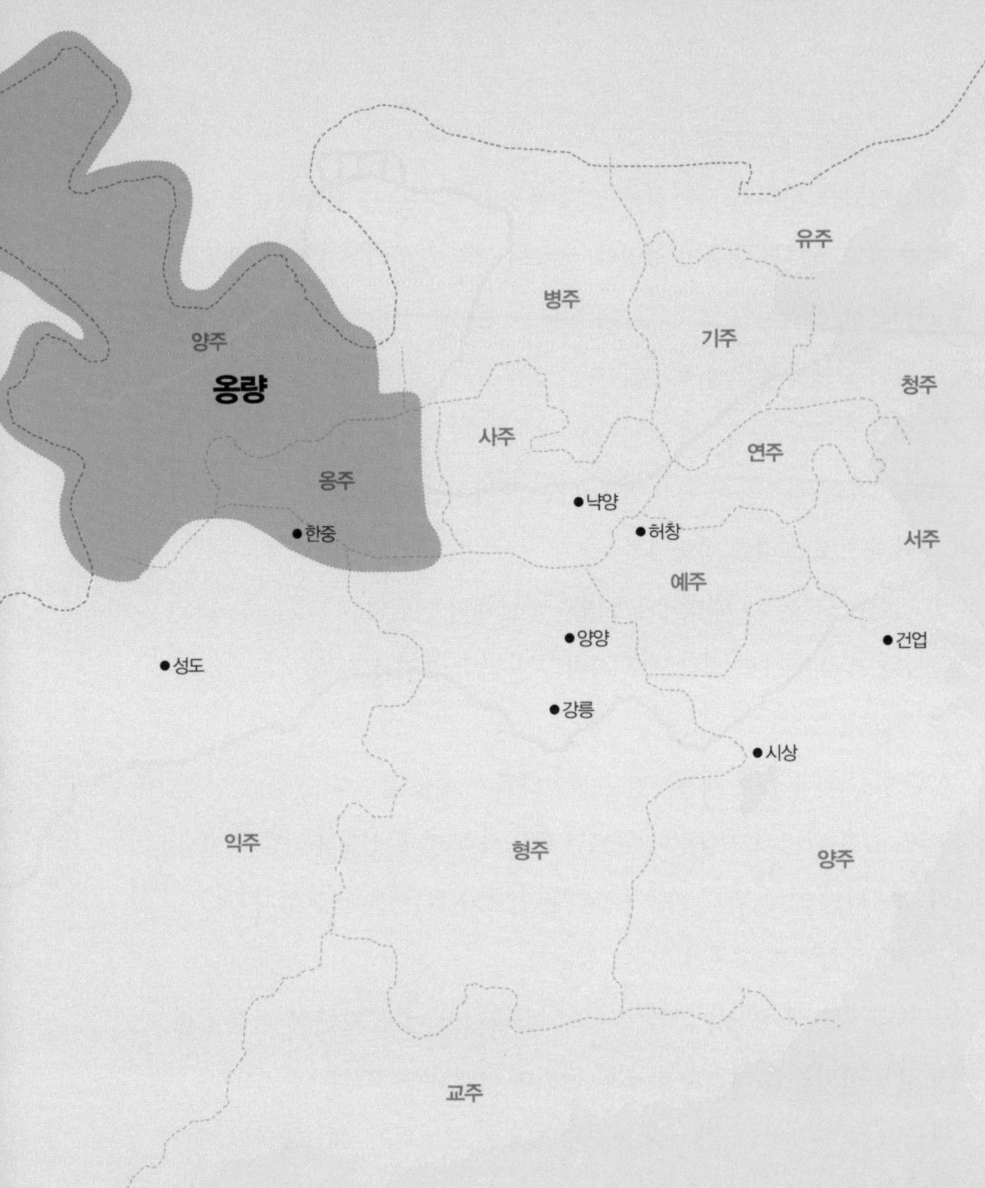

"폐하, 현재 옹량 지방은 촉나라와 접해 있어 잘 지켜야 하는 곳임에도 불구하고 방비가 제대로 이루어지지 않고 있습니다. 폐하께서 신에게 군사를 내어 주신다면, 신이 그곳에 가서 위나라의 경계를 굳건히 방비하고자 합니다."

아직 어렸을 뿐더러 사마의를 그저 유능한 책사로만 생각하고 있었던 조예가 이를 마다할 이유가 없었다. 옹주와 서량을 뜻하는 옹량 지방은 변방 지역으로 생각되어 그곳으로 발령나길 원하는 신하도 없었기에, 사마의의 말은 조예에게 더욱 달가웠다.

"그렇게 하도록 하게. 2만 군사를 주겠네."

조예의 윤허에 조용히 절을 하고 나온 사마의는 궁궐을 나오자마자 펄쩍 뛰며 속으로 소리를 질렀다.

'드디어! 드디어 나 사마의에게 병권의 날개가 달렸다!'

혹여나 조예가 다시 생각할까, 사마의는 곧장 채비를 하여 서둘러 옹량으로 떠났다.

한편 이 소식을 들은 제갈공명은 신속하게 마속을 불렀다.

"이리 같은 사마의가 옹량에 왔으니 반드시 우리에게 해를 입힐 것이다. 그가 정비되기 전에 우리가 먼저 군사를 일으켜 치는 편이 낫겠다."

그러자 마속이 깊이 생각하더니 말했다.

"부족하지만 제 생각을 말씀드려도 되겠습니까? 촉군의 손에 피를 묻히지 않고도 사마의를 해치울 수 있는 방법이 생각났습니다."

싸우지 않고 이기는 것, 가장 고수의 방법이 아니던가. 제갈공명이 반가워하며 무엇이냐 묻자 마속이 말을 이었다.

"사마의가 지금 높은 벼슬에 있긴 하지만, 조조와 조비는 그를 내심 견제해 오지 않았습니까? 조예의 두려움을 건드리시는 것이 어떻겠습니까?"

제갈공명은 마속의 말을 듣고 얼굴이 환해졌다. 그리고는 문밖의 시중을 불러 말했다.

“지금 당장 먹과 종이를 가져와라.”

제갈공명은 방문을 하나 써 밀정의 손에 쥐어 줬어요. 밀정은 며칠을 쉼 없이 달려가 조예의 궁 앞에 그 글을 붙이고는 조용히 사라졌죠. 아침에 그 방문을 본 위나라의 대신들은 벌집을 쑤신 듯이 난리가 났는데, 대체 제갈공명은 무슨 글을 쓴 걸까요?

“폐하! 역적 사마의를 당장 처형하시옵소서!”

방을 읽는 조예의 손이 바들바들 떨렸다.

‘옹량에서 군을 통솔하는 사마의가 천하에 말한다. 태조 무황제(조조)께서는 원래 조비를 황제에 앉히고 싶어 하지 않으셨다. 하물며 조비의 아들 조예는 덕이 한없이 모자람에도 불구하고 황제의 자리에 앉아 있으니, 태조께서 기함하실 일이다. 나는 천하의 뜻에 따라 군사를 일으켜 만백성에게 모든 덕을 비추려한다. 뜻있는 자들은 함께 일어나 새 황제의 뜻을 따르도록 하라!’

조예는 젊은 피가 거꾸로 솟는 배신감을 느꼈다. 변방을 지키라고 내어준 군사 2만으로 반란을 일으킨 것이 아닌가.

“내 당장 사마의 이놈을 죽이겠다! 감히 짐을 욕할 뿐 아니라, 아버지를 능멸하다니!”

그때, 사마의와 함께 선황제 조비를 모시던 신하가 앞으로 나와 엎드리며 읍소했다.

"폐하, 진정하시옵소서. 문황제(조비)께서는 사마의를 지극히 아끼시지 않으셨습니까? 진위 여부를 확인해 보신 후에 죽여도 늦지 않습니다."

하지만 조예는 아무래도 마음이 가라앉지 않았다.

"그렇다면 내가 직접 가서 확인해야겠소."

조예는 다음날 10만 대군을 끌고 사마의가 주둔하는 서량으로 출발했다. 하지만 이 헛소문에 대해 알 리 없는 사마의는 황제가 온다는 소식만 듣고 직접 훈련한 병사들을 자랑할 생각으로 무장한 군사 수만 명과 함께 황제의 부대를 마중하러 나갔다. 군사들을 훈련시키는 자신의 출중한 능력을 보여 주고 싶었던 것이다.

"폐하, 사마의가 군사를 이끌고 이리로 오고 있습니다."

정찰병의 말을 듣고 조예는 화들짝 놀랄 수밖에. 반란을 꾀했다는 사람이 군사를 이끌고 오는 것은 정면 대결이라고밖에 생각이 안 되었다. 결국 의심이 확신이 되었다.

'신하들이 전해 줬던 할아버지의 생각이 맞았구나. 사마의는 모반의 뜻을 품은 것이 분명하다.'

한편 사마의는 황제가 직접 자신의 군사를 보러 행차한다는 사실에 즐거워하고 있었다. 그런데 황제보다 앞장서 달려오던 장수가 냅다 소리를 지르는 것이 아닌가.

"어찌하여 그대는 선황제께서 내린 유언을 어기고 감히 반란을 계획하는가!"

반란이라니? 영리한 사마의는 지금의 상황을 되짚어 보았다. 지금 자신이 군사를 이끌고 온 것이 어떤 뜻으로 보였을지 짐작이 간 사마의는 온몸이 빳빳이 굳었다. 조금이라도 잘못한다면 바로 목이 달아날 상황이었다. 찰나의 순간, 머릿속으로 수많은 생각을 한 사마의는 누구의 계책으로 이렇게 된 것인지 짐작이 갔다. 떨리는 목소리로 사마의가 말했다.

"장군, 오해입니다. 반역은 꿈에도 생각해 본 적이 없습니다! 이는 촉의 간사한 공명이 이간질을 한 것이 틀림없습니다. 자, 보십시오."

그러더니 사마의는 칼을 떨어뜨리고, 명을 내려 뒤따르던 군사도 모두 무기를 내리게 했다. 그것으로는 부족했는지, 사마의는 말에서 내려 갑옷과 함께 겉옷마저 다 벗어던지고 속옷 차림으로 걸어서 장수 앞으로 갔다.

"제가 직접 천자를 뵙고 설명하도록 기회를 주십시오, 장군!"

황제가 보낸 장수는 사마의가 발가벗은 채 진심으로 읍소하는 모습을 보이자, 그래도 직접 해명은 하게 해주어야 할 것 같았다. 사마의를 포박하고, 삼엄하게 지키며 조예 앞으로 데리고 갔다.

"폐하!"

사마의는 조예를 보자마자 땅에 엎어져 울기 시작했다.

"폐하, 이 충신의 마음을 그렇게도 몰라주십니까! 저는 다만 폐하의 안위만을 생각할 뿐입니다. 이것은 다 촉의 더러운 계략입니다. 제가 촉을 다 깨뜨리고 폐하께 통째로 바쳐 제 충심을 증명해 보이겠습니다!"

만약 정말 반역할 마음이 있었다면 끝까지 군사를 이끌고 왔을 터였다. 그런데 군사를 물리고 혼자 들어와 울고 있는 사마의를 보자 조예는 마음이 움직였다. 그렇지만 아직도 미심쩍은 건 어쩔 수 없었다.

"고향으로 돌아가 조용히 사시오."

"폐, 폐하!"

사마의가 간절히 불러 보았지만, 조예가 고개를 돌리며 말했다.

"죽이지 않은 것이 내가 베풀 수 있는 최대의 은혜요. 돌아가시오."

이렇게 사마의는 고향인 남양군으로 유배되었답니다. 어렵게 손에 쥔 병권을 다시 빼긴 거지요. 마속과 제갈공명의 계책이 딱 들어맞았네요. 이 소식을 들은 제갈공명은 회심의 미소를 짓습니다. 사마의가 없어졌으니, 이제야말로 유비의 오랜 숙원이었던 위나라 정벌을 할 때가 됐다고 생각했죠. 그러나 제갈공명 같은 사람은 전쟁을 일으켜도 그냥 일으키진 않네요. 이 전쟁의 명분, 자신이 싸워야 하는 이유, 자신이 자리를 비운 동안의 조언 등을 장문의 글로 써서 유선에게 바치니, 이게 바로 출사표(出師表)입니다. 흔히 어떤 경쟁이나 시합, 선거 등에 용감히 나가겠다는 의사를 밝힐 때 '출사표를 던지다.'란 말을 쓰지요. 그런데 그 출사표의 유래가 제갈공명이 북벌을 나서기 전에 황제에게 써 바친 글이었답니다. 절절한 명문장으로 유명하지요. 이를 읽고 울지 않는 자는 충신이 아니라는 말이 대대로 중국에 전해졌을 정도랍니다.

"선제께서 붕어하신 후 익주는 어려워졌습니다. 그럼에도 불구하고 아직 많은 문무신료들이 선제 때부터 받아온 은혜를 갚기 위해 최선을 다해 섬기고 있으니, 부디 폐하께서는 항상 귀를 열어 현명한 이들의 소리를 들으십시오. 충성되고 지혜로운 자들을 항상 가까이 하신다면 무너지지 않을 것이니, 이에 실패한 후한에 대해 얘기할 때마다 선제께서는 슬퍼하셨었습니다. 선제께서는 신이 허름한 집에서 머물 때 몸소 스스로를 낮춰 삼고초려하시며 제게 손을 내밀어 주셨습니다. 그 높은 은덕에 힘입어 스물 한 해 동안 맡겨주신 소임을 다하기 위해 동분서주하고 있습니다. 그러나 불행히도 한나라 부흥의 대업을 다 이루기 전에 선제께서 돌아가시고, 끝까지 신을 믿어 남은 일을 맡기시니 그 유지를 성취하기 전에는 신은 한시도 맘 편히 쉴 수가 없습니다. 그러니 이제 북으로 나아가려 합니다. 신의 마지막 힘을 다해 역적의 무리를 토벌하고 한나라 황실의 수도를 수복하여 폐하께 바치는 날, 그날에서야 신은 비로소 선제의 은덕을 갚고, 폐하께 충성했다 할 수 있을 것입니다. 폐하께서는 제게 북벌을 허락해 주시고, 만일 이뤄내지 못한다면 문책해 주십시오. 신이 받은 은혜 헤아릴 수 없습니다. 이제 마지막 목표를 달성코자, 떠나기 전 이렇게 눈물로 표문을 올리니 신의 말이 부족하더라도 부디 받아 주시옵소서."

제갈공명이 황제 앞에서 무릎을 꿇고 출사표를 읽으니, 둘러 서 있는 사람들 중 눈물을 흘리지 않는 자가 없었다. 마음이 약한 유선은 제갈공명과 병사들의 안위가 걱정되었다. 또 전쟁으로 인해 백성들의 삶이 곤궁해질까 두렵기도 했다. 그가 조심스럽게 입을 열었다.

"상부, 아버지께서 돌아가시고 한시도 쉬지 않고 촉의 정사를 돌보아 주셨습니다. 이제 익주의 남쪽도 정벌하여 평안한 찰나에 다시 위를 치려하시니……, 선부른 판단이 아닐까 걱정이 됩니다. 위에서 우리를 공격할 기미가 없는데 굳이 우리가 먼저 공격해야 할 이유가……, 그냥 촉을 지키며 살면 삼국이 편안하지 않을까……. 짐은 그렇게 생각합니다만."

그러자 제갈공명이 단호히 간언했다.

"선제께서는 늘 무릎 꿇고 사느니 서서 죽겠다고 말씀하셨지요. 서천은 험준하여 당장은 안전하겠지만, 언젠가는 결국 침공을 받게 될 것입니다. 남쪽이 안정되고, 위나라도 안일한 이때가 아니면 중원을 탈환할 기회가 없을 겁니다. 신은 선제의 뜻을 이루기 전에는 잠을 이룰 수 없으니, 부디 명을 내려 주십시오."

황제 유선도 더는 할 말이 없었다. 결국 유선의 명으로 제갈공명이 30만 군사를 이끌고 첫 번째 출정을 하게 되었다.

인사 실패, 공명의 실수

제갈공명은 유선의 허락을 받자마자 빠르게 출정 준비를 했다. 각 군사를 이끌 장군을 임명하고, 촉 땅을 지킬 자와 군량미를 담당할 장수도 모두 정했다. 그렇게 만반의 준비를 하고 위를 향해 나아가니, 227년이었다. 그런데 이제 막 출발을 하려는데 갑자기 고함 소리가 들려왔다.

"늘 선봉 자리에서 목숨을 아끼지 않고 싸운 접니다. 왜 저를 중용하지 않으십니까?"

제갈공명이 돌아보니, 다름 아닌 조자룡이었다. 어느덧 노장이 된 조자룡이었지만, 그 목소리의 강성함과 빛나는 눈빛에는 변함이 없었다. 제갈공명은 조자룡이라는 걸 알자마자 말에서 내려 눈높이를 맞추며 말했다.

"자룡 장군, 이제는 너무 연로하십니다. 제가 남쪽을 정벌하는 동안 마초 장군도 그렇게 병으로 허무하게 가고, 이제 오호장군 중 장군 한 분만 남지 않았습니까? 장군마저 해를 입으신다면 촉은 어떻게 되겠습니까? 저는 장군만은 절대 잃을 수 없습니다."

제갈공명은 애절한 눈빛으로 조자룡을 바라보았다. 조자룡은 신중히 말을 고르는 듯, 천천히 말했다.

"승상 말씀대로 저 혼자 남았습니다. 그래서 매일 생각합니다. 제가 더 목숨을 아끼지 않고, 더 용맹하게 싸웠더라면……. 관우, 장비, 마초, 황충 장군 그리고 유비 선제께서도 이렇게 일찍이 명을 달리하지 않지 않았을까 하며 자책과 후회를 지난 시간 수없이 해왔습니다. 이제 승상이 유비 선제의 뜻을 이어받아 북벌을 하러 출정하시는데 제가 만약 함께하지 않으면 그 뒤에 찾아올 그 후회와 자책을 어찌 감당할 수 있겠습니까, 승상. 다른 데 말고 선봉 자리를 주십시오. 그러다 죽게 된다고 한들, 그건 저에게 오로지 영광일 것입니다."

여기까지 말한 조자룡은 갑자기 무릎을 꿇고 앉아 머리를 바닥에 대며 말했다.

"승상이 허락하지 않으시면 여기서 머리를 찧고 선제의 길을 따르겠습니다."

조자룡이 충심 어린 고백을 하자, 제갈공명의 마음이 아려왔어요. 실은 조자룡의 목숨을 아끼는 마음도 있었지만, 조자룡의 출정을 막은 데에는 다른 이유도 있었거든요. 조자룡마저 잃게 되면 혼자 남아 의지할 데 없이 외롭게 될 것에 대한 두려움이었습니다. 하지만 조자룡의 충심을 고려하지 못한 이기적인 생각이었다는 사실을 인정할 수밖에 없었습니다. 제갈공명은 조자룡을 일으켜 세우며 말했어요.

"가십시다, 장군. 가서, 선제와 먼저 간 이들이 꿈꾸던 한나라를 완성하십시다."

이렇게 말하는 제갈공명의 눈에서는 하염없이 눈물이 흐르고 있었습니다.

명불허전의 조자룡은 연전연승을 거두었다. 상황에 맞는 제갈공명의 진두지휘와 완벽한 합을 이루어 한중에서 기산까지 막힘없이 점령한 것이다. 장판파에서 아두를 안고 혼자 군사들을 뚫던 기세가 아직도 창창히 살아 있는 조자룡 앞에, 위나라 장수들은 목숨을 잃거나 도망했다. 또한 옹주의 성을 지키던 장수들은 제갈공명의 심리전에 말려들어 결국 성을 지키지 못했다. 이렇게 촉군이 거침없이 진군을 하니, 천하가 진동할 만큼의 위세였다. 위수까지 힘을 뻗쳤을 때는 위나라의 황제 조예가 두려움에 벌벌 떨게 되었다. 가장 신뢰하는 장수들을 내보냈는데 그들이 추풍낙엽처

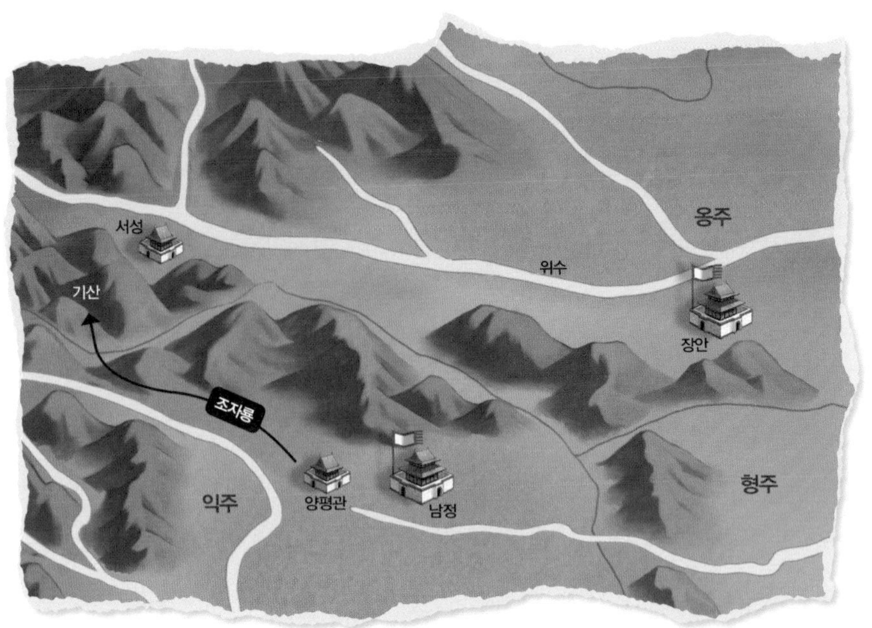

럼 쓰러지고 있으니, 촉군이 자신이 머무르는 낙양까지 쳐들어오는 건 시간문제 아니겠는가. 이때, 한 책사가 간언했다.

"폐하, 전쟁은 힘으로만 하는 것이 아닙니다. 지략과 지모로 적군을 몰아붙일 수 있어야 합니다. 옛 병법서에도 적을 알고 나를 알아야 백 번 싸워도 위태롭지 않다고 했으니 소인의 생각으로는 제갈공명을 상대할 자는 단 한 명이라고 생각합니다."

조예가 비장하게 물었다.

"그게 누구인가?"

책사가 대답했다.

"사마의입니다."

조예는 예상했다는 듯 깊게 숨을 들이 쉬었다. 조예는 지금 지푸라기라도 잡고 싶은 심정이었다. 자신이 벌하여 내친 신하였지만, 사마의의 능력은 조예도 선대로부터 익히 들어 잘 알고 있었다. 게다가 사실 시간이 지날수록 사마의가 그때 반역을 한 것은 아니라는 생각이 들던 참이었다.

"당장 사마의를 장안으로 오라 하라. 나도 직접 군을 이끌고 출정할 것이다!"

제갈공명에 의해 벼슬을 잃었던 사마의가 아이러니하게 다시 제갈공명 덕분에 복직이 되었네요. 황제의 명을 받은 사마의는 올 것이 왔다는 듯 태연하게 장안으로 갔습니다.

그가 장안에 도착하자마자 15만 대군을 이끌고 출전한 곳은 가정이라는 지역이었습니다. 제갈공명이 식량을 보급 받는 데에 아주 핵심적인 지역이었죠. 전쟁을 할 때 군량미가 중요하다는 얘기는 여러 번 했었죠? 가정이 막히면 제갈공명이 후퇴하거나 굶어 죽을 수밖에 없으니, 말하자면 제갈공명의 급소였습니다. 과연 사마의는 제갈공명의 천적이 맞네요. 제갈공명은 어떻게 대처할까요?

사마의가 돌아왔다는 소식을 듣자마자 제갈공명은 가정이 위험에 빠질 거라는 생각이 들었다. 당황하여 식은땀이 날 정도였다. 제갈공명의 영채에서는 긴급회의가 열렸다.

"사마의의 대군을 맞서 싸울 장수가 누구였으면 좋겠소?"

상대는 사마의였다. 연전연승하던 제갈공명 진영에 위기가 찾아온 것이다. 혹시나 첫 패배의 주인공이 자기가 될까봐 여러 장수들은 침묵을 이어갔다. 제갈공명은 속이 타는 듯했다. 서둘러 사람을 보내 가정을 지켜야만 했다.

바로 그때.

"승상, 저를 보내 주십시오."

이렇게 자진하여 나선 사람은 마속이었다. 마속은 젊은데다 병법에도 능하고, 협상의 달인이기에 제갈공명은 그를 좋아하고 여러 중요한 일을 함께 논의했었다. 그러나 그는 실전 경험이 부족했고, 결정적으로 남의 말을 잘 안 듣는 독불장군 성향이 있었다. 이를 잘 아는 제갈공명이 걱정스레 물었다.

"가정은 작지만 요새라 그곳을 잃는다면 우리 촉군은 모두 끝이다. 네가 맡을 수 있겠느냐?"

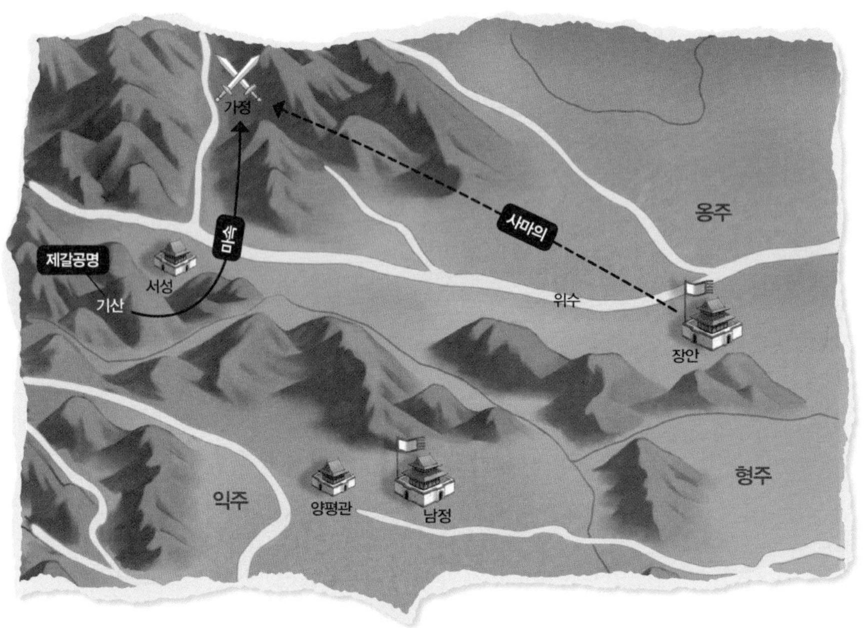

"승상, 저는 어려서부터 병법을 익혔고, 늘 승상 옆에서 배우며 실전 감각을 키우지 않았습니까. 제게도 공을 세울 기회를 주십시오."

마속의 마음은 알겠지만, 그가 실수하면 모든 게 수포로 돌아갈지도 몰랐다. 제갈공명이 선뜻 명을 내리지 못하자, 마속이 비장하게 말했다.

"만일 제가 가정을 지키지 못한다면 군법에 따라 처리해 주십시오. 즉시 군령장을 쓰겠습니다."

모두가 주저하는 중에 용기 있게 출정하겠다고 나서는 마속을 차마 물릴 수 없었던 공명은 걱정 가득한 어조로 마속에게 말했다.

"알겠다. 다만 꼭 명심해라. 반드시 길목에 영채를 세워 한 달 동안 그곳을 지켜야 한다. 가정은 길이 좁지. 병법에 이르길, 좁은 길은 한 사람이 제대로만 지키면 1,000명의 사람을 거뜬히 막아낼 수 있다고 했어. 위군이 몇 만이 올지 모르나, 길목만 잘 지키면 문제없을 거다. 5만의 최정예 군사를 주겠다."

"명을 받들겠습니다."

마속이 여유 있는 웃음을 지으며 출정 준비를 했다. 정예병과 함께 호기롭게 떠나는 마속의 뒷모습을 제갈공명은 하염없이 바라보며 혼자 중얼거렸다.

"왠지 불안한 맘이 가시질 않는구나."

항상 평정심을 잃지 않고, 웬만하면 감정을 드러내지도 않는 제갈공명이 불안해하다니. 정말 안 좋은 일이 벌어지려는 걸까요?

며칠에 걸려 가정에 도착한 마속이 주위를 둘러보더니 껄껄 웃으며 말했다.

"승상께서 지나친 걱정을 하셨군. 그냥 구석진 곳의 산일 뿐인데, 한 달씩이나 지킬 이유가 무엇이야. 사방이 막혀 있고, 나무가 울창하니 이곳이 바로 천하의 요새네. 산꼭대기에 영채를 지으면 위군 따위 금방 격파할 수 있겠어."

이에 장수들이 우려스러운 목소리로 말했다.

"장군, 승상께서 반드시 길목에 영채를 지으라고 하지 않으셨습니까?

"어허, 병법 한 줄이나 읽어 보고 그런 말을 하는 것이냐? 고지를 차지하는 자가 승리하는 법이다. 매복하고 있다, 적군이 위로 올라올 때, 화살로 공격하면 완승이지."

"고립된 산입니다. 위군이 공격하지 않고 포위만 하면 꼼짝없이 갇히는 형국 아닙니까? 금세 군량도 떨어질 겁니다. 게다가 산에서 강도 멉니다. 분명 위군이 수로를 막을 텐데, 버틸 재간이 없을 겁니다."

장수들의 거듭된 만류에 마속이 소리를 높였다.

"누가 계속 군사들의 사기를 꺾는 소리를 하는 것이냐! '죽을 곳에 이른 후에야 살아날 수 있다.'는 손자병법 손무자의 말도 모르느냐? 모든 책임은 지금부터 내가 질 것이다. 그러니 나를 믿고 내 명을 받들어라."

"명, 명을 받들겠습니다."

장수들은 어쩔 수 없이 찜찜한 목소리로 대답했다. 결국 마속의 명령대로 그들은 고지까지 올라가 땅을 파고 영채를 세웠다.

마속이 영채를 세운지 얼마 되지 않아 사마의의 군이 가정에 이르렀다.

사마의는 도착하자마자 정석대로 주변 지역 정찰부터 했다. 그리고 그 과정에서 산 정상에 마속의 영채가 있다는 것을 알게 되었다.

사마의가 아들이자 장군인 사마소에게 물었다.

"정말 산 위에 영채를 세웠다고?"

"네, 길에는 없고 정상에만 있습니다."

사마의의 눈이 동그래졌다.

"제갈공명 그놈이 보낸 자라면 그럴 리가……. 통솔자가 누구더냐?"

"마속이란 자로, 제갈공명이 특별히 아끼는 책사라고 합니다."

"허허, 저런 자를 아낀다고? 공명이 사람 보는 눈이 저리 없어서야. 하늘이 나서서 촉군이 무너지기를 돕고 있구나! 애써 공격할 필요도 없겠다. 그냥 포위만 하라."

위군은 사마의의 명에 따라 산을 포위하고 수로를 모두 끊었다. 그렇게 열흘이 지나고 마속의 군대는 기갈로 입술이 바짝 말라갔다. 물 한 모금 못 마신 군사들은 모두 기진맥진해 파리 한 마리 쫓을 힘도 없어 보였다.

"이놈들아 일어나라! 죽기 살기로 싸운다면 못 이길 것도 없다!"

마속이 군영을 돌면서 소리쳤지만, 병사들의 반응은 냉랭하기 그지없었다.

"장군, 다리를 움직일 힘도 없습니다. 밥은 그렇다 쳐도, 물은 줘야 싸우지 않겠습니까? 물 좀 주십시오!"

마속도 더는 할 말이 없었다. 짓쳐 내려가려고 해도, 이미 비실비실해진 촉군은 사마의 군의 바위 같은 굳건함이 두려워 제대로 싸우지도 못했다. 시간이 더 지나자 밤중에 몰래 달아나 항복하는 이들까지 생겼다. 마속은 화도 내보고, 심지어 장수들을 참수까지 해 보았지만, 탈영하는 병사들을 막을 수가 없었다. 이때였다.

"장군, 불입니다! 산 중턱부터 불길이 번져 올라오고 있습니다!"

그랬다. 더 기다릴 것 없다고 판단한 사마의는 마속의 영채가 있는 산 정상을 향해 불을 놓은 것이다. 사방으로 타오르기 시작한 불길에 정신을 잃은 마속과 그의 부하들은 불길을 피하고 사마의의 군사와 싸워가며 산 아래로 미친 듯이 뛰어 내려갔다.

사실 사마의는 마속이 도망칠 길을 일부러 열어줬답니다. 살 수 있는 희망이 다 차단되고 나면, 정말 죽기 살기로 싸우게 되니까요. 하지만 살짝 틈을 주고, 도망치는 이들의 뒤를 치면 아군의 피해를 훨씬 줄일 수 있죠. 유비나 제갈공명도 자주 썼던 방법이잖아요. 이렇게 길을 열어 주고 뒤를 쫓았는데, 계속 전전긍긍 불안해하던 제갈공명이 혹시 몰라 보내 놓았던 지원병들이 와서 마속은 목숨은 건질 수 있었습니다. 제갈공명의 말도 안 듣고 자신만만하던 마속 때문에 결국 촉은 결정적인 한 방을 맞고 말았네요.

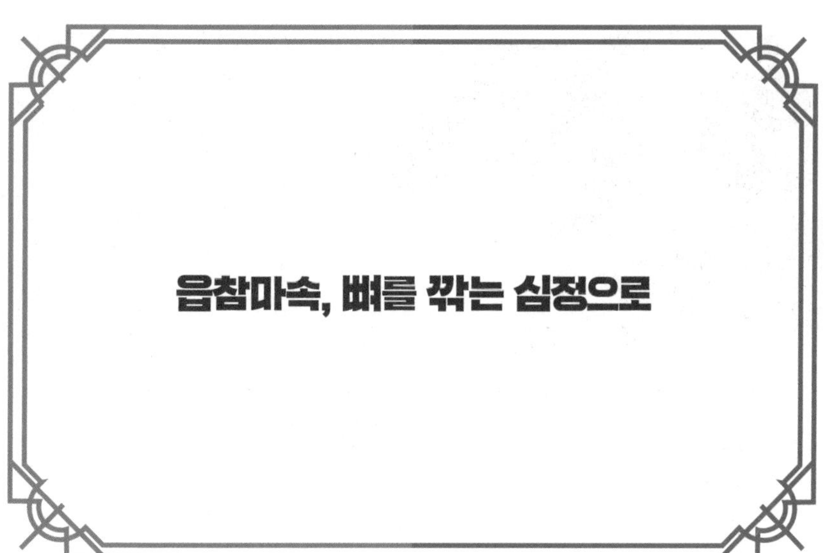

읍참마속, 뼈를 깎는 심정으로

제갈공명은 가정을 잃었다는 소식을 듣고 한숨을 딱 한 번 쉬고는 바로 장수들을 불러 퇴각 명령을 내렸다. 먼저 나아갈 장수들, 백성들을 챙길 장수들, 뒤를 지킬 장수들을 속사포처럼 빠르게 배치했다. 그리고 스스로는 5,000명의 군사들을 이끌고 서성으로 향했다. 가정이 군량미의 핵심 통로였다면, 서성은 핵심적인 군량미 저장소였기 때문이다. 급히 서성에 당도한 제갈공명은 장수들에게 명령했다.

"마속의 군대가 당했다. 보급로인 가정을 차지한 사마의는 우리의 보급 창고인 이곳 서성을 치러 올 것이다. 모든 장수와 군사들은 이곳에 있는 군량을 가지고 양평관으로 후퇴해라!"

제갈공명의 장수들과 절반의 군사가 군량미를 가지고 떠났을 때, 정찰을 하는 척후병이 헐레벌떡 달려와 말했다.

"승상, 사마의의 15만 대군이 5리 밖에 당도했다고 합니다!"

제갈공명이 숨을 고르며 잠시 침묵했다. 군대를 통솔할 장수는 한 명도 없었다. 더군다나 함께 서성에 온 군사 5,000명의 절반은 이미 군량을 지고 떠난 후가 아닌가. 성루에 올라 바라보니, 사마의가 이끄는 대군의 발걸음이 일으키는 먼지바람이 성을 뒤덮을 듯 날아오고 있었다. 마른 입술을 한 번 혀로 핥더니 제갈공명이 두 눈을 번뜩이며 명했다.

"성문을 활짝 열어라. 성문 앞에서 병사 20명만 백성 옷을 입고 비질을 하도록 시켜라. 남은 군사들은 절대 떠들거나 큰 소리를 내지 말고 각자 자리를 지키고 서 있어라. 그리고 내 거문고를 가져와라."

주변의 책사들이 답답하다는 듯 목소리를 높였다.

"승상, 지금 이 시점에 거문고를 뜯으시겠다고요?"

“어서 가져오질 않고 뭐하는가?”

제갈공명이 이렇게 뜬금없이 거문고를 찾는 동안, 사마의는 득의양양하게 서성을 향해 바짝 진격했다. 그런데 뭔가 느낌이 섬뜩했다. 성 앞의 길이란 게 응당 나뭇잎도 군데군데 쌓여 있고, 찢겨진 깃발이나 전포도 보여야 하거늘, 깨끗해도 너무 깨끗한 게 아닌가. 마치 어서 오라는 듯 꽃길처럼 잘 단장되어 있었다. 사마의는 어딘가 소름 돋는 이 풍경에 자신도 모르게 서서히 속도를 줄였다. 그러다 마침내는 병사들을 향해 팔을 들어 주먹을 꽉 쥐어 보였다. 멈추라는 의미였다. 누구 하나 꿈쩍하지 않는 적막 가운데 사마의가 사방을 살펴보는데, 바닥의 비질 흔적이 아직 살아 있는 것을 발견했다.

‘하루만 지나도 바람에 쓸려 없어질 자국인데, 아직까지? 그렇다면 오늘 쓸었다는 뜻인데?’

그가 다시 주먹을 폈다. 천천히, 아주 천천히 진군을 시작했다. 성문 가까이, 가까이 다가갔는데 웬걸, 더 오싹한 기분이 들었다. 성문이 활짝 열려 있었던 것이다. 그런데 위쪽에서 난데없이 음악 소리가 들려왔다. 침묵 중에 들려온 소리였기에 모두 본능적으로 고개를 들어 소리가 나는 쪽을 올려다보았다. 순간 사마의와 군사들은 경악하고 말았다. 제갈공명이 성 위의 누각 한가운데 앉아 태연한 미소로 거문고를 뜯고 있는 게 아닌가.

‘공명 저놈이 드디어 미친 것인가…….’

15만 대군 앞에서 거문고라니. 어이가 없었지만, 웬일인지 어느새 두 눈이 절로 감기고 있었다. 사마의도 거문고 연주에 능한 자였다. 그가 그 가락을 감상하는데, 음 하나하나가 정확해 더없이 완벽한 연주였다. 눈물 한

蜀
西城
蜀

방울이 또르르 떨어질 것만 같은 애상곡이었다. 참을 수 없이 구슬픈 감정이 올라왔다. 한동안 음악에 귀기울이던 사마의가 나직이 명령했다.

"매복이다. 군사를 돌려라."

역시나 연주에 빠져들고 있던 한 장수가 문득 정신을 차리며 말했다.

"대도독, 있어 봤자 뭐 대단한 군사겠습니까? 그냥 진격하는 것이……."

"아니다. 공명은 어릴 때부터 봐와서 내가 잘 안다. 매사에 신중하여 위험을 감수하는 모험 따윈 안 한다. 저 거문고 연주를 들어봐라. 음정, 박자 하나 틀리지 않고 있다. 경직된 상태에서는 저렇게 완벽한 연주가 불가능하지. 여유가 있으니 연주에 빠져드는 것이다. 성안으로 진군한다는 건 그물 속으로 제 발로 걸어 들어가는 물고기와 다를 것이 없다. 속히 퇴각하라."

사마의 부대가 조용히 사라질 때까지 제갈공명은 연주를 멈추지 않았다. 그들의 모습이 다 사라지고 나서야 비로소 음악이 그쳤다.

"휴우."

제갈공명이 안도의 한숨을 푹 내쉬자, 뒤에 있던 여러 관원들이 모두 놀라움에 입을 다물지 못하고 물었다.

"아니 15만 대군이 승상의 거문고 연주만 감상하다 돌아가다니 무슨 도술을 부리신 겁니까? 이것이야말로 듣도 보도 못한 음공이 아닌지요."

제갈공명이 관심 없다는 듯 기진맥진한 목소리로 물었다.

"군량은 속히 나르고 있는가?"

"여부가 있겠습니까? 그런데 승상, 수십 만 적군을 앞에 둔 채, 그리 태연히 연주를 하시다니 그 담대함은 어디서 나오는지요?"

감동받은 책사가 기쁜 마음에 제갈공명의 어깨에 손을 올리는 순간, 깜짝 놀라고 말았다.

"승상! 도포가 흠뻑 젖으셨습니다."

제갈공명은 힘없이 미소를 지으며 말했다.

"떨려서 죽는 줄 알았네."

네, 사마의가 바로 알고 있었던 것처럼 제갈공명은 원래 철두철미한 스타일로, 모험 같은 건 하지 않는 사람이었어요. 하지만 급하니까 제갈공명도 어쩔 수 없이 이런 모험을 감행할 수밖에 없었던 것이죠. 생각이 많은 사마의가 자기의 성격을 알고 돌아가 주길 간절히 기도하며 혼신의 힘을 다해 거문고 한 줄 한 줄을 뜯었을 겁니다.

사마의는 훗날 이 모든 것이 계책임을 알고 탄식했습니다.

'정녕 공명은 난공불락이란 말인가.'

하지만 제갈공명의 지략과 담력에도 불구하고 결국 마속의 실수로 북방 정벌의 계획은 무산이 되고 말았습니다. 마속은 벌을 받게 되겠죠?

제갈공명의 명대로 각기 다르게 후퇴한 군사들은 한중의 양평관에 다시 집결하였다. 이곳으로 돌아온 마속과 군사들은 모두 절뚝거리거나 비실대는 모습이었다. 마속은 제갈공명을 볼 면목이 없었다. 그는 성으로 곧장 들어가지 않고, 병사들에게 나직이 명했다.

"나를 밧줄로 묶어라."

포박된 몸으로 마속이 제갈공명 앞에 무릎을 꿇었다.

"승상, 제가 승상의 말씀을 듣지 않고, 멋대로 행동한 결과 나라에 폐를 끼쳤습니다. 군법대로 저를 참수해 주십시오."

제갈공명에게 마속은 때론 제자처럼, 때론 남동생처럼, 때론 전우처럼 아끼고 의지하는 존재였다. 그런 그의 목을 어찌 벨 수 있을까. 하지만 전시 중에 감정에 휘둘리는 것은 독임을 제갈공명은 잘 알고 있었다. 그때 문무 대신들이 다 같이 들어와 간청했다.

"승상, 마속은 훌륭한 책사입니다. 전시 중에 인재를 버리시면 저희가 더 위태로워지지 않겠습니까? 곤장으로만 다스려 주십시오!"

그런데 이때 마속이 다시 한 번 의연히 말하는 게 아닌가.

"승상, 전시 중이니 군법의 위력을 보여 주시는 게 옳다고 생각합니다. 법을 바로 세우지 않으시면 어찌 역적을 토벌하겠습니까. 군법대로 처리해 주십시오."

제갈공명이 뜨거운 눈물을 흘리며 군령장을 집어던지며 말했다.

"가정은 우리에게 중요한 길목이니 반드시 지키라고 누차 이야기하지 않았더냐!"

그리고 한참 말을 잇지 못하던 제갈공명이 가라앉은 목소리로 말했다.

"너의 가솔들은 내 친자식처럼 거둘 것이니 걱정하지 말거라. 마속을 참수하라."

"승상, 저를 아들처럼 대해 주셨고, 늘 가르침을 주셨습니다. 그동안 진심으로 감사했습니다. 이 은혜는 저승에서도 잊지 않겠습니다!"

마속이 포박된 채로 땅에 머리를 찧으며 외쳤다. 그리고 그는 제갈공명의 가슴에 묻혔다.

읍참마속이라는 사자성어가 있습니다. 눈물을 머금고 마속의 목을 벤다는 뜻으로, 사랑하는 신하를 법대로 처단하여 질서를 바로잡음을 이르는 말이지요. 제갈공명이 얼마나 마음이 쓰리고 아팠을까요? 얼마나 마속이 아까웠을까요? 하지만 한 번의 북벌을 감행하기 위해 얼마나 많은 젊은이들의 땀과 눈물, 목숨을 바쳐야 합니까? 영 마뜩치 않아하는 황제에게 출사표를 바치고, 반대하는 신하들의 원성을 뒤로하고 어렵게 나선 길입니다. 그런데 군법을 어기고 마속을 살려 두면 군의 기강이 흐트러질 텐데, 그러면 누가 앞으로 제갈공명의 명령을 따르겠습니까. 그는 그야말로 창자가 끊어지는 아픔으로 결단을 내린 겁니다.

영웅본색, 마지막 출사표

촉의 빛나던 인물들이 모두 떠나고 혼자 남아서 유비의 유지를 받들려던 제갈공명. 그러나 그 시도는 부하 책사 마속의 한 순간의 실수로 수포로 돌아갔네요. 역적을 몰아내고 한나라를 재건하는 것, 이것만 아니었다면 제갈공명은 다시 와룡산으로 돌아가 안빈낙도하는 게 훨씬 좋았을 겁니다. 하지만 그는 삼국 통일을 위해 반드시 북벌을 감행해야 했습니다. 그것만이 유비에 대해 끝까지 충성하는 길이라고 생각했던 거죠. 그렇기에 제갈공명은 그 이후에도 여러 차례의 북벌을 시도하는데요. 원전에서 7년간 총 여섯 차례의 출정이 기록되어 있습니다. 앞의 다섯 번 출정은 이러저러한 이유들로 모두 실패하고 결국 여섯 번째 마지막 출정을 떠나게 됩니다. 이것이 제갈공명의 북벌 중 가장 인상적이고 드라마틱한 최후의 북벌인 것입니다.

세월은 덧없이 흘러 다섯 번째 출정으로부터도 3년이 지났다. 제갈공명의 머리와 수염에도 어느덧 흰 눈이 내리고 있었다. 그의 나이 벌써 54세였다. 3년간 백성들을 보살피고, 무기와 군마 등을 정비했으니, 이제 다시 나아갈 때가 되었다고 생각한 제갈공명은 황제 유선에게 나갔다. 그런데 유선은 이번에도 역시 달가워하지 않았다.

"상부, 이제 천하가 서로 평안하여 동오와 위도 더 이상 공격하지 않습니다. 또한 오호장군 모두 세상을 떴습니다. 이후 그들을 대체할 만한 장수들을 배출하지 못했는데 어찌 또 나간다 하십니까? 왠지 불안합니다."

이미 결심을 굳힌 제갈공명이 굵은 저음으로 간언했다.

"폐하, 선제께서 베푸신 은혜를 매일 기억하며 저는 한시도 편하게 지낸 적이 없습니다. 변방의 나라는 장기간 평화를 유지할 수 없습니다. 하늘이 저를 버리시지만 않는다면, 이번엔 반드시 폐하를 낙양으로 모실 수 있습니다."

그렇게 우격다짐으로 간곡히 청하여 유선의 허락을 받아냈다. 그리고 출정하기 전날, 제갈공명은 유비의 사당을 찾았다. 정성을 다해 제사를 드리며 유비를 떠올리자니, 제갈공명은 눈물을 멈출 수가 없었다.

"이미 다섯 번이나 기산으로 향했지만 아직도 한나라 땅을 수복하지 못했으니, 부끄럽기만 합니다. 하지만 주공의 유지를 받들어 이 몸과 마음을 다 쏟아 역적을 없애고 중원을 되찾을 것을 맹세 드립니다. 이 몸이 닳고 시들어 죽을 때까지 이 일을 멈추지 않겠습니다."

다음날 제갈공명은 34만 대군을 이끌고 마지막 북벌을 위해 기산으로 향했다. 그를 배웅하는 유선이 눈물을 지으며 제갈공명의 옷자락을 잡았다.

"폐하, 신께 하실 말씀이라도……?"

"상부, 부디 건강 조심하십시오."

"황은이 망극하옵니다."

유선은 멀어져 가는 제갈공명의 뒷모습을 바라보면서 왠지 모를 슬픔이 북받쳐 올라 하염없이 눈물을 흘리고 있었다. 왠지 이게 마지막인 것 같은 느낌이 들어, 그를 떠나보내고 싶지 않았던 것이다. 이번에는 슬픈 예감이 틀려줬으면 하는 바람에 유선은 몇 번이고 하늘을 올려다보며 두 손을 모아 기도하고 또 기도하였다. 실제로 제갈공명의 몸은 많이 허약해져 기침이 잦았다. 하지만 그는 떠나야 했고, 떠날 수밖에 없는 운명이었다.

이렇게 제갈공명은 홀로 외로운 싸움을 하러 나아갔습니다. 조자룡은 첫 번째 북벌이 실패로 돌아간 후, 제갈공명이 두 번째로 나서기 전에 병으로 죽었거든요. 제갈공명이 울며불며 슬퍼했음은 물론이고, 황제 유선도 통곡하며 말했죠.

"자룡 장군이 아니었던들, 나는 강보에 싸인 채 죽고 말았을 것이다."

기억하시나요? 조자룡이 목숨 걸고 아두를 구했던 일 말입니다. 형주에서 유비가 조조에게 쫓기고 있을 때 미부인으로부터 아두를 부탁 받고, 조조 군의 삼엄한 포위를 뚫고 아두를 살려냈었잖아요. 그 아두가 바로 황제에 오른 유선이고요. 그렇게 신과 같던 조자룡마저도 유비와 제갈공명의 꿈을 끝까지 함께할 수 없었던 겁니다.

사랑하는 주공과 많은 전우들을 먼저 떠나보내면서도 한나라 부흥의 꿈을 포기하지 않았던 제갈공명의 이야기도 이제 막바지를 향해 나아갑니다.

사마의는 촉군의 약점이 무엇인지 잘 알고 있었다. 제갈공명이 촉의 수도를 비우면 촉나라에는 내분이 생겨 제갈공명을 음해하는 세력이 생겨났고, 그로 인하여 군량미의 보급이 제대로 이뤄지지 않을 때도 많았다. 이런 내부 사정들로 인해 지난 여러 차례 전투에서 제갈공명이 눈물을 머금고 공격을 멈춘 사례가 몇 차례나 있었고, 사마의는 그를 잘 이용할 생각이었다.

"우리는 그냥 수비만 한다. 장기전으로 끌면 저들은 절로 사지에 몰릴 것이다."

사마의가 내린 결론이었다. 아무리 진영 밖에서 촉군들이 도발을 해도, 사마의는 꿈쩍하지 않았다. 병사들이 흥분해 그에게 공격 명을 내려달라고 간언해도 그의 인내심은 가히 존경할 만했다.

"대도독, 저들이 대도독을 모욕하는 말을 서슴없이 합니다. 제발 명령을 내려 주십시오. 다 전멸시켜 버리겠습니다."

"뭐라고 지껄이더냐?"

길길이 날뛰던 군사가 갑자기 더듬거렸다.

"직접 듣지 않으시는 게……."

사마의는 짐짓 괜찮은 척 표정을 가다듬으며 근엄하게 말했다.

"나는 이미 명령을 내렸다. 우리는 수비만 한다. 아무도 반응하지 말거라. 저들의 도발에 반응하는 자는 군법에 따라 엄벌을 내릴 것이다."

사마의의 명령에 병사들은 어쩔 수 없이 화를 꾹 눌러 삼켜야 했다.

사실 전쟁은 지키는 쪽보다 공격해 오는 쪽이 더 불리한 법이지요. 방어하는 자는 든든한 성벽도 있고, 체력도 비축해 두었고, 군량을 쌓아둘 수도 있죠. 그런데 공격하는 자는 임시로 영채를 지어야 하죠, 긴 행군으로 피곤하죠, 그리고 군량까지 운송해 와야 하잖아요. 거기다가 제갈공명이 오래 자리를 비울수록 촉나라 내부 정치가 어지러워진다는 것을 간파한 사마의는 수비가 제갈공명에게 대응하는 최고의 방법임을 깨닫게 됐습니다. 제갈공명도 장기전에 대비하기 위해 군량의 수송을 원활히 하고, 보급로를 수시로 확인했으며, 군량관도 믿을 만한 자로 교체해 두었지요. 과연 그는 여섯 번째 출정에서 군량미 문제를 극복하고, 북벌의 꿈을 이룰 수 있을까요?

Q. 제갈공명이 2,3,4,5차례 북벌에서 모두 패한 건가요? 그렇다면 사마의가 제갈공명보다 더 지략이 뛰어났나요?

A. 물론 사마의의 지략도 보통은 아니었지요. 둘은 100년에 한 번 만날까 말까 한 천적이었으니까요. 하지만 사마의는 2인자 콤플렉스가 있었고 스스로도 이를 인정했답니다.

"공명만은 내가 도저히 꿰뚫을 수 없는 사람이다."

그럼에도 불구하고 제갈공명은 여태껏 북을 평정하기는커녕, 영토를 조금도 넓히지 못했지요. 왜 그랬을까요?

첫 번째, 제갈공명이 나아가는 지형은 공격에 아주 불리했습니다. 제갈공명의 출발지인 서천은 지형이 험준해서 지키기에 좋았지만, 반대로 밖으로 공격해 나갈 때는 어려움이 많았죠. 제갈공명이 자주 한탄하던 말이 있었어요.

"형주가 우리 것이었다면, 낙양을 바로 칠 수 있는데, 형주를 잃어서 우리가 이렇

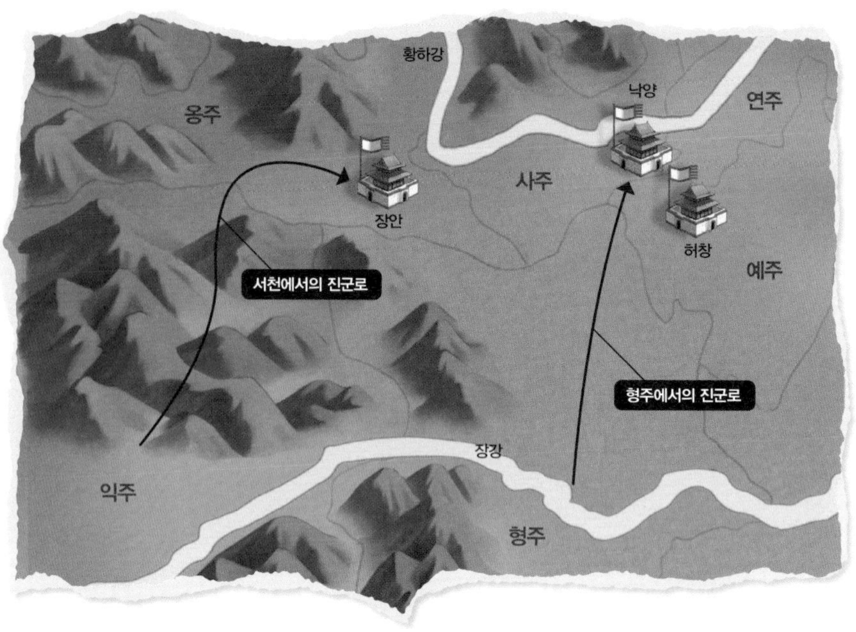

게 힘들어졌구나."

지도를 보면 알겠지만, 형주와 허창, 낙양은 가까운 데에 있었지요. 그 사이에 있는 중원은 평야 지대라 말을 달려 편하게 이동할 수 있는 형세였고요. 하지만 일찍이 동오에게 형주를 빼앗겨, 제갈공명은 어쩔 수 없이 대군을 이끌고 서천을 출발하여 한중을 지나 장안까지 가야했습니다. 그 길에는 상당히 험준한 산맥들이 있어 이동이 쉽지 않았지요. 그러니 지원과 보급도 쉽지 않고, 이동하는 중에만 상당한 체력을 낭비해야만 했죠. 결국 지형적으로 상당히 불리했던 겁니다.

두 번째, 적은 내부에 있었습니다. 마속처럼 제갈공명의 명령을 따르지 않고 자신의 실력을 믿다가 크게 패한 장수들이 있었고요. 제갈공명이 황제의 자리를 빼앗으려 한다는 유언비어에 촉 황제 유선이 제갈공명을 불러들이기도 했지요. 이때 제갈공명은 승리를 코앞에 두고 있었는데, 황제의 명령을 저버릴 수 없다며 눈물을 머금고 후퇴했어요. 그리고 한 번은 자신의 죄를 덮기 위해 동오가 쳐들어온다는 거짓 보고를 제갈공명에게 올린 장수도 있었으니, 제갈공명은 미치고 팔짝 뛸 노릇이었던 것입니다.

세 번째, 마지막 이유는 제갈공명을 대하는 사마의의 태도에 있습니다. 사마의는 제갈공명의 능력이 자신보다 뛰어남을 인정하여 언제나 조심 또 조심했습니다. 출정한 위군이 패배해서 돌아와 스스로의 죄를 물어달라고 하자 사마의는 이렇게 말했죠.

"어찌 그대의 잘못이겠는가? 나의 지모가 제갈공명의 지혜보다 부족하기 때문이다."

제갈공명과 싸울 생각은 하지 않고 오직 방어만 하니 장수들에게 원성을 사기도 했습니다. 하지만 이길 자신이 없다면, 지지 않는 것이야말로 진정한 승리라는 것을 사마의는 알고 있었죠. 지피지기면 백전불태(知彼知己 百戰不殆)라는 말이 있습니다. 자신을 알고 상대를 알면 100번 싸워도 위태롭지 않다는 말이지요. 사마의는 자신과 상대를 냉정하게 판단하고, 자신이 부족하다면 그것을 인정했기에 오히려 우위를 점할 수 있었던 건 아닐까요? 최후 승리는 지략이 뛰어나거나 싸움을 잘한다고 하여 얻을 수 있는 게 아닙니다. 자기 자신을 잘 파악하여 알고, 장점은 극대화시키고 단점은 인정하고 극복해 나가는 것. 그것이 1700년 전 사마의가 오늘날 우리에게 던지는 모든 위기에서 진정한 승리를 가져다주는 메시지인 것입니다. 다시 한 번 말씀드리지만 강자가 살아남는 것이 아니라, 살아남는 자가 강한 것입니다.

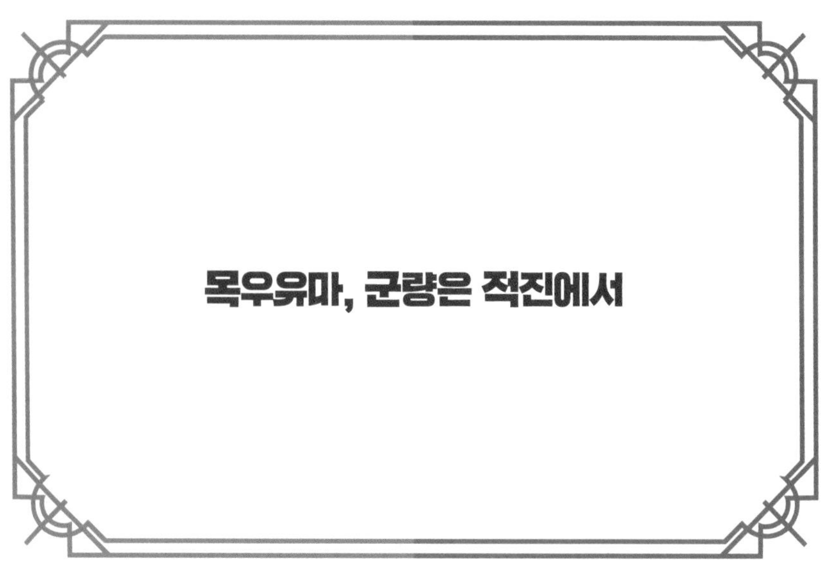

목우유마, 군량은 적진에서

장기전이 지속될수록 제갈공명은 초조해졌다. 보급로가 험준하여 군량을 나르는 군사들이 지쳐가고 있었기에, 군량을 신속하고 원활하게 수송하는 문제를 해결해야 했다. 그게 해결되지 않으면 아무리 작은 전투들을 이긴다고 한들, 이 전쟁 자체를 이길 수 없다는 것을 지난 몇 번의 전투를 통해 뼈저리게 깨닫지 않았던가. 제갈공명은 어떻게든 해결책을 찾고자 직접 나아가 근방의 지형을 살펴보았다. 서북쪽으로 들어가니 깊고 험준한 골짜기가 보였다. 입구는 좁지만 안으로 들어가니 1,000명의 사람은 족히 들어갈 정도로 넓었다. 그리고 안으로 더 깊이 들어가면 500명이 들어갈 정도의 골짜기가 하나 더 있고, 뒤는 두 산이 막고 있어 두 사람이 겨우 통과할 만한 모양이었다. 마치 호리병 같아 호로곡이라고 불리는 곳이었다. 호로곡을 한참이나 내려다보던 제갈공명은 문득 눈을 번뜩이더니 급히 진영으로 돌아와 장수들을 불러 말했다.

"물자를 빠르고 편하게 운반할 수 있는 방법이 떠올랐네. 내가 옛날에 혹시나 모를 상황을 대비해 고안해 두었던 건데, 이리 써먹게 될 줄이야."

그가 갑자기 종이에 그림을 그리기 시작했다. 그리고 잠시 후 종이를 장수에게 건네며 말했다.

"당장 목공을 할 수 있는 장인 1,000명을 불러오게. 그리고 장인들에게 이걸 주고, 여기 그려진 기구를 호로곡에서 은밀하게 500개를 만들도록 하게. 병사들도 함께 돕도록 하게. 중요한 일일세."

"이게 무엇입니까? 소 같기도 하고 말 같기도 하고, 마차 같기도 한 것이……."

제갈공명이 그제야 웃으며 말했다.

"목우유마라고 하네. 나무로 만든 이동 수단일세. 신속하게 군량미를 운반하기에 편할 것이야. 특히 호로곡 같은 좁은 산길에서. 허나, 반드시 비밀리에 만들어야 하네!"

목우유마에 대한 기록과 표현은 각 삼국지마다 조금씩 다릅니다. 나관중의 삼국지연의에는 '험준한 길에서 군량을 운반하기 불편해 목우와 유마라는 운송 기구를 만들었다. 나무로 만든 소는 먹이도 먹지 않고, 낮과 밤의 구별 없이 움직이니 상당히 편리했다.'라고 묘사되어 있어요. 삼국지연의가 출간되기 전에 세상에 나온 삼국지평화라는 책에는 '제갈공명의 목우유마는 한 번 건드리기만 해도 300보를 스스로 움직였다.'라고 적혀 있답니다. 거의 오늘날의 자동차 수준으로 묘사해 놨는데요. 당시 기술력을 감안했을 때, 이는 불가능한 일이었을 거라고 생각이 듭니다.

다양한 기록들을 바탕으로 봤을 때, 일단 목우는 바퀴가 하나 달린 사람이 끄는 수레였을 거예요. 말을 형상화한 유마는 바퀴가 네 개 달린 사륜거라는 내용을 근거로 하여, 우리 책에서는 바퀴 네 개짜리 자전거로 묘사를 하겠습니다.

제갈공명은 이 목우와 유마를 통해서 좁은 산길에서 군량을 운송하는데요. 한 수레에 병사 10명이 한 달 치 먹을 수 있는 군량을 실을 만큼 효과 만점인 기구였다고 원전에 기록되어 있습니다. 그러니 제갈공명은 물론이고 군사들도 안도의 숨을 내쉬었겠죠?

목우유마의 개발 이후 제갈공명의 군량 보급은 몇 배 원활해졌으며, 진

영의 군량미도 차곡차곡 쌓여 나갔다. 어찌나 신이 나던지, 제갈공명의 군사들은 자전거를 타듯 씽씽 군량미를 날랐다. 그런데 이 사실이 사마의의 귀에도 들어갔다.

"대도독, 촉군이 이상한 기구를 사용해 군량을 편안하게 운반하고 있다고 합니다. 그 덕에 공명 진영에 군량미가 차고 넘치고 있다고……."

7년간 인내심을 길러와 많이 차분해진 사마의였지만 이 소식에는 소스라치게 놀랐다.

"촉군의 군량미가 바닥나기만을 기다리고 있었는데, 공명 이자는 또 무슨 짓을 했단 말이냐? 당장 가서 몇 개를 빼앗아 와라."

이때 촉군은 군량미 운송에 동원하는 군사 수를 줄인 상태였다. 적은 군사로도 많은 양을 나를 수 있었으니 말이다. 그런 상황에서 사마의의 명을 받은 위군이 산길을 덮치자, 군량을 나르던 제갈공명의 병사들은 목우유마와 군량미를 남기고 냅다 도망쳤다.

병사들이 빼앗은 목우유마를 들고 오자 사마의의 눈이 휘둥그레졌다. 처음 보는 신기한 물건이었던 것이다. 그가 목우와 유마를 차근차근 뜯어보다 손잡이를 잡아 보았다.

"어떻게 이렇게 견고하면서도 편리하고, 획기적일 수 있더냐?"

사마의의 감탄과 놀라움의 표정이 천진함으로 바뀌었다. 세발자전거를 처음 타기 시작한 아이처럼 무려 반나절을 유마를 타고 노느라 정신을 못 차렸다.

"대도독, 이제 그만 공무를 보셔야……."

한 군사가 말리자 그제야 사마의가 헛기침을 하며 유마에서 내려왔다.

그리고 갑자기 근엄한 표정이 되어 물었다.

"공명 그자가 이걸 몇 개 만들었더냐?"

"500개라고 합니다."

"그래? 그럼 우리는 그 4배, 2,000개를 만들자. 목공들을 불러라!"

아이고 이런, 산업 기밀이 유출되어 버렸네요. 이 소식이 다시 제갈공명의 귀에 들어갔답니다.

"승상, 간사한 사마의가 목우와 유마를 강탈하여 가져가 똑같은 걸 2,000개나 만들고 있다고 합니다."

보고를 받은 제갈공명은 어떤 반응을 보였을까요? '늙은 여우 같은 자!'라며 화를 버럭 냈을까요?

제갈공명이 씩 웃었다. 보고를 한 책사가 어리둥절한 표정으로 물었다.

"승상, 제대로 들으셨습니까? 우리의 기술력을 빼앗겼습니다. 저들은 본진과 가까우니 금세 우리보다 훨씬 더 많은 군량을 나를 수 있을 겁니다."

제갈공명이 고개를 주억거리며 말했다.

"바라던 바다."

"네?"

제갈공명이 병사의 말에 대답은 하지 않고 참아 왔던 웃음을 터트리니, 주변 사람들 모두 더욱 의아해했다. 그런데 제갈공명은 그들을 계속 미궁 속으로 빠뜨리는 말을 했다.

"우리는 저들에 비해 턱없이 군량이 부족하니, 사마의에게 군량을 좀 얻어 와야겠다."

"아니, 승상, 사마의라면 지금 우리의 적 말씀이십니까?"

책사가 답답하다는 듯이 목소리를 높이자 제갈공명이 대답했다.

"그래 맞네. 사마의는 도량이 넓고 인품이 후하여 우리에게 군량을 나눠 줄 걸세."

어이없어하는 장수들을 뒤로하고 제갈공명은 평안한 목소리로 말했다.

"위군에서 투항한 장수를 데려오거라."

무슨 소리인가 싶었지만, 제갈공명의 말이니 따를 수밖에. 장수가 오자, 제갈공명이 명했다.

"사마의가 본진에서 무려 1만 석의 군량을 운반한다고 하네. 자네가 그걸 좀 뺏어오게."

"승상, 병사는 얼마나?"

"1,000명을 줄 테니, 군량미를 수송하는 위군을 급습하고 목유와 유마를 가지고 돌아오게."

장수가 난감한 표정으로 말했다.

"승상, 운반하는 자들만 1,000명은 되고, 지키는 자들도 있을 텐데, 못해도 3,000명은 데려가야 하지 않겠습니까?"

"분명 1,000명이면 충분할 것이네. 귀 좀 이리 대 보게."

제갈공명이 장수의 귀에 대고 속닥속닥하자, 그의 입이 귀에 걸렸다.

"역시, 승상은 신(神)이십니다."

제갈공명은 장수에게 무슨 귀엣말을 한 걸까요? 이렇게 말했답니다.

"위나라 군사의 옷으로 위장해 위군인 척해라. 그리고 목우유마에는 한 가지 비밀이 있는데……."

생략된 말들이 궁금하다고요? 조금만 더 읽어 보시면 아실 수 있답니다!

한편 2,000개의 목우유마를 만들어 낸 사마의의 부대는 목우유마에 군량미를 가득 싣고서 경쾌한 발걸음으로 군량을 운반하고 있었다.

"멈추시오."

그런데 문득 위군의 복장을 한 장수와 병사들이 길을 막아서는 게 아닌가.

"무슨 일이시오?"

군량관이 묻자, 장수가 씩 웃으며 대답했다.

"아아 경계하지 마시오. 군량의 운송이 중요하니 대도독께서 산길의 험한 구간을 도와주라는 뜻에서 추가 운송 병력을 보내셨소. 오시느라 고생했으니 이 구간은 우리가 도와주겠소."

미심쩍긴 했지만, 안 그래도 다리가 슬슬 쑤셔 오던 참이었다. 보아 하니 군의 수도 별로 없어, 혹시나 무슨 일이 있다면 제압할 수 있을 듯하였다.

"그러시오, 그럼."

지원병으로 온 군인들이 목우유마를 끌고, 지금까지 군량을 끌던 이들은 그 옆에서 경계를 하며 따랐다. 어느 정도 걷자 길이 다시 트인 곳이 나왔다.

“우리 임무는 여기까지요. 그런데 실제로 이 물건을 처음 보는데, 혹시 조금 살펴봐도 되겠소?”

아무 일 없이 무사히 왔기에 군량관은 그러라고 했다. 지원병들은 신기한 듯 여기저기 만져 보더니, 지휘관이 손짓하자 대열을 갖추었다.

“그럼 이제 그만 가 보겠소. 오늘 안으로 도착해야 할 거요.”

지원 나온 장수와 병사들이 돌아가자, 군량을 나르던 군사들이 다시 목우유마의 손잡이를 잡았다. 그런데, 이게 웬일인가. 갑자기 목우유마가 꿈쩍도 하질 않는 것이었다.

“이상합니다. 안 움직입니다.”

“무슨 소리냐 아까만 해도 멀쩡히 움직였건만! 좀 더 힘을 써 보거라!”

군량관이 발을 동동 구르고, 군사들이 목우와 유마에 매달려 낑낑댈 때, 갑자기 숲속에서 고함소리가 들리더니 매복병이 들이닥쳤다. 갑작스런 기습에 위군은 목우유마를 놔둔 채 혼비백산해 달아나야 했다.

“어차피 목우유마가 움직이질 않으니, 저들도 어쩌지는 못할 것이다. 얼른 대도독께 보고를 올려 지원군을 요청하자!”

보고를 받은 사마의는 놀라서 최정예 군대를 이끌고 현장으로 신속히 달려가고 있었다. 그런데 저 멀리 목우와 유마를 이끌고 가고 있는 촉군의 대열이 보이는 것이 아닌가.

“아니 목우유마가 멈추었다고 하지 않았느냐?”

군량관은 혼이 빠져 촉군의 움직임을 보면서 대답했다.

“절대 거짓을 고한 것이 아닙니다! 아까는 분명 목석처럼…….”

짜증이 솟구친 사마의는 당장 군량관을 죽여 버리고 싶었으나, 일단은 군량을 되찾는 게 우선이었다. 이동하고 있는 목우유마의 꼬리를 쫓으려는데, 갑자기 "와!"하는 소리와 함께 양쪽 숲에서 화살이 쏟아졌다. 빗발치는 화살에 결국 사마의는 영채로 급히 돌아와야만 했다.

이게 어떻게 된 일일까요? 사실 목우유마의 특징 중에는 이런 것이 있었어요. "정교한 장치가 있어 입술 안에 있는 혀를 돌리면 곧바로 움직이질 못하고 혀를 비틀면 다시 움직인다." 네, 제갈공명은 이 비밀을 이용하라고 지시한거예요. 그래서 위군으로 위장한 촉군이 군량 나르는 걸 도우는 척하다가, 돌아갈 때 잠시 수송 기구를 살핀다는 핑계로 목우유마의 혀를 돌려놓았답니다. 그리고 사마의 부대가 도망치자, 다시 혀를 비틀어 원상태로 만들어서 목우유마를 끌고 간 거지요. 손무의 손자병법에 쓰인 "군량은 적진에서 얻는다."란 매뉴얼을 제갈공명이 제대로 실행했네요.

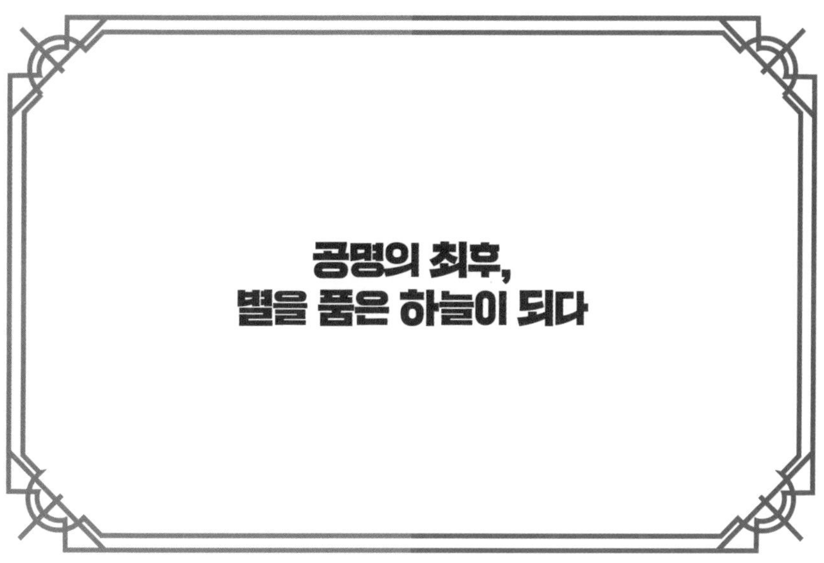

공명의 최후, 별을 품은 하늘이 되다

군량미를 한 번 빼앗기고 나자 사마의는 아예 성밖으로 나오지 않았다. 이에 제갈공명은 이 기산 지역에 머무를 생각으로 둔전을 설치했다. 군량미를 직접 경작하기 시작한 것이다. 밭을 갈고 물을 대어 씨를 뿌린 후 농사를 지었다. 이렇게 백성들과 함께 농사를 짓고 수확물의 1/3만 가져가고, 남은 곡식들은 백성들에게 나누어 주니 모두 끼니 걱정 없이 평안하게 생활할 수 있었다. 이렇게 되자 서서히 마음이 불안해지는 건 사마의 쪽이었다. 어쨌든 남의 영토에 나와 있으니 피로가 쌓이고 군량미가 부족해져 물러날 것이라 생각했건만, 아예 자기 집처럼 여기고 터전을 가꾸고 있는 게 아닌가. 장수들 역시 안달이 난 건 마찬가지였다. 날마다 제갈공명의 어린 병사들이 진 앞에 와서 욕을 하며 놀리고 엉덩이를 까며 까불어대니, 분노가 치솟은 장수들은 사마의에게 공격 명령을 내려달라고 거듭 요청했다. 그러던 중 주변 순찰을 돌던 장수들이 촉군 몇 명을 포박해 왔다.

"대도독, 군량미를 나르던 놈들을 습격해 군량을 얻고, 이놈들을 잡아 왔습니다."

사마의는 잡혀온 포로들의 포박을 풀어 주고 음식을 주면서 은근히 물었다.

"너희의 공명 선생은 지금 어디 있느냐?"

살벌한 사마의의 카리스마에 병사들은 저항도 하지 못하고 있는 그대로의 사실을 실토하고야 말았다.

"호로곡 서쪽으로 조금 떨어진 곳에 영채를 세우고 거기에 주로 계십니다."

"호로곡? 그건 어디지?"

"예전에 목우와 유마를 만들었던 곳입니다. 요즘은 수송한 군량은 모두 호로곡으로 들어가고 있습니다."

사마의는 회심의 미소를 지었다. 그리고 곧장 장수들을 불렀다.

"제갈공명이 군량을 호로곡에 쌓아 두고 직접 감독하는 모양이다. 그렇다면 우리는 군사를 둘로 나누어 먼저 기산을 친다."

옆에 있던 첫째 아들 사마사가 물었다.

"왜 호로곡이 아니라 기산으로 가십니까?"

"저들의 중심인 기산을 치면, 곳곳의 군사들이 다급하게 달려올 것이니 호로곡의 군사도 기산으로 오지 않겠느냐? 그때 절반의 군사가 근처에 매복해 있다가 호로곡으로 쳐들어가 군량을 빼앗아 오면 촉군은 우왕좌왕하는 사이에 군량을 모두 우리에게 털리고 말 것이다. 아니야, 어차피 군량미는 가져오기 힘들 테니 그냥 불태워 버리자. 적의 생명줄을 순식간에 잘라버리는 것이지."

사마의가 기름통과 짚단을 준비하도록 병사들에게 명했다. 그리고 군사를 둘로 나눠 선봉대가 기산을 치도록 했다.

"내가 직접 호로곡으로 출병할 것이니, 오늘에야말로 그대들이 원하던 만큼 마음껏 싸우고 공을 세우라!"

사마의가 비장하게 명령했다.

"명을 따르겠습니다!"

그 시각 제갈공명은 호로곡 인근 산 위에서 그 일대를 모두 관망하고 있었다. 위군이 열을 맞추어 기세가 등등하게 진군하고 있는 것이 보였다. 그런데 어쩐지 제갈공명은 전혀 놀라지도 흥분하지도 않았다. 산을 내려와 장수 한 명을 부르더니 말했다.

"사마의의 군이 기산으로 몰려가고 있네. 자네만 이곳 호로곡에 남고, 나머지 장수와 이곳에 있는 군사 중 7할은 모두 기산으로 보내서 적을 막는 것을 돕게 하게. 자네는 따로 나와 함께 할 일이 있어."

자, 드디어 수비만 하던 사마의가 전면전을 하러 나왔습니다. 그런데 기산에 절반의 군대만 보내 놓고 정작 사마의 자신과 정예 부대는 호로곡으로 향하고 있었잖아요. 그런데 제갈공명은 사마의와 주력 부대가 오는 것을 알면서도 다수의 군사들을 기산으로 보내 버리네요. 무슨 자신감일까요?

호로곡 근처에서 때를 기다리고 있던 사마의에게 드디어 전령이 와서 전했다.

"대도독, 호로곡을 지키던 촉의 정예병들이 기산으로 이동하는 것을 확인했습니다."

"확실하냐?"

"확실합니다."

"좋다, 그럼 우리는 호로곡으로 돌격한다! 이릉대전에서 동오의 육손이 유비 군을 모조리 태워 죽였지. 그렇다면 공명의 군량은 나 사마의가 태워주마. 흐흐흐."

사마의는 야심차게 호로곡으로 돌격했다. 호로곡을 지키려고 남아 있었던 장수 한 명과 소수의 병력이 있었으나, 사마의의 군 앞에서 몇 합 싸워보지도 못하고 호로곡 안쪽으로 깊숙이 노망가 버렸다. 사마의의 군이 그들을 뒤쫓으려 하는데, 호로곡의 좁은 입구를 보고 사마의는 군사를 멈춰 세웠다.

"잠깐! 정찰병을 먼저 보내라. 매복이 있는지 확인해야 한다."

빠른 정찰병 몇 명이 골짜기 안쪽을 그림자처럼 다녀오더니 말했다.

"대도독, 골짜기 안에 군사는 없고 움막들만 많이 있습니다."

'그래, 대부분의 군사들이 기산을 구하러 떠나는 것을 이미 보고 받았지.'

사마의는 안심하고 웃으며 말했다.

"촉군의 군량을 모조리 태워 버리자."

사마의와 그의 정예병들은 일렬로 차례차례 좁은 호로곡 입구로 들어

가기 시작했다. 좁은 입구를 따라 한참을 들어가 보니, 넓고 둥그런 평지가 나타나는데 어딘가 황량하단 느낌이 들었다. 지세를 살핀 사마의는 왜 이곳이 호로곡이라 불리는지 그제서야 알 수 있었다. 그런데 어쩐 일인지 분명 아까 이 안으로 도망쳐 들어간 장수와 군사들은 보이지 않았고, 마른 장작이 필요 이상으로 많아 보였다.

"어디서 기름 냄새가 나지 않느냐?"

주위를 둘러보던 사마의가 묻자, 뒤따르던 장수가 대답했다.

"저희가 기름통을 잔뜩 싣고 오질 않았습니까? 후미지고 좁은 계곡이라 냄새가 금세 진동합니다."

"맞아, 그렇지……. 저 앞에 지어진 움막들이 군량미를 보관하는 창고인 듯하구나. 기름통과 횃불을 들고 저기 있는 움막으로 다가가 불을 놓도록 하여라."

사마의의 명령에 군사들이 움막으로 몰려가 문을 열어본 순간, 그들은 경악할 수밖에 없었다.

"장군! 움막에 쌀이 없습니다. 온통 장작만이 가득합니다. 그리고 장작에 기름 냄새와 염초 가루 향이 온통 찌들어 있습니다!"

그 말을 듣고 사마의는 온몸의 털이 곤두섰다.

"함정이다! 이곳 입구가 좁았지? 들어오고 있는 병사들을 멈춰라! 침착하게 정렬하여 이 계곡을 빠져나간다. 절대 서두르지 마라. 입구가 좁아 병사들이 몰리면 큰 사고가 날 수 있다."

그러나 사마의의 말이 떨어지자마자 골짜기 가득 북소리와 함성소리가 울렸다. 그리고 양쪽 산 정상 부근에서 불화살과 횃불들이 유성처럼 골짜기 안으로 떨어졌다. 계곡의 양쪽 입구에도 불의 문이 생겨 어디로도 빠져 나갈 수 없었다. 마른 장작들, 풀로 지은 움막들, 그리고 바닥에 미리 뿌려 두었던 염초 가루, 심지어는 사마의의 군이 지니고 온 기름통까지 모두 불의 먹이가 되어 골짜기 전체를 불바다로 만들고 있었다.

제갈공명이 사마의의 계책에 걸려드나 했는데, 도리어 사마의가 제갈공명의 덫에 걸려든 것이었네요. 사실 제갈공명은 오래전부터 이 불의 계곡을 준비해 왔었답니다. 일부러 목우유마를 호로곡에 드나들게 해, 촉의 병사들조차 호로곡이 군량 창고인줄 착각하게 만들고, 막상 군량은 다른 곳에 두고 있었어요. 호로곡에는 움막을 지어 군량을 넣은 것처럼 꾸며 놓고 불에 잘 타는 모든 휘발성 재료들을 다 쌓아 놓았지요. 그러니 어마어마한 폭발이 일어날 수밖에요. 제 생각에는 1차 세계 대전 이전의 가장 큰 대폭발은 이때가 아닌가 싶습니다.

호로곡 안으로 사마의가 진격할 때부터 제갈공명은 산 위에서 그들을 내려다보고 있었다. 사마의가 안으로 들어가자 드디어 제갈공명이 안도와 기쁨, 성취감이 섞인 목소리로 외쳤다.

"사마의, 이제 자네는 덫에 걸려들었네. 이번에야말로 속절없이 죽음을 맞이하겠구려! 내가 자네 저승길을 배웅하려고 나왔지."

얼마 안 가 호로곡이 큰 화마에 휩싸이자, 제갈공명은 자기도 모르게 마음속 깊은 곳에서 적울을 터뜨렸다.

"주공, 드디어 북벌에 성공할 수 있게 되었습니다. 한의 위엄을 다시 찾게 되었습니다! 주공, 하늘에서 함께 기뻐해 주십시오."

제갈공명이 감격에 겨워 무릎을 꿇고 하늘에 절을 올렸다. 옆에 있던 책사들도 울면서 같이 엎드렸다. 이 순간을 위해 10년 동안 얼마나 많은 고난을 감내하고 씹어 삼켰던가. 드디어 그 보상을 받는다 생각하자, 제갈공명은 가슴에 사무친 한이 한꺼번에 씻겨나가는 듯했다.

한편, 호로곡 안에서 사마의는 옷도 불타고 머리도 그을리고 연기에 기침을 하면서도 이곳저곳을 뛰어다니며 외치고 있었다.

"살길을 찾아라! 빠져나갈 구멍이 있을 것이다!"

그러나 사마의의 두 아들들이 울면서 말했다.

"아버지, 소용없습니다. 모두 다 보았지만 길목은 양쪽 두 군데 뿐이고 여기도 불타는 나무들과 바위들로 꽉 막혀 있습니다."

사마의는 온몸에 힘이 빠져나갔다. 멍하니 사방에서 좁혀 오는 불길을 바라보다가 두 아들들을 껴안았다. 아들들의 몸이 떨리는 것이 느껴지자 사마의는 울음을 터트리고 말았다.

"모든 것이 공명의 계략이었다니, 여기 호로곡에서 모두 죽겠구나! 아! 날개를 펼쳐 보지도 못하고 이렇게 끝나다니!"

사마의는 체념한 듯 하늘을 바라보며 눈을 감았다. 바로 그때 "툭"하고 사마의의 이마에 뭔가 축축한 것이 떨어졌다.

"툭, 툭."

"툭툭, 툭툭."

"툭툭툭, 툭툭툭."

깜짝 놀란 사마의는 감았던 눈을 뜨고 믿을 수 없다는 듯 주변을 둘러보

왔다.

“비다!”

“쏴아아아!”

한 방울씩 떨어지던 빗방울이 갑자기 굵어지기 시작했다. 이내 하늘에 누가 구멍이라도 낸 듯 비가 폭포처럼 쏟아져 내렸고, 골짜기 가득 퍼지던 화마의 기세도 차츰 잦아들었다. 사마의가 미친 사람처럼 웃기 시작했다. 그옆에서 병사들이 눈물을 흘리며 소리쳤다.

“비입니다. 위나라를 지켜 주는 비가 옵니다, 대도독.”

사마의는 아무 말도 할 수가 없었다. 모든 게 꿈결 같았기 때문이다. 그저 내려오는 빗물을 온몸으로 맞으며 큰 소리로 웃을 수밖에.

원전에 의하면, 땅을 뒤흔들 만큼 큰 천둥번개 소리가 같이 들렸다고 합니다. 굴욕을 감내하며 만년 2인자로 살아온 사마의를 도우려는 하늘의 뜻이었던 걸까요? 비 덕분에 극적으로 살아난 사마의와 남은 위군은 서둘러 도망쳐 영채로 돌아갔습니다.

반면 제갈공명은 송장처럼 얼굴이 까맣게 변한 채 무너지고 있었다. 제갈공명은 넋이 나간 듯 비를 바라보다가 중얼거렸다.

“일을 계획하는 것은 사람이지만, 그것을 이루는 것은 하늘에 달려 있다고 했던가. 진정 하늘은 우리 촉의 편이 아니란 말이냐.”

그러더니 제갈공명은 비명 한 번 지르지 않고 그 자리에 쓰러졌다.

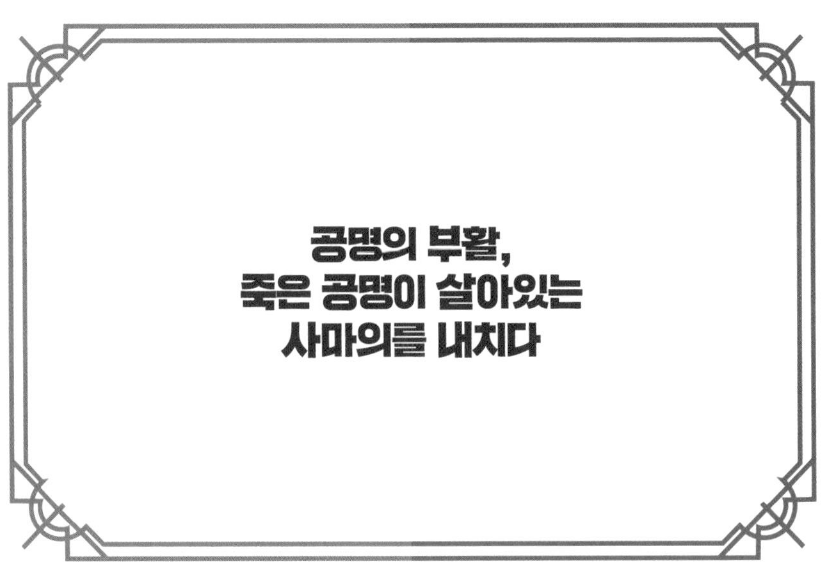

공명의 부활, 죽은 공명이 살아있는 사마의를 내치다

영채로 돌아와 깨어난 제갈공명은 이 상황을 믿을 수가 없었습니다. 그리고 몇 날 며칠간 식음을 전폐했지요. 이후 그의 행보는 그전과는 많이 다른 모습을 보였는데요. 엄청난 스트레스와 압박감에 시달리며 냉정함을 잃는 듯한 모습을 자주 보이곤 했습니다.

제갈공명의 지난 여섯 차례 북벌을 되돌아보면 한 번도 본진인 익주 땅을 침범당한 적은 없었습니다. 또한 워낙 지략이 뛰어난 제갈공명이었기에, 병사를 많이 잃지도 않았답니다. 하지만 분명히 병사는 줄었고 고아와 과부는 늘어났습니다. 그에 대한 책임감과 압박감 때문에 제갈공명은 더 괴로웠을 것입니다. 그리고 호로곡 전투에서 하늘이 자신을 버렸다는 괴로움에 제갈공명은 더더욱 특유의 영민함을 잃어갈 수밖에 없었습니다. 점점 예민해졌고 불면증에 시달렸지요. 원전에는 그 당시 제갈공명의 일상을 이렇게 표현합니다.

"승상께서는 해가 뜨기도 전에 일어나고 모두가 잠든 후에야 주무십니다. 또한 곤장을 20대 이상 치는 것부터 모든 일에 직접 관여하시고, 하루에 드시는 음식은 곡식 몇 알 뿐입니다."

수면 시간이 부족한데다 작고 시시콜콜한 일까지 일일이 다 직접 처리한 거지요. 이건 리더로서 현명하지 못한 처사입니다. 제가 오래전에 읽은 한 신문에 이런 기사 내용이 있었답니다. 외국의 한 대통령과 우리나라의 대통령 일과를 비교한 내용이었는데요. 외국의 대통령은 군사를 파병하여 적군과 대치 중인 전시 상황임에도 불구하고 휴가철이 오자 휴가를 즐기며 골프를 쳤답니다. 이걸 문제 삼는 자국민이나 야당 의원은 아무도 없었지요. 왜 그랬을까요? 아무리 나라가 위급한 상황이라 해도 리더가 쉴 때는 잘 쉬어야 하니까요. 그래야 정확한 판단력과 문제 해결 능력을 유지할 수 있질 않겠습니까?

제 말의 의미는 위기 상황에서 리더가 휴가를 꼭 써야 한다는 게 아닙니다. 다만 이때 제갈공명은 잠을 충분히 자고 식사를 제대로 챙겨야 했습니다. 그러지 않은 상태에서 사소한 업무까지 다 스스로 처리했으니, 맑은 정신의 냉철함과 영민함은 유지되기 힘들었을 겁니다. 최고 총사령관인 제갈공명이 자지 않으니 그 밑의 장수들도 잠을 잘 수 없었고, 장수들이 잠을 자지 못하니 그 밑에 있는 병사들은 하루도 편안히 쉴 수가 없는 날들이 이어졌습니다. 사마의는 이 소식을 전해 듣고 이렇게 말했다고 합니다.

"공명의 운이 다 했구나."

제갈공명 역시도 이런 태도가 현명하지 않다는 걸 알았습니다. 일을 나눠 주라는 부하의 말에 제갈공명은 눈물까지 흘리며 이렇게 대답했죠.

"맞소. 그렇게 하는 것이 맞겠지. 하지만 내가 선제께 부탁 받은 일에 다른 사람들이 나와 같이 온 정성으로 임하지 않을 것이 걱정이 되어 도저히 그렇게 할 수가 없소……."

제갈공명이 가장 잘하던 것 중에 하나가 적절한 인재 배치였고, 그것이 리더의 가장 중요한 자질 중에 하나인데요. 한 사람 한 사람의 영웅들이 때로는 혹독한 세월의 힘을 이기지 못해, 때로는 트라우마를 극복하지 못해, 노년에 자신다움을 잃어간 것은 삼국지의 비극 중 하나라 할 수 있겠습니다.

제갈공명 역시 자신의 운이 다했음을 느끼고 있었다. 한숨을 쉬다 까무러치기를 몇 번, 결국 어느 날 제갈공명은 심복들을 불렀다.

"이제 나는 더 이상 역적을 토벌할 수 없게 되었네. 내가 죽거든, 내 자식들에게 가산과 재산을 너무 많이 남기지 말게. 조금만 남겨 주고 나머지는 백성들을 위해 써주게. 이미 내 삶의 족적이 내 후손들에게 충분한 유산이 될 것이니, 그걸로 족할 걸세."

잠시 제갈공명이 숨을 고르자, 막사 안에는 사람들의 흐느낌이 가득했다.

"이렇게 울지 말게. 곡소리가 아주 다 들리겠어. 내가 죽었다는 것을 적들에게 알리지 말게. 그리고……."

그가 장수 한 명에게 손짓하자 장수가 가까이 다가왔다. 제갈공명은 그에게 귓속말로 몇 마디 하더니 다시 숨을 골랐다. 말을 전해들은 장수는 비장함과 슬픔이 섞인 표정을 드러내며 묵묵히 고개를 끄덕였다. 그의 표정을 보고 안심한 듯한 제갈공명이 책사에게로 고개를 돌려 말했다.

"종이와 붓을……. 천자께 마지막 말씀을 전해야겠네……."

책사가 울며 종이와 붓을 건네자, 제갈공명은 마지막 힘을 다해 붓을 들고 황제께 올릴 표문을 적어 내려갔다.

'신 제갈공명, 선제께 큰 은혜를 입어 비천하고 어리석은 지혜로 한나라를 받들었습니다. 반드시 한나라를 회복하리라 맹세하고 필사의 힘으로 노력했건만, 기력이 쇠하여 대업을 이루지 못하고 폐하를 마지막까지 섬기지 못한 신의 불충함을 헤아려 주십시오. 바라옵건대 오직 인의로만 백성을 다스리시고, 선제의 뜻을 받들어 맑고 검소히 지내십시오. 현명한 인재들을 등용하시어 꼭 한나라의 가업을 다시 되살리시기를 빌고 또 비나이다.'

그때 막사 안으로 한 사람이 뛰어 들어왔으니, 바로 소식을 들은 유선이 보낸 사자였다. 그는 제갈공명의 모습을 보자, 그의 침상 옆에 무너져 내려 흐느꼈다. 제갈공명은 희미하게 웃으며 말했다.

"폐하께서 보내셨구만……. 울지 말게. 한나라 왕조를 부흥시키지 못하고 가니, 저승에서 선제를 어떻게 뵐지 면목이 없네. 하지만 너그러우신 분이니 날 이해하고 반갑게 맞아 주시겠지."

사자가 눈물을 훔치며 제갈공명에게 물었다.

"승상, 천자께서 혹여나 승상이 크게 아프시다면 꼭 물어 보라 하신 것이 있습니다. 승상을 이을 사람은 누가 좋겠습니까?"

제갈공명이 눈을 감고 천천히 고개를 끄덕이며 말했다.

"그래……, 그럴 거라 생각했네. 장완으로 하게."

"만일 장완이 잘못된다면……."

"그 다음은……, 비의가 이으면 좋겠네."

"비의가 잘못된다면……."

"……"

제갈공명이 아무 말이 없어 사자가 다시 입을 열려는 순간, 제갈공명의 깃털 부채가 바닥에 툭하고 떨어졌다. 서기 234년 향년 54세, 누구보다 뜨겁게 타올랐던 한나라의 큰 별이 지는 순간이었다.

선생은 강단에서, 배우는 무대에서, 군인은 전장에서 죽는 게 가장 명예롭다는 말이 있지요. 그처럼 제갈공명은 마지막 숨까지 오로지 촉나라를 위해서 쓰고 죽었네요. 원전에는 이날 밤 하늘도 슬퍼하고 땅도 눈물을 흘렸으며, 달은 빛나기를 거부했다고 합니다.

한편 사마의도 제갈공명이 시름시름 앓고 있어 세상 떠날 날이 머지 않았다는 소식은 들어 알고 있었다. 장수들이 지금이야말로 촉군을 칠 적기라고 말했지만 사마의는 고개를 내저었다. 매번 제갈공명에게 속아왔던 사마의 아니었던가. 이제 더는 속지 않으리라 다짐한 것이다.

"공명이 또 계략을 펼치는 것이다. 그렇게 당하고 또 속는 게냐? 지금 기름통을 준비해 놓고 우리를 불태워 죽이려고 거짓 소문을 낸 것이야. 절대 출정해서는 안 된다."

그때 전령이 다시 와서 전했다.

"대도독, 촉의 군사들이 철수하고 있습니다. 몇 명을 잡아 심문해 봤더니 공명이 죽었다고 합니다."

사마의의 두 눈이 휘둥그레졌다.

"뭐? 후퇴한다고? 확실한 거냐? 진짜 공명이 죽었다고?"

그래도 믿기질 않았던 사마의가 직접 군사를 이끌고 촉군의 영채 쪽으로 나아갔다. 과연 멀리서 촉의 군사들이 후퇴하는 게 보였다. 게다가 어딘가 어수선한 것이, 분명 제갈공명이 통솔할 때와는 달랐다.

"공명 그자가 진짜 죽었구나. 그렇다면 당장 저들을 쫓는다! 내 직접 지휘하겠다!"

사마의의 명령에 위의 대군이 움직였다. 얼마나 많은 숫자가 촉군을 쫓는지 그 행렬의 끝이 보이지 않았다. 후퇴하는 촉의 군사는 딱 봐도 질서가 없고 급하게 달아나는 것이, 사마의로 하여금 점점 더 제갈공명의 죽음을 확신하게 만들었다. 사마의와 군사들이 신나서 퇴각하는 촉의 군사들을 산기슭까지 뒤쫓았다. 그리고 이제 막 협곡으로 접어드는 찰나였다. 산꼭대기에서 '쿵' 하는 북소리가 울렸다. 그리고 거대한 깃발이 일어나더니 바람에 거세게 휘날렸다. 깃발에는 이렇게 적혀 있었다.

'한 승상 제갈량'

사마의가 깜짝 놀라서 눈을 비비며 다시 바라보는데, 촉군의 가운데에 웅장한 수레가 보였다. 그리고 그 위에는 평소 들고 다니던 깃털 부채를 부치며 제갈공명이 떡하니 앉아 있는 게 아닌가. 그 옆에서 장수 한 명이 외쳤다.

"사마의 네 이놈, 불화살 공격을 받아라!"

죽은 줄 알았던 제갈공명을 본 사마의는 놀라 눈이 뒤집어졌고, 불이라는 말까지 듣자, 뒤집어진 눈에서 눈알이 튀어 나올 것 같았다. 호로곡의 공포가 되살아난 것이다.

"퇴각하라! 퇴각하라!"

사마의는 이성을 잃고 소리쳤다. 제갈공명을 마주하자 사마의도, 장수들도 정신을 놓고 뒤돌아 무작정 달리기 시작했다. 승리의 기분으로 행군하던 후방 부대와 사마의의 명령에 퇴각하는 군사들이 서로 엉키고, 넘어지고, 깔리고, 밟히는 그 지옥 같은 아수라장 위로 제갈공명 군사들의 불화살이 하늘에서 쏟아져 내려오고 있었다. 이 난리통에 압사하고, 활에 맞고, 화상 입고, 연기에 질식해 죽어간 사마의의 군사들만 해도 그 수를 셀 수 없이 많았다. 평소 냉철한 사마의마저 달리며 이렇게 물을 정도였다.

"내 머리가 아직 붙어 있느냐? 내 머리가 아직 목 위에 있지?"

아니 이게 어떻게 된 일이죠? 분명 제갈공명은 마지막까지 촉을 걱정하며 장렬히 죽었잖아요. 신 같던 그가 정말 부활이라도 한 걸까요? 비밀은 그가 귓속말로 장수에게 전한 유언에 있답니다.

이틀 후, 아직도 놀란 가슴을 진정 시키느라 요양 중인 사마의에게 장군 하나가 와서 전했다.

"대도독, 공명이 죽은 게 확실하다고 합니다."

"무슨 소리인가? 자네도 그날 봤지 않은가?"

"그게……. 소문이 들린 날 죽은 게 맞다고 합니다. 유언으로 자기를 닮은 목각 인형을 만들어 수레에 태우고 산 정상에서 우리를 내려다보는 위치에 두라 명했다고 합니다."

사마의는 잠시 멍하니 앉아 있다가 별안간 '악' 소리를 질렀다. 그러더니 실없이 웃으며 말했다.

"사람들이 나를 두고두고 놀리겠구나. 죽은 공명이 살아 있는 사마의를 무찔렀다고. 이렇게 대욕을 당하다니…… 공명은 이제 죽어 없는데, 내 어찌 오늘의 이 패욕을 갚느냔 말이다!"

"대도독, 고정하십시오."

장수의 말에도 사마의는 정신을 차리지 못했다. 그저 계속 흐느껴 웃을 뿐이었다.

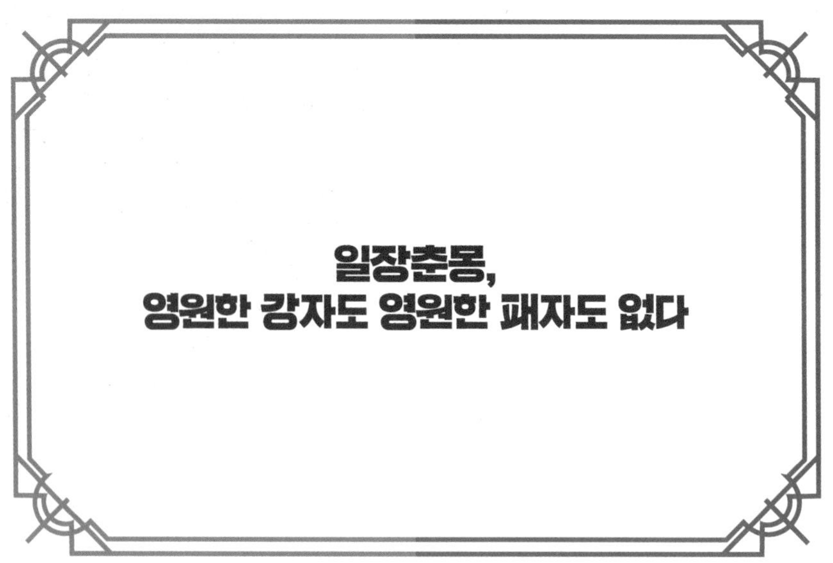

일장춘몽,
영원한 강자도 영원한 패자도 없다

죽은 다음까지 신들린 계책으로 손에 땀을 쥐게 한 제갈공명의 대활약이 드디어 끝났습니다. 결국 끝까지 살아남은 건 사마의였네요. 제갈공명이 죽고 난 후는 사마의의 세상이었습니다. 조조를 이은 조비가 죽고, 어린 조예가 올랐었지요? 그러나 조예도 단명했고 이후에는 여덟 살의 조방이 황위에 올랐습니다. 이때 마침내 위나라 내부의 경쟁자들도 모두 살해한 사마의가 실권을 잡게 되었지요.

사마의는 황제 위에 있는 실권자로 권력을 누리다가 72세에 눈을 감게 됩니다. 사마의가 죽고 그의 아들 사마소가 그 권력을 물려받았으며, 12년 후, 사마소의 공격에 촉나라가 망하고 유선이 항복했지요. 유선은 유약하고, 야심도 없어서 사마소의 위나라 군대가 서천 앞까지 들어오자 큰 고민 없이 항복했어요. 그리고 황제의 자리에서 물러나 낙양에서 여생을 편안하게 보냈습니다. 무릎 꿇고 사느니 서서 죽겠다고 부단히 외치던 아버지 유비와는 상당히 다른 모습이지요.

다시 2년이 지나, 사마의의 손자이자 사마소의 아들인 사마염이 실권을 물려받게 되었어요. 사마염은 당시 위 황제였던 조조의 손자 조환으로부터 제위를 빼앗아 새로운 황제가 되었죠. 그리고 위라는 국호를 진으로 바꿉니다. 역사는 반복된다고 하지요. 한나라 황실을 모시던 조조의 가문이 황위를 찬탈했으며, 조조를 모시던 사마의 가문이 조 씨 가문을 내쫓고 황제에 등극했으니 말입니다.

그리고 바로 이때 진나라를 세운 사마염이 승승장구하여 손권 사망 후 내분을 거듭하던 오나라까지 통합했으니, 그것이 280년, 드디어 천하가 다시 서진이란 나라로 통일된 순간이었습니다. 한나라 이전 과거 진시황제의 진나라와 이름이 같아서 사마염의 진나라를 서진이라 부른답니다.

이로써 황건적의 난 이래에 100여 년간 위, 촉, 오 삼국 중 어떤 나라도 이루지 못하던 천하 통일이란 대업을 사마 씨 가문이 해냈습니다. 그 많은 영웅호걸들이 해내지 못한 대업을 막판에 등장한 사마의가 이룬 것이 허무하다고요?

아니 어쩌면 너무 많은 영웅들이 동시대에 존재했기에 그들 중 아무도 대업을 이루지 못했던 것일지도 모릅니다. 모두가 특출나면 때로는 모두가 평범해지기도 하는 법이니까요. 하지만 그렇다고 해서 그들의 여정이 무의미하다고 생각하지는 않으셨으면 합니다. 여러분이 함께 경험해 왔듯이, 그들의 매 순간은 죽을 만큼 치열했고, 눈물 나게 아름다웠고, 잊을 수 없이 멋이 있었으니까요. 유비, 조조, 손권이 함께했던 그 시대는, 말 그대로 영웅의 시대라고 말할 수 있을 것입니다.

이로써 100년간 삼국의 통일을 꿈꾸었던 영웅호걸들의 이야기가 끝이 났습니다. 하지만 언제나 끝이 있으면 시작도 있는 법이지요. 그래서 이야기의 시작과 똑같은 문장으로 대미를 장식하겠습니다.

"천하의 대세는 나누어져 오래 지나면 반드시 합쳐지고, 합쳐진지 오래면 반드시 나누어진다. 세상에는 영원한 강자도 영원한 패자도 없다."

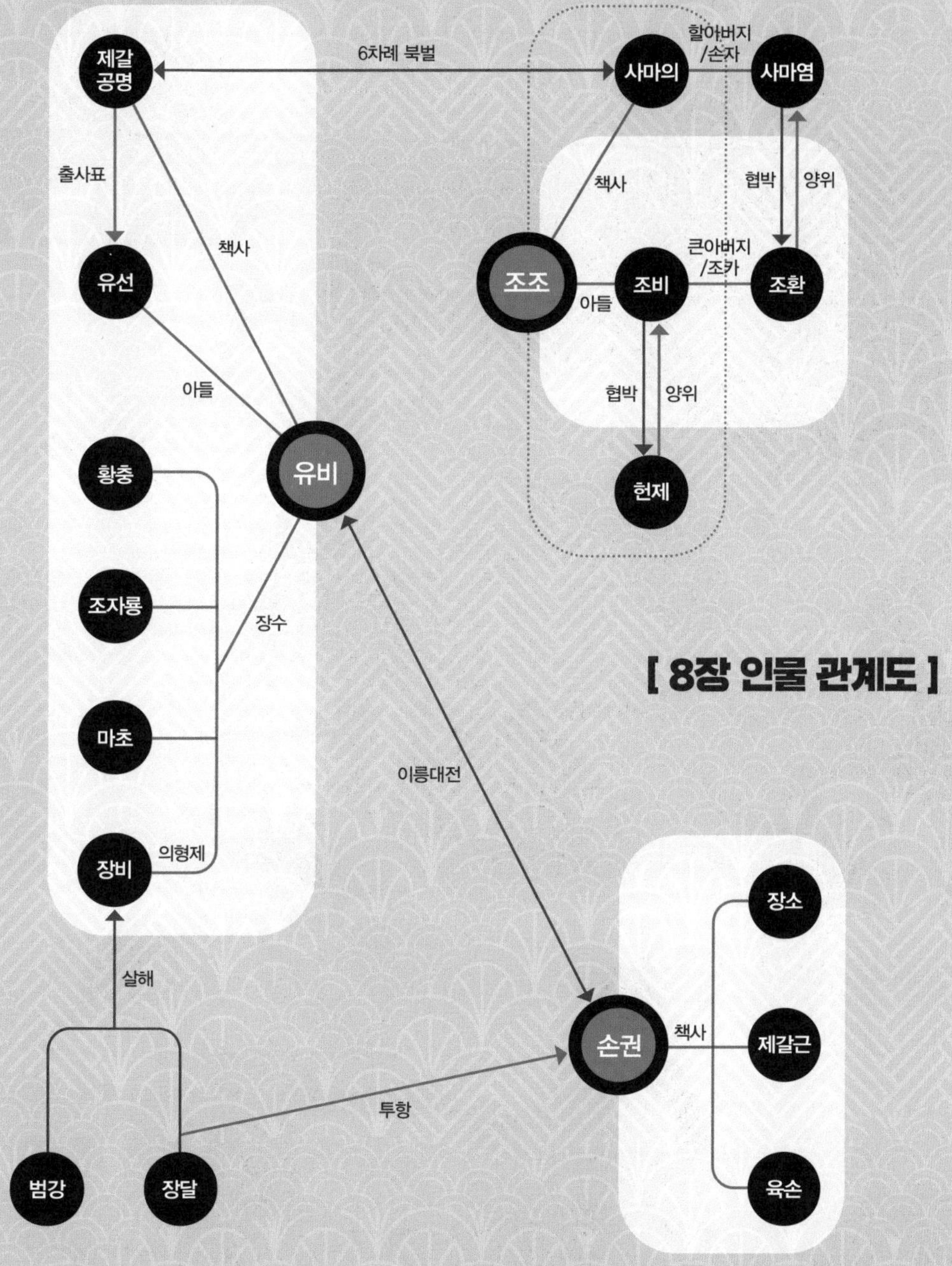

제갈 공명
6차례 북벌
사마의
할아버지 /손자
사마염
출사표
책사
책사
협박
양위
유선
조조
조비
큰아버지 /조카
조환
아들
아들
협박
양위
헌제
황충
유비
조자룡
장수
마초
이릉대전
장비
의형제
장소
살해
손권
책사
제갈근
투항
범강
장달
육손

[8장 인물 관계도]

화타
헌제
허저
사마의
마초
장비
제갈공명
주유

손상향
초선
노숙
육손
유비
Fighting
동탁
손권
관우
여포
조자룡
조조
원소

[에필로그]

영웅으로 태어난 사람은 없습니다.
영웅으로 죽어간 사람만 있을 뿐입니다.

이렇게 삼국지의 대장정이 막을 내렸습니다. 수백 년 동안 사랑받은 베스트셀러, 그래서 수많은 방식으로 재생산되기도 했던 이 작품을 설민석만의 감성으로 다시 한 번 풀어 보았네요. 부족한 제가 혹여 작품을 훼손시키지는 않을까, 어떻게 하면 삼국지 본연의 매력을 충분히 살리면서도 더 쉽게 풀어낼 수 있을까, 작업하는 내내 겸허하고 떨리는 마음으로 임했습니다. 이렇게 마무리를 하게 되니 만감이 교차하네요.

사실, 처음 삼국지를 다 읽은 후에 제 가슴 속에 가장 크게 떠올랐던 문구는 다름 아닌 '인생무상'이었습니다. 그래서 이 책을 집필하기 위해 모인 출판사와의 첫 미팅 때, 삼국지를 통해서 배울 수 있는 가장 큰 것이 인생무상이라고 말하기도 했었죠. 아마 많은 독자분들이 삼국지의 마지막을 읽고, 저와 같은 허망함을 느끼셨을 것이라 예상해 봅니다. 유비, 조조, 손권뿐 아니라 삼국지에 등장하는 수많은 사람들이 천하 통일이라는 거대한 꿈을 꾸면서 최선의 노력을 하는 것이 삼국지의 주된 내용이죠. 때로는 머리에 쥐가 날 정도로 계략을 짜내고, 때로는 독화살까지 맞아가며 싸우고, 인재를 얻기 위해 자존심을 버리기도 하고, 또 수많은 살생을 저지르기도 하면서……. 그런데 막상 그들은 한 순간에, 죽음이라는 거대한 힘 앞에서 속수무책으로 떠나가니, 어찌 씁쓸함이 느껴지지 않겠습니까. 더군다나 결국 그들 중 누구도 승자도 패자도 아니었죠. 막상 천하 통일은 그들이 모두 떠난 후 사마 가문에 의해 이뤄지는 걸 보고 나면, 탄식 소리가 절로 나옵니다. '이럴 거면 뭣 하러 그렇게 피를 튀기며 고군분투했나, 결국 죽음 앞에서 이렇게 부질없는 것을…….' 이런 생각이 드는 거지요.

그렇지만 이 책을 만들기 위해 다시 여러 번 삼국지를 읽으면서, 저의 생각은 점점 바뀌어 갔습니다. 저는 집필 작업을 하는 동안, 눈을 뜨면 원고를 통해 유비를 만났고, 눈을 감으면 꿈속에서 조조, 손권을 만났습니다. 때로는 복숭아꽃이 만발한 뜰에서 유비 삼 형제와 함께 웃었고, 때로는 적벽의 불길 속에 갇혀 가위에 눌리기도 했었죠. 그렇게 시도 때도 없이 삼국지의 인물들을 만나면서, 그들이 제 삶을 사로잡아 이끄는 힘이 되어 주고 있음을 느꼈습니다. 그리고 이들의 삶이 결코 허무하지 않았다는 걸 절감했죠. 끈끈한 의리와 영민한 지략으로 자신들의 목표를 잃지 않고, 타고난 현명함으로 자신의 인생과 세상의 문제들을 풀어 나가는 그 주인공들의 모습은 오늘날을 살아가는 우리에게 길잡이가 되어줍니다.

삼국지의 최대 매력 중 하나는 황제 중심의 역사 서술이 아니라는 점입니다. 저의 전작인 조선왕조실록은 자신의 의지와 상관없이 왕실에 태어나, 웃고 울고 분노하고 사랑했던 스물일곱 명 조선 왕들의 이야기라면, 이번에 집필한 삼국지는 평범하게 태어나 영웅으로 죽어간 수많은 인물들의 치열한 기록인 것입니다. 내시의 양손자였던 조조, 변방 호족의 아들로 태어난 손권, 황실의 피를 물려받았다고 하나 몰락한 가문으로 홀어머니를 모시고 돗자리를 짜며 살았던 유비. 사람을 죽이고 떠돌던 관우와, 백정 출신의 무식한 장비까지 그 어디에도 타고난 성골은 존재하지 않았습니다. 평범한 이들이 난세를 만나 영웅이 되는 과정을 그린 대 서사시. 평범한 사람들의 위대한 이야기. 그것이야말로 진정한 삼국지라 말할 수 있는 것이지요.

우리의 치열한 삶에 해법이 되어 줄 수 있고, 평범한 출생의 우리들에게 꿈과 용기를 줄 수 있는, 이 위대한 삼국지의 이야기가 단지 어려워 보인다는 이유로, 또 오래되어 보인다는 이유로 외면을 받고 있는 것이 너무나 안타까웠습니다. 그래서 이 책을 집필하기로 결심하게 되었습니다. 과거 조선시대 한자와 유교 경전들이 어느 특권 계층만의 전유물이었고, 그것 자체가 양반과 평민을 가르는 기준점이었던 시절이 있었습니다. 그 문자와 지식의 대중화를 위해 자신의 인생을 바쳤던 세종대왕님의 애민 정신처럼, 저 또한 우리의 삶에 꼭 필요한 역사 인문학이 어느 특정 지식인 계층의 전유물이 되지 않기를 바랍니다. 제가 공부하고 깨달은 것들을 최대한 쉽고 재밌게 풀어내어 대중들과 함께 호흡하고 공감할 수 있는 삶을 사는 것이 저의 소명이죠. 그렇기에 조선왕조실록 이후의 두 번째 작품으로 삼국지를 집필하게 된 것입니다. 그래서 고되고 더딘 작업이었음에도 불구하고, 이 책을 꼭 세상에 내보내고 싶었습니다. 아무쪼록 부족한 면이 있었더라도, 부디 너그러운 유비의 마음으로 이해해 주시길 바랍니다.

아울러, 이 힘들고 소중한 작업을 가능케 해준 세계사와 단꿈교육 스태프 전원에게 마음속 깊은 감사의 말을 전하고 싶습니다. 특히 세계사의 최윤혁 대표와 유진영 편집자, 그리고 성주은 연구원에게 진심 어린 따뜻한 감사의 인사를 전합니다. 최 대표의 끊임없는 응원과 독려는 저로 하여금 삼국지 작업에 매진할 수 있게 해 주었고, 유 편집자의 기획과 윤문은 이 책을 많은 독자들이 사랑할 수 있는 삼국지로 재탄생케 하는 중심이 되었습니다. 더불어 성주은 연구원은 물심양면으로 도움을 주고, 방대한 자료들을 정리하고 분석하면서 저에게 큰 힘이 되어 주었습니다. 다시 한 번 이분들께 감사의 마음을 전합니다.

제가 요즘 자주 하게 되는 말로 끝을 맺겠습니다.

관우의 용기와 공명의 지혜를 그대에게…….

자, 2권에서도 각색한 부분들이 원전에서는 어떻게 나오는지 설명하는 부록을 마련했습니다. 아래와 같은 부분들은 따로 설명하지 않았어요.

1.원전에서 본 책으로 옮겨지면서 통째로 생략된 사건이나 인물
2.개연성이나 입체적인 그림을 위해서 상상력을 발휘한 장면이나 대사
3.여러 인물을 '책사' '장수' 등으로 통일시킨 부분
4.원전에서 정확히 기술되지 않았으나 임의로 책정한 숫자

첫 번째, 인물들을 정리해 드릴게요.

인물	유비	조조	손권
장수	관우 장비 조자룡 황충 마량 위연 마초 마대 엄안 맹달 왕평 관흥 장포 오반 장남 풍습 부동	우금 하후돈 하후연 조홍 조인 이전 악진 서황 허저 장료 장합 방덕 조진	주유 여몽 감녕 동습 능통 황개 정보 태사자 한당 장흠 주태 진무 반장 서성 육손 주연 마충
책사	미축 손건 간옹 제갈공명 이적 방통 법정	순욱 정욱 순유 가후 사마의 유엽	장소 노숙 제갈근 장굉 고옹
그 외	부인: 손상향, 오부인 아들: 아두(유선)	아들: 조앙 조비 조창 조식 손자: 조예 조환 증손자: 조방 조모	어머니: 태부인 여동생: 손상향

두 번째, 주요 사건과 인물 이야기 중 원전과는 다른 에피소드들입니다.

1. 한중 전투의 진면모

조조가 '계륵!'을 외쳤던 한중 전쟁 기억하시죠? 원전에서는 본 책보다 한중 전투가 조금 더 자세히 그려지고 있는데요. 함께 살펴보실까요?

217년, 장비의 도발 때문에 싸우러 나왔다가 패하여 도망간 장합이 다시 5,000명의 군사를 이끌고 가맹관으로 향하는데요. 이때 출격한 장군이 바로 황충입니다. 적을 방심하게 만드는 교병지계를 이용해서 조조 군의 군량미가 있는 천탕산을 획득하죠. 원전에서는 천탕산에 하후덕이라는 장수가 있었고, 장합이 그곳에 합세했어요. 그러나 이 둘은 황충의 기세와 산위 매복병에 쫓기어 정군산을 지키고 있는 하후연에게 도망갔습니다. 이 소식을 듣고 유비도 10만 대군을 일으키고, 조조도 40만 대군을 일으켜 한중에 오죠. 이때가 바로 218년 7월입니다.

천탕산, 미창산, 정군산이 모두 조조 군에게는 군량을 비축하는 요충지였는데, 정군산을 얻는 데에도 황충은 활약을 합니다. 정군산 옆에 있는 더 높은 산 위에 올라가 정군산을 내려다보죠. 하후연이 발끈하기도 하고, 위협을 느끼기도 하여 산을 포위하며 올라오는데요. 황충은 때를 기다리다가 하후연의 군대가 기강이 흐트러졌을 바로 그때! 진군을 하여 하후연을 한 칼에 벱니다. 그후 이야기는 본 책에도 소개가 되어 있어요.

한 가지 더 흥미로운 사실이 있어요. 하후돈이 암호를 묻자, 조조가 계륵이라 말했었죠? 이때 책사 양수가 웃으며 계륵은 먹을 건 없고, 버리자니 아까운 이 한중 땅을 말하는 것이라 설명하며 조조가 퇴군을 생각하고 있다고 간파해요. 조조는 양수의 말 때문에 군사들이 짐을 챙기고 있는 모습을 보고, 자신의 속을 꿰뚫어 보는 양수를 죽였습니다. 그리고 자존심을 굽히지 않으며 진군했지만, 아시다시피 앞니가 깨지고 결국 후퇴하고 말았죠.

2. 어떻게 보아도 슬픈 관우의 죽음

관우가 목숨을 잃는 장면은 모든 독자분들의 심금을 울렸을 텐데요. 『설민석의 삼국지』에 나오는 관우가 죽는 모습은 원전의 내용과 조금 다르답니다.

아시다시피 관우가 번성 공략을 하는 동안 여몽이 형주성을 차지했어요. 게다가 관우가 형주 요충지를 맡겨 두었던 부사인과 미방이라는 부하들은, 일전에 자신들의 실수를 관우가 크게 꾸짖은 것에 앙심을 품고 여몽에게 항복을 해 버려요. 뒤늦게 사실을 전해들은 관우는 여몽에게 전령을 보냅니다. 동맹을 견고히 하자고 말해 놓고 이렇게 뒤통수를 치는 법이 어디있냐면서요. 여몽은 이 전령을 아주 극진히 대접해 주었지만, 동시에 칼같이 단호하게 형주 정벌은 명령이니 어쩔 수 없다고 하죠. 그리고는 사신을 일부러 역관에 하루 머물게 해요. 전장에 나간 군인들의 소식이 궁금했던 가족들이 어떻게 했겠어요? 사신에게 몰려들어 안부를 묻고, 자신들은 괜찮다며, 편지를 건네 주라며 소식을 전하지요. 그를 통해 가족들이 편안한 대접을 받으며 잘 살고 있다는 사실을 들은 병사들은 싸울 마음이 사라졌습니다. 게다가 아니 웬걸 근처 언덕에서 '형주토인'이라 적힌 흰 깃발이 나부끼는 게 아니겠습니까? 그리고 형주 본토 사람들이 그곳에 서서 자신의 가족들을 큰 소리로 찾으며 투항하라 외쳐댑니다. 그래서 본 책에 나온 것처럼, 군사들은 하나둘 사라지고, 관우는 맥성으로 피하지요.

서천으로도 지원 요청을 했지만, 너무 멀어 지원군이 오기엔 시간이 오래 걸릴 거라 생각한 관우는 상용이라는 지역에도 지원군을 요청합니다. 그곳을 지키던 유봉과 맹달은 관우가 보내온 전령에게 "어찌 한 잔의 물로 땔감에 옮겨

붙은 불을 끌 수 있냐?"고 말하며 거부합니다.

관우가 지원군을 기다릴 때 제갈근이 맥성에 찾아왔습니다. 제갈근이 항복을 권유하자 관우는 "옥을 깨뜨릴 수는 있어도, 그 빛을 변하게 할 수는 없다."라고 말하며 거부합니다. 그리고 유비에게 가려다가 매복에 당해 손권에게 끌려가고 맙니다. 회유하려는 손권을 거절하고 참수 당한 것은 본 책과 동일합니다.

참고로 미방과 부사인은 동오에 투항했다가 이릉대전 때 유비의 너그러움만 믿고 다시 돌아오는데요. 그 둘은 관우의 제사상 앞에서 포가 뜨이고요. 유봉은 유비의 양아들이었음에도 불구하고 참수를 당합니다. 맹달은 위나라에 투항했다가 후에 위나라에 반란을 일으키려 하는데, 장안으로 향하던 사마의에게 발각 당해 죽습니다.

세 번째, 본 책으로 옮겨지면서 원전과는 다르게 쉽고 재밌게 각색된 부분들을 따로 추려 보았습니다.

5. 용의 전쟁, 불에 죽고 바람에 살고

14 페이지 원전에서는 주유가 장간을 1차로 속임, 공명의 화살 10만 개 사건, 주유와 화공법으로 마음이 통함, 채중·채화의 거짓 항복 순으로 진행됩니다. 또한, 제갈공명은 주유가 장간을 이용한 계책을 알았음에도 불구하고 주유에겐 모른 척 했어요. 주유가 자신을 더 경계할 것 같아서였죠.

23 페이지 원전의 황개는 100대를 다 맞지는 않았어요. 100대를 명했지만, 50대를 맞은 후에 다른 장수들이 황개를 살려달라고 간청하여 주유는 나머지 50대는 나중에 때리겠다고 하죠. 그리고 황개가 서신을 직접 보낸 것이 아니고, 감택이라는 책사가 찾아왔을 때 감택에게 부탁을 했죠. 감택도 이 상황이

고육지계라는 걸 알아챘었거든요. 그는 뛰어난 언변으로 조조를 설득해요.

28 페이지 원전엔 장간이 먼저 나섰고요, 조조가 장간에게 이런 선물들을 약속하지는 않았어요. 그리고 딱히 장간을 아니꼽게 생각했다는 기록도 원전에 나오지 않네요. 하지만 아마 그러지 않았을까요?

31 페이지 방통은 주유가 자신을 써 주지 않아 스스로 숨어 살고 있다고 말합니다.

34 페이지 8,000척을 통째로 다 엮으라고 권하지는 않았고, 30척, 50척씩 잇기를 권했습니다.

41 페이지 소년들만을 청하고 군사들이 오지 못하게 한 것은 상상이고, 원전엔 옷과 깃의 색이 달랐습니다. 음력 11월15일에 제갈공명과 주유가 이 대화를 했는지는 알 수 없습니다. 정확한 날짜가 나오지는 않거든요.

42 페이지 황개는 조조에게 미리 서신을 보내 놓지 않고, 동남풍이 부는 날이 되어서야 오늘밤 투항하겠다고 서신을 보냈습니다.

46 페이지 서신을 보내서 조자룡을 청한 것이 아니라, 이전에 동맹이 성사된 후에 유비가 동오의 진영으로 초대 받아 온 적이 있었답니다. 저희 책에서는 생략한 이야기죠. 그때 유비가 제갈공명에게 같이 돌아가자고 말하자, 제갈공명은 조자룡을 11월20일에 강가로 보내달라고 말합니다. 제갈공명부터 잡으려던 주유는 노숙의 조언을 받고 일단 조조에게 출전합니다.

47 페이지 황개의 배가 이상한 걸 알아차린 건 정욱입니다.

63 페이지 조조 군의 무발 이야기는 원전엔 없습니다. 조조는 남군까지는 무사히 도착했다가 조인에게 계책을 남기고 떠났습니다.

70 페이지 장비가 제갈공명에게 대들고, 유비가 무릎을 꿇은 것은 본 책의 극적 연출입니다. 원전에서는 유비가 도원결의 얘기를 하며 간곡히 부탁하자

제갈공명이 관우를 사면합니다. 관우에게 벌로 출정 금지령을 내렸다는 것도 원전에는 없습니다. 그 이후에 장비, 조자룡이 싸우는 동안 관우가 나서지 않았던 건, 관우가 형주성을 지키고 있었기 때문입니다.

77 페이지 주유가 도착한 이후로 바로 남군성으로 쳐들어간 것은 아니고, 이릉을 치는 등 다른 계책을 썼었습니다. 궁지에 몰린 조인이 조조가 남겨준 계책을 읽어 보았고, 그래서 싸우러 나갔다가 패하고 도망하는 척을 한 내용은 본 책과 같습니다.

78 페이지 원전에서는 주유가 왼쪽 갈비뼈에 화살을 맞았습니다.

82 페이지 성벽 위에 나타난 것은 제갈공명이 아니라 조자룡이었습니다.

86 페이지 원전에서는 노숙이 찾아가서 형주를 달라고 요청하고 병에 걸린 유기를 보고 돌아온 후에, 손권이 합비 지원 명령을 내렸습니다.

88 페이지 제갈공명이 노숙에게 유비가 없다고 거짓말을 한 장면은 원전에는 없어요. 유비는 별말을 하지 않았고, 제갈공명이 나서서 노숙을 설득했죠.

101 페이지 관우가 황충을 추천한 얘기는 창작의 산물입니다.

6. 용의 승천, 먹구름을 뚫고 올라

115 페이지 손권의 여동생 손상향이라는 이름은 경극에서 쓰인 이름입니다.

117 페이지 제갈공명이 유비에게 장가를 가라고 권했고, 유비는 나이 차이와 동오의 계략 등의 이유로 내키지 않아 했습니다.

119 페이지 원전에서는 구체적으로 색의 순서를 지정해 주진 않았습니다.

122 페이지 소문도 퍼트렸지만, 원전에서 결정적인 것은 교국로라는 사람이었습니다. 손책의 아내인 대교, 그리고 주유의 아내인 소교의 아버지인 교국로에게 유비가 찾아갔습니다. 이에 교국로는 태부인에게 축하의 인사를 전하

러 갔고, 이후에 손권이 찾아오자 태부인은 울면서 이 상황에 대해 따져 물었죠.

122 페이지 이 당시에 주유는 손권 곁에 없었고, 시상을 지키고 있었습니다. 손권은 남정이라는 곳에 있었구요. 손상향이 와서 따지는 것도 원전에는 없는 이야기입니다. 이 대화에 교국로도 함께했고 그가 유비 편을 들어서 태부인은 유비를 직접 만나 보기로 합니다.

125 페이지 감로사에 매복병을 숨긴 것은 여범이라는 사람의 아이디어였습니다. 손권이 이를 응낙하여 가화라는 장수에게 매복을 명령하죠. 손상향이 감로사에 숨어 있었다는 것이나, 그녀가 칼부림을 멈춘 것은 원전에는 없는 이야기입니다. 손상향의 입체감을 살리고자, 드라마 삼국지를 십분 참고하였습니다. 유비가 사죄의 말을 이렇게 길게 한 것도 원전에는 나오지 않습니다.

130 페이지 유비의 말로 손권의 마음이 풀어졌다는 것은 저자의 해석입니다. 원전의 손권은 결국 유비와 여동생의 결혼을 허락했고, 유비와 같이 말을 달리면서 대화를 나누기도 하지만 아마도 완전히 유비에게 마음을 열었던 것 같지는 않습니다.

132 페이지 결혼식에 주유는 참석하지 않았습니다. 신방을 꾸미는 계책을 주유가 서신으로 손권에게 올렸고, 손권은 이를 받아들여 신하들에게 신방 꾸미기를 명했죠.

135 페이지 유비는 정월 초하루까지 기다렸다가 떠났습니다. 이날 손권은 취해 잠들었고, 다음날 아침이 되어서야 유비와 손상향이 떠났다는 소식을 들었답니다. 그리고 손권은 두 번째 군사 무리를 보낼 때는 죽여서라도 데려오라고 살벌한 명령을 내린답니다.

140 페이지 제갈공명은 장사꾼으로 꾸며서 20척의 배를 끌고 유비를 맞으

러 나왔습니다. 주유는 배를 타고 쫓아갔지만, 관우, 황충 등의 장수들이 나와서 공격해, 결국 그냥 동오로 물러났습니다.

145 페이지 서천을 대신 쳐 주겠다는 말을 노숙이 다시 찾아가 말했습니다.

148 페이지 주유를 공격한 군사들은 네 갈래였고, 위연이라는 장수도 있었죠. 주유는 이때 한 번 피를 토한 후에 파구에 물러나 있었습니다. 거기서도 다시 형주를 치려고 하다가, 제갈공명의 편지를 받고 결국 죽었습니다. 편지의 내용은 대략 이랬습니다. '당신은 서천을 절대 얻을 수 없을 것이고, 당신이 군이 나아간다면 동오가 조조의 공격까지 받을 것이다. 나는 걱정되어 이런 말을 하는 것이다.'

150 페이지 장례식에 제갈공명은 조자룡과 500명의 군사와 함께 갔어요.

154 페이지 방통은 장례식 때 제갈공명을 만난 후, 먼저 손권에게 갔는데 손권은 방통의 못생긴 외모와 주유보다 방통 자신이 뛰어난 것처럼 말하는 태도 때문에 그를 중용하지 않습니다. 노숙은 유비에게 갈 것을 권하고, 추천서도 써 줍니다. 하지만 방통은 일부러 제갈공명과 노숙의 추천서를 유비에게 보여주지 않아요. 유비는 방통의 외모와 태도가 미심쩍어 작은 현의 일을 맡깁니다. 그런데 그가 일을 게을리 한다는 소식을 들은 장비가 사찰을 나갔다가 방통이 반나절 만에 100일동안 밀린 일을 한 치의 오차도 없이 처리하는 걸 보죠. 이에 유비는 직접 찾아가 인재를 몰라 뵈어 죄송하다고 말하고, 방통은 그렇게 유비의 주요 책사가 됩니다.

159 페이지 조조는 유비가 방통을 얻었다는 소식을 듣고 유비가 동오와 힘을 합쳐 공격해 오기 전에 먼저 유비를 정벌하기로 합니다. 그런데 뒤가 불안하여 서량군의 마등을 먼저 제거한 것이에요. 마초는 이를 듣고 분개하다가, 유비의 서신을 받습니다. 힘을 합쳐 조조를 치자는 내용이었죠.

163 페이지 한 번 패한 후 바로 수성만 했던 것은 아니고, 영채를 이동해서 마초를 양쪽에서 공격하려고 하였으나, 중간에 마초에게 공격을 당해 또 한 번 크게 패했습니다. 그리고 흙 위에 물을 뿌려 얼음 성벽을 만든 것은 조조의 아이디어가 아니라 홀연히 나타난 누자백이라는 노인의 아이디어였습니다.

167 페이지 먼저 화친을 청하는 마초 측의 말에 조조도 화답했습니다. 그런데 마초와 한수는 조조가 의심스러워서 군을 나누어서 번갈아서 나아가고 후퇴하면서 서서히 뒤로 물러나자고 계책을 짰죠. 한수의 부대가 조조 쪽으로 나아왔을 때 조조가 나와서 한수와 만납니다.

170 페이지 조조의 전령이 한수와 대화하는 것을 보고 마초가 바로 달려들긴 했으나, 장수들이 말려서 결국 영채로 돌아왔습니다. 그런데 한수는 자기가 너무 의심을 받고 있으니 결국 조조에게 항복하기로 마음을 먹죠. 그리고 투항 서신을 조조에게 보냈는데 이 소식을 듣게 된 마초가 한수에게 찾아와 그에게 칼을 휘두릅니다. 그리고 영채에서 한바탕 싸움이 나는데, 이때 조조군이 들이치고, 마초는 도망합니다.

174 페이지 장송이 유비 앞까지 오기 전에 조자룡이 장송을 마중 나가서 대접했어요.

180 페이지 유장은 유비에게 한중의 장로를 막아달라고 청하려고 사신을 보냈어요. 그런데 그 사신들은 이미 장송과 함께 서천을 유비에게 바치려고 작정한 법정과 맹달이었죠. 이들은 유비에게 서천을 차지하라고 설득해요. 거기에 유비도 동하여 군사를 일으켜 서천으로 갔는데, 막상 유장을 만나자 그를 해칠 마음이 없어지죠. 그래서 진심으로 서천을 도와 주게 됩니다.

191 페이지 원전에서는 유비가 조조와 손권이 싸우는데 손권과 자신은 순망치한의 관계이기에 도와주어야 한다며 지원 요청을 합니다.

196 페이지 원전에선 유비의 꿈에 나와서 오른팔을 상하게 한 것은 어떤 신선 같은 사람이라고 표현되어 있습니다.

204 페이지 제갈공명과 조자룡이 어떻게 길을 거쳐 왔는지는 나오지 않아요. 엄안의 도움으로 가장 먼저 도착한 장비가 서천군들과 싸우고 있을 때 조자룡이 등장해 도와주죠. 조자룡과 장비가 싸움을 이기고 돌아가자 제갈공명은 이미 유비와 함께 있었습니다.

7. 용의 오만, 초심 잃은 영웅들

223 페이지 마초가 쳐들어온다는 소식에 제갈공명은 마초를 대적할 사람은 관우밖에 없다며 관우를 형주에서 데리고 와야겠다고 말합니다. 그러자 장비가 자기가 가겠다고 말하죠. 제갈공명은 장비를 일부러 자극한 것이었습니다.

224 페이지 이때 유비의 군은 낙성보다 더 나아가서 면죽관이라는 곳에서 진을 치고 있었습니다.

226 페이지 유비가 막아, 장비는 바로 달려나가지 못했습니다. 유비는 마초의 군사들이 힘이 빠질 때까지 기다렸다가 장비에게 출정 명령을 내립니다.

238 페이지 원전에서는 제갈공명 대신 이회라는 사람이 갑니다.

257 페이지 황충의 출전을 제갈공명은 여러 번 말립니다. 하지만 황충이 고집하자 부장을 데려가라고 하고, 황충은 엄안을 고르죠.

269 페이지 실제 공격은 없었고 조조 스스로 의심으로 물러섰어요.

283 페이지 관우가 몇 명의 군사를 이끌고 번성으로 갔는지 원전에는 나오지 않습니다.

285 페이지 관우와 싸울 장수가 아무도 나서지 않았다는 건 원전과 다릅니다. 조조는 우금에게 지휘관을 명했고, 우금은 선봉으로 나설 장수를 명해달

라고 청합니다. 이때 방덕이 같이 가겠다고 나섰습니다.

290 페이지 방덕이 관을 만들긴 했지만, 들고 싸우지는 않았습니다.

8. 용의 최후, 무엇을 위해 그리 살았나

330 페이지 관우는 유비 꿈을 찾아와서 자기의 한을 풀어달라고 합니다. 그리고 제갈공명은 별을 보고 관우의 죽음을 예측하지만 자신을 찾아온 유비에게 모른 척합니다. 그런데 보고를 받은 다른 책사와 이야기하던 걸 유비가 들어 버리고 말죠.

341 페이지 조조가 유언을 할 때 조비가 옆에 있었는지는 확실치 않습니다. 사마의를 포함한 신하들 몇을 불러 유언을 남겼습니다. 사마의에게 특별히 조비를 부탁하는 대사는 원전에는 없습니다.

345 페이지 조비가 황제에 올라야 하는 이유를 사마의가 설명해 준 장면은 원전엔 없어요. 조비는 굉장히 흔쾌히 양위를 받으려고 했던 것으로 보이네요.

357 페이지 원전에는 나흘이라는 구체적인 기한은 나오지 않았습니다.

362 페이지 유비는 불길한 예감이 들어 제갈공명에게 전령을 보냈고, 제갈공명은 천문을 해석해서 놀라운 소식이 올 테니 대비하시라고 전합니다. 그래서 군사를 멈추고 기다리던 중에 장비의 부하 장수 오반이 왔다는 소식을 듣고 유비는 어떤 소식인지 직감하고 쓰러집니다. 그 이후에 장포가 와서 다시 한 번 유비는 통곡하고요.

375 페이지 이릉대전 때 유비와 제갈공명 사이를 오갔던 전령은 마속이 아니라 마량입니다.

380 페이지 조비는 사마의를 좋아했다고 해요. 조조가 생전에 사마의에게 병권을 주지 말라고 말한 것은 맞으나 조비가 그에 따라 사마의를 계속 의심

했는지는 확실하지 않습니다.

381 페이지 육손이 화공을 쓸 때는 불화살보다는 유비 영채 주변에 짚을 들고 가 뿌리고 불을 놓는 방식을 사용했습니다.

394 페이지 사마의와 제갈공명이 동학 출신이었다는 것은 삼국지연의에는 나오지 않아요. 둘이 첫 전투를 하기도 전에 서로를 경계한 것에 대한 개연성을 부여하기 위해 야사에 나오는 이야기를 가져왔습니다.

399 페이지 동오에게 동맹을 청하러 간 사람은 마속이 아니라 등지입니다.

415 페이지 사마의는 복직 명을 받고 장안에 가기 전에 맹달이라는 사람을 처단했어요. 맹달은 촉나라 장수였다가 관우를 안 돕고, 위나라로 투항했는데, 다시 위나라에 반란을 일으키려고 했거든요. 사마의는 맹달이 있던 신성으로 가서 반란을 진압하고 장안으로 향했습니다.

418 페이지 왕평이란 장수는 마속에 맞서서 소수의 군사를 이끌고 길목을 지켰습니다. 그러나 마속이 워낙 크게 졌고, 왕평의 군사는 적었기 때문에 곤경에 처한 마속을 도와주긴 했지만 가정을 지키지는 못했어요.

437 페이지 제갈공명이 목우유마를 몇 개 만들었는지는 알 수 없습니다.

442 페이지 위군으로 위장한 촉군이 정찰을 나왔다고 하여 군량관이 안심했을 때, 촉군이 갑자기 나와서 위군은 도망했다가 지원병을 이끌고 다시 왔습니다. 그때 촉군은 혀를 돌려놓고 도망했죠. 그래서 위군 지원병이 목우유마를 못 움직일 때 촉군이 지원군과 함께 다시 나타나 목우유마를 다시 끌고 갔고, 또 한쪽에서는 일부러 이상한 모습을 한 신병들이 나타나 위군은 하늘이 촉군을 돕는다고 생각했어요. 사마의가 왔을 땐 추가 매복병이 나타나 결국 후퇴했고요.

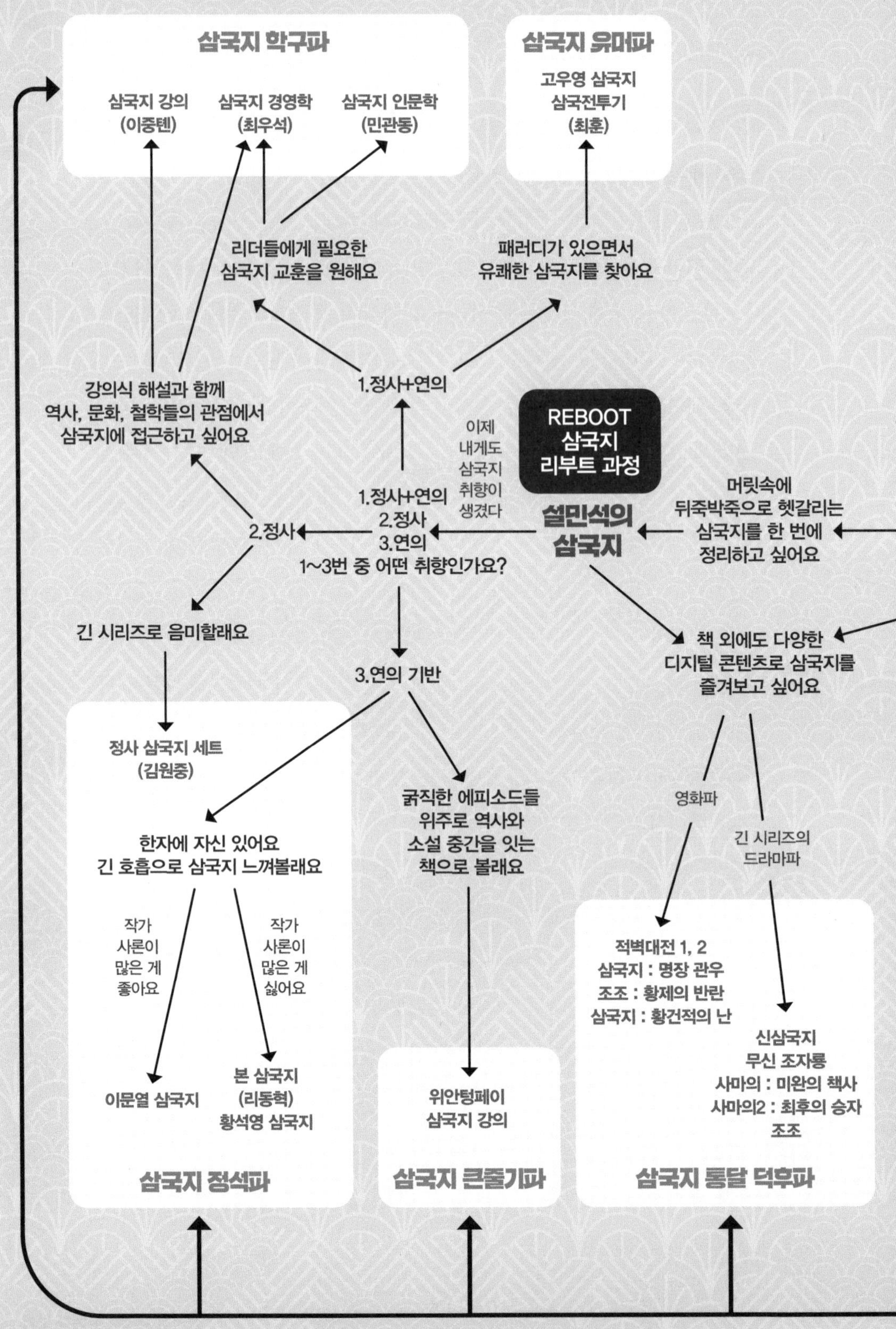

삼국지 학구파
삼국지 강의
(이중톈)
삼국지 경영학
(최우석)
삼국지 인문학
(민관동)
삼국지 유머파
고우영 삼국지
삼국전투기
(최훈)
리더들에게 필요한
삼국지 교훈을 원해요
패러디가 있으면서
유쾌한 삼국지를 찾아요
강의식 해설과 함께
역사, 문화, 철학들의 관점에서
삼국지에 접근하고 싶어요
1.정사+연의
REBOOT
삼국지
리부트 과정
이제
내게도
삼국지
취향이
생겼다
1.정사+연의
2.정사
3.연의
1~3번 중 어떤 취향인가요?
2.정사
설민석의
삼국지
머릿속에
뒤죽박죽으로 헷갈리는
삼국지를 한 번에
정리하고 싶어요
긴 시리즈로 음미할래요
책 외에도 다양한
디지털 콘텐츠로 삼국지를
즐겨보고 싶어요
3.연의 기반
정사 삼국지 세트
(김원중)
굵직한 에피소드들
위주로 역사와
소설 중간을 잇는
책으로 볼래요
영화파
긴 시리즈의
드라마파
한자에 자신 있어요
긴 호흡으로 삼국지 느껴볼래요
작가
사론이
많은 게
좋아요
작가
사론이
많은 게
싫어요
적벽대전 1, 2
삼국지 : 명장 관우
조조 : 황제의 반란
삼국지 : 황건적의 난
신삼국지
무신 조자룡
사마의 : 미완의 책사
사마의2 : 최후의 승자
조조
이문열 삼국지
본 삼국지
(리동혁)
황석영 삼국지
위안텅페이
삼국지 강의
삼국지 정석파
삼국지 큰줄기파
삼국지 통달 덕후파

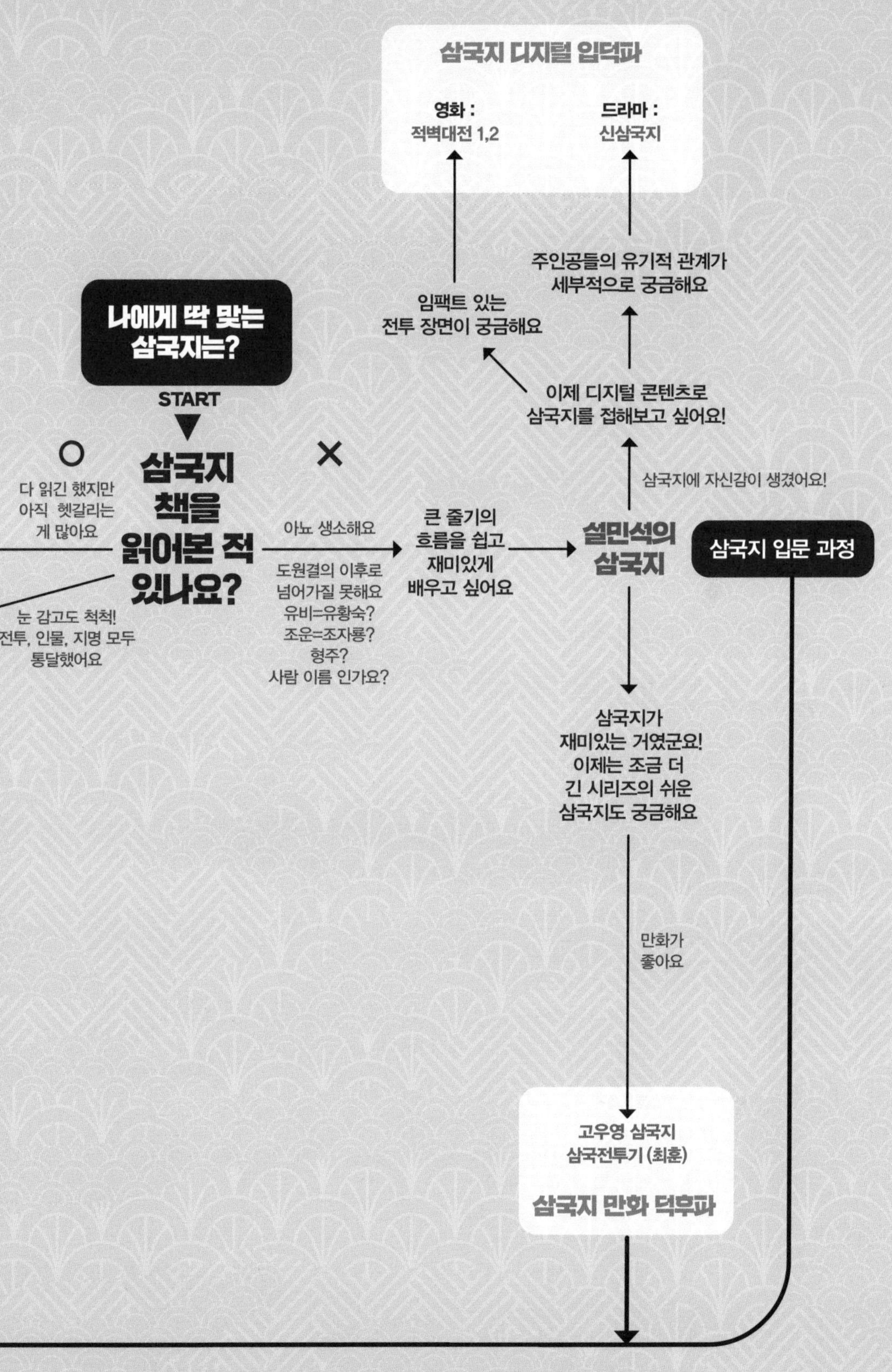

삼국지 디지털 입덕파
영화 : 적벽대전 1,2
드라마 : 신삼국지
주인공들의 유기적 관계가 세부적으로 궁금해요
임팩트 있는 전투 장면이 궁금해요
나에게 딱 맞는 삼국지는?
이제 디지털 콘텐츠로 삼국지를 접해보고 싶어요!
START
삼국지 책을 읽어본 적 있나요?
○
×
삼국지에 자신감이 생겼어요!
다 읽긴 했지만 아직 헷갈리는 게 많아요
아뇨 생소해요
큰 줄기의 흐름을 쉽고 재미있게 배우고 싶어요
설민석의 삼국지
삼국지 입문 과정
도원결의 이후로 넘어가질 못해요 유비=유황숙? 조운=조자룡? 형주? 사람 이름 인가요?
눈 감고도 척척! 전투, 인물, 지명 모두 통달했어요
삼국지가 재미있는 거였군요! 이제는 조금 더 긴 시리즈의 쉬운 삼국지도 궁금해요
만화가 좋아요
고우영 삼국지
삼국전투기 (최훈)
삼국지 만화 덕후파

설민석의 삼국지 2(전 2권)

초판 1쇄 발행 2019년 8월 20일
초판 9쇄 발행 2024년 12월 11일

지은이 설민석
펴낸이 최동혁

디자인 design co*kkiri
일러스트 유용우
구성·자료 성주은

펴낸곳 (주)세계사컨텐츠그룹
주소 06168 서울시 강남구 테헤란로 507 WeWork빌딩 8층
이메일 plan@segyesa.co.kr
홈페이지 www.segyesa.co.kr
출판등록 1988년 12월 7일(제406-2004-003호)
인쇄·제본 예림

ISBN 978-89-338-7083-9
ISBN 978-89-338-7078-5(세트)